U0613516

肖刚 编

梁启超藏书题记

梁

国家图书馆出版社

图书在版编目(CIP)数据

梁启超藏书题记 / 肖刚编. -- 北京 : 国家图书馆出版社, 2024.9

ISBN 978-7-5013-8072-5

Ⅰ. ①梁… Ⅱ. ①肖… Ⅲ. ①私人藏书—图书目录—中国—近代 Ⅳ. ①Z842.6

中国国家版本馆 CIP 数据核字(2024)第037850号

书　　名　梁启超藏书题记
著　　者　肖　刚　编
责任编辑　王燕来　闫　悦
装帧设计　爱图工作室

出版发行　国家图书馆出版社（北京市西城区文津街7号　100034）
(原书目文献出版社　北京图书馆出版社)
010-66114536　63802249　nlcpress@nlc.cn（邮购）
网　　址　http://www.nlcpress.com
经　　销　新华书店
印　　装　北京雅图新世纪印刷科技有限公司
版次印次　2024年9月第1版　2024年9月第1次印刷

开　　本　710 × 1000　1/16
印　　张　37
书　　号　ISBN 978-7-5013-8072-5
定　　价　168.00元

自 序

梁启超（1873—1929）是我国近现代著名的启蒙思想家、政治活动家、文学家、史学家和教育家，早年参加“公车上书”和维新变法运动，创立强学会等进步团体，开办《时务报》《清议报》《新民丛报》等进步报刊，立志培养新国民，影响并鼓舞了广大中国人民积极投身到社会大变革的浪潮中。

他积极倡导图书馆事业，曾任松坡图书馆、京师图书馆和北京图书馆馆长。筹备成立中华图书馆协会，推动全国图书馆事业的发展。1929年因病去世后，其哲嗣遵嘱将饮冰室藏书3470种41819册永久寄存于国立北平图书馆（今国家图书馆），供读者观览。

身为近现代著名人物、藏书大家，有关其学术、思想、政治等方面的研究甚多，但是藏书题记方面的研究专著并不多。1933年，国立北平图书馆编《梁氏饮冰室藏书目录》，著录任公题记约70部近百种。此后半个多世纪，鲜有专题研究。20世纪末，出版了钱谷融主编的《梁启超书话》（浙江人民出版社，1998年），周岚、常弘编选的《饮冰室书话》（时代文艺出版社，1998年）两种书话，均采用整理、抄录的方式，将题记分类排印出版，惜收录较少。沈鹏等主编《梁启超全集》（北京出版社，1999年），汤志钧、汤仁泽编《梁启超全集》（中国人民大学出版社，2018年）所收书话书跋内容基本与钱氏、周氏书话相同。另有冀亚平等编《梁启超题跋墨迹书法集》（荣宝斋出版社，1995年），影印出版了其所藏金石拓本和书法作品题跋，并附叙录。除此以外，吴铭能著《历史的另一角落——档案文献与历史研究》（商务印书馆，2010年）中也抄录了梁启超的一些藏书题记、书信等资料。以上四种均未涉及任公藏书题记的影印出版和藏书本身的介绍，且存在部分文字录入错误等问题。

为免以讹传讹，误导其他使用者，笔者不揣谫陋，花费数年时间，翻检饮冰室藏书，辑出其中绝大多数题记，摘选后再做分类整理。并取其书影，以为对照。今共得题记162条，未见著录者65条，这些题记的整理有助于对梁启超学术思想的进一步研究。每种附上该书版本信息、著者等相关人物介绍和简要的文献综述，既能展示任公书法墨迹，体现其学术旨趣，便于勾连出研究脉络，又能管窥其藏书概貌，体现与其他学者的学术交往，了解清末民国时期学术发展风貌。

2023年适逢梁启超诞辰150周年，为缅怀前辈，彰显先生在公共图书馆发展和国民教育方面的伟大贡献，揭示饮冰室藏书的文献价值、学术价值，特作此小书以为纪念！

肖 刚

2023年11月

凡 例

一、本书所收录题记均来自国家图书馆所藏梁启超饮冰室藏书。

二、全书共收录任公题记151条，除1条为影印件外，其余均为任公墨迹。其中1条因无法对应具体藏书，暂据保存现状予以展示，并附于任公题记末尾。少数题赠或与藏书有关的他人题记亦予照录。为展现任公与家人、其他学者的交往，附录他人题记11条，均为与任公有密切关系者。《钦定明鉴》题记作者存疑，且看法不一，故暂置他人题记之末。

三、每条题记由释文、藏书版本信息、著者及人物介绍、文献综述四部分组成。为免重复，著者、人物介绍仅列于首次出现处。

四、任公题记多存于书衣、护叶、书眉处，亦有题于正文、序跋、夹笺、附页等处，形式不一。

五、任公题记中有明显错字者径改，异体字亦改为现行规范字，不再一一说明。

六、本书文字部分按照现代出版物排版方式自左至右横排，图片按照古籍的阅览顺序，每页中自右至左排版。

目 录

任公题记

附：他人题记

任公题记

易说

《易说》一卷，海宁查慎行著。

《四库》著录慎行所著《周易玩辞集解》十卷，《总目提要》称“其言皆明白笃实，足破外学附会之疑”，此编即采彼书卷首十一篇而易以今名也。初白以诗名，而能粹于经学，读此可见其一斑。

《易说》一卷，清查慎行撰，清道光十三年（1833）吴江沈氏世楷堂刻清光绪间重印《昭代丛书》本。

查慎行（1650—1727），原名嗣琏，字夏重，号查田，后改名慎行，字悔余，号他山、初白老人，浙江海宁人，诗人。清康熙四十二年（1703）进士，授翰林院编修。清初诗坛六家之一，著有《敬业堂诗集》《查初白诗评十二种》等。

该书实为查氏《周易玩辞集解》卷首之十一篇，乃解《易》之说。其说不惑于图书之学，认为河图洛书与《易》无关。《四库全书总目》称其言明白笃实、醇正简明，特为可取。

易说一卷　海宁查慎行著

四库著录慎行所著周易玩辞集解十卷，总目提要称其言皆明白简实，足破外学附会之说。此编即采彼书卷首十一篇而易以今名也。初白以诗名，而能粹于经学，读此书见其一斑。

治斋读诗蒙说一卷　太仓顾成志著

分说篇名说、序说、韵说、叶说、新说五门，纯以后人作诗话之体说诗，非经说也。然所论殊有精到处。

礼记篇目一卷　溧阳芮城著

礼记本七十子后学者所记，本合数书之集，非有结构，故小戴既删大戴，马融复有增补，本无一定之排列也。此书仿吴草庐之意为订正篇目次第，用力颇勤，然所探求于宏旨者抑末矣。将大学中庸抽出，亦习于宋以后之所见耳。

约丧礼经传一卷　海虞吴卓信著

此书合仪礼、戴记经文注疏而序次之，于极杂中得其条贯，洵善于治经者。若用此法施诸群经，并及子史，其省后学心力，岂少也哉。卓信著郡学行，有汉书地理志补注，宏博为斯学冠，其经学亦通粹乃尔，而清儒不甚推挹之，何耶？

道光癸巳年鐫

震澤楊列歐輯

昭代叢書

己集

世楷堂藏板

易說　　廣編卷第一

河圖說一　　海寧查愼行悔餘著

注易之家自漢唐以下未有列圖於經之前者朱子指河圖爲聖人作易之由獨創此例後來科舉之學遵用本義遂無敢異辭愚据繫傳攷之竊謂河圖之數聖人非因之以作易乃因之以用蓍者也上繫第九章程子移天地之數于大衍之前本義云大衍之數五十以河圖中宮天五乘地十得之則朱子固以

诗集传音释

海昌蒋氏影元刻罗复《诗集传音释》二十卷附《札记》

乙丑十一月蒋慰堂所赠。启超记。

《诗集传音释》二十卷，宋朱熹集传，元许谦音释，元罗复纂辑；附《校刻诗集传音释札记》一卷，清蒋光煦撰，清咸丰五至七年（1855—1857）海昌蒋氏衍芬草堂刻本。

朱熹（1130—1200），字元晦，号晦庵、紫阳，世称晦庵先生、朱文公，徽州婺源（今江西省婺源县）人，理学家、哲学家、思想家、教育家。宋绍兴十八年（1148）赐同进士出身，曾知江西南康军，任福建漳州知州、提举浙东常平茶盐公事、焕章阁待制兼侍讲。其学说与“二程”合称为“程朱理学”，对元明清三朝影响很大。著述甚多，有《周易本义》《四书章句集注》《太极图说解》等。

许谦（1270—1337），字益之，号白云山人，婺州金华（今浙江省金华市）人。尝从金履祥学，后教授乡里，不应辟举。著有《白云集》

《观史治忽几微》《诗集传名物钞》等。

罗复，生卒年不详，字中行，吉州庐陵（今江西省吉安市）人。

蒋光煦（1813—1860），字日甫，一字爱荀，号雅山、生沐，自号放庵居士，浙江海宁人，藏书家。藏书处有别下斋、商觚周鼎秦镜汉甓之斋、东湖草堂、宜年堂、花事草堂等。其人豪饮好客，爱好甚多，后专注收藏古籍名刻及金石书画，积古籍十万余卷，名刻善本居半，与“衍芬草堂”齐名。藏书之外，又着力刻书。所刻书籍选本精良，校刻俱佳，主要有《别下斋丛书》《涉闻梓旧》等，为时所重。

蒋光焴（1825—1892），字绳武，号寅昉、吟舫、敬斋，自署西涧主人，藏书家。蒋光煦从弟。其祖父蒋开基（字淳村）性喜聚书，建有“衍芬草堂”“渊芬草堂”藏书楼。至光焴时，衍芬草堂已藏书籍数十万卷。太平军兴，移建“西涧草堂”藏书处。当时知名学者如钱泰吉、俞樾、邵懿辰、高均儒、张廷济等均慕名而往。

蒋复璁（1898—1990），字美如，号慰堂，蒋光煦曾孙，蒋百里堂侄。1923 年毕业于北京大学哲学系，曾任清华大学讲师、国立北平图书馆编纂、北京大学讲师。著有《图书馆管理法》《图书与图书馆》《中国图书分类论》《宋史新探》《中华文化复兴运动与故宫博物院》等，主编有《徐志摩全集》《蒋百里先生全集》。

蒋光煦知光焴欲重刻正统本《诗集传音释》，劝其以宜年堂本付梓，再据正统本和胡一桂《诗集传附录纂疏》、朱公迁《诗传疏义》、许谦《诗集传名物钞》等校订，故该书目录末镌“咸丰七年岁在丁巳海昌蒋光焴以宜年堂藏本校梓”。朱熹《诗集传》以叶音法注音，致多讹误；罗复取朱熹《诗集传》及许谦《诗集传名物钞》，附以音训，成《诗集传音释》。因许氏《诗集传名物钞》笃守其师王柏之说，难免门户之见，故蒋氏刻本参考史荣《风雅遗音》等校补。此书由同邑许丙鸿汇总折衷，管庭芬、朱元炅、陈锡麒商榷，仁和邵懿辰、钱塘伊乐尧指正，嘉兴钱泰吉增定。

1925 年 4 月 25 日，中华图书馆协会在上海召开成立大会，6 月 2 日在北京举行成立仪式，梁启超任董事部部长。蒋复璁曾于 1924 年参与筹建，成立后历任协会执行部干事、执行委员、理事会理事。二人应是在此期间接触较多，故有赠书之谊。

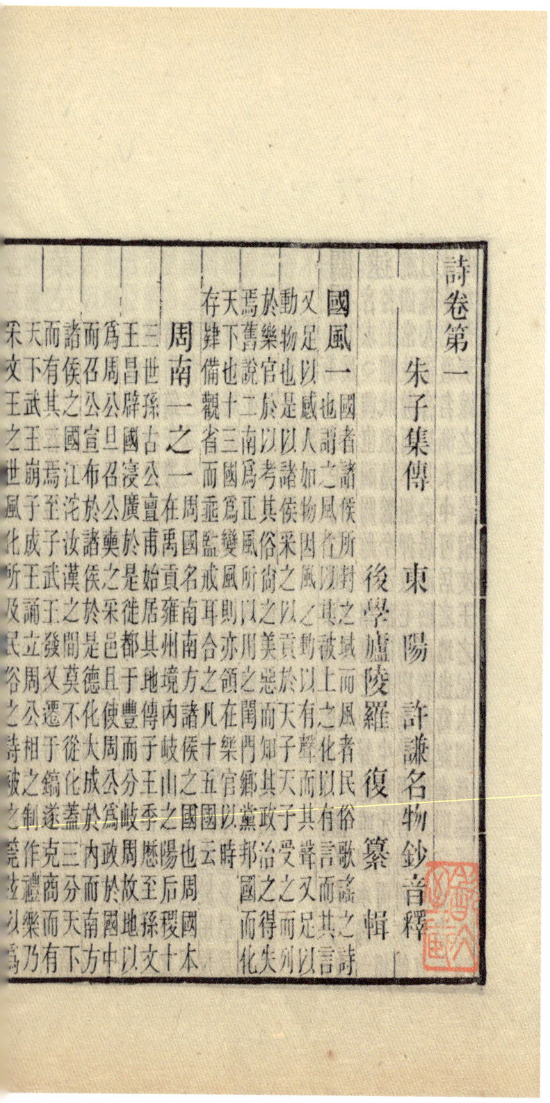

詩卷第一

朱子集傳　東陽許謙名物鈔音釋

後學廬陵羅復纂輯

國風一 國者諸侯所封之域而風者民俗歌謠之詩也謂之風者以其被上之化以有言而其言又足以感人如物因風之動以有聲而其聲又足以動物也是以諸侯采之以貢於天子天子受之而列於樂官於以考其俗尚之美惡而知其政治之得失焉舊說二南爲正風所以用之閨門鄉黨邦國而化天下也十三國爲變風則亦領在樂官以時存肄備觀省而垂監戒耳合之凡十五國云

周南一之一 周國名南南方諸侯之國也周國本在禹貢雍州境內岐山之陽后稷十三世孫古公亶甫始居其地傳子王季歷至孫文王昌辟國寖廣於是徙都于豐而分岐周故地以爲周公旦召公奭之采邑且使周公爲政於國中而召公宣布於諸侯於是德化大成於內而南方諸侯之國江沱汝漢之閒莫不從化蓋三分天下而有其二焉至子武王發又遷于鎬遂克商而有天下武王崩子成王誦立周公相之制作禮樂乃采文王之世風化所及民俗之詩被之筦弦以爲

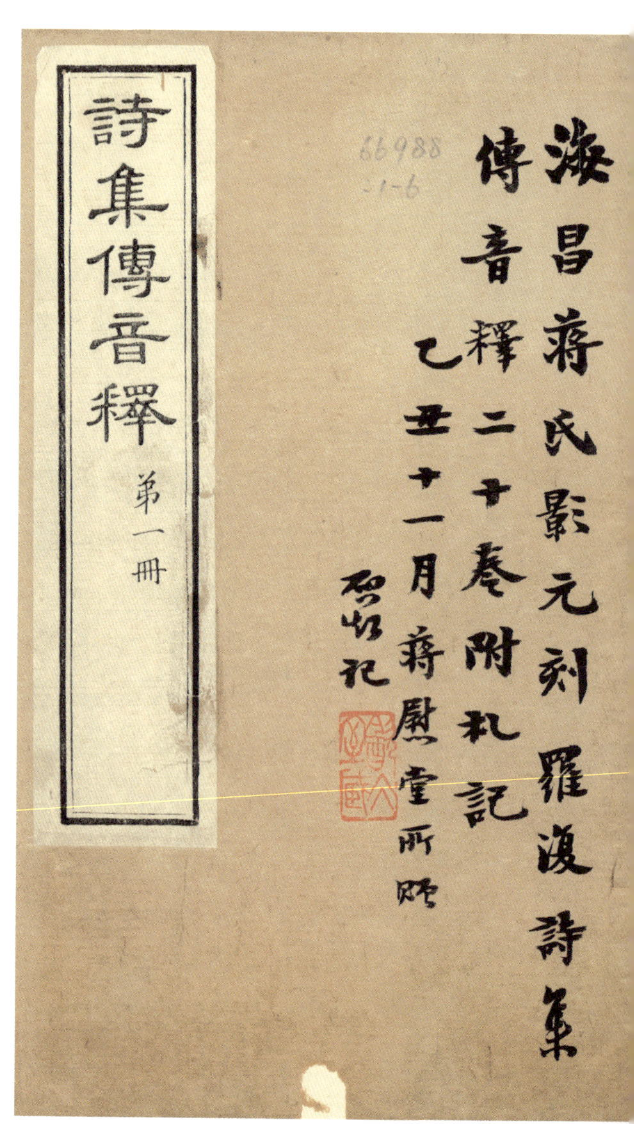

詩集傳音釋

第一冊

海昌蔣氏影元刻羅復詩集傳音釋二十卷附札記

乙丑十一月蔣慰堂所贈

治斋读诗蒙说

《治斋读诗蒙说》一卷，太仓顾成志著。

分说篇名、说序、说韵、说体、杂说五门，纯以后人作诗话之体说诗，非经说也，然所论殊有精到处。

《治斋读诗蒙说》一卷，清顾成志撰，清道光十三年（1833）吴江沈氏世楷堂刻清光绪间重印《昭代丛书》本。

顾成志（1717—1783），字心勿，号治斋，江苏太仓人。工诗，著有《治斋诗存》《治斋读诗蒙说》等。

该书为课儿而作，分“说篇名”“说序”“说韵”“说体”“杂说”五类。顾氏说经沿袭明人习气，以后世文法衡经，尽力于体裁形式而不论诗旨，为人所贬斥。但其辑录前人所言，进而抽绎诗法，亦有可称道处。

治齋讀詩蒙說

通說　　太倉顧成志心勿著

古人詩無所爲題曰篇名而已詩疏謂篇名皆作者所自名舉書金縢公乃爲詩以貽王名之曰鴟鴞爲證是已名篇亦無義例大都取本詩中句字或全取首句或摘取一二字三四字（漢魏郊祀歌鐃歌曲名以篇首字爲題祖此杜詩亦間有之）或摘取中間及篇末之字其舍篇中句字而別立一名者小雅雨無正巷伯大雅常

易說一卷　海甯查慎行著

四庫著錄慎行所著周易玩辭集解十卷總目提要稱其大旨明白篤實足破外學附會之說此編即采彼書卷首十一篇而易以今名也初白以詩名而能粹於經學於此可見其一斑

治齋讀詩蒙說一卷　太倉顧成志著

分說篇名說序說韵說辨新說五門純以後人作詩話之體說詩非經說也然所論殊有精到處

禮記篇目一卷　溧陽芮城著

禮記者七十子後學者所記本無數書之家非有結構故小戴既刪大戴馬融復有增補本無一定之排列也此書仿吳草廬之意另爲訂正篇目次第用力頗勤然所探於宋儒者抑末矣將大學中庸抽出亦習於宋以後之所見耳

緯表禮經傳一卷　海虞吳卓信著

此書合儀禮戴記經文注疏而序次之於其複雜中使其條理明晰洵善於治經者若用此法施諸羣經並及子史其有益後學心力不淺也著譽學行有漢書地理志補注實博考斯學冠其經學亦通粹乃示而清簡不甚排抱之經耶

约丧礼经传

《约丧礼经传》一卷，海虞吴卓信著。

此书合《仪礼》《戴记》经文注疏而序次之，于极复杂中得其条贯，洵善于治经者。若用此法施诸群经，并及子史，其省后学心力之劳，岂有量哉！卓信有《汉书地理志补注》，宏博为斯学冠，其经学亦通粹乃尔，而清儒不甚推挹之，何耶？

《约丧礼经传》一卷，清吴卓信撰，清道光十三年（1833）吴江沈氏世楷堂刻清光绪间重印《昭代丛书》本。

吴卓信（1754—1823），字项儒，号立峰，江苏昭文（今江苏省常熟市）人，藏书家。长于经学古文，有藏书处名“澹成居”，著述甚多，撰有《澹成居文钞》《汉书地理志补注》《读诗余论》《仪礼札记》等。

是书乃删改《仪礼》《礼记》中“丧礼”诸篇及其注疏而成，专论古人治丧礼仪制度。条分缕析，纲举目张。文字极简，间有小注。

吴氏《汉书地理志补注》取班固《汉书·地理志》原文，以每一郡国为一卷。每句之下，引证诸书，尤以清人著述为多。该书搜辑赅博，可补缺略。订正讹舛，为稽检者所藉手。

約喪禮經傳

常熟吳卓信項儒著

恩理節權喪之四制也飯腥苴熟天望地藏雖天子不能異而聖人爲之區其隆殺者緣生以事死稱情而立文也未死廢牀求生氣也屬纊於面候絕氣也死於寢當其病時已在寢也疏云天子諸侯謂之路寢卿大夫士謂之適室遷於南牖正尸也幠用斂衾去死衣也主人雞斯禮記作笄纚陳註云笄骨笄纚韜髮之縿主人去冠惟畱笄纚易衣檀弓始死羔裘元冠者易之○親始死雞斯徒跣扱上衽二手承衾而哭問喪文也始死羔裘元冠者易之檀弓文也鄭註以雞斯即笄纚而

易說一卷　海甯查慎行著

四庫著錄慎行所著周易玩辭集解十卷，總目提要稱其亦明白篤實，足破外學附會之說。此編即采彼書卷首十一篇而易以今名也。初白以詩名，而能粹於經學，於此亦見其一斑。

治齋讀詩蒙說一卷　太倉顧成志著

分說篇名、說序、說韵、說雜、新說五門，純以後人作詩話之體說詩，非經說也。然所論頗有精到處。

禮記篇目一卷　溧陽芮城著

禮記本七十子後學者所記，今[illegible]數書之合，非有結構，故小戴既刪大戴，馬融後有增補，本各[illegible]之[illegible]列如此。[illegible]為訂正篇目次第，用力頗勤，然所採於宋者[illegible]矣，將大學中庸抽出，亦習於宋以後之所見耳。

約喪禮經傳一卷　海虞吳卓信著

此書合儀禮、戴記經文注疏，而序次之，於極複雜中[illegible]其條貫，洵善於治經者。若用此法施諸群經，並及子史，其有益後學心力，豈淺尠哉。卓信有漢書地理志補注，宋[illegible]方斯學，冠其經學亦通粹，乃知而諸儒不甚推挹之何耶。

礼记篇目

《礼记篇目》一卷，溧阳芮城著。

《礼记》为七十子后学者所记，本类书之属，非有结构。故小戴既删，大戴、马融复有增补本，无一定之排列也。此书仿吴草庐之意，为订正篇目次第。用力虽勤，然所系于宏旨者抑末矣。将《大学》《中庸》抽出，亦习于宋以后之所见耳。

《礼记篇目》一卷，清芮城撰，清道光十三年（1833）吴江沈氏世楷堂刻清光绪间重印《昭代丛书》本。

芮城，生卒年不详，字岩尹、严尹，后改名长恤，字蒿子，溧阳（今江苏省溧阳市）人。博通群书，国变后不仕，文行为一时之冠，著有《礼记通志》《纲目分注补遗》《沧浪亭集》等。

吴澄（1249—1333），字幼清，抚州崇仁（今江西省乐安县）人，经学家、理学家。南宋灭亡后居家著述，人称“草庐先生”。元至大元年（1308）任国子监丞，元至治元年（1321）任翰林学士。元泰定元年

（1324），敕修《英宗实录》。著有《吴文正集》《易纂言》《礼记纂言》《书纂言》《仪礼逸经传》《春秋纂言》《孝经定本》等。

因吴澄《礼记纂言》篇目排序不当，芮氏病之，遂作此书，历时三十余年乃成。此书未删改原书类次原文，只更定篇目。虽创为通识，用力甚勤，却乏旨要。

易說一卷　海甯查慎行著

四庫著錄慎行所著周易玩辭集解十卷總目提要稱其字字明白篤實足破外學附會之疑此編即采彼書卷首十一篇而易以今名也初自以詩名而能粹於經學讀此可見其一斑

滄齋讀詩蒙說一卷　太倉顧成志著

分說篇名說序說句說節說新說五門絶以後人作詩話之體說詩非經說也然所論頗有精到處

禮記篇目一卷　溧陽芮城著

禮記者七十子後學者所記本雜取數書之屬非有結構故小戴既刪大戴馬融後有增補本無一定之排列也此書仿吳草廬之意為訂正篇目次第用力頗勤然所探於宋儒者頗多矣將大學中庸抽出亦習於宋以後之所見耳

禮表禮經傳一卷　海虞吳卓信著

此書合儀禮戴記經文注疏而序次之於極複雜中論其條貫詢善於治經者若用此法施諸群經並及子史其有裨後學心力豈淺哉卓信撰有漢書地理志補注宋博考斯學冠其經學亦通粹乃亦而法緒不甚推挹之何耶

禮記篇目　廣編卷第三

溧陽芮　城巖尹著

冠義第一

冠者禮之始也既冠而後服備服備則將責以成人之道焉凡五禮皆成人之禮也故視冠者曰棄爾幼志順爾成德成人而後能行禮故曰冠者禮之始也緇布冠而下至篇終本士冠禮之記而雜郊特牲今故以類取之而復歸之冠義

昏義第二

左传旧疏考正

仪征刘孟瞻（文淇）《左传旧疏考正》八卷，其大旨以唐人作五经正义多用旧疏而谓无名，《左传》尤甚。……今取经文之隔阂者，寻其脉络，较其从违，为分条别出之，孰为沈文阿之文，孰为刘氏之说，孰为孔氏增加，孰为唐人改窜，皆援据证明。其用力可谓勤，而用心亦良苦。……若以为一部书中惟驳光伯之语出于冲远，余皆袭旧义，毋乃言之过欤？孟瞻此书，存此一段公案可耳！

《左传旧疏考正》八卷，清刘文淇撰，清道光十八年（1838）刘氏青溪旧屋刻本。

刘文淇（1789—1854），字孟瞻，江苏仪征人。从其舅凌曙（字晓楼）研习诸经，尤肆力于《左传》，与刘宝楠并称“扬州二刘”，著有《左传旧疏考正》《左传旧注疏证》《楚汉诸侯疆域记》《扬州水道记》《青溪旧屋文集》等。

刘氏认为《左传》杜预注、孔颖达疏引先儒文字，皆取其义而不存其名，且多有不合经意处，遂从中钩稽出汉贾逵、服虔、郑玄，南朝陈沈文阿，隋刘炫等旧注，撰成此书。其订正谬说，考证甚勤，有功于旧注之再现。

题记抄自李慈铭《越缦堂读书记·经部·春秋类》“左传旧疏考正”条。对于唐人用旧疏而无名的说法，李慈铭并不同意，他在“用心亦良苦”后又称：“然唐初儒学尚盛，况其时沈之《义疏》，刘之《述议》，遍布人间，世所共习，冲远以耆儒奉敕撰述，而尽掩前人，攘为己有，独不畏人言乎？太宗非可欺之君，士亦何能尽罔，恐非甚无耻者不肯出此也。盖《正义》之病，在于笔舌冗漫，故复沓迂回，接续之间，多不连贯。其间用旧说而失系姓名者，或亦有之。”[1]李氏认为孔颖达《春秋左传正义》弊在繁冗拖沓，而非据前人注疏为己所有。任公抄录时略去此段，似乎对其观点有不同看法。各家看法不同，确可“存此一段公案”。

[1]（清）李慈铭著，由云龙辑：《越缦堂读书记》，上海：上海书店出版社，2000年，第101页。

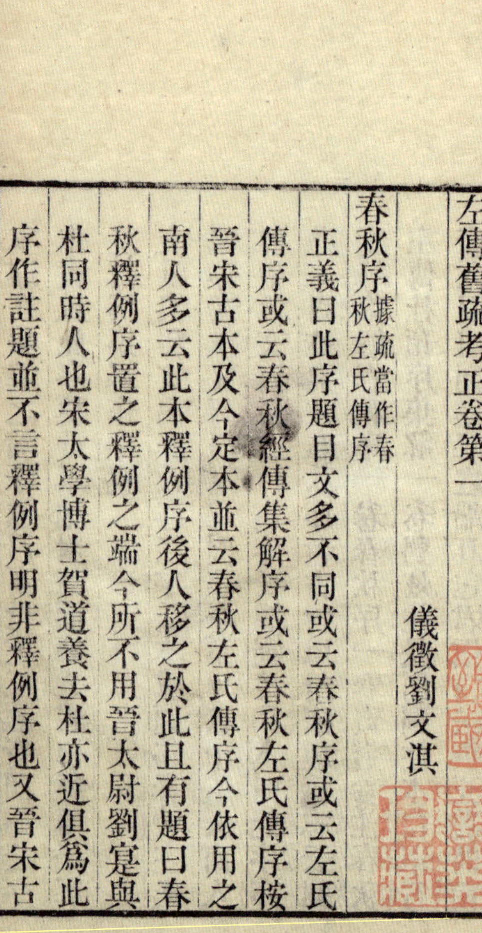

左傳舊疏考正卷第一

儀徵劉文淇

春秋序據疏當作春秋左氏傳序

正義曰此序題目文多不同或云春秋序或云左氏傳序或云春秋經傳集解序或云春秋左氏傳序桉晉宋古本及今定本並云春秋左氏傳序今依用之南人多云此本釋例序後人移之於此且有題曰春秋釋例序置之釋例之端今所不用晉太尉劉寔與杜同時人也宋太學博士賀道養去杜亦近俱爲此序作註題並不言釋例序明非釋例序也又晉宋古

儀徵劉孟瞻文淇左傳舊疏攷正八卷其大指以唐人作五經正義多用舊疏而沒其名左傳尤甚……今取經文之隔越者尋其脈絡發其從違為分條剖出之號為沈文阿之文號為劉氏之說號為孔氏增加號為唐人改竄皆援據證明其用力可謂勤而用心亦良苦……若以為一部書中惟駁先儒之說出於沖遠餘皆襲舊義毋乃言之過歟孟瞻此書存此一段公案可耳

孝经

景宋本唐玄宗《御注孝经》

周叔弢赠。丁卯六月，启超记藏。

《孝经》，唐玄宗注，民国十六年（1927）天津周暹影印本。

李隆基（685—762），初封楚王，后改封临淄王。唐唐隆元年（710），与太平公主联手发动“唐隆政变”，诛杀韦后集团。唐先天元年（712），于长安太极宫登基称帝。在位前期励精图治，开创了开元盛世；后期怠慢朝政，导致安史之乱。唐天宝十五年（756）禅位。唐宝应元年（762）病逝于长安，谥号至道大圣大明孝皇帝，庙号玄宗。至清为避康熙帝讳，多称为唐明皇。

周叔弢（1891—1984），原名暹，字叔弢，后以字行，安徽建德（今安徽省东至县）人，实业家、收藏家。收藏名家批校善本甚多，又校勘古籍，翻刻稀见珍本，如宋本《寒山子诗集》《宣和宫词》《孝经》《屈原赋》等。

历代帝王注《孝经》者，有晋元帝《孝经传》、晋孝武帝《总明馆孝经讲义》、梁武帝《孝经义疏》等，皆亡佚，唯唐玄宗注列于《十三经注疏》而传世。此书影印底本为元相台岳氏荆溪家塾刻本《孝经》，原断为宋刻，经张政烺考证为元初刻本。底本原为明晋府旧藏，后递藏于季振宜、徐乾学，又入清内府。弢翁收得此书后，自称“孝经一卷人家”，颜其室曰“一卷孝经斋”。1927 年嘱上海涵芬楼以珂罗版影印三百部，即此本，1928 年又影刻行世。

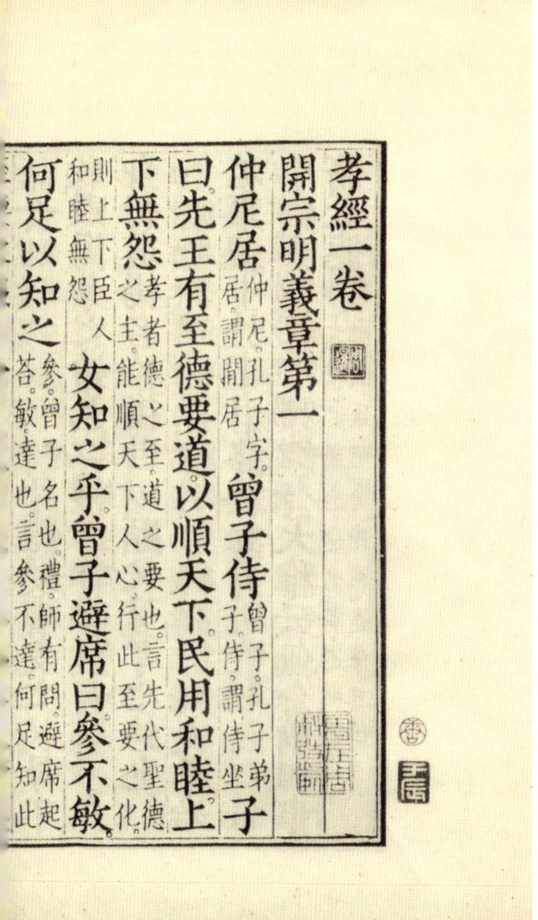

孝經一卷

開宗明義章第一

仲尼居仲尼孔子字居謂閒居曾子侍曾子孔子弟子侍謂侍坐子曰先王有至德要道以順天下民用和睦上下無怨孝者德之至道之要也言先代聖德之主能順天下人心行此至要之化則上下臣人和睦無怨女知之乎曾子避席曰參不敏何足以知之參曾子名也禮師有問避席起荅敏達也言參不達何足知此

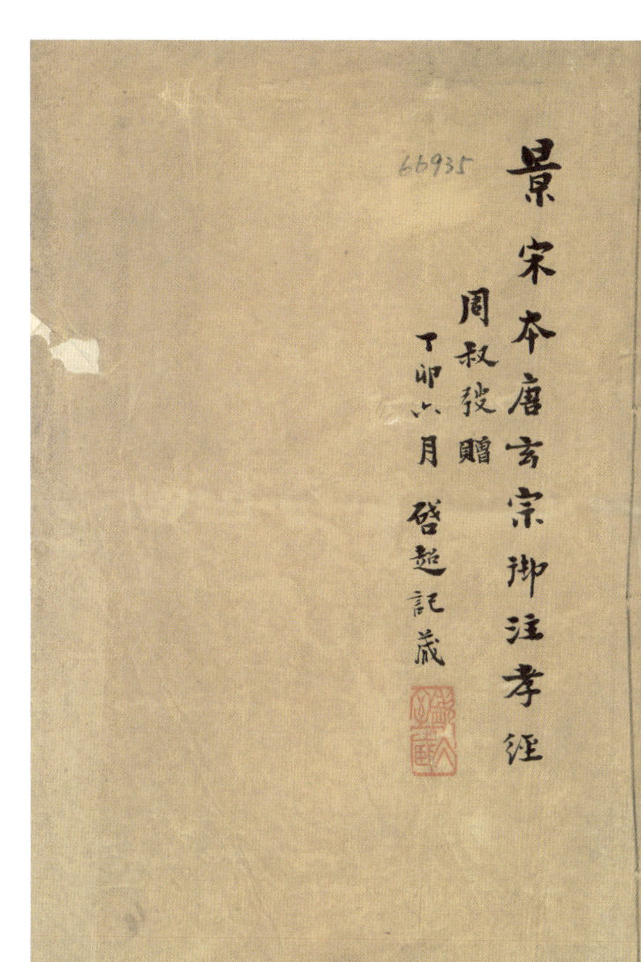

景宋本唐玄宗御注孝經

周叔弢贈

丁卯六月　啓超記蔵

四书章句集注

景宋本《四书》，饮冰授思成读。

此书为王文敏所藏，有潘文勤题签，在今已成瑰宝矣。思成方将就学于外，惧其荒国学而骤大本也，以此授之，俾终身诵焉。壬子十一月，启超。

《四书章句集注》二十六卷，宋朱熹集注，清嘉庆十六年（1811）璜川吴氏真意堂刻本。

梁思成（1901—1972），广东新会（今广东省江门市新会区）人，建筑学家。梁启超长子。1923 年毕业于清华学校，次年赴美国宾夕法尼亚大学建筑系学习。1927 年进入哈佛大学学习建筑史。1928 年回国，先后在东北大学、中国营造学社、清华大学等处任职。

王懿荣（1845—1900），字正儒，一字廉生，山东福山（今山东省烟台市福山区）人，金石学家、收藏家。清光绪六年（1880）进士，授翰林院编修。后任国子监祭酒、京师团练大臣等职，卒谥“文敏”。发现甲骨文之第一人，著有《汉石存目》《古泉选》《南北朝存石目》《福山金石志》等。

潘祖荫（1830—1890），字东镛，号伯寅，江苏吴县（今江苏省苏州市）人，金石学家、藏书家。清咸丰二年（1852）探花，授编修。历任光禄寺卿、左副都御史、刑部尚书、军机大臣等职，卒谥“文勤”。著有《滂喜斋读书记》《滂喜斋藏书记》《潘文勤公奏疏》《潘文勤公书札》《东陵日记》等，辑有《滂喜斋丛书》《士礼居藏书题跋记》等。

《四书章句集注》简称《四书》，是朱熹注释《大学》《中庸》《论语》《孟子》之总集，程朱理学的标志性著作，自南宋以来渐成最权威、流传最广泛的读本，科举必备用书。此本原为王懿荣所藏，钤有“王懿荣印”“王氏第七副榜第五十七举人第二十五进士第六庶常”“王正孺”“懿荣印信”等印，潘祖荫为之题签。

辛亥革命后，梁思成随父母从日本回国，1912 年就读于北京崇德国小。因是新式学校，任公惧其荒废国学，故授此书，期其终身诵读。

以此授之俾終身誦焉
壬子十一月　啓超

四書章句集注定本辨

吳邑吳英伯和氏撰

辛未夏兒志忠學輯四書朱子注之定本句考之而有所疑折衷於予此非易事也得不盡心焉定本句有不待辨者有猶待辨者有不可不辨者不待辨者維何如大學誠意章故必謹之於此以審其幾焉爲定本其初本則曰慊與不慊其幾甚微如此之類是也猶待辨者維何如大學聖經章欲其必自慊此初本非定本其定本則曰欲其一於善論語爲政章行道而有得於心也此初本非定本其定本則曰得於心而不失也如此之類是也不可不辨者維何如中庸首章蓋人知己之有性而不知其出於天知事之有道而不知其由於性知聖人之有教而不知其因我之所固有者裁之也故子思於此

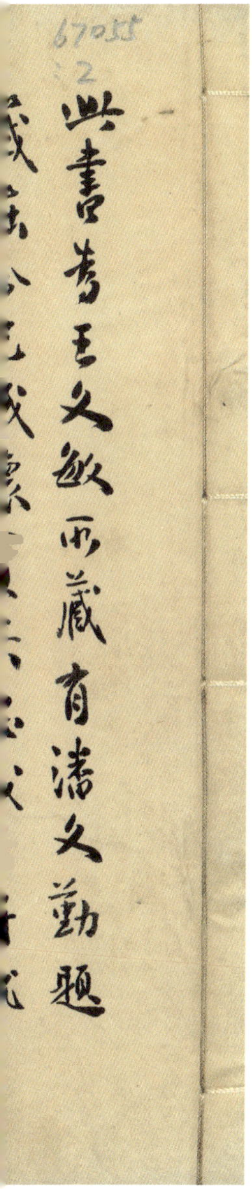

景宋本四書

飲冰樓思成讀

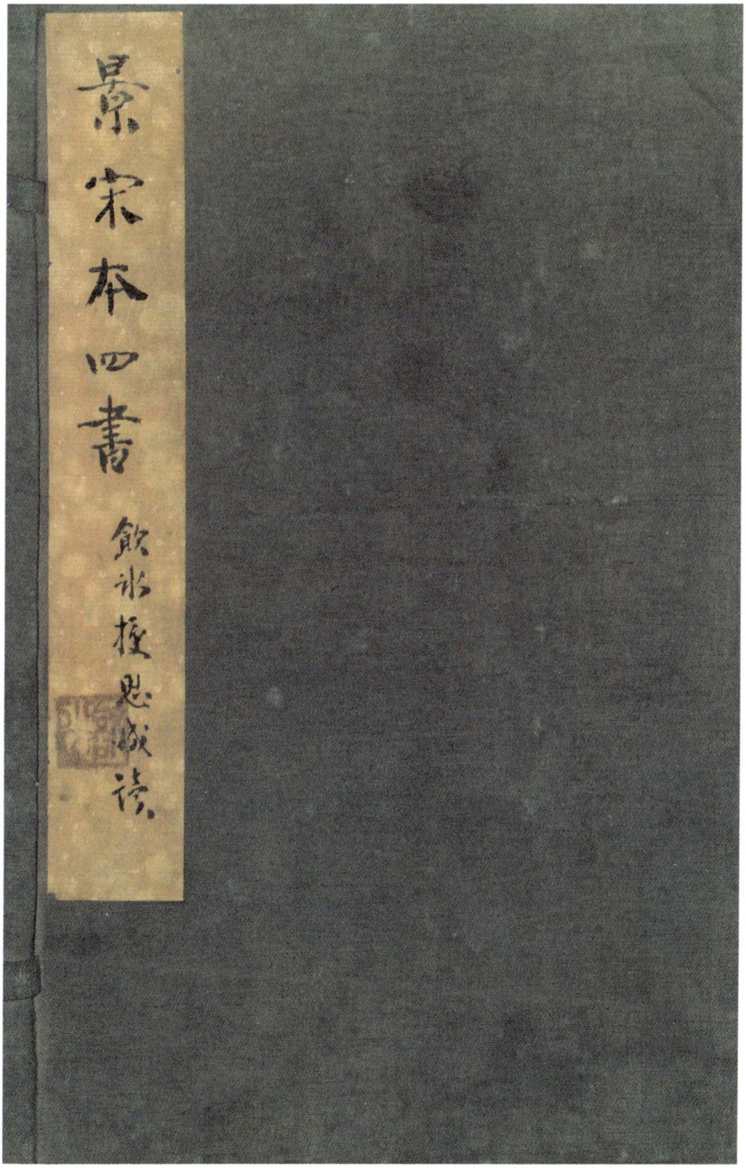

十五

大學章句 大舊音泰今讀如字

子程子曰大學孔氏之遺書而初學入德之門也於今可見古人爲學次第者獨賴此篇之存而論孟次之學者必由是而學焉則庶乎其不差矣

大學之道在明明德在親民在止於至善 程子曰親當作新○大學者大人之學也明明之也明德者人之所得乎天而虛靈不昧以具衆理而應萬事者也但爲氣稟所拘人欲所蔽則有時而昏然其本體之明則有未嘗息者故學者當因其所發而遂明之以復其初也新者革其舊之謂也言既自明其明德又

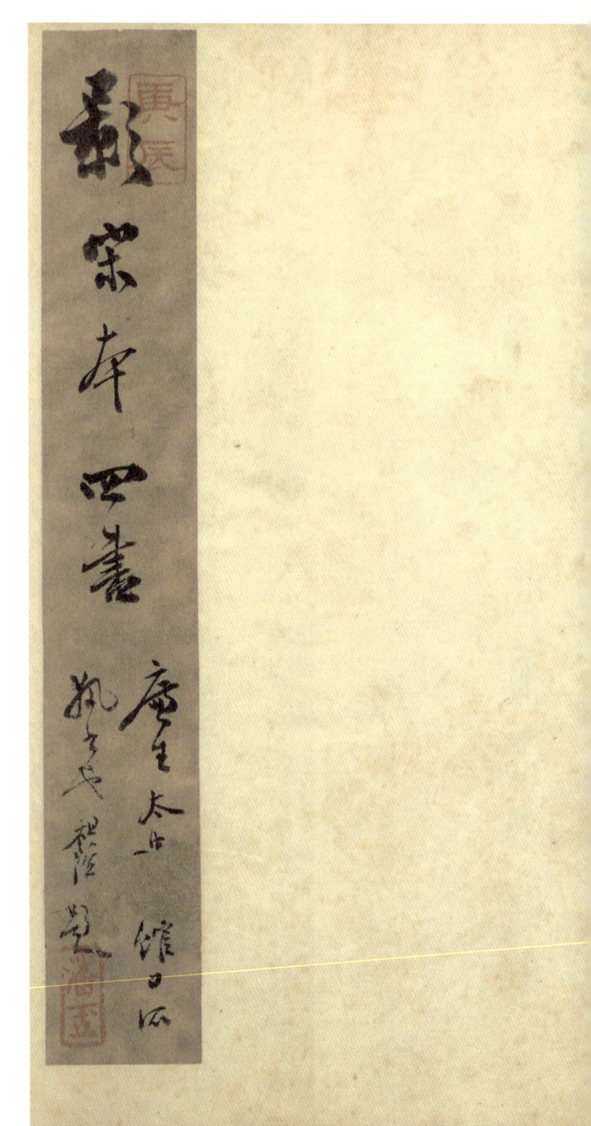

十三经绎

吾宗忠璇公（斗辉）著《经绎》九卷，胡石青得之坊肆，以归余。谨案县志，公花桥亭人，明万历二十五年举人。以榷监罗织，下诏狱五年。与冯应京等四十余人，狱中讲学不倦。著《经世实用》《黄河议荐辟人物考》《马政书》《任官考》《十三经绎》，皆狱中稿也。后遇赦，以天启二年任湖广通城县教谕，擢国子监学正，迁太平府同知。执法不挠，称铁面江防。以事去官，卒年九十。据本书李序，则公之下狱，实由上书争弊政故，以此罹逆珰忌也。书似刻于太平，故发刻人姓氏多太平僚友。此书不脱明人谭经窠臼，自是时代使然。惟公之大节醇德，借此以传一二，则吾子孙所宜永宝耳。辛酉三月三十日，族孙启超敬识。

本书自序云："万历壬寅孟冬，识于北寺。"壬寅，万历三十年，距今三百十九年前也。

《十三经绎》九卷，明梁斗辉撰，明天启七年（1627）刻本。

梁斗辉，生卒年不详，字忠旋，广东新会（今广东省江门市新会区）

人。明万历二十五年（1597）举人。为榷监诬，执逮系大理，在狱五年。其间，与冯应京、华钰、何栋如等四十余人，讲学读书不辍。后遇赦，削籍归里，授徒大云寺。天启二年（1622），任湖广通城教谕，擢国子学正，迁太平同知，摄繁昌令，以事去官。著有《取士议》《采珠议》等。

胡汝麟（1879—1941），字石青，河南通许人，教育家、实业家。毕业于京师大学堂优级师范科，曾任河南省议会议长。1913 年当选为众议院议员。1917 年 8 月至 1918 年 7 月任全国烟酒公卖局总办。后任吴淞中国公学代理校长，北洋政府教育部次长，中原煤矿公司总经理，华北大学校长，北京大学、河南大学教授等职。

该书对儒家十三经进行系统研究与注释。经文之前，附以提要，说明要旨。注释引证详博，力究微言大义。

梁启超与胡汝麟往来甚早，政见较为一致。清光绪三十一年（1905），中国公学成立。胡汝麟长期担任该校董事，梁启超也一直支持中国公学，且关系密切。1913 年 5 月，为对抗国民党在国会第一大党的地位，民主党、共和党和统一党合并为进步党，选举梁启超等为理事，胡汝麟为党务部副部长。1920 年 4 月，梁启超成立共学社，胡汝麟为发起成员之一。

吾宗忠琥公手輯著經繹九卷胡谷青浔之坊肆以帰余謹案縣志公花橋亭人明萬歷二十五年舉人以椎監羅織下詔獄五年与馮應京等四十徐人獄中講學不倦著經世實用黃河議蔦存人物考島政書任官考十三經繹皆獄中稿也後遷欽以天啟二年任湖廣通城縣教諭擢國子監學正遷太平府同知執法不撓稱鐵面江防以事去官卒年九十據本書李序則公之下獄實由上書爭擊政致以此罹逆璫忌也書係刻於太平故從刻人姓氏多太平僚友此書不脫明人譚經窠臼自是時代使然惟公之大節醇德藉此以傳一二則

經繹

易經

吾子孫所宜永寶耳

辛酉三月三十日族孫啓超敬識

本書自序云萬曆壬寅孟冬識於北寺之寅齋

萬曆三十年距今三百十九年前也

經繹卷之一

易總論

昔者包犧氏運際邃古道合玄冥天應以鳥獸文章地應以河圖洛書於是則而象之始畫八卦而先天圖作焉圖有畫無文首八卦衡圖次圓圖次六十四卦衡方圓各有圖而宇宙橐籥生成覆幬持載大儀法象若雜撰流形之縕畢具易曰天地之大德曰生易有太極是生兩儀兩儀生四象四象生八卦首畫一象乾乾陽物也乾爲天天體虛虛而實其中故立奇象次畫一象坤坤陰物也坤爲地

声律通考

《声律通考》十卷，陈兰甫先生著。

先生有《复曹葛民书》，叙述著此书之甘苦。末云："古人云'藏之名山，传之其人'，今则无名山可藏，虽有门人数辈，皆为经生，不解音乐。欲传其人，而不知谁属也。象州郑小谷见此书，叹曰：'有用之书也！君著此书辛苦，我读此书亦辛苦。'嗟乎！辛苦著书，吾所乐也。有辛苦读之者，吾愿足矣！若其有用，则吾不及见矣！其在数十年后乎？"启超夙不治此学，虽欲辛苦读之而不能也，顾深信言古乐未能逾先生书者。今国中治海西乐学者既渐有其人，行且返而求诸吾国所固有，则舍先生奚以哉？所谓致用在数十年后者，其悬记决不虚矣。先生《复郑小谷书》又言"考声律时，购求陈旸《乐书》不得"，可见寒士治学之难。难如彼而所成如此，先生益过人远矣！癸亥三月廿五日，后学梁启超敬跋。

《声律通考》十卷，清陈澧撰，清咸丰光绪间羊城刻《番禺陈氏东塾丛书》本。

陈澧（1810—1882），字兰甫、兰浦，号东塾，广东番禺（今广东省广州市）人，世称东塾先生，经学家、教育家、思想家，清代广东九老之一。清道光十二年（1832）举人，曾任河源县训导，先后受聘为学海堂学长、菊坡精舍山长。前后执教数十年，提倡朴学，弟子众多，形成“东塾学派”，乃广东近代学术史上重要人物。著有《东塾读书记》《汉儒通义》《声律通考》等。

此书为陈氏所撰声律专著，论及律、调、谱、器诸方面，成于咸丰八年（1858）。因见凌廷堪《燕乐考原》多有谬误，惧古乐于此遂绝，乃考古今声律以成之。因是书过于专精，不仅门弟子“不解音乐”，难以传之，身为“两粤宗师”之郑小谷（字献甫）读之亦觉“辛苦”，更可想见陈氏学问之精博淹通。

聲律通考十卷

陳蘭甫先生著

先生有復曹葛民書敘述著此書之旨吾未云古人云藏之名山傳之其人今則無名山可藏雖有門人數輩皆為經生不解音樂所傳其人亦不知誰屬也象州鄭小谷見此書歎曰有用之書也君著此書六年若哉讀此書亦幸若注漢書後漢書至今未必有幸讀之者吾願足矣若其有用則吾不及見矣其在數十年後乎啓超夙不治此學雖然幸吾讀之而不能也頃治往之古樂來能通先生書者今國中治海西樂學者既漸有其人行且返而求諸吾國所固有則舍先生奚以哉所謂致用在數十年後者其驗記決不爽矣先生復鄭小谷書又云考聲律時嬪求陳暘樂書不得蓋可見寒士治學之艱難如彼而所成就如此先生益遇人遠矣

癸亥三月廿五日　後學梁啓超敬跋

聲律通考卷一

番禺陳澧撰

古樂五聲十二律還宮考

周禮大師曰掌六律六同以合陰陽之聲陽聲黃鍾大蔟姑洗蕤賓夷則無射陰聲大呂應鍾南呂函鍾小呂夾鍾皆文之以五聲宮商角徵羽

又大司樂曰凡樂圜鍾為宮鄭注云圜鍾夾鍾也黃鍾為角大蔟為徵姑洗為羽冬日至於地上之圜丘奏之若樂六變則天神皆降可得而禮矣凡樂函鍾為宮鄭注云函鍾林鍾也大蔟為角姑洗為徵南呂為羽夏日至於澤中之方丘奏之若樂八變則地示皆出可得而禮矣凡樂黃鍾為宮大呂為角大蔟為徵應鍾為羽於宗廟之中奏之若樂九變則人鬼可得而禮矣

禮記禮運曰五聲六律十二管還相為宮也正義曰黃鍾為第一宮下生林鍾為徵上生大蔟為商下生南呂為羽上生姑洗為角林鍾為第二宮

论语通释

焦里堂《论语通释》一卷

体例与戴氏《孟子字义疏证》略同。其论治学忌执一，最多精语。里堂治学家数，与东原多相近，其年之不永亦同。惜哉！癸亥三月，启超读竟记。

《论语通释》一卷，清焦循撰，清光绪间刻《木犀轩丛书》本。

焦循（1763—1820），字理堂、里堂，江苏甘泉（今江苏省扬州市）人，哲学家、数学家、戏曲理论家。清嘉庆六年（1801）举人，著有《易章句》《易通释》《孟子正义》《剧说》《雕菰楼集》等。

该书撰成于嘉庆九年（1804）。原为“圣”“大”“仁”“一贯忠恕”等十二篇，焦氏晚年增“异端”“多”“据”三篇，改为十五篇，且次序有异。该书重在阐述义理，轻于训诂考据。因心服戴震《孟子字义疏证》，故此书体例与之相近，更欲补戴氏之局限，阐发孔子“一贯忠恕”之说，为常人求《论语》之实旨。后又觉此书“简而未备”，遂撰《论语补疏》二卷以求详备。

焦里堂論語通釋一卷

體例與戴氏孟子字義疏證略同其論治學忌執一最為精諦 里堂治學家數與東原多相近其年之不永亦同惜哉

癸亥三月 [illegible]讀竟記

論語通釋

江都焦循學

自周秦漢魏以來未有不師孔子之人雖農工商賈廝養隸卒未有不讀論語者然而好惡毀譽之私不獨農工商賈廝養隸卒有之而士大夫爲尤甚夫讀孔子書而從事于論語自少且至于老而好惡毀譽之私不能免則論語雖讀而其指實未嘗得讀論語而未得其指則孔子之道不著孔子之道所以不著者未嘗以孔子之言參孔子之言也余嘗善東原戴氏作孟子字義考證于理道性情天命之名揭而明之若天日、而惜其于孔子一貫忠恕之說未及闡發

辅轩使者绝代语释别国方言

《方言》十三卷

华阳王氏依宋庆元本覆印，附校记。乙丑端午，启超题藏。

《輶轩使者绝代语释别国方言》十三卷，汉扬雄撰，晋郭璞注；附《宋本方言校勘记》一卷，王秉恩撰，民国二年（1913）江安傅增湘覆刻本。

扬雄（公元前 53—公元 18），字子云，蜀郡郫县（今四川省成都市郫都区）人，文学家、思想家。著有《太玄》《法言》《輶轩使者绝代语释别国方言》等，明人辑有《扬子云集》。

郭璞（276—324），字景纯，河东闻喜（今山西省闻喜县）人，文学家、训诂学家。历任宣城、丹阳参军，著作佐郎，尚书郎等，著有《尔雅注》《方言注》《山海经注》《游仙诗》《江赋》等，明人辑有《郭弘农集》。

王秉恩（1845—1928），字息存，一作雪岑、雪澂、雪丞、雪城，号茶龛，四川华阳（今四川省成都市）人，藏书家、书法家，精校勘目录之学。清同治十二年（1873）举人，历任广东提法使、按察使、广雅书局提调等，著有《养云馆诗存》等。

傅增湘（1872—1949），字润沅，号沅叔，别署双鉴楼主人、藏园居士、藏园老人等，四川江安人，藏书家。清光绪二十四年（1898）进士，选翰林院庶吉士。曾任肃政厅肃政使、内阁教育总长、故宫博物院图书馆馆长等职，著有《藏园瞥目》《藏园群书经眼录》《藏园群书题记》《双鉴楼杂咏》等。

《辅轩使者绝代语释别国方言》简称《方言》，乃扬雄仿《尔雅》体例而创作，分《释语词》《释服制》《释器物》《释兽》《释兵器》《释草虫》等篇目，是我国第一部汉语方言学著作。原书十五卷，今存十三卷。

民国元年（1912），傅增湘购得盛昱（字伯熙）所藏宋庆元六年（1200）寻阳郡斋刻本《方言》，该书为现存最早刻本。其流传颇罕，版刻风格与一般宋本不同。为嘉惠学林，傅氏请日本小林氏以珂罗版影印行世，后又请湖北黄冈刻书名手陶子麟精摹付印，王秉恩校勘，编入《蜀贤丛书》。此本即陶子麟刻本，卷末镌“湖北黄冈陶子麟刊”木记。原本有傅氏题识，另有邓邦述、袁克文、内藤虎、吴昌绶、李盛铎等人题跋，此本无。

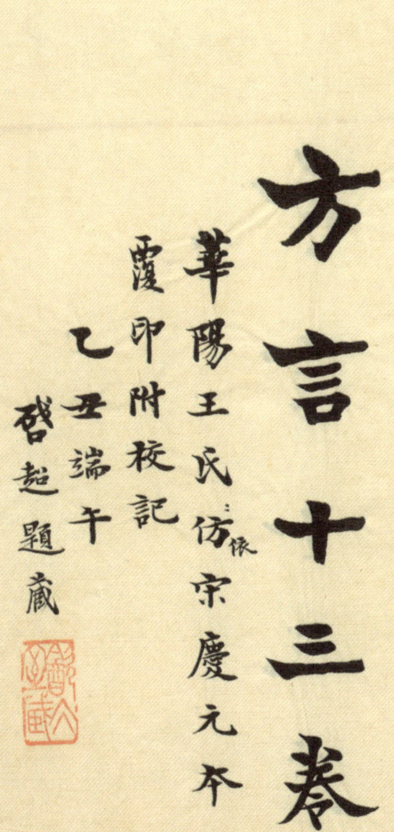

輶軒使者絶代語釋別國方言第一

黨曉哲知也楚謂之黨黨朗也解寤皃或曰曉齊宋之間謂之哲

虔儇慧也謂慧了音翾秦謂之謾言謾訑音訑大和反謾莫錢又亡山反晉謂之㦜音悝或莫佳反宋楚之間謂之倢言便倢也楚或謂之䜏他和反亦今通語自關而東趙魏之間謂之黠或謂之鬼言鬼眎也

说文解字句读

王菉友自校《说文句读》稿本，乙卯四月游九江，谒朱先生祠堂，于其家敝簏中得之。菉友与九江交期至笃，著书时多所商榷，九江遗集可稽也。丁巳四月重装题记，梁启超。

《说文解字句读》十五卷，清王筠撰，清稿本。存二卷：卷五（上下）、卷十二（上下）。

王筠（1784—1854），字贯山，号箓友，山东安丘人，语言学家、文字学家。清道光元年（1821）举人，曾任山西乡宁知县，署徐沟、曲沃知县。“说文四大家”之一，著有《说文释例》《文字蒙求》《说文句读》等。

朱次琦（1807—1882），字子襄，号稚圭，世称九江先生，广东南海（今广东省佛山市南海区）九江镇人，教育家、诗人。道光二十七年（1847）进士。主张教育要经世致用，门人众多，著名者有康有为、简朝亮等。提出经学与史学相结合以强化史学地位，与简朝亮、康有为一起成为广东“九江学派”的重要代表，简朝亮集其诗文为《朱九江先生集》十卷。

朱次琦进士及第后，以“即用知县”分发山西。清道光二十九年（1849）至清咸丰五年（1855）游宦山西，与王筠结识并长期交往。此时，朱氏思想走向成熟，也因与王筠交往而扩大了学术视野。二人定为忘年交，相互间交往文字，现多存于《朱九江先生集》《朱氏传芳集》和《清诒堂文集》中。《说文解字句读》成书于道光三十年（1850）。任公得其稿于朱次琦家中，盖因朱氏对王筠及其学识评价甚高，会遇此书欲刻而未成，其虽已归乡村居，闻之多次索求书稿，愿在其乡为之助刻，故王筠将此稿寄往岭南，终于清同治四年（1865）刻成。

說文解字句讀第五上

漢太尉南閣祭酒許氏記

安邱王　筠撰集

益都陳山嵋

晉江陳慶鏞　訂正

六十三部　文五百二十七文　重百二十二

凡七千二百七十三字

竹　冬生艸也初學記引無艸字冬生者猶曰經冬猶綠林耳若夫冬筍終不出地而成竹也爾雅竹在釋艸山海經云其艸多竹且竹艸二篆顛倒即是故謂之艸象形下文仍云象形不云從到艸者微見其意不可肎為正訓也形下垂者箁箬也書顧命敷重筍席馬云筍箬箬也案箬箬乃苞筍之皮非即筍也今名竹籜陟玉切凡

示下云三垂日月星也　亂云從斗下垂皆其例　初學記引無垂字非

一

王篆友自校說文句讀稾本乙卯四月游九江得朱先生祠堂於其家敝簏中得之篆友与九江交期至篤著書时多所商搉九江遺集可稽也

丁巳四月重裝題記

梁啟超

唐写本切韵残卷

敬呈任公师。树达，十一年九月。

《唐写本陆法言切韵残卷》

王静安影钞石印。

《唐写本切韵残卷》三卷，隋陆法言撰，民国十年（1921）石印本。

陆法言（562—？），名词，字法言，魏郡临漳（今河北省临漳县）人，音韵学家，著有《切韵》五卷。

杨树达（1885—1956），字遇夫，号积微，湖南长沙人，语言文字学家、历史文献学家。清宣统元年（1909），就读于日本京都第三高等学校。1911 年回国后任职于湖南省教育司，历任湖南图书馆编译、北京法政专门学校教授、国立武汉大学教授、湖南大学中文系主任、中央研究院院士、中国科学院学部委员等职，著有《汉书补注补正》《词诠》《马氏文通刊误》《积微居小学金石论丛》《积微居金文论》等。

1921年秋，伯希和将敦煌本《切韵》照片寄予罗振玉，罗氏本拟影印出版，因印费难措，遂嘱王国维手写以先行世。10月1日起，王国维费二十三日之力抄校完毕。北京大学马衡得知此事，去信求录副本。因抄手难觅，又与商务印书馆商印未成，王国维思大学欲阅此书者众，建议马衡在京师大学中集资付印五百部，二人商定后终于春节前印出此书。

题记分别由杨树达、梁启超二人书写。任公所收赠书甚多，但并存双方题记者十分少见。杨氏幼时入读长沙时务学堂，与时任中文总教习的梁启超［上任于清光绪二十三年（1897）冬，执教三月有余］曾有一段师生情谊。1920年8月，杨树达进京任职于教育部国语统一筹备会，并在北京高等师范学校等处兼职。其时，任公也因政坛遇挫而转入学术研究，次年开始在南开大学主讲史学研究。二人师生情缘得以延续，其后仍互有赠书、探讨学问。1923年，梁启超《先秦政治思想史》付梓后，即寄赠杨氏一册，后又邀其为《清代学术三百年史讲稿》勘误。任公逝世前仍致函杨氏，希望读其所摘韩非子引用《左传》条目，商讨《列子》是否为东晋人伪作等问题；杨树达也多次向任公请益，撰成《〈盐铁论校注〉自序》后，即呈送求教，并曾前往燕京大学听其讲授“中国之伪书”，并商榷所著《群书概要》之问题。

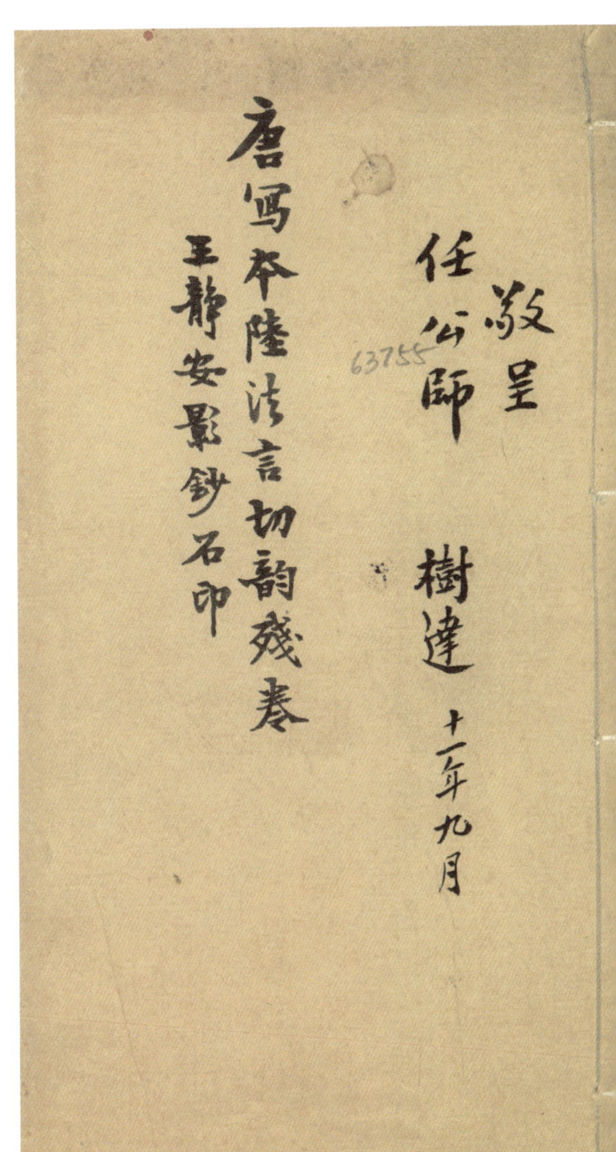

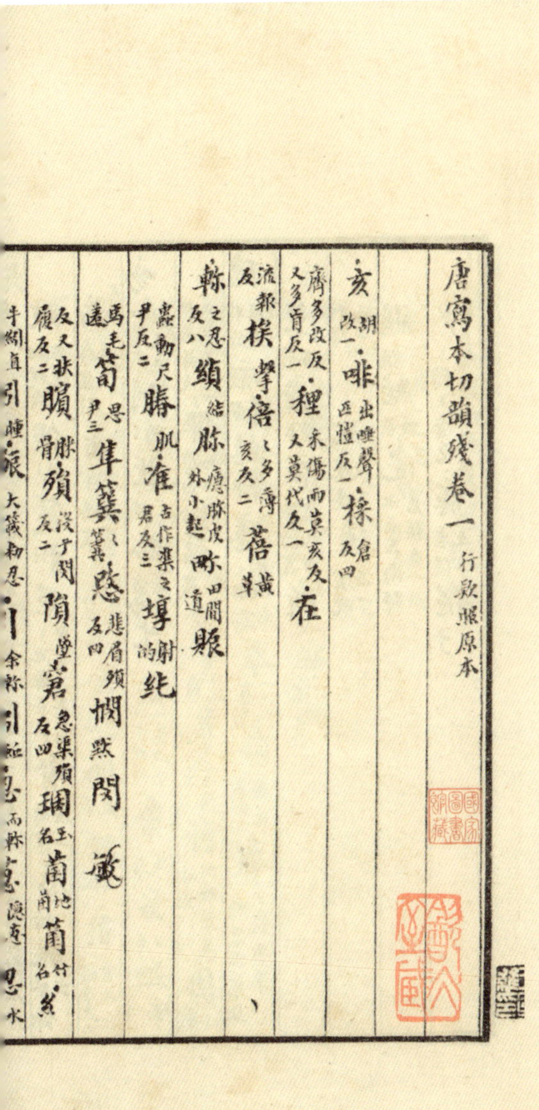
唐寫本切韻殘卷一 行款照原本

亥 胡改一 · 咍 出唾聲 匹愷反一 · 倸 倉反四

䆀 多改反 又多肎反一 · 䆀 禾傷雨 莫亥反 又莫代反一 · 在

挨 流都反 · 擊 · 倍 亡多薄亥反二 · 蓓 黃草

䑋 之忍反八 · 縝 結 · 胗 瘡胗皮外小起 · 畛 田間道 · 賑

蠢動 尺尹反二 · 䐤 肌 · 准 古作準 之君反三 · 埻 射的 · 純

馬毛遠 · 笱 思尹三 · 隼 · 簨 · 筍 · 愍 悲眉反四 · 憫 · 𢘓 · 閔 · 敏

又又狀履反二 · 䐇 · 骨 · 殞 沒于閔反二 · 隕 墜 · 窘 急渠殞反四 · 瑚 玉名 · 菌 地菌 · 箘 竹名 · 系

手網直引 · 螼 · 𤵸 大穢 初忍 · 囗 余紾 · 引 · 忍 而軫 · 水

切韵考

《东塾集·四》“与赵子韶书”云：“仆考《切韵》，无一字漏略，盖专门之学必须如此。但恐有武断处，如段茂堂之于《说文》耳。仆为此甚辛苦，若有疏误，亦犹亭林先生之古韵，后人因而加密可耳。”读此可见先生著述之阅历甘苦，惟书中即据《广韵》为陆法言《切韵》，盖由《切韵》久佚，先生不获见也。光绪末，《切韵》残卷发见于敦煌石室，其本今存巴黎图书馆。王静安影写印布，据称《广韵》部目及其次序皆与陆韵不同，然则先生所谓此书以明陆氏之学者，其果为陆学与否，尚俟商榷也。吾于兹学未尝用力，不敢有所论列，记之以俟将来。癸亥三月，后学梁启超跋。

《切韵考》六卷《外篇》三卷，陈兰甫先生著。

《切韵考》六卷《外篇》三卷，清陈澧撰，清咸丰光绪间羊城刻《番禺陈氏东塾丛书》本。

此书分内外篇，为探究孙炎、陆法言“切语旧法”而作，成于清道光二十二年（1842）。陈氏认为以宋元等韵学方法考析隋唐韵书不够精密，当考据《广韵》自身材料来进行客观研究。因《切韵》之书存于《广韵》，首创反切系联法以考证《广韵》声韵系统，以图恢复《切韵》音系。陈氏以此法探明《广韵》声韵系统，增加了大量音韵学材料，为后人所沿用。但该法非不刊之论，亦有不精密之处。

東塾集四與趙子韶書云澧考切韻無一字漏略蓋專門之學必須如此但恐有武斷如段茂堂之於說文耳澧爲此甚辛苦若有疏誤亦猶亭林先生之古韻後人因而加密可耳讀此可見先生著述之困虞甘苦惟書中即據廣韻考陸法言切韻蓋由切韻久佚先生不獲見也光緒末切韻殘卷發見於敦煌石室其本今存巴黎圖書館王靜安寫影印布據證廣韻部目及其次序皆與陸韻不同然則先生所謂此書以明陸氏之學者其果爲陸學與否尚俟商榷也奉於茲業未嘗用力不敢有所論列記之以俟將來

癸亥三月後學梁啓超跋

切韻考六卷外篇三卷

陳蘭甫先生著

切韻考卷一　序錄　　番禺陳澧撰

序

自孫叔然始爲反語雙聲疊韻各從其類由是諸儒傳授四聲韻部作焉而陸氏切韻實爲大宗蓋自漢末以至隋代審音之學具於斯矣唐季沙門始立三十六字母分爲等子字母之名雖由梵學其實則據中土切音然音隨時變隋以前之音至唐季而漸混字母等子以當時之音爲斷不盡合於古法其後切語之學漸荒儒者昧其源流猥云出自西域至

國朝嘉定錢氏休甯戴氏起而辨之以爲字母卽雙聲等子卽疊韻實齊梁以來之舊法也二君之論既得之矣澧謂切語舊法當求之陸氏切韻切韻雖亡而存於廣韻乃取廣韻切語上字系聯之爲雙聲四十類又取切語下字系聯之每韻或一類或二類或三類四類是爲陸氏舊法隋以

路史

罗长源《路史》，取司马子长所谓搢绅先生难言者而言之，嗜博而荒之讥，信所不免。然其比类钩索之勤，不可诬也。其国名纪之一部，条贯绵密，实史界创作；且其时古本《竹书纪年》及皇甫士安辈所著书皆未亡佚，其所取材者多今日所不及睹，故可宝也。此本为元和惠氏旧藏，每册咸有定宇先生名字、小印，全部圈点，且有手批一百六十一条、校补文字十三处。虽未署名，观其考证之精审与书法之朴茂，则为定宇手泽无疑也（手批有朱墨两种，墨笔手迹亦有十余条异书势者。惠家累代传经，或其父子祖孙所经读耶？）。得此如捧手与二百年前大师晤对，欣幸何极！癸亥二月十五日，梁启超跋。

元和惠氏旧藏明万历本《路史》

癸亥二月归饮冰室。

第一册目录下有"稽瑞楼"小印，知尝归常熟陈氏。续检《稽瑞楼书目》，云："《路史》二十四册，惠半农阅本，然则批点又出定宇前矣。”今此本正二十四册，则衬纸亦惠氏之旧也。半农先生提学广东，吾粤人知有汉学，实先生导之。吾家有半农手书立轴，当与此书同宝也。二月十六日，启超再跋。

稽瑞楼为常熟陈子准家藏书之所。此书殆由红豆山房散出后，即入稽瑞也。启超记。

《路史》四十七卷，宋罗泌撰，明万历三十九年（1611）乔可传刻本。

罗泌（1131—1189），字长源，号归愚，吉州庐陵（今江西省吉安县）人，文学家。著有《路史》《易说》《六宗论》《三汇详证》《九江详证》等。

陈揆（1780—1825），字子准，江苏常熟人，藏书家、校勘学家。因购得唐刘庚《稽瑞》一书，而称藏书楼为“稽瑞楼”。著有《六朝水道疏》《稽瑞楼文草》等，辑有《琴川志注草》《虞邑遗文录》《稽瑞楼书目》等。《稽瑞楼书目》收书两千三百部，著录善本二百二十多种。

惠士奇（1671—1741），字天牧，又字仲孺，号半农居士，学者称红豆先生，江苏吴县（今江苏省苏州市）人，吴派经学家。清康熙四十八年（1709）进士，选翰林院庶吉士。康熙五十九年（1720）充湖广乡试正考官，是年冬提督广东学政。任上褒奖人才，力倡经学，使广东学风、文风大兴。著有《红豆斋诗文集》《易说》《礼说》等。

惠栋（1697—1758），字定宇，号松崖，藏书家、校勘学家、经学家。士奇次子。治经崇汉学，时称小红豆先生。自其祖周惕（原名恕，字元龙，又字砚溪，号红豆主人）始邃于经学，三世传经，卒成吴派经学的代表人物。著有《易汉学》《易例》《古文尚书考》《九经古义》《后汉书补注》《山海经训纂》《松崖文钞》等。

此书记上古以来历史、地理、风俗、氏族等史实与传说，征引旁博，文采瑰丽，但不免穿凿附会，故后世毁誉皆有。任公《中国历史研究法补编》称之为宋代史学八部创作之一。此本经惠士奇收藏、批阅，惠栋评点，陈揆稽瑞楼钤印、录入书目，终由梁启超题跋，递藏源流清晰，洵为至宝！

羅長源路史取司馬子長所謂搢紳先生難言者而言之，嗜博而荒之譏信所不免，然其比類鉤索之勤不可誣也。其國名紀之一部，條貫綿密，實史界創作。且其時古本竹書紀年及皇甫士安等所著書皆未亡佚，其所取材者多今日所不及覩，故可寶也。此本為元和惠氏舊藏，每冊咸有定宇先生名字小印，全部圈點，且有手批一百六十一條，校補文字十三處，雖未署名，觀其考證之精審與書法之樸茂，則為定宇手澤無疑也。手批有朱墨兩種，墨筆手跡亦有十餘條異書當者，惠家累代傳經，或其父子祖孫所經讀耶。得此如捧手與二百年前大師晤對，欣幸何極。

癸亥二月十五日　梁啟超跋

元和惠氏舊藏明萬曆本路史

癸亥二月歸飲冰室

第一冊目錄下有稽瑞樓小印，知嘗歸常熟陳氏。續檢稽瑞樓書目，云路史二十四冊惠半農閱本，然則批點又出定宇前矣。今此本正二十四冊，副襯紙亦惠氏之舊也。半農先生提學廣東，至粵人知有漢學，實先生首導之。吾家有半農手書立軸，當與此書同寶也。

二月十六日　啟超再跋

稽瑞樓為常熟陳子準家藏書之所此書殆由紅豆山房散出後即入稽瑞也　蒙叟記

目録

路史第一卷

宋廬陵羅　泌纂

男　苹註

明廣陵喬可傳校

初三皇紀

初天皇

初地皇

初人皇

事有不可盡究物有不可臆言衆人疑之聖人之所稽也易有太極是生兩儀老氏謂有物混成先

南唐拾遗记

《南唐拾遗记》一卷，钱塘毛先舒纂。

书标南唐，所记多后主时事。其前则甚略，盖马陆二书所已详者则不著也。搜辑可称繁赡，惟不注原书出处是其短也。

《南唐拾遗记》一卷，清毛先舒撰，清道光十三年（1833）吴江沈氏世楷堂刻清光绪间重印《昭代丛书》本。

毛先舒（1620—1688），原名骙，字驰黄，后更名先舒，字稚黄，浙江仁和（今浙江省杭州市）人，文学家。明诸生，入清不仕。精音韵，能诗文，西泠十子之首，与毛际可、毛奇龄并称“浙中三毛，文中三豪”。著有《歊景楼诗》《声韵丛说》《东苑诗钞》《思古堂集》等。

该书取江南遗事中不见于正史所载者，附于马陆二书、郑文宝《近事》、陈彭年《别录》及陈霆《唐余纪传》之后，以为后人采择。又以告诫丧失家国者，需自强为政，方可免于衔璧。然其所记皆常见之事，价值不大。

諸史然疑一卷　仁和杭世駿著

堇浦之學以博洽聞，此書蓋其隨手劄記之作，考據居什七八，亦間論政俗得失，雖皆小小節，然未嘗蹈襲前人。

南唐拾遺記一卷　錢塘毛先舒纂

書標南唐，所記多後主時事，其前則甚略，蓋馬陸二書所已詳者則不著也。援輯不務繁贍，惟不注原出處，是其短也。

南唐拾遺記　廣編卷第六

錢塘毛先舒稚黃纂

敘曰予觀李後主雅好儒學善文章纘統江南屢有美政惜其智略不優而喜游宴又湎於酒遂以亡國然非有吳主皓東昏侯之酷虐淫酗不度也歸命之後謂宜優饒小詞何罪致慘禍以死無乃宋人實甚予讀馬令陸游諸公所撰書及他外紀所載竊悲之嗟乎煜未爲太子時以兄冀性嚴忌獨遠嫌避迹執喪哀過其禮不可謂孝友出自天

庚申君遗事

《庚申君遗事》一卷，鄞县万斯同辑著。

庚申君者，元顺帝也。相传实为宋末帝㬎之子，语似不经。季野先生此书，采《元史·顺帝纪》《虞集传》及权衡之《庚申外史》、余应之《读庚申诏诗》、袁忠彻《符台集》之《庚申君遗事》、叶盛《水东日记》之《瀛国公遗事》及何乔新、程敏政、黄训所纪载，凡十二则，详加考证。知末帝入元，封瀛国公，时年实六岁。其生庚申君时，实五十岁。元之明宗夺瀛国妻，庚申遂为明宗子。然明宗自言此非己子，元廷君臣，盖共知之。且其遗像不肖元诸帝，而肖宋诸帝，则其为赵氏一块肉，益无可疑。读季野自为书后两篇，盖铁案如山矣。吕嬴牛马之事，前史屡悬疑案。然天道冥漠，实有莫为莫致者，不得径指为遗民快心之谈也。清圣祖与海宁陈氏一公案，颇与此类。惜清代文网密，私家著述可为左证者少。后虽有季野，恐亦等于杞宋之无征也已。戊午八月六日，病榻读一过记此。梁启超。

《庚申君遗事》一卷，清万斯同辑，清道光十三年（1833）吴江沈氏世楷堂刻清光绪间重印《昭代丛书》本。

万斯同（1638—1702），字季野，号石园，浙江鄞县（今浙江省宁波市鄞州区）人，史学家。博通诸史，尤精于明。以布衣参修《明史》，《明史稿》五百卷，皆其手定。与张岱、谈迁、查继佐合称“浙东四大史家”。著有《历代史表》《纪元汇考》《儒林宗派》《群书疑辨》《石园诗文集》等。

该书作于万氏修史后期。庚申君，又称庚申帝，即元亡国之君元顺帝。未定谥号前，称庚申君（生于庚申年）。权衡《庚申君外史》（一名《庚申帝大事记》）最早记载庚申君为南宋末帝宋恭帝（降元后封瀛国公）之子。后余应有《读虞集草庚申诏漫述》诗记其事，袁忠彻《符台集》、程敏政《宋遗民录》亦有所载。钱谦益汇集诸家之说，认为庚申君当为宋恭帝子。万氏《书庚申君遗事后》一文，亦证其为恭帝子。后世学者多秉此说，唯《四库全书总目》认为此事乃造言泄怨，属无稽之谈。

庚申君遺事一卷

鄞縣萬斯同輯著

庚申君者元順帝也相傳為宋末帝㬎之子語似不經季野先生此書采元史順帝紀虞集傳及權衡之庚申外史余應之讀庚申詔詩袁忠徹符臺集之庚申君遺事葉盛水東日記之瀛國公遺事及何喬新程敏政黃訓所紀載凡十二則詳加考證知宋帝入元封瀛國公時年才六歲其生庚申君時實五十歲元之明宗奪瀛國公妾庚申遂為明宗子然明宗自言此非己子元廷君臣皆共知之且其遺像不肖元諸帝而肖宋諸帝則其為趙氏一塊肉蓋無可疑季野自為書後兩篇蓋鐵案如山呂嬴牛馬之事前史屢見疑案然天道冥漠實有莫為莫致者不必迷信為遺民快心之談也清聖祖與海寧陳氏一事頗與此類惜清代文網密私家筆述不敢存左證者少後雖有季野恐亦苦於杞宋之無徵也已戊午八月六日病榻讀一過記此 梁啟超

乙丙紀事一卷

容城孫奇逢著

記當時明天啟中魏璫陷楊左魏諸賢而當時義士慘澹營救之事奇逢蓋躬與其事故所記特詳實良史料也

庚申君遺事

鄞縣萬斯同季野輯

元史順帝本紀

順帝名妥懽帖睦爾明宗之長子母罕祿魯氏名邁來迪郡王阿兒厮蘭之裔孫也初太祖取西北諸國阿兒厮蘭率其衆來降乃封爲郡王俾領其部族及明宗北狩過其地納罕祿魯氏延祐七年四月丙寅生帝於北方當泰定帝之崩太師燕鐵木兒與諸王大臣迎立文宗文宗既即位以明宗

乙丙纪事

《乙丙纪事》一卷，容城孙奇逢著。

记明天启中魏珰陷杨、左、魏诸贤，而当时义士惨澹营救之事实。夏峰盖始终其事，故所记特详实，皆史料也。

《乙丙纪事》一卷，清孙奇逢撰，清道光十三年（1833）吴江沈氏世楷堂刻清光绪间重印《昭代丛书》本。

孙奇逢（1584—1675），字启泰，号钟元，容城（今河北省保定市）人，理学家。明万历二十九年（1601）举人，国变后不仕。曾居五峰山、夏峰等地讲学，学者称夏峰先生。论学以体认天理为要，以日用伦常为实际。初宗陆王，晚慕朱熹理学，立说调和两派观点。与黄宗羲、李颙并称“明末清初三大儒”，著有《理学宗传》《圣学录》《四书近指》《读易大旨》等。

该书记述明天启乙丑（1625）、丙寅（1626）年间，逆阉魏忠贤窃取权柄，左光斗、魏大中、周顺昌相继被逮，孙奇逢、鹿善继、张果中等奔走救助之事。因为亲身经历，故所记甚详。行文慷慨激昂，可见其忠孝节义之气。

乙丙紀事　　廣編卷第九

容城孫奇逢鍾元著

天啓時逆璫魏忠賢竊柄誅殺異己僉院左光斗吏科都魏大中與副院楊漣同時被逮余不佞素辱左魏之知副院向二君亦有知已言逮未到魏科都長子學洢先至有緹縈上書之志攜其父手札二一寄鹿化麟一寄余大要謂覆巢之下無完卵周文選順昌遣使護學洢亦有字遺職方鹿善繼曰世事如此

庚申君遺事一卷　鄞縣萬斯同輯著

庚申君者元順帝也相傳爲宋末帝顯之子語似不經季野先生此書采元史順帝紀虞集傳及権衡之庚申外史余應之讀庚申詩袁忠徹符臺集之庚申君遺事葉盛水東日記之瀛國公遺事及何喬新程敏政黄訓所紀載凡十二則詳加考證知宋帝入元封瀛國公時年甫六歲其生庚申君時實五十歲元之明宗奪瀛國公庚申遂爲明宗子無明宗自言此兒非己子元廷君臣其知之且其遺像不肖元諸帝而肖宋諸帝則其爲趙氏一塊肉益無可疑季野自爲書後兩篇蓋鐵案如山矣呂巖半馬之言蘭史應熙疑案豈天道冥漠實有莫爲莫致者不得遂指爲遺民快心之説也清聖祖與海寧陳氏一家業頗多此類措語代文獻私家箸述而爲左袒者少後能有季野證其書於杞宋之無徵也已戊午六月六日病榻讀一過記此　梁啓超

乙丙紀事一卷　容城孫奇逢著

記當時明天啓中魏璫陷楊左魏諸賢而當時義士營護之事實足資參證然終其不得所記特詳實史料也

蜀难叙略

《蜀难叙略》一卷，太仓沈荀蔚著。

荀蔚之父曰云祚，明末官华阳令，殉流寇之难。荀蔚间关死生二十年，此书亦屡毁而屡续云。书叙献贼之凶虐无人道，蜀人所历浩劫，数百年后犹令人酸鼻。呜呼，今其又为续矣！

《蜀难叙略》一卷，清沈荀蔚撰，清道光十三年（1833）吴江沈氏世楷堂刻清光绪间重印《昭代丛书》本。

沈荀蔚（1638—？），字豹文，号亦客，娄东（今江苏省太仓市）人。

明崇祯十五年（1642），沈氏随其父云祚赴华阳县任，适值张献忠屠蜀。其父殉节后，随母等避祸山中、飘零川地二十二年之久，至清康熙四年（1665）始归故里。该书所记皆其亲见亲历之事，可为后世研究蜀地之史料。

蜀難敘略一卷　太倉沈荀蔚著
荀蔚之父曰雲祚明末官華陽令殉流寇之難荀蔚間関死生二十年此書亦屢燬而屢續云書叙獻賊之凶虐無人道蜀人所遭浩劫數百年後猶令人酸鼻嗚呼今其又為續矣

代北姓譜一卷　海寧周春著
遼金元姓譜一卷　同上
二書考證極詳經盧抱經所稱賞

文廟從祀弟子贊　錢塘盧存心著
無所之作

蜀難敘畧　廣編卷第十
太倉沈荀蔚豹文著
慨自滇池肆毒薄海同仇凡被兵之所遠邇俱得其詳惟西蜀僻在一隅聲問阻絕隄防隙而洪水滔天棟宇焚而烽煙匝地豈世運之難挽實人事之不修也荀蔚髫齡不造遘此慘烈歷年以來亂靡有定雖升沈代謝世所恒有而滄桑陵谷之狀誠有曠古僅見者乙未丙申間幸爲巴蜀河淸之會蔚亦稍能筆墨因於[illegible]之暇或追維往事或

南烬纪闻录

《刘豫事迹》《北狩行录》《北狩见闻录》《南烬纪闻录》

此书与次卷之《窃愤录》《窃愤续录》，盖皆当时押送徽钦二宗之人阿计替所记，语语当皆实录。此题辛弃疾著者，非也。或此书传入南方时，幼安录存之耳！末所附阿计替传似亦非幼安笔，盖当时传述此书人所记也。野史中翔实似此三书者，实不可多得。十年十月十五日，启超读竟记。

《南烬纪闻录》，宋辛弃疾撰，民国九年（1920）上海涵芬楼影印《学海类编》本。

辛弃疾（1140—1207），字幼安，号稼轩，济南历城（今山东省济南市历城区）人，文学家、将领。历任湖北、江西、湖南、福建、浙东安抚使等职。工词，与苏轼合称“苏辛”。风格多样，以豪放为主，著有《稼轩长短句》等。

《南烬纪闻录》或名《南渡录》，旧题辛弃疾或无名氏撰。梁启超《中国历史研究法》称：“辛弃疾《南烬纪闻录》《窃愤录》所采阿计替笔记，此考证宋徽钦二宗在北庭受辱情状之第一等史料。”[1]注释称：“弃疾二书，见《学海类编》。阿计替者，当时金廷所派监视徽钦二宗之人也。二书盖其日记原稿，弃疾全部采录也。”[2]题记与任公此言相呼应，认为此二书“当皆实录”，作者非辛弃疾，当为阿计替。胡玉缙《四库全书总目提要补正》则称“梁氏好异之言，不足据”[3]。

四库馆臣认为《南渡录》与《窃愤录》俱为伪书，并列举书中年号、金太宗生日等错误，以证所载全非事实，乃乱臣贼子造之以泄愤。丁丙《善本书室藏书志》亦称之为伪托。以书中讹误观之，若无新材料以为佐证，确难遽定为事实，任公所言恐难以为据，乃失考之误。

此书据清道光十一年（1831）六安晁氏木活字本影印。

[1] 梁启超著：《中国历史研究法》，北京：中国书籍出版社，2017年，第74—75页。

[2] 梁启超著：《中国历史研究法》，北京：中国书籍出版社，2017年，第75页。

[3] 胡玉缙撰、王欣夫辑：《四库全书总目提要补正》，上海：上海书店出版社，1998年，第472页。

學海類編

第二十四册

劉豫事迹　北狩行錄　北狩見聞錄

南燼紀聞錄

此書與沈存之竊憤錄竊憤續錄蓋皆當時護押送徽欽二宗之人阿計替所記，後之書皆實錄此題辛棄疾著者誤也，或此書傳入南方時鈔安錄之，存有東所附阿計替傳似亦誤，鈔安華蓋當時傳述此書之人所記也。野史中翔實似此之書者實不可多得

十年十月十五日

紹虞讀竟記

南燼紀聞錄

宋　辛棄疾　著

靖康元年正月初六日京師立春節先是太史局造土牛陳於迎春殿至日太常寺備樂迎而鞭碎之此常儀也是月初五日夜守殿人聞殿中哭聲甚哀且聞擊扑之聲移更乃止洎明觀之其句芒神面有淚痕滴瀝襟袖猶濕吏白有司遂更修補以終其事識者知其非吉兆也初九日邊報金兵臨屯河朔猶豫兩持似欲復犯京師太上皇遂出南薰門往南京十九日報金國大兵

老父云游始末

《秋室集》五卷，杨傅九凤苞撰。记庄氏史案极详（《越缦》四七，四四）。

蔡显书载有戴名世以《南山集》弃市斩决（《养吉斋余》四，八）。

《老父云游始末》，清陆莘行撰，民国四年（1915）国学扶轮社铅印《古今说部丛书》本。

陆莘行，生卒年不详，字缵任，浙江钱塘（今浙江省杭州市）人，著有《老父云游始末》。陆圻（字丽京）女。

国学扶轮社，又称国学社。清光绪二十八年（1902），由世界书局创始人沈知方与其友王均卿创办于上海。出版活动集中于1909—1915年间，以编印传统文化著作而闻名，出版有《列朝诗集》《清文汇》《古今说部丛书》《适园丛书》等丛书。

清顺治十八年（1661），庄廷鑨明史案发，陆圻、查继佐、范骧等因受牵连，阖家论死，经多方营救后获释。清康熙二年（1663），陆氏归家后内心饱受煎熬，四年后云游远遁。此书纪陆氏一门遭遇甚详。

然脂百一編

老父雲遊始末　陸莘行

康熙元年壬寅春二月。父友王于一者。自閩至浙。客昭慶寺。忽疾作。父急爲調治。晝夜不息。王竟不起。父爲斂資棺殮。幷出牀頭十金。令其僕扶柩歸里。偕諸同人送至江滸。有爲父言湖州莊姓者。所著穢史。抵觸　本朝。兼有查陸范評定姓名。大爲不便。父曰。風馬牛不相及也。何得有此。歸家自思。范君文白。遠隔海昌。不及相問。查君伊璜。住居不遠。（所居俗名黄泥團）何不一詢。因往查。查適他出。父入書室。見案頭果有此書。查歸。父謂之曰。此何物。尚置是耶。若不早圖。禍將作矣。因即具牒文宗。行文湖州教諭趙君朱查驗。趙親至莊。始知作書者名龍。係瞽目。已故。無子。父某弟庭月。即碎其版。計六十四叉口。貯於府庫。板雖碎而書已行矣。有吳之榮者。取貨於莊。不獲。又查有女優。吳欲觀之。亦不得。憾甚。遂拖書擊登聞鼓以進。六月。盡人言藉藉。母與伯兄甚憂之。兄即嘔血數升。遣僕從長安迎吾父歸。父曰。板碎矣。悠悠之口何患焉。遂束裝往台州。時七月十九日

然脂百一編　五　集

秋室集五卷 楊傳九鳳苞撰

記北宋史事極詳 越縵（四七）四四

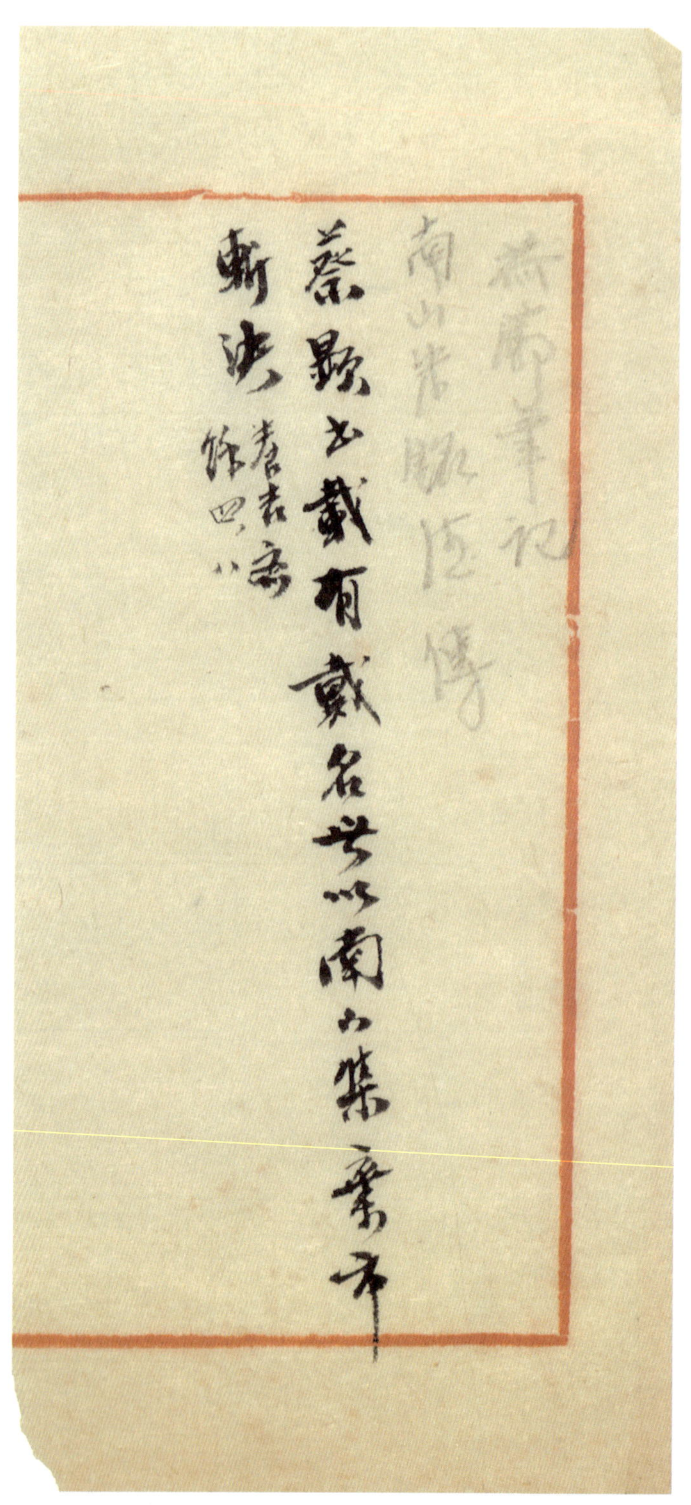
蔡顯書載有戴名世以南山集案事
斷決

余生录

《余生录》一卷

明张茂滋撰。茂滋为福建巡抚张肯堂之孙。肯堂号鲵渊，国变后死守翁洲，谋光复不克，死之。阖门从殉者二十七人，遗命茂滋毋死，以保宗嗣。茂滋出走，濒于九死，而鲵渊门生故吏及一时好义之士，百计脱之。事定后，茂滋记其崖略，为此书。晚明忠义之盛，亘古所无，读此亦使人兴起也。戊午六月，启超。

《余生录》一卷，清张茂滋撰，清赵之谦辑，清光绪间会稽赵之谦刻《仰视千七百二十九鹤斋丛书》本。

张茂滋，生卒年不详，松江华亭（今上海市）人。张肯堂（字载宁）孙。著有《余生录》。

赵之谦（1829—1884），字益甫，号冷君，后改字㧑叔，号梅庵、悲庵，浙江会稽（今浙江省绍兴市）人，画家、篆刻家、藏书家。曾任鄱阳、奉新、南城知县，《江西通志》总编。富藏书，家有藏书楼名“二金蝶堂”“仰视千七百二十九鹤斋”。工诗文，擅书法，著有《悲盦居士文》《悲盦居士诗》《补寰宇访碑录》《六朝别字记》《二金蝶堂印谱》《张忠烈公年谱》等。

该书历述明清易代之时，张肯堂忠言不纳、困守孤城及门人、家室以死殉国等事，凡万余言。因涉明被禁，故传本甚少，赵之谦借抄友人董沛（字孟如）抄本后，方将其刻入《仰视千七百二十九鹤斋丛书》以行世。

餘生錄一卷

明張茂滋撰　茂滋為福建巡撫張肯堂之孫　肯堂號鯢淵　國變後死守翁洲　謀光復不克　死之　闔門從殉者二十七人　遺命茂滋毋死以保宗嗣　茂滋出走　瀕於九死　而鯢淵門生故吏及所好義之士百計脫之　事定後茂滋記其崖略為此書　晚明忠義之盛　亘古所無　讀此亦使人興起也

戊午六月　石路

餘生錄

雲間張茂滋泣血哀述

辛卯九月二日先祖畢志滃城城破被屠滋獲免則自是日以後皆餘生也於是志不忘述餘生錄

先祖諱肯堂別號鯢淵乙丑進士授知濬縣考選御史升大理寺丞崇禎壬午巡撫八閩甲申正月不幸先君卽世官署滋同中軍汝君應元扶柩歸是年有

文庙从祀弟子赞

《文庙从祀弟子赞》，钱塘卢存心著。

无聊之作。

《文庙从祀弟子赞》一卷，清卢存心撰，清道光十三年（1833）吴江沈氏世楷堂刻清光绪间重印《昭代丛书》本。

卢存心（1690—1758），原名琨，字敬甫，号玉岩，浙江钱塘（今浙江省杭州市）人。恩贡生，工诗，著有《白云集》等。

该集原附于《白云诗集》中，以十二哲、东西庑为次，排列文庙从祀弟子八十人，作诗八十首，以为赞颂。四配暨颜路、曾皙皆所未及。

蜀難叙略一卷　太倉沈荀蔚著

荀蔚之父曰雲祚明末官華陽令殉流寇之難荀蔚間關死生二十年此書亦屢燬而屢續云書叙獻賊之凶虐爲人道蜀人所受浩劫數百年後猶令人酸鼻嗚呼今其又爲續矣

代北姓譜一卷　海寧周春著

遼金元姓譜一卷　同上

二書考證極詳贍盧抱經深所稱賞

文廟從祀弟子贊　錢塘盧存心著

無聊之作

文廟從祀弟子贊　廣編卷第十三

錢塘盧存心敬甫著

閔子 損

蘆花風雪溫然如春至孝感孚醇乎其醇高尚不仕在汶水濱坦然樂道德行中人

冉子 耕

芣苡興歌先儒爲癩心苟無瑕痼疾何害山川悠悠德行藹藹與顔早殀亘古一慨

冉子 雍

列女传集注

《列女传》得吾家无非孺人端校注，谓观止矣。萧氏斯本，裒集诸家，益便籀读。萧为陈石遗室。石遗于吾娴儿结褵日赠此助妆，意至可感。吾儿其袭藏之，且以自厉也。甲寅二月，饮冰。

《列女传集注》八卷《补遗》一卷，汉刘向撰，清萧道管集注，清光绪三十四年（1908）侯官陈衍刻本。

刘向（前77—前6），原名更生，字子政，沛郡丰邑（今江苏省丰县）人，经学家、文学家、目录学家。著有《别录》《新序》《说苑》《琴说》等。

萧道管（1855—1907），字君佩，一字道安，福建侯官（今福建省福州市）人。好诗文、考据之学，工小楷，著有《说文重文管见》《列女传集注》《萧闲堂札记》《然脂新话》《平安室杂记》等。陈衍妻，曾随其宦游台湾、武汉、北京等地。

陈衍（1856—1937），字叔伊，号石遗老人，福建侯官（今福建省福州市）人，文学家。清光绪八年（1882）举人。戊戌政变后，湖广总督张之洞邀其任官报局总编纂，后任学部主事、京师大学堂教习。著有《石遗室丛书》。

梁思顺（1893—1966），字令娴，广东新会（今广东省江门市新会区）人，诗词研究专家，中央文史馆馆员，编有《艺蘅馆词选》。梁启超长女。

西汉永始元年（前16），刘向撰成《列女传》，收录女性传记百余篇，分“母仪传”“贤明传”“仁智传”“贞顺传”“节义传”“辩通传”和“孽嬖传”七章，以讲述女性故事的方式宣扬女德。数十年后，班昭（曹大家）开始进行注解、改编，此后历朝反复校注、整理。宋元以后，随着时代变迁，“列女”渐由原本多姿多彩的形象转变成为保全贞操而以身殉节的“烈女”，此书也渐成对女性束缚和压迫的无形枷锁。是书清代注本有三种：王照圆《列女传补注》、梁端《列女传校注》和萧道管《列女传集注》。萧氏集注原名《列女传集解》，以王照圆《列女传补注》为底本，网罗前人注释较为完备，征引文献十分丰富，为清代《列女传》注解之集大成者。

此本为梁思顺结婚时，陈衍所赠贺礼。从题记可以看出，任公对其极为疼爱。

列女傳得吾家無非孺人端校注謂觀止矣蕭氏斯本裒集諸家益便籀讀蕭爲陳石遺室石遺於吾嫺兒結褵日贈此與敉意至可感吾兒其襲藏之且以自厲也

甲寅二月　飲冰

列女傳集注卷一

侯官蕭道管

母儀傳

有虞二妃

有虞二妃者帝堯之二女也長娥皇次女英（本尸子大戴禮帝繫作女匽氏案上文堯娶女皇氏下文鯀娶女志氏漢書古今人表皆同獨女匽氏人表作女罃匽罃英音近而誤）舜父頑母嚚父號瞽叟（周禮春官序官瞽矇上瞽四十人中瞽百人下瞽百有六十人呂氏春秋古樂篇瞽叟拌五弦之瑟作以爲一十五弦瞽叟似係樂官然書稱瞽子史記稱盲者子則瞽者而已）弟曰象敖游於嫚舜能諧柔之承事瞽叟以孝母憎舜而愛象（史記五帝本紀舜母死瞽叟更娶妻而生象瞽叟愛

胜朝粤东遗民录

《胜朝粤东遗民录》四卷附一卷

东莞陈子砺编修伯陶撰。子砺在晚清仕至江苏提学使，鼎革后不复出，赁庑九龙，自号“九龙真逸”。书成于民国四年乙卯，“胜朝”指前明。子砺为清遗民，宣统犹在，不忍亡清，故目明曰“胜朝”。晚明风节之盛冠前史，而浙中及吾粤节士又冠它省。浙士得全谢山表章诵芬不衰，而粤顾暗然，继今以往且曶没矣。子砺悉心钩考于方志佚集中，得二百九十余人。以县为次，自其行谊，以至著述、目录，靡不具载。搜采至博而断制至严，可谓良史矣！末附陈文忠、张文烈、陈忠愍三行状。忠愍状为独漉撰，文烈状为屈翁山撰，文忠状失撰人名氏。三状之辞，皆多为明史所不具者。文烈状尤瑰，特能传其人。癸亥腊不尽十日，启超记。

吾二十六七年前，习与子砺游。见其人温温，若无所试，于帖括外亦不甚治它学，未尝敬之也。不意其晚节皭然不滓如此，且尽力乡邦文献，岿然不愧古作者之林。不读此书，几失吾友矣！启超又识。

《胜朝粤东遗民录》四卷《附录》一卷，九龙真逸辑，民国五年（1916）东莞陈氏刻本。

陈伯陶（1855—1930），字子砺，号象华，晚年更名永焘，号九龙真逸，广东东莞人。清光绪十八年（1892）进士，授翰林院编修，后任国史馆协修、总纂，光绪三十二年（1906）出为江宁提学使，后派往日本考察教育，返国后办实业高等学堂、方言学堂（学习外语）、暨南学堂等。民国后寓香港九龙，曾与赖际熙等创立学海书楼，开坛讲经。其搜辑东莞文献资料，历时六年编成《东莞县志》九十八卷，后人评价颇高。著有《瓜庐文剩》《瓜庐诗剩》《明东莞三忠传》《吴梅村诗发微》《袁督师遗稿》等，刊刻有《聚德堂丛书》。

该书为陈氏从方志、史乘、族谱、专集诸书中稽考粤地明人著作与史料，详为考证后纂成，所辑明遗民二百九十余人。

勝朝粵東遺民錄四卷附一卷

東莞陳子礪編脩伯陶撰。子礪在晚清仕至江蘇提學使，鼎革後不復出，賃廡九龍，自號九龍真逸。書成於民國四年乙卯。勝朝指前明，子礪爲清遺民，定統猶在，不忍已清，故曰明曰勝朝。晚明風節之盛冠前史，而浙中及吾粵節士又冠它省。浙士得全謝山表章，誦芬不衰，而粵頗闕然，繼今以往且留沒矣。子礪悉心鉤致於方志佚集中，得二百九十餘人，以縣爲次，自其行誼以至著述目錄靡不具載，搜采至博而斷制至嚴，可謂良史矣。末附陳文忠、張文烈、陳忠愍三行狀，忠愍狀爲獨漉撰，文烈狀爲屈翁山撰，文忠狀失撰人名氏。三狀之辭皆多爲明史所不具者，文烈狀尤瑰特，能傳其人。

癸亥臘不盡十日　啓超記

吾二十六七年前習與子礪游見其人溫溫君子所識於帖括外宗甚洛閩學未嘗敦敦也不意其晚節磷然不澤如此且盡力鄉邦文獻巋然不媿古作者之林不讀此書幾失吾友矣

啓超又識

勝朝粵東遺民錄卷一　　九龍眞逸輯

陳子升 從子上圖

陳子升字喬生號中洲南海人父熙昌萬歷丙辰進士官至吏科給事中以劾魏璫削籍卒贈太常寺少卿兄子壯萬歷已未進士官至禮部右侍郎以言事下獄減死放歸廣州破起兵拒戰死贈太師番禺侯謚文忠　國朝特謚忠簡明史有傳子升幼從父宦遊自浙而京師歷齊魯踰江漢水陸萬餘里嘗過孟嘗君養士處慨然太息見者咸異之時六歲童子耳讀書一覽輙誦而力學刻苦初操觚為文憤悱不自得一夕夢其胸前有一孔洞開徹背驚寤而文遂大進年十六郡守顏俊彥拔冠一郡目之日十六

先府君事略

《焦里堂事略》

里堂子廷琥撰。廷琥，江都县学生，臧庸《焦氏世德记》称其绩学能绍父业。本篇记里堂著述及绪言，能挈领而振其绪，文亦朴茂。癸亥二月，启超读竟记。

《先府君事略》一卷，清焦廷琥撰，清嘉庆道光间江都焦氏刻清光绪二年（1876）衡阳魏氏增修本。

焦廷琥（1782—1821），字虎玉，江苏甘泉（今江苏省扬州市）人，诸生。幼承家学，工诗文，终生侍父，于父焦循故去六个半月后辞世。十三岁即随父入浙江学政阮元幕，十四岁助其父撰《算学五书》，后又助力辑成《孟子正义长编》《孟子正义》等书。有著述十余种，现存《先府君事略》《蜜梅花馆文录》《蜜梅花馆诗录》《因柳阁词抄》《尚书伸孔篇》《冕服考》《三传经文辨异》《地圆说》等。

此书凡两万余言，述其父生平、言行、著述甚详。

焦里堂事略

里堂子廷琥撰　廷琥　江都縣學生　臧庸焦氏世德記稱其績學能紹父業　本篇記里堂著述及緒言能挈領而振其緒文亦樸茂

癸亥二月　[illegible]讀竟記

先府君事略

府君姓焦氏諱循字理堂一字里堂晚號里堂老人世居江都黃珏橋分縣爲甘泉人先世或云自山左來未有徵也明初居江都東鄉八港口祖望武公遷於城北澗城壩之西是爲北湖始祖望武公再傳至廣公始遷下莊廣公生有公有公生鼎公鼎公生東湖公東湖公諱遷有厚德舊譜云去世久遠聲名猶在口碑五世祖仰湖公諱文科行三學江都刑掾未嘗妄受人一錢六世祖震鳴公諱明暘行二與諸弟析居既而諸弟疑其產厚索承分田補之公即如所索不校先高祖父文生

代北姓谱、辽金元姓谱

《代北姓谱》一卷，海宁周春著。

《辽金元姓谱》一卷，同上。

二书考证极详赡，卢抱经深所珍赏。

《代北姓谱》一卷，《辽金元姓谱》一卷，清周春撰，清道光十三年（1833）吴江沈氏世楷堂刻清光绪间重印《昭代丛书》本。

周春（1729—1815），字松霭，号芚兮，浙江海宁人。清乾隆十九年（1754）进士，官广西岑溪知县。博学好古，精通音韵，著述甚多，有《十三经音略》《海昌胜览》《辽诗话》等。

“代北”泛指汉晋及唐以后代州以北地区，本为鲜卑所在地，大抵因部为姓。《代北姓谱》条列元魏部族之姓，以《魏书·官氏志》为本，参合诸史，细加增订，共计元魏姓氏三百余种。

辽金元三朝姓氏繁多，然于文献无征。周氏以三史为本，佐以他书，仿郑樵《通志·氏族略》体例，纂成《辽金元姓谱》。此书究其得姓源流，兼述译音转变。依目胪列，随文叙述，略加考证，颇为简明。

二谱均为记载北方少数民族姓氏类书，稽考甚详。

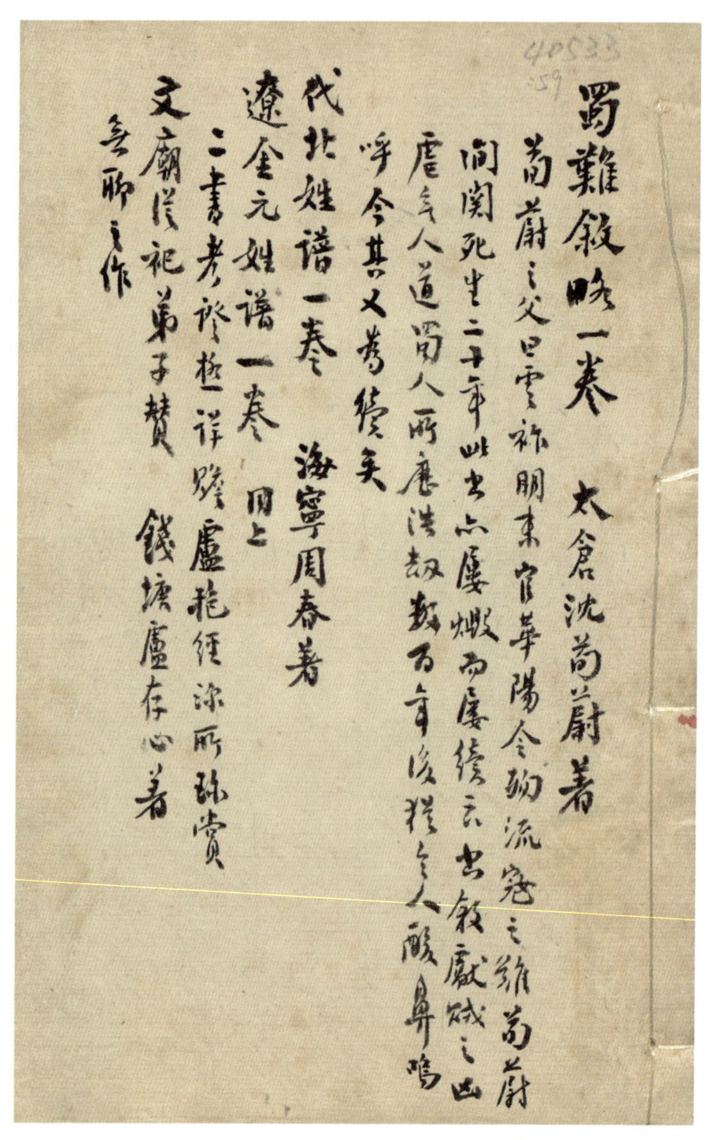

蜀難敘略一卷　太倉沈荀蔚著

荀蔚之父曰雲祚，明末官華陽令，殉流寇之難，荀蔚間關死生二十年，此書亦屢燬而屢續云。書敘獻賊之凶虐與夫蜀人所罹浩劫，數百年後猶令人酸鼻。嗚呼，今其又將續矣。

代北姓譜一卷　海寧周春著

遼金元姓譜一卷　同上

二書考證極詳贍，盧抱經深所許賞。

文廟從祀弟子贊　錢塘盧存心著

無聊之作

代北姓譜

海寧周　春芚兮著

代北本鮮卑也大抵因部爲姓安帝初有九十九姓獻帝又七分國人使兄弟領之至孝文時益彬彬焉錫姓之制合於古昔自初起迄李唐王侯將相史不絕書碩學名儒往往而有至今尚多其苗裔也通志氏族畧但載姓而不備詳誠闕事矣茲以北魏志爲本取諸史增注補入閒以己意參之而後元魏一朝之姓炳焉與三代同觀

遼金元姓譜　廣編卷第十二

海寧周　春芚兮著

姓氏一家由來紕繆遼金元復闕焉不詳文獻無徵不得上媲拓跋後世好古者之任也不揣檮昧讀史之暇裒采羣書爲之詮次或者類族辨物之一助云乾隆戊辰冬日松靄周春書

遼　二姓之起也紀載前後不同當日羣臣分修總裁者不能詳定以歸于一遂爾矛盾若此

增订欧阳文忠公年谱

《欧阳文忠公年谱》，无锡华孳享著。

因　氏旧谱增订，颇有所补正。

《增订欧阳文忠公年谱》一卷，清华孳享编，清道光十三年（1833）吴江沈氏世楷堂刻清光绪间重印《昭代丛书》本。

华孳享（1676—1744），又作孳亨，字子宏，号韦轩，江苏无锡人。精研经学，熟悉典章制度，著有《诗经旨言》《韦轩诗文集》《华氏传芳录》《增订欧阳文忠公年谱》等。

该谱据宋胡柯（字伯信）《庐陵欧阳文忠公年谱》及其他旧谱增删而成，欧氏诗文依年编排，生平事迹考证从简。于诸谱脱漏讹误处，参稽文集、史传，征引翔实，力辨真伪。

歐陽文忠公年譜　無錫華孳亨著

因氏舊譜增訂頗有所補正

古今待問錄　汴州朱楓字文友杜村著

此泉州譜也所收多屬贗品以視近世數內家所述

識覺疏陋無揔輪篋繼因自可貴

昭代叢書丙集補卷三　吳江　沈楙悳　翠嶺　輯

增訂歐陽文忠公年譜

無錫華孳亨章軒著

公諱修字永叔先世居長沙太子率更令詢詢子司禮卿通顯于唐通曾孫琮爲吉州刺史子孫因家廬陵吉州首縣十六傳至公之祖偃始居吉水之沙溪鎮至和二年析吉水置永豐縣而沙溪隸永豐遂爲永豐

丁文诚公年谱

唐士行所赠。戊午五月，启超记。

《丁文诚公年谱》一卷，清唐炯编，民国二年（1913）文通书局贵阳铅印本。

唐炯（1829—1909），字鄂生，晚号成山老人，贵州遵义人。清光绪四年(1878)丁宝桢命其整顿盐务，后补任建昌道道员。光绪六年(1880)署四川盐茶道，光绪八年（1882）擢云南布政使。著有《成山庐稿》《成山老人自撰年谱》《丁文诚公年谱》等。

丁宝桢(1820—1886)，字稚璜，贵州平远(今贵州省毕节市织金县)人。清咸丰三年（1853）进士，选翰林院庶吉士、编修，历任岳州知府、长沙知府、山东巡抚、四川总督，卒谥“文诚”。著有《十五弗斋文存》《丁文诚公奏稿》。

唐尔铜（1870—？），又名瑞铜，字士行。唐炯孙。光绪二十九年（1903）进士，清末任户部员外郎，民国后任中国银行总行行长。

该谱记事起清嘉庆二十五年（1820）讫光绪十二年（1886），记述丁宝桢毕生事略，其中镇压捻军、办理洋务等所涉文字较多，可见其抚鲁、治蜀之功绩，亦可资研究洋务之参考。

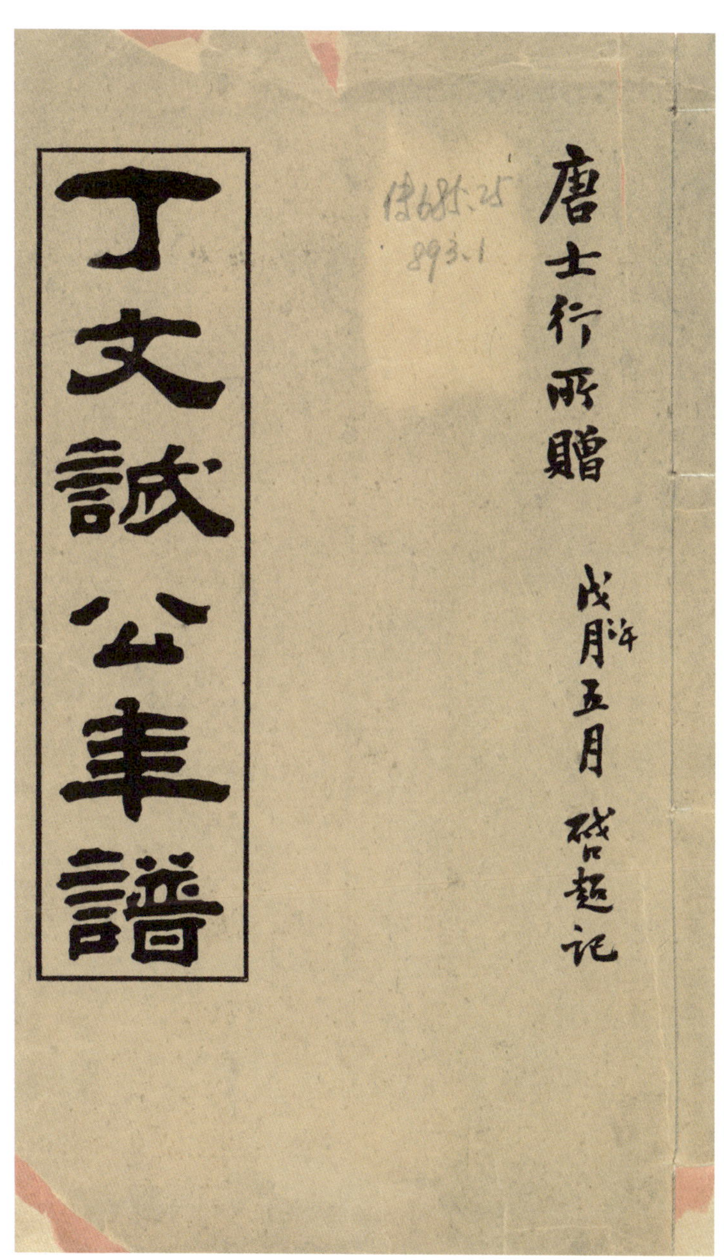

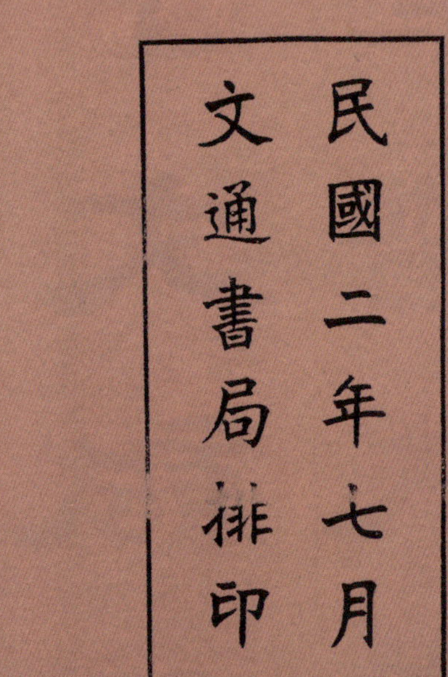

民國二年七月
文通書局排印

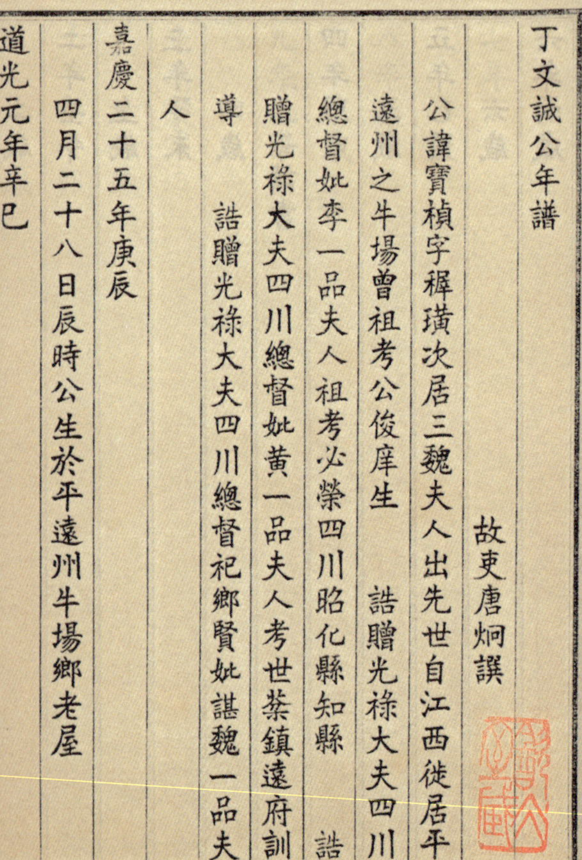

丁文誠公年譜

故吏唐炯譔

公諱寶楨字稺璜次居三魏夫人出先世自江西徙居平遠州之牛場曾祖考公俊庠生　誥贈光祿大夫四川總督妣李一品夫人祖考必榮四川昭化縣知縣　誥贈光祿大夫四川總督妣黃一品夫人考世棻鎮遠府訓導　誥贈光祿大夫四川總督祀鄉賢妣諶魏一品夫人

嘉慶二十五年庚辰

四月二十八日辰時公生於平遠州牛場鄉老屋

道光元年辛巳

越缦堂日记

许桂林，字月南，海州人。嘉庆丙子举人，著有《庚辰读易记》二十卷、《毛诗后笺》八卷、《春秋三传地名考证》六卷、《穀梁传时月日释例》六卷、《汉世别本礼记长义》四卷、《大学中庸讲义》二卷、《四书因论》二卷、《许氏说音》十二卷、《说文后解》十卷、《太元后知》六卷、《参同契金堤大义》二卷、《宣西通》三卷、《算牖》四卷、《步纬简明法》一卷、《立天元一道穷》四卷、《擢对》八卷、《半古丛钞》四卷、《壹籁词》二卷。《易确》二十卷，前有唐确慎（鉴）陶文毅（澍）两序。卷首为自序，卷一为《总论》，卷二为《易图》，卷三为《易理》，卷四为《易数》，卷五为《易用》，卷六为《易表》，分爻辰纳甲卦气八宫世应四表。卷七至卷十八为《易说》，自乾坤至杂卦传，依次说之。其书言《易》，以乾为主。乾即太极，凡易之理象数气，皆乾之理象数气。孔子曰：乾确然示人易矣，故名《易确》。……《越缦堂日记》廿八，五九。

其书贯通诸家，纵横辩论，虽勇于任肊，亦咸近于穿凿，然铿铿不穷，实一时之杰也（同上，七五）。

《越缦堂日记》，清李慈铭撰，民国九年（1920）浙江公会北京影印本。

李慈铭（1830—1894），初名模，字式侯，后改名慈铭，字悉伯、爱伯，号莼客，室名越缦堂，晚年自署“越缦老人”，浙江会稽（今浙江省绍兴市）人，文学家。清光绪六年（1880）进士，历任户部江南司资郎、山西道监察御史。性狷介，工诗文，著有《越缦堂日记》《越缦堂诗集》《越缦堂词录》等。

该日记始于李氏二十岁，讫其晚年，横跨四十余年，达数百万字。载清咸丰至光绪间朝野见闻、朋踪聚散、人物评述、古物考据、书画鉴赏、山川游历和各地风俗等内容，涉及经史百家，读书札记颇多，可见李氏治学之大成，故负盛名。

题记摘引自《越缦堂读书记》，文字略有更改。

許桂林字月南，海州人，嘉慶丙子舉人。著有庚辰讀易記二十卷、毛詩後箋八卷、春秋三傳地名考證六卷、穀梁傳時月日釋例六卷、漢世別本禮記長義四卷、大學中庸講義二卷、四書因論二卷、許氏說音十二卷、說文後解十卷、太元後知六卷、參同契金隄大義二卷、宣西通三卷、算牖四卷、步緯簡明法一卷、立天元一導窾四卷、擺對八卷、半古叢鈔四卷、壹簌詞二卷、易確二十卷。前有唐確慎鑑、陶文毅澍兩序。卷首爲自序，卷一爲總論，卷二爲易圖，卷三爲易理，卷四爲易數，卷五爲易用，卷六爲易表，參爻辰納甲卦氣以宮世應四表，卷七至卷十六爲易說，自乾坤至雜卦傳依次說之。其書言易以乾爲主，乾即太極，凡易之理象數氣皆乾之理象數氣。孔子曰乾確然示人易矣，故名易確……（越縵堂日記六，五九）

其書要通諸家，縱橫辯論，雖勇於任肊，亦或近於穿鑿，然鏗鏗不窮，實一時之傑也。（同上，七五）

桃花聖解盦日記　甲集　起徙維大荒落九月

先生秉生於冬。冬氣寒。故性冷。得氣於秋。秋令肅。故性傲。惟冷惟傲。故所值多阻而命窮。窮則思通。冬者。春之孕也。先生生冬之末。春氣融結。胚於靈根。故其才肆。其情深。其發為文章。葉葉布濩。爛然若春。桃者。春之紀首也。月令仲春之月桃始華。先生於世事一切無所好。而獨喜華。於華中獨喜桃。六七歲時。畫堂故居景堂之前有桃一樹。歷年不華。先生下學輒撫之為若快快者。後一歲留華。則大喜為詩數十言紀之。太不知作何語也。自是或水行或山行。見有桃花者輒神往。及長游柯山之湖南山。得桃數百十樹。大樂忘返。遂寄居於山之蘿闍。蓊嵸霧霧。翰霏夕昜晚

桃花聖解盦日記　甲集　一　越縵堂雜箸

鲊话

《鲊话》，辽阳佟世思著。

专纪广东恩平县琐事，无足观者。

《鲊话》一卷，清佟世思撰，清赵之谦辑，清光绪间会稽赵之谦刻《仰视千七百二十九鹤斋丛书》本。

佟世思（1651—1692），字俨若、葭沚，号退庵，辽阳（今辽宁省辽阳市）人。曾任广西临贺、思恩知县。工诗文，著有《与梅堂遗集》《耳书》《鲊话》等。

该书乃清康熙二十四年（1685）佟氏客游广东恩平，探望其弟世男（时任恩平知县）时所作。专记恩平风土人情，每则一事，富有史料价值。

天問閣集 中卷 其下卷佚大半

鮓話 遼陽佟世思著

粵紀廣東恩平縣瑣事亦足一觀者

鮓話

遼陽佟世思儼若著

恩平即古恩州古人遷謫地也

恩平屬肇慶自肇慶南行陸路三日可到不能計途程但終日在黃茅白葦中行人裹飯須足供三日飢則啖之渴則飲澗水夜則宿風露下沿途無居人道路無行旅羊腸不爲草沒者如綫特不煩指南車耳陸路艱於往來行人多舟行舟行不抵三水縣十里便由私鹽窖入裏海由九江甘竹猪頭山始離裏海

清波小志、清波小志补

《清波小志》一卷，钱塘徐逢吉著。

《清波小志补》一卷，钱唐陈景钟著。

二书皆纪西湖掌故，其细已甚。

《清波小志》一卷，清徐逢吉撰，清陈景钟订；《清波小志补》一卷，清陈景钟辑，清道光十三年（1833）吴江沈氏世楷堂刻清光绪间重印《昭代丛书》本。

徐逢吉（1655—1740），原名昌薇，字紫凝，后改名逢吉，字紫宁、紫珊，号青蓑老渔，人称暗门先生，浙江钱塘（今浙江省杭州市）人。诸生。年轻时好远游，晚年归隐西湖。工词，著有《柳州清响集》《峰楼写生集》《微笑集》等。

陈景钟（？—约1785），字几山，号墨樵，浙江钱塘（今浙江省杭州市）人。清乾隆六年（1741）举人。曾出游南北，母丧后归里不出，居于清波门外。工诗，擅山水，著有《研雪山房稿》等。

《清波小志》撰成于清雍正十二年（1734），为徐氏记其所居清波门外之人文、琐事、佛院神祠等，北至涌金门，南至万松岭，西至南屏山一带。该书仿周辉《清波杂志》《清波别志》而作，专详城西，多李卫《西湖志》所未备。

《清波小志补》始作于乾隆三年（1738），至乾隆十一年（1746）方撰成，重在辑录《清波小志》所遗前人文字。该书乃徐氏嘱其为之，惜其以寿终，未得见。陈氏又曾著《清波三志》（又名《清波类志》），记杭州东南官署、山林、佛寺、名园、胜记、题咏、碑碣等事，搜集颇详，惜已散失不全。

匡廬游錄一卷　餘姚黃宗羲著

黎洲手錄雖小道固自可觀

清波小志一卷　錢塘徐逢吉著

清波小志補一卷　錢唐陳景鍾著

二書皆紀西湖掌故其細已甚

清波小志

錢塘徐逢吉紫珊著

同里陳景鐘几山訂

杭州自隋楊素創築州城周三十六里九十步唐彭城郡王錢鏐增築羅城七十里城門十座在西曰西關門今雷峯塔下是也至宋高宗增築內城及東南外城設門十有三座西曰錢湖今塞曰清波曰豐豫即湧金曰錢唐於是始有清波之名

鐘案元時城圮而址存張士誠據吳復築自艮山門至清泰門展出三里絡市河於內其餘各

清波小志補 廣編卷第二十八

錢唐陳景鐘几山輯

學士港據游覽志謂城中鐵冶嶺諸山之水出錢湖門委輸於西湖者必經橋下大小兩派若夾字然故稱夾字港後人譌爲學士港然宋時咸淳志夢粱錄諸書皆無夾字橋之名獨武林舊事有學士柳浪等橋而柳浪聞鶯遂爲西湖十景之一不可謂無據也新修湖志

學士港在淸波門外相傳宋時有學士家此故名

龙沙纪略

《龙沙纪略》一卷，桐城方式济著。

《四库》著录。为黑龙江地志之最初者。

《龙沙纪略》一卷，清方式济撰，清道光十三年（1833）吴江沈氏世楷堂刻清光绪间重印《昭代丛书》本。

方式济（1676—1717），字屋源，号沃园，安徽桐城人。清康熙四十八年（1709）进士，官内阁中书。工诗，著有《述本堂诗集》《龙沙纪略》《易说》《陆唐诗稿》等。

康熙五十二年（1713），方氏受“南山案”牵连，随父贬戍黑龙江卜魁（今黑龙江省齐齐哈尔市），所至必考核古迹、搜讨询访，后于戍所撰成是书。该书分方隅、山川、经制、时令、风俗、饮食、贡赋、物产、屋宇九门，所记甚详，可订辽、金诸史之讹，补《盛京通志》之阙，为清代名志。

九華日錄一卷　錢塘周天度著

游九華山記山之景境平凡筆法俗語無可觀

乾州小志　秀水吳高增著

乾州初歸清時所著但只記歷史甚精要云爾

龍沙紀略一卷　桐城方式濟著

四庫著錄　為黑龍江地志之最初者

異域錄一卷　滿洲圖理琛著　四庫著錄

龍沙紀略　廣編卷第三十一

桐城方式濟屋源著

方隅

邊荒沿革傳聞異辭黑龍江尤爲絕域古史書而不詳　盛朝大一統之化方隅日廣余備極捜討得梗槩焉葢自奉天過開原出威遠堡闕而郡縣盡外有七鎭曰稽林烏喇曰寧古塔曰新城曰伊蘭哈喇屬寧古塔將軍轄由新城之白都納渡諾尼江而北曰卜魁曰墨爾根曰艾渾屬黑龍江將軍轄皆在奉天

乾州小志

《乾州小志》，秀水吴高增著。

乾州初归流时所著，但亦非亲历，无甚精要处。

《乾州小志》一卷，清吴高增撰，清道光十三年（1833）吴江沈氏世楷堂刻清光绪间重印《昭代丛书》本。

吴高增（1706—？），字继长，号玉亭、敬斋，浙江秀水（今浙江省嘉兴市）人，诗人。诸生。曾任山阴训导、行唐知县。著有《敬斋集》《玉亭集》《乾州小志》《行唐县新志》《山阴节孝志》《兰亭志》等。

该书撰成于清乾隆四十四年（1779）。吴氏长子在乾州（今湖南省吉首市）为官，遣家人迎养，因路远未果。其转而周咨熟悉当地来客，详记风俗、地理，及康熙朝两度出兵镇压苗民起义等事，以成此书。

九華日録一卷　錢塘周天度著

游九華山記山之景境平凡筆法俗詩多而膚

乾州小志　秀水吳高增著

乾州初歸流時所著得之于親歷者甚精要也

龍沙紀略一卷　桐城方式濟著

四庫著録　為黑龍江地志之最初者

異域録一卷　滿洲圖理琛著　四庫著録

乾州小志　廣編卷第三十

秀水吳高增敬齋著

乾隆戊戌之夏六月二十三日長子鑚奉

特旨擢授乾州苗疆同知明年春遣家人迎養予因

路遠未果越翼日有客自永綏來者知乾州山川風

景甚悉具言乾州有八景可供遊覽余詳問其土俗

情形因言乾州在楚西南四面環山前有鎮筸之雄

後有呂洞之峻左據溁江右倚天門為諸苗之咽喉

南楚之藩障也乾州同知為辰州府佐統轄軍民管

北湖小志

《北湖小志》中

为叙六、为记十、为传二十一、为书八、为家述二，凡四十七篇，析次成六卷。嘉庆丙寅，伊墨卿守扬州，聘先生修《扬州府志》。先生就其世居之北湖，先成此以备资料。阮文达谓此数卷书，足觇史才。

先生尝谓地志宜以见在目验知实者为主，此书中叙记诸篇皆根据斯义。又言文之有传赞、墓表、碑志也，必形容一人之面目而彰显之。此书各传皆其实践斯言，如孙柳庭、范石湖诸传，最可诵式。癸亥二月，启超读竟记。

《北湖小志》六卷，清焦循撰，清嘉庆道光间江都焦氏刻清光绪二年（1876）衡阳魏氏增修本。

是书乃记述清代扬州城北北湖地区之地理水道、名胜古迹、人物风俗、孝子烈妇、风俗风情之地方专志。有叙六、记十、传二十一、书事八、家述二，共四十七篇，卷首有北湖图六幅和旧迹名胜图十幅。

嘉庆十年（1805），伊秉绶（号墨卿）往南河、高邮、宝应等地勘察水患。次年授扬州知府，因赈灾有方，百姓称颂。旋聘焦循、阮元等编纂《扬州图经》《扬州文萃》和《扬州府志》诸书，焦氏得以详细钩稽考订扬州地区之地理沿革、山川名胜、名人轶事、金石艺文诸事。因发现世居之北湖名士辈出、古迹遍地而乏整理之作，遂将其水系格局、地理变迁、名胜古迹、风俗物产、名人事迹、传记著述等编纂而成《北湖小志》一书。该书虽系理葺旧闻、搜访遗籍所得，实乃有清区域小志之佳构，故阮元谓其“足觇史才”。该书最早刻本为嘉庆十三年（1808）扬州阮氏刻本，嘉庆、道光、光绪间陆续刊印，传世较多。

北湖小志 中

爲敘六爲記十爲傳二十一爲書六爲家述二凡四十七篇析次成六卷
嘉慶丙寅伊墨卿守揚州聘先生修揚州府志先生就其世居之北湖
先成此以備資料阮文達謂此數卷書足覘史才
先生嘗謂地志宜以見在目驗知實者爲主此書中敘記諸篇皆根據
斯義又文之尤有傳者黄蓼表碑志如此形容一人之面目而彰顯之此書
多傳諸其實該斯文如孫柳庭花石湖諸傳皆最可誦哉

癸亥二月　松鄰讀竟記

北湖小志卷一

江都焦循著

敘水上第一

揚州之運河自寶應黃浦入界至瓜洲儀徵達於江河以東曰下河河以西曰上河上河皆湖也其在甘泉境者郡人謂之北湖東束於運隄西受西山諸水北受高郵湖水方三十里而瀦隈隴阜錯落其中若爪若角若木之交枝非生長其間往往迷其棹焉自邵伯鎮之北五里由官河達於湖曰鰍魚口由鰍魚口而南湖水過老鸛嘴又西新河口之水入焉又西過許家廠又西嚴家淌之水入焉又西爲海劉家嘴又西爲楊家渡釣魚

匡庐游录

《匡庐游录》一卷，余姚黄宗羲著。

黎洲手录，虽小道，固自可观。

《匡庐游录》一卷，清黄宗羲撰，清道光十三年（1833）吴江沈氏世楷堂刻清光绪间重印《昭代丛书》本。

黄宗羲（1610—1695），字太冲、德冰，号南雷先生，别号梨洲老人，浙江余姚人，经学家、史学家、思想家、地理学家、文学家、教育家。明亡，举兵抗清，授南明监察御史兼兵部职方司主事。后至日本乞兵未成，返乡隐居。清顺治十年（1653），始课徒授业，著述以终。与李颙、孙奇逢并称“明末清初三大儒”。著述宏富，有《明夷待访录》《明儒学案》《南雷文定》《四明山志》等。

该书撰成于顺治十七年（1660），以日记形式记游匡庐之见闻，亦名《匡庐行脚录》。黄氏于顺治十七年八月十一日从余姚启程赴庐山，十一月二十六日返回。通过实地考察，将僧人墨客诗作与碑刻山志等相结合，引经据典，加以考证，以指《庐山志》《圆通事实》《庐山纪事》《庐山后录》诸书著录之误。

匡廬游録

餘姚黃宗羲太沖著

庚子歲八月十一日甲午出龍虎山買舟欲爲匡廬之游午後避雨葉家壆夜宿澤望之潭上園

乙未午至舅氏家宿中壩虞宅

丙申渡曹娥夜航蹋踏甚苦

丁酉至蕭山訪徐巖之不遇宿東門外

戊戌渡錢塘入草橋門知高旦中在天長寺遂往晤

匡廬游録一卷 餘姚黃宗羲著

梨洲手録雖小道固自可觀

清波小志一卷 錢塘徐逢吉著

清波小志補一卷 錢唐陳景鍾著

二書皆紀西湖掌故其細已甚

九华日录

《九华日录》一卷，钱塘周天度著。

游九华山记也。意境平凡，笔涉俗，诗多而庸。

《九华日录》一卷，清周天度撰，清道光十三年（1833）吴江沈氏世楷堂刻清光绪间重印《昭代丛书》本。

周天度（约1720—？），字心罗、让谷，号西隒，浙江仁和（今浙江省杭州市）人。清乾隆十七年（1752）进士，曾任许州知州，著有《十诵斋集》。

该书撰成于乾隆十七年，记周氏偕友游九华山事，凡七日，里程甚详。内容涉及山川景色、古迹名胜、风俗民情、历史文化等，可资研究九华山之用。

九華日錄一卷　錢塘周天度著

遊九華山記山之真境平凡筆法淸淡詩多而簡

乾州小志　秀水吳高增著

乾州初歸後時所著但亦記歷史甚精審云

龍沙紀略一卷　桐城方式濟著

四庫著錄　為黑龍江地志之最初者

異域錄一卷　滿洲圖理琛著　四庫著錄

九華日錄

錢塘周天度西隒著

乾隆辛未冬在少司農儀封張先生皖江撫署將有九華之行殘臈戒裝定於獻歲之次日啟程時慈谿沈子愓齋同館於署聞之踴躍遂結伴焉

壬申正月初二日午出署偕愓齋繇康濟門登舟同學高子就谷將歸試於鄉亦偕行是日風和景清天宇韶霽街衢歲鼓正喧丱童齔女多作青紅之飾舟

异域录

《异域录》一卷，满洲图理琛著。《四库》著录。

《异域录》一卷，清图理琛撰，清道光十三年（1833）吴江沈氏世楷堂刻清光绪间重印《昭代丛书》本。

图理琛（1667—1740），阿颜觉罗氏，字瑶圃，号睡心主人，满洲正黄旗人。清康熙二十五年（1686），以国子生考授内阁中书，历任广东布政使、陕西巡抚、吏部侍郎等职。著有《异域录》。

康熙五十一年（1712），图理琛奉命出使伏尔加河流域的土尔扈特部，假道俄罗斯，往返三载，行程两万余里，加强了与该部联系，为其后回归祖国打下基础。图氏回国后，以满汉双语撰成《异域录》。该书首冠舆图，记沿途所经各地道里山川、民风物产、服器饮食及应对礼仪等，为我国首部介绍沙俄地理之书籍，可资了解沙俄历史。

九華日錄一卷　錢塘周天度著

游九華山記也意境平凡筆法俗語多而庸

乾州小志　秀水吳高增著

乾州初歸流時所著但亦紀歷史甚精要云

龍沙紀略一卷　桐城方式濟著

四庫著錄　黑龍江地志之最初者

異域錄一卷　滿洲圖理琛著　四庫著錄

雍正元年歲次癸卯九月

睡心主人製

異域録

滿洲圖理琛瑶圃著

原任内閣侍讀調補兵部員外郎又

特恩陞授職方司郎中圖理琛本葉赫人阿顏覺羅

氏始祖在葉赫國時行高望重其國主待以賔

禮東北方乃龍騰鳳翔之地

天命屬與

大清而

大聖人出焉統馭寰區撫有六合於未定鼎之前緣

归潜记

《归潜记》

钱恂著。启超题藏。

《归潜记》，归安钱恂著。

戊午六月，著者赠。启超记。

《归潜记》，单士厘撰，清宣统元年（1909）影印本。

单士厘（1858—1945），字受兹，浙江萧山（今浙江省杭州市萧山区）人。钱恂妻。幼受家庭熏陶，博学能文。清光绪二十五年（1899），单氏首次以外交使节夫人身份旅居日本，迅速学会日语，写下许多记录日本风土人情、名胜景物的诗文。后随钱恂离日赴俄，遍历德、法、英、意、比诸国，将其见闻撰成《癸卯旅行记》和《归潜记》。另著有《受兹室诗稿》《家政学》《清闺秀正始再续集》等。

钱恂（1853—1927），字念劬，浙江吴兴（今浙江省湖州市吴兴区）

人，外交家。曾入薛福成、张之洞幕，任自强学堂（武汉大学前身）、武备学堂提调。光绪二十四年（1898），任湖北留日学生监督，后陆续出使俄罗斯、荷兰和意大利等国，入民国后任浙江图书馆总理、首任馆长。

该书未署著者姓名，任公以为钱恂所撰，然据张元济所作跋，此书实为钱恂夫人单士厘所撰[1]。钱氏出使意大利时，夫人偕往，是书即纪其在意见闻。该书融见闻、景致与宗教、文化、历史等知识于一体，对了解当时中西文化交流和清末女性的生活与思想很有帮助。

[1] 参见张元济撰：《〈归潜记〉跋》，张元济著：《张元济全集》第5卷《诗文》，北京：商务印书馆，2008年，第430页。

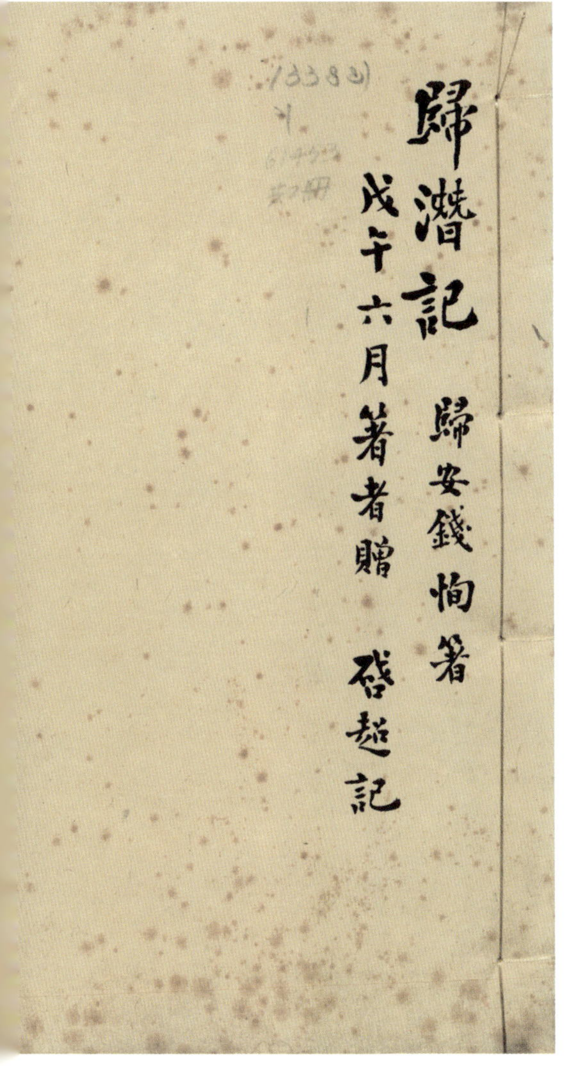
歸潛記
歸安錢恂著
戊午六月著者贈
啓超記

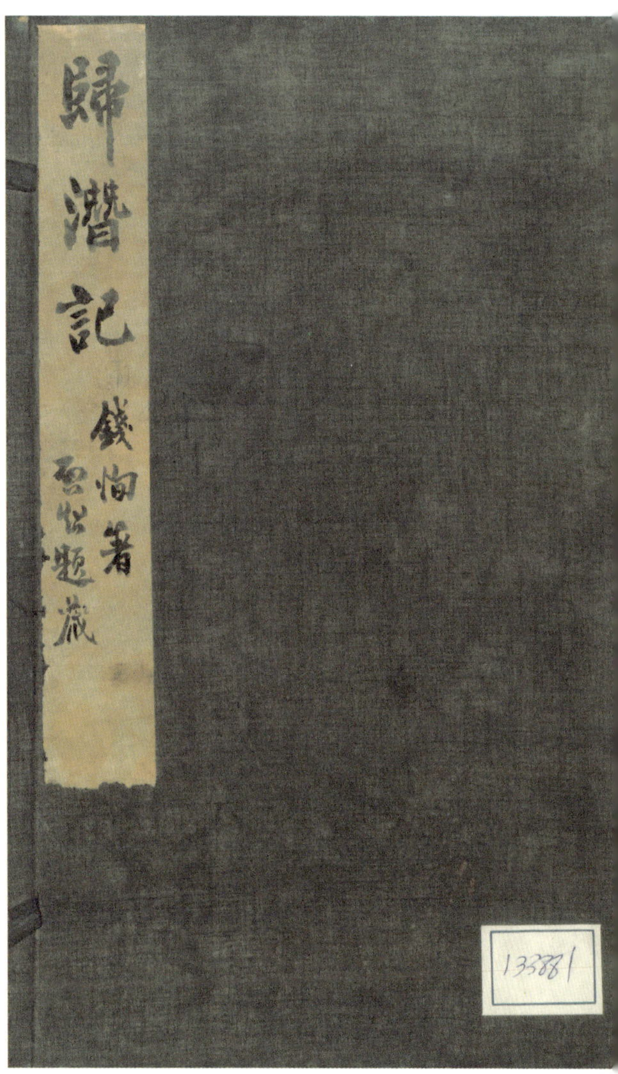
歸潛記
錢恂著
133881

彼得寺　　　　歸潛記乙編之一

彼得寺直隸於羅馬景宗爲舊教萬寺領袖宏大瑰麗雖世界著名之俄國帝宮不敢望其肩背予兩旅羅馬曆游此寺無慮二三十次逐有所記彙而存之不覺其言之過繁然於寺藏之富與寺工之良仍未詳什一也教例耶穌之外不得別有他祀則寺祀彼得爲非理然寺名雖題彼得而所拜仍是耶穌非若中國之以某神名寺者即拜某神也至於教寺一堂一殿咸有專名名稱不確即游事莫舉長子稻孫有新釋宮一篇摘其關景寺者附錄於後本篇所用寺屋名稱即采諸新釋宮

景宗即俚俗所謂教王者原文有父意無王意即其他代稱亦絕無王號故用景教流行中國碑例稱爲景宗

寺建乏氏剛上本頗龍帝之棲爾果場・凡棲爾果必橢圓形古羅馬游戲運動場景紀初年・爲虐殺教徒地・相傳彼得即殉於此・景紀九

南宋六陵遗事

《南宋六陵遗事》一卷，清鄞县万斯同撰。

胡元妖僧杨琏真伽发掘南宋六陵事，为前史未闻之惨剧。世多知唐珏、林景熙两义士掩护之功，而当时主持而先后者，尚大有人在。王修竹也，谢翱也，罗铣也，各有事焉。此书备采诸家记载，会通而疏证之，可谓发潜阐幽也已。启超记，同日。

《南宋六陵遗事》一卷，清万斯同辑，清道光十三年（1833）吴江沈氏世楷堂刻清光绪间重印《昭代丛书》本。

该书撰成于清康熙三十九年（1700），裒辑绍兴攒宫山南宋六帝陵被毁及义士唐珏、林景熙等收葬诸陵遗骨之文三十余篇。揭示元人发掘坟墓、摸取宝货之恶行，亦详记诸陵位置及所葬之人，于帝陵考证有所参考。

南宋六陵遺事一卷　清鄞縣萬斯同撰

胡元妖僧楊璉真伽發掘南宋六陵事，為有史來闕之慘劇。世多知唐珏、林景熙兩義士藏護之功，而當時主持而先後者尚大有人在，王修竹也，謝皋羽也，羅銑也，亦皆可考。此書備采諸家記載，會通而疏證之，可謂蒐潛闡幽也已。

西諦記　同日

南宋六陵遺事

鄞縣萬斯同季野輯

續通鑑綱目

端宗景炎二年二月（元世祖至元十五年）元以番僧楊璉眞加總攝江南釋教　三年十二月元西僧楊璉眞加發宋紹興諸陵　楊璉眞加利宋攢宮金玉發諸陵在紹興者及大臣塚墓凡一百一所又欲裒諸陵骨雜牛馬枯骼爲鎮南浮圖會稽人唐珏獨痛憤乃貿家具行貸得白金爲酒食密召諸惡少泣曰爾曹皆宋

西藏考

《西藏考》一卷

不著撰人名氏。赵之谦谓雍正初身至其地者，随笔记录之册也。中纪里程颇详核，所录《唐盟碑》全文尤可宝。戊午六月，启超记。

《唐盟碑》，殆我国与他国为国际上平等条约，传世最古者。

《西藏考》一卷，清佚名撰，清赵之谦辑，清光绪间会稽赵之谦刻《仰视千七百二十九鹤斋丛书》本。

该书撰成于清雍正间，记事止于雍正八年（1730）。载西藏境内道里、行程颇详尽，为著者亲至藏地，随笔记录之作。录有布彦、库库木、叶楞、布鲁克巴、噶毕东鲁卜诸奏书，《唐蕃会盟碑文》《御制平定西藏碑文》等，于考证西藏史地、清初西藏政策等颇有价值。

西藏攷一卷

不著撰人名氏趙之謙謂雍正初身至其地者隨筆記錄之冊也中紀里程頗詳覈所錄唐盟碑全文尤可寶

戊午六月 啟超記

唐盟碑殆我國与他國在國際上平等條約傳世最古者

西藏攷

康熙五十九年大兵定藏撫有是土十數年官兵往來其閒崇山鳥道竟成通衢大路僻壤陬民莫不識中國衣冠恩威遠布外域內歸自唐而下從未有如今日之闢萊者也

西藏之西南約行兩月餘有巴爾布一區於雍正十年慕德歸誠隨賞　勅書三道蟒緞等物十一年秋八月遣使送至後藏命人齎送轉賞三罕至甲寅春正月三罕復遣使來藏請赴都謝　恩沿途供應糧

卫藏通志

《卫藏通志》十六卷，失著者姓名。卷末有袁重黎太常（昶）后序。惟铺张功德附论交涉，而于本书来历无一语道及，实非序体也。末有朱印附语，称重黎集中附记，疑为和琳所辑。和琳者，乾隆五十七年以工部尚书任驻藏办事大臣者也。卷首《校字记》考证颇精审，亦不知出谁氏手。据卷末朱印语，或桂林龙松岑（继栋）所校也。甲子二月初十日，启超记。

《卫藏通志》十六卷卷首一卷《校字记》一卷，清佚名撰，清光绪二十二年（1896）桐庐袁昶刻《渐西村舍丛书》本。

袁昶（1846—1900），原名振蟾，字重黎，一字爽秋，号渐西村人，浙江桐庐人。光绪二年（1876）进士，授户部主事，后转总理衙门章京，历官徽宁池太广道、江宁布政使，官至太常寺卿。光绪二十六年（1900），八国联军进犯大沽，因反对围攻使馆、宣战开衅而被杀。工诗，著有《渐西村人集》《于湖小集》《袁忠节公遗诗》等。

和琳（1753—1796），字希斋，号华坪，满洲正红旗人。和珅弟。骁勇善战，历任兵部侍郎、工部尚书、四川总督等职。清乾隆五十七年（1792），廓尔喀兴兵侵犯西藏。时任正蓝旗汉军副都统和琳被派往西藏，与大将军福康安配合默契，后升任工部尚书。

龙继栋（1845—1900），原名维栋，字松岑、松琴，号槐庐，广西临桂（今广西壮族自治区桂林市）人。曾任云南南安知州、户部候补主事，后任江南官书局图书集成总校、江南尊经书院山长。擅诗词，通小学，工篆隶，著有《槐庐诗学》《槐庐词学》《侠女记》等。

该书著者不详，撰者有和琳、和宁（后改名和瑛）、松筠诸说，亦有多人合作、奉命编纂等说[1]。此本卷末袁昶叙后钤“按此书系请前户部主事桂林龙松岑先生继栋校刻伊未署名详见　先公文集中附记并云原本未著姓氏疑即为和琳所辑云”朱印，当为袁氏后人所钤。

该志广采当时谕旨、奏章、公文档册等内容，分门别类，内容详核，为研究清前期西藏历史、政治、文化、风俗等提供了大量官方资料。

[1]参见曹彪林：《〈卫藏通志〉作者辨析》，《西藏研究》，2009年第4期，第76—80页；曹海霞：《〈卫藏通志〉作者探究》，《满族研究》，2014年第3期，第67—71页。

衛藏通志十六卷失著者姓名卷末有袁
重黎太常昶後序惟鋪張功德附論文
涉而於本書來歷無一語道及實非序體也
末有硃印附語稱重黎集中附記將為和琳
所輯和琳者乾隆五十七年以工部尚書任駐
藏辦事大臣者也 吳昌校字記考證燦然精審
亦必先生疏氏手校卷末硃印語或桂林龍
松岑繼棟所校也
甲子六月初十日 叔弢記

衛藏通志卷一

考證

謹案疑耳而信目者人之常情源遠而末分者學之流弊嘗考通典類函子史通鑑水經注諸書未嘗不載天竺西域諸國事蹟然所聞異辭所傳聞異辭疑信相參源末互異求其質實於人跡不到之區不可得也姑博採焉考諸古則存而勿論證之今則信而有徵

吐番在吐谷渾西南不知國之所由或云禿髮利鹿孤有子樊尼其主傉檀爲乞伏熾盤所滅樊尼

诸史然疑

《诸史然疑》一卷，仁和杭世骏著。

堇浦之学，以博洽闻。此书盖其随手札记之作，考据居什七八，亦间论政俗得失。虽皆小节，然未尝蹈袭前人。

《诸史然疑》一卷，清杭世骏撰，清道光十三年（1833）吴江沈氏世楷堂刻清光绪间重印《昭代丛书》本。

杭世骏（1696—1772），字大宗，号堇浦，别号智光居士等，浙江仁和（今浙江省杭州市）人，经学家、史学家、文学家、藏书家。清雍正二年（1724）举人，清乾隆元年（1736）举博学鸿词科，授编修。晚年主讲粤秀书院、扬州书院。有藏书楼名“道古堂”“补史亭”。有诗名，精于史，勤于著述，著有《榕城诗话》《诸史然疑》《史记考证》《道古堂集》等。

该书乃杭氏读史札记，涉《后汉书》《三国志》《晋书》《宋书》《魏书》《北史》《陈书》等书，用以纠正史书疏漏，考订舛讹。于前人已有论及、改正者，不复论。于文本谬误之处，多有纠正。此书卷帙虽小，然颇为精核，为后人所推重。

諸史然疑一卷　仁和杭世駿著
堇浦之學以博洽聞此書蓋其隨手劄記之作考據居什七八
亦閒論及俗沿失檢皆小小節然未嘗蹈襲前人

南唐拾遺記一卷　錢塘毛先舒纂
書標南唐而記多後之時事其前則甚略蓋馬陸二書所已
詳者則不著也搜輯無雜繁瑣惟不注原出處是其短也

諸史然疑　廣編卷第五

仁和杭世駿大宗著

余年二十有五始有志乎史學貧無全史且購且讀一日率盡一卷人事膠擾道塗奔走祁寒盛暑未嘗一月輟也風雨閉門深居無俚則又倍之閱五年而始畢功又一年而以通鑑參校史外又益以舊聞三千年之行事較然矣於諸史中以意穿穴有得則標舉其旨趣前人所論者不復論前人所糾者亦不復糾也史漢考證業有成書𣂏自後漢以迄六代唐宋

读史举正

《读史举正》八卷

清张熷撰。熷，浙江仁和人，字曦亮，号南漪。全谢山为之墓志铭，述其行谊，在卷端。此书盖读史考据之札记，体例与钱竹汀之《考异》、王西庄之《商榷》略同。虽琐碎，亦有极精到者。戊午六月，启超记。

《读史举正》八卷，清张熷撰，清赵之谦辑，清光绪间会稽赵之谦刻《仰视千七百二十九鹤斋丛书》本。

张熷（1705—1750），字曦亮，号南漪，浙江仁和（今浙江省杭州市）人。清乾隆间举人，著有《南漪遗集》《读史举正》等。

该书乃张氏读史时随笔识语，以订正诸史之误。因其暴卒而未完稿，经全祖望辑为八卷，复由其子整理而成。是书自《史记》《汉书》至《宋史》《资治通鉴》等，皆有校订，尤精于地理考证。

讀史舉正八卷

清張熷撰。熷浙江仁和人，字曦亮，號南漪。全謝山為之墓志銘，述其行誼，在卷端。此書蓋讀史考據之劄記，體例與錢竹汀之考異、王西莊之商榷略同，雖瑣碎亦有並精到者。

戊午六月　邵鋭記

讀史舉正卷一

仁和張熷曦亮箸

史記

高祖本紀

秦二世元年注徐廣曰高祖時年四十八後高祖崩注皇甫謐曰高祖以秦昭王五十一年生至漢十二年年六十三案始皇本紀昭王享國五十六年孝文一年莊襄三年始皇三十七年以高祖生年校之實溢二歲今但云六十三三當爲二耳漢

文史通义补编

《文史通义补编》一卷

宜采以与粤雅堂本合刊为足本。

内《杂说》《拟进湖北三书序》《与陈观民论湖北通志》三篇极要。甲子二月十三读一过。

《文史通义补编》一卷，清章学诚撰，清光绪间湖南使院刻《元和江氏灵鹣阁丛书》本。

章学诚（1738—1801），原名文镳、文酕，字实斋，号少岩，浙江会稽（今浙江省绍兴市）人，史学家、方志学家、目录学家。清乾隆四十三年（1778）进士，官国子监典籍。曾主讲定州定武书院、保定莲池书院，为南北方志馆主修志书十余部，著有《文史通义》《校雠通义》《史籍考》等。

该书为《文史通义》之补充，乃章氏研究经史诗文诸学之论文汇编，疏于体例。其文多应时因题而作，借以阐述其经世致用之史学主张，以及六经皆史等史学见解。

文史通義補編　　會稽章學誠

說林

才之長短不可揜，而時之今古不可强。司馬遷述尚書左國之文，孑孑而不足；述戰國楚漢之文，恢恢而有餘。非特限于才，抑亦拘于時也。惟其並存而無所私，故聽人決擇而已，不與也。在文辭非古人所重條後

集之始于流別也，後人彙聚前人之作，欲以覽其全也，亦猶撰次諸子，即人以名其書之意也。諸子之書，載其言，并記其事，以及他人之言其言者，而其人之全可見也。文集萃其文，文章流別集。別著其事，文章志。以及他人之論其文者，文章論。故摯虞

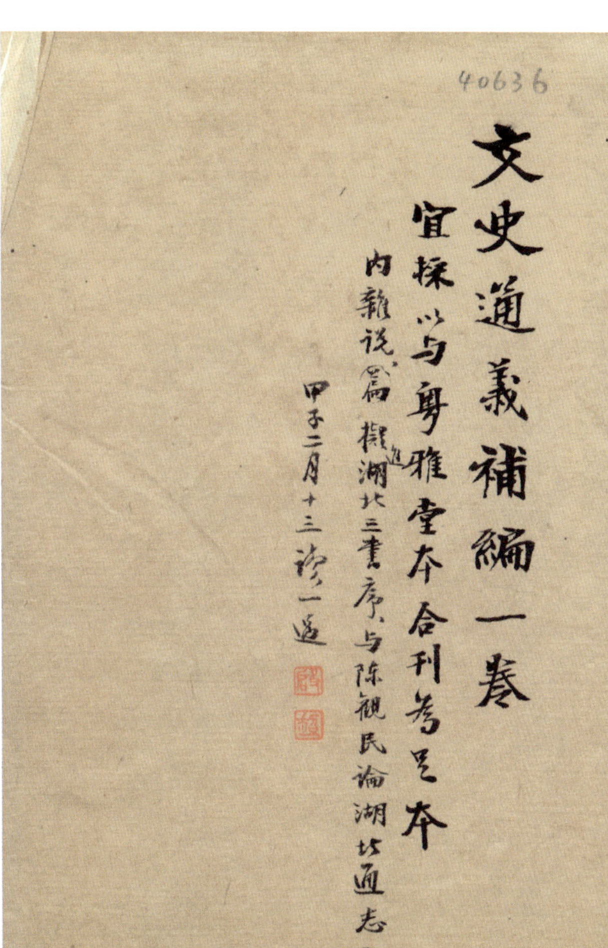

集古虎符鱼符考

《集古虎符鱼符考》一卷

嘉定瞿中溶木夫著。

木夫为钱竹汀女婿，最长金石考证，尚有《官印考证》等书。此篇殆为符节学最精善之作。甲子端午后二日，启超浏览一过。

《集古虎符鱼符考》一卷，清瞿中溶辑，民国十年（1921）海宁陈乃乾影印《百一庐金石丛书》本。

瞿中溶（1769—1842），字镜涛，号木夫，又号苌生，江苏嘉定（今上海市嘉定区）人，印学家。钱大昕之婿。清嘉庆十九年（1814）进士，历官湖南布政司理问，署辰州府通判、安福县知县。富收藏，精于金石考证，书画篆刻兼擅。勤于著述，著有《集古官印考证》《三体石经辨正》《汉金文编》《集古虎符鱼符考》《说文地名考异》等。

陈乃乾（1896—1971），名乾，字乃乾，浙江海宁人，文献学家、编辑出版家，编印有《清代学术丛书》《周秦诸子斠注十种》《重订曲苑》等。20 世纪 20 年代初期，在古书流通处期间编印了《知不足斋丛书》《章氏丛书》和《百一庐金石丛书》等大部头丛书。

《百一庐金石丛书》收宋人、清人金石著作共十种十三卷，《集古虎符鱼符考》为其中之一。该书原附于《集古官印考证》后，著录虎符十二件、鱼符六件、龟符一件，总计十九件。始自汉魏，讫于宋元，多附有图，图后有考释和瞿氏短记。

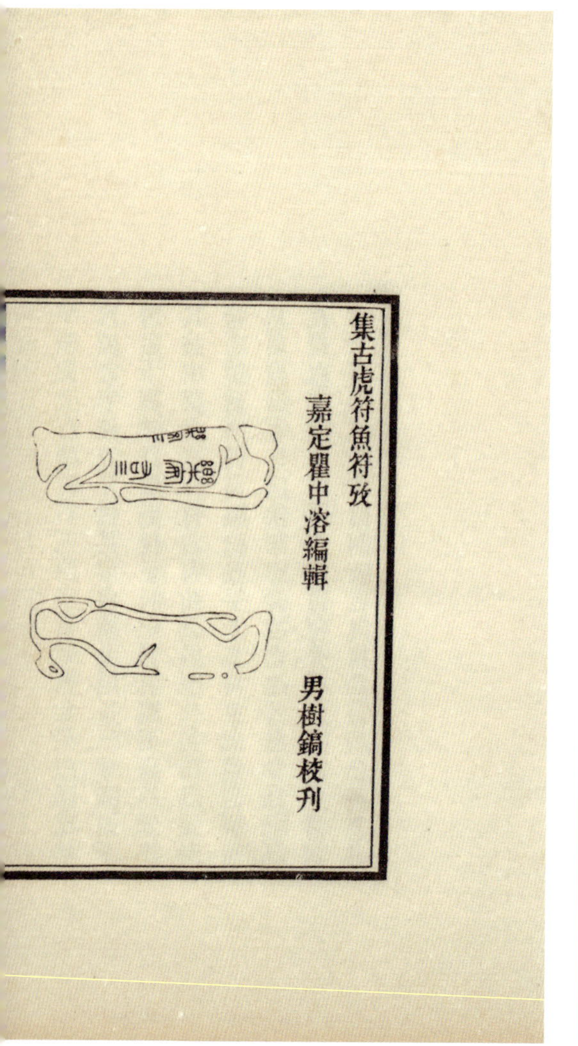
集古虎符魚符攷

嘉定瞿中溶編輯

男樹鎬校刊

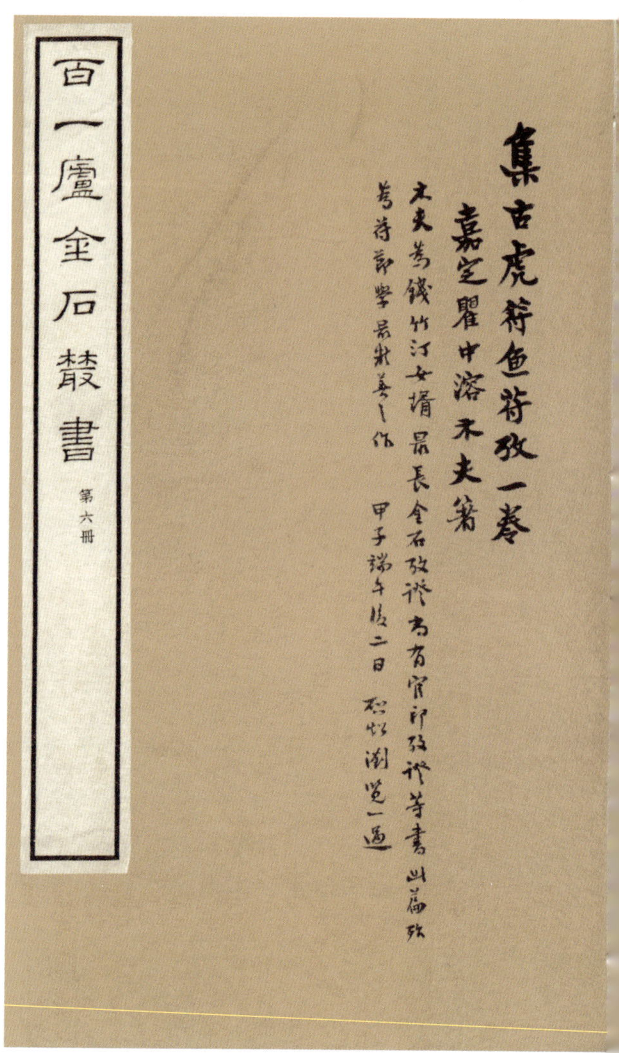
百一廬金石叢書

第六冊

集古虎符魚符攷一卷

嘉定瞿中溶木夫著

木夫為錢竹汀女壻 景長金石攷證 為古官印攷證等書 此篇攷為符節學最先著之作

甲子端午後二日 松竹瀏覽一過

筠清馆金石文字

此筠清馆金文稿本，阙第一二两卷，取斠刻本无甚异同，刻本间多小注数字耳！

款识断非自摹，观款识旁所注小字可证。且所摹有工拙之异，非出一手也。书眉上朱书“见《积古》”“见《积古》可删”数字，审是吴氏手笔[1]。

《筠清馆金石文字》原稿。饮冰室藏。

款识皆荷屋自摹者，矫健朴茂，得未曾有也。丁巳六月，印昆为余购自厂肆。启超题藏。

《筠清馆金石文字》五卷，清吴荣光撰，清稿本。

[1] 此笺为容庚所题。

吴荣光（1773—1843），字伯荣，又字殿垣，号荷屋、可庵，晚号拜经老人，广东南海（今广东省佛山市禅城区）人，诗人、藏书家。清嘉庆四年（1799）进士，清道光中任湖南巡抚兼湖广总督。工诗文、擅书画，嗜好金石，著有《辛丑销夏记》《筠清馆金石文字》《帖镜》等。

周大烈（1862—1934），字印昆，号夕红楼，湖南湘潭人。清宣统时任吉林民政厅厅长，1912 年当选众议员，后任张家口税务署监督。富收藏，著有《夕红楼诗集》等。

此稿为吴氏辑录平生所见所收之金文，以年代为序，精心校订摹写。每字之下，附释义考订。1927 年 1 月，容庚从任公处借观此书，并手校一过。归时留有一笺，后附于护叶。容氏不同意任公所称“款识皆荷屋自摹”的观点，认为款识非吴氏自摹，以其旁所注小字为证。且所摹有工拙之异，非出自一手[1]。

[1] 参见容庚撰：《清代吉金书籍述评（下）》，《学术研究》，1962 年第 3 期，第 73 页。

筠清館金石文字原藁

飲冰室藏

此筠清館金文稿本闕第一二兩卷取讎刻本無甚異同刻本間多小注數字耳款識斷非自摹觀款識旁所注小字可證且所摹有工拙之異非出一手也書眉上朱書見積古見積古可删數字蓋是吳氏手筆

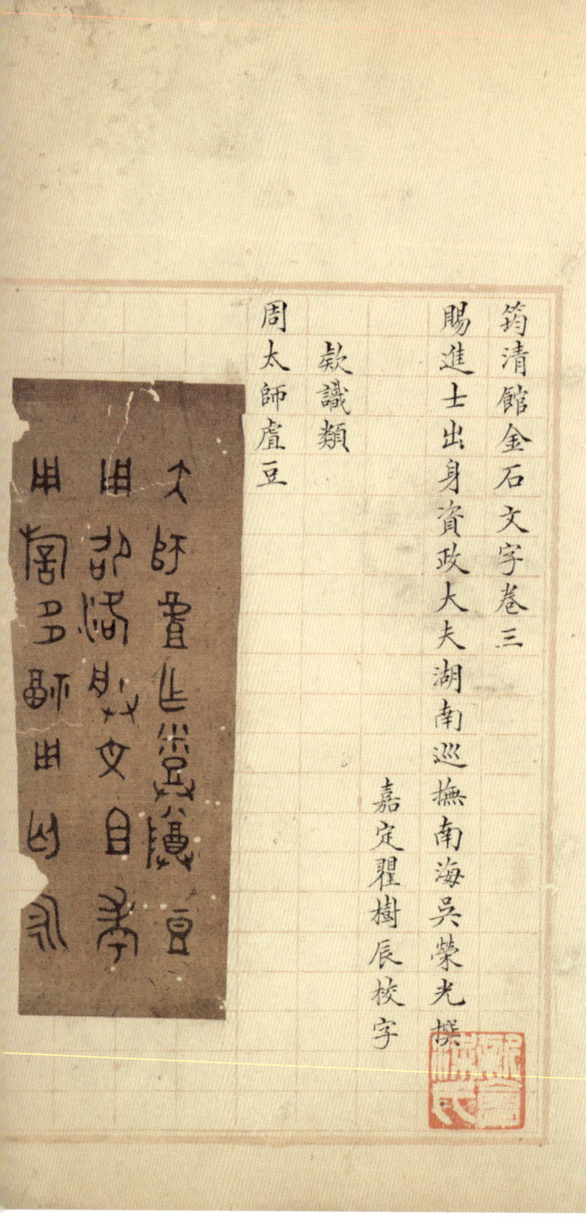

筠清館金石文字卷三

賜進士出身資政大夫湖南巡撫南海吳榮光撰

嘉定瞿樹辰校字

款識類

周太師虘豆

款識皆荷屋自摹者鐫楗樸茂得未曾有也丁巳六月訊昆為余購自廠肆 啓功題藏

古金待问录

《古金待问录》，汴州朱枫著。

此泉谱也。所收多赝品，释文多杜撰。以视近世颛门家所述，诚觉疏陋，然推轮蓝缕，固自可贵。

《古金待问录》一卷，清朱枫撰，清道光十三年（1833）吴江沈氏世楷堂刻清光绪间重印《昭代丛书》本。

朱枫（1695—？），字近漪，号排山、柑园，浙江钱塘（今浙江省杭州市）人，金石学家。性高洁，工诗文，著有《排山集》《古金待问录》《雍州金石记》《秦汉瓦图记》等。

朱氏中岁随子宦游陕西、河南，所至遍访古迹，搜求金石文字。该书记述古代货币“刀布”一百一十六种，每种以原钱墨拓摹本上版，并附释文。摹本精细可靠，忠于原物，后世多习之。任公称其多赝品，然确有蓝缕之功。

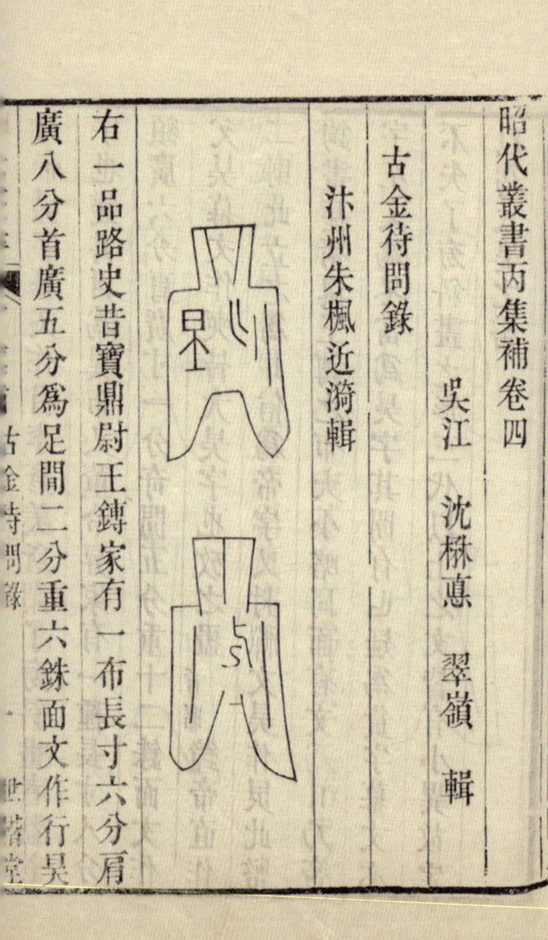

昭代叢書丙集補卷四

古金待問錄　吳江　沈楙悳　翠嶺　輯

汴州朱楓近漪輯

右一品路史昔寶鼎尉王鑄家有一布長寸六分肩廣八分首廣五分爲足間二分重六銖面文作行昊

古金待問錄　世楷堂

歐陽文忠公年譜　無錫華孳亨著

因　氏舊譜增訂頗有所補正

古金待問錄　汴州朱楓著

此泉譜也所收者歷品以視近世數十家所述

誠覺疏陋無甚指摘篋縷因自可貴

语石

前清乾嘉以降，金石之学特盛，其派别亦三四。王兰泉、孙渊如辈广搜碑目，考存佚原流，此一派也；钱竹汀、阮云台辈专事考释，以补翼经史，此又一派也；翁覃溪、包慎伯辈特详书势，此又一派也。近人有颛校存碑之字画、石痕，别拓本之古近者，亦一派也；其不讲书势，专论碑版属文义例者，亦一派也。此书专博不及诸家，而颇萃诸家之成，独出己意，有近世科学之精神，可以名世矣。戊午正月廿七日购得，穷一日之力读竟，记之。启超。

《语石》十卷，叶昌炽撰，清宣统元年（1909）长洲叶昌炽刻本。

叶昌炽（1849—1917），字兰裳、鞠裳，号颂鲁，又号缘督，自号缘督庐主人，江苏长洲（今江苏省苏州市）人，金石学家、文献学家。清光绪十五年（1889）进士，选翰林院庶吉士，散馆授编修，充国史馆协修、纂修、总纂官。光绪二十八年（1902）任甘肃学政，后因病归乡，以校勘典籍、读碑写经为业。精于版本目录学，著有《藏书纪事诗》《寒山寺志》《缘督庐日记》《语石》等。

此书花费叶氏二十年之力，搜集石刻八千余种，叙述碑刻制度、文字内容、书法演变、摹拓技术、收藏辨伪及逸闻轶事等共四百八十四条，乃我国第一部通论古代石刻文字的研究专著。叶氏首将石刻独立于金石之学，广其源流，分门别类，采诸家之长，著述体例一新，故任公称其“有近世科学之精神”。

前清乾嘉以降金石之學特盛其派別亦三四王蘭泉孫淵如輩廣搜碑目考存佚原流此一派也錢竹汀阮雲臺輩專事考釋以補翼經史此又一派也翁覃谿包慎伯輩特詳書勢此又一派也近人有顓校存碑之字畫石痕別拓本之古近者亦一派也其不滿於書勢專論碑版羣文義例者亦一派也此書專博不及諸家而頗萃諸家之微獨出己意有近世科學之精神可以名世矣戊午正月廿七日[illegible]以窮一日之力讀竟記之　啟超

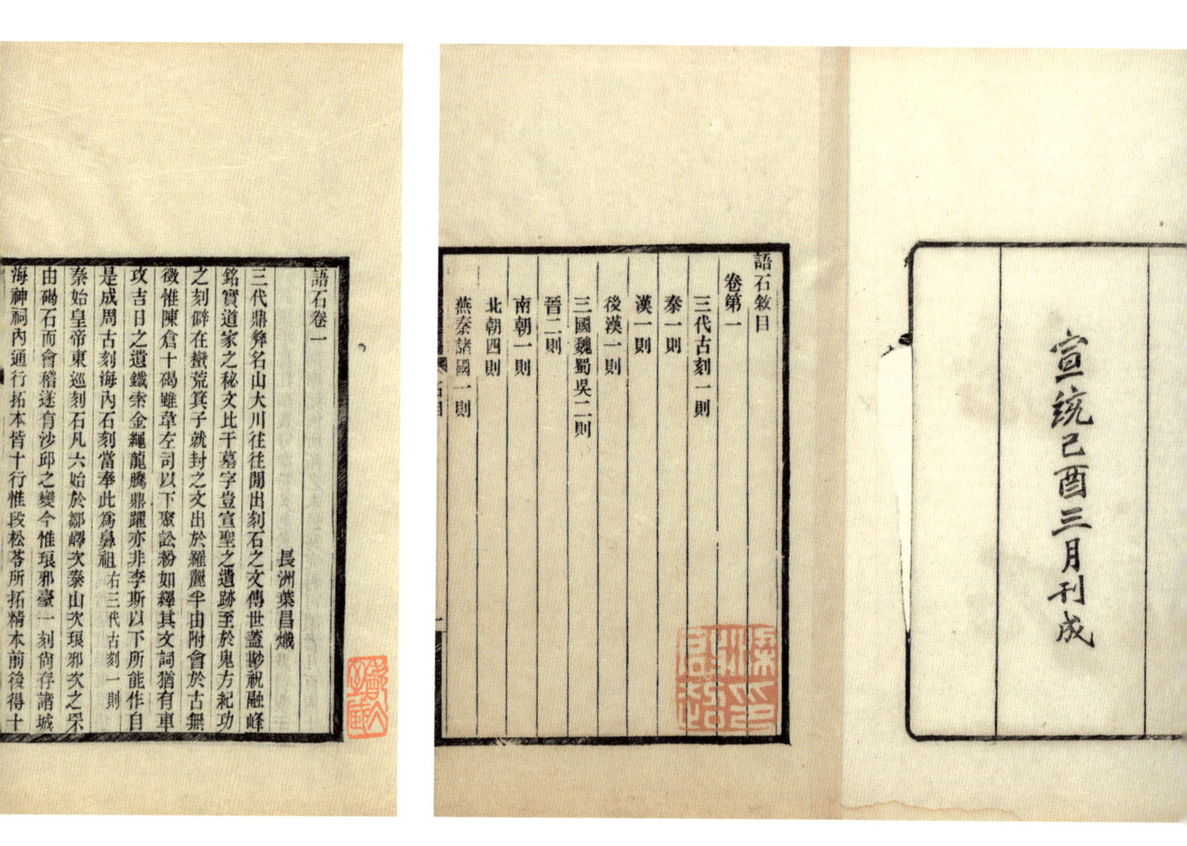

宣統己酉三月刊成

語石敘目

語石卷一

長洲葉昌熾

三代鼎彝名山大川往往閒出刻石之文傳世蓋尠祝融峰銘實道家之秘文比干墓字豈宣聖之遺跡至於鬼方紀功之刻辟在蠻荒箕子就封之文出於羅麗半由附會於古無徵惟陳倉十碣雖韋左司以下聚訟紛如繹其文詞猶有車攻吉日之遺鐵索金繩龍騰鼎躍亦非李斯以下所能作自是成周古刻海內石刻當奉此爲鼻祖右三代古刻一則

秦始皇帝東巡刻石凡六始於鄒嶧次泰山次瑯邪次之罘由碣石而會稽遂育沙邱之變今惟瑯邪臺一刻尚存諸城海神祠內通行拓本皆十行惟段松苓所拓精本前後得十

昭陵碑录

《昭陵碑录》

罗振玉校录。

《昭陵碑录》三卷《附录》一卷《补》一卷《校记》一卷，罗振玉校录，民国三年（1914）上虞罗振玉鄂州刻本。

罗振玉（1866—1940），字叔蕴、叔言，号雪堂，浙江上虞（今浙江省绍兴市上虞区）人，考古学家、金石学家，“甲骨四堂”之一。著述颇丰，编著有《殷墟书契》《敦煌石室遗书》《鸣沙石室佚书》《敦煌古写本周易王注校勘记》《鸣沙石室古籍丛残》等。

昭陵为唐太宗陵墓，因其陪葬者多为唐武德、贞观年间及唐高宗初年重要人物，诸碑史料、书法价值颇高，故自欧阳修《集古录》、赵明诚《金石录》著录以来，历代著录者众。此书为专题著述，罗氏自清光绪三十三年（1907）开始校录，博采旧拓，校诸众本，于次年编成《昭陵碑录》，凡二十八种，清宣统元年（1909）印行。后陆续增收五种，成《昭陵碑录补》，于 1914 年合并重刊。此书承清王昶《金石萃编》、孙三锡《昭陵碑考》之后，碑录文字远超此前诸家，并校正诸家疏误，录文准确可信，可称清代昭陵碑石校录之集大成者。

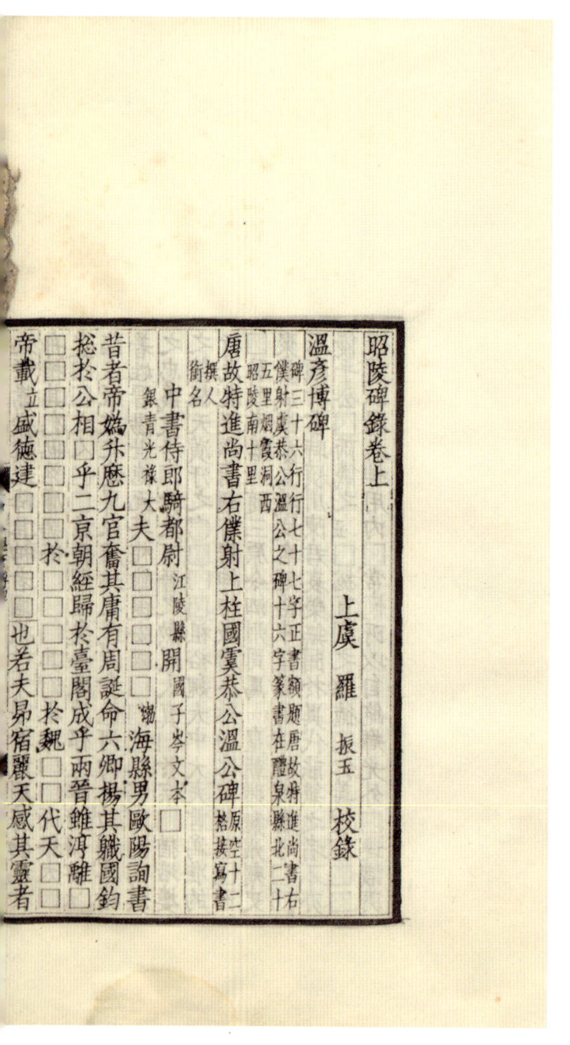

昭陵碑錄卷上

上虞 羅振玉 校錄

溫彥博碑

碑三十六行行七十七字正書額題唐故特進尚書右僕射虞恭公溫公之碑十六字篆書在醴泉縣北二十五里烟霞洞西昭陵南十里

唐故特進尚書右僕射上柱國虞恭公溫公碑原空十二格接寫書

撰人銜名

中書侍郎騎都尉江陵縣開國子岑文本□

銀青光祿大夫□□□□□□渤海縣男歐陽詢書

昔者帝嬀升歷九官奮其庸有周誕命六卿揚其職國鈞

摠於公相□乎二京朝經歸於臺閣成乎兩晉雖淳離□

□□□□□□□□於□□□□□於魏□□代天□□

帝載立盛德建□□□□□也若夫昴宿麗天感其靈者

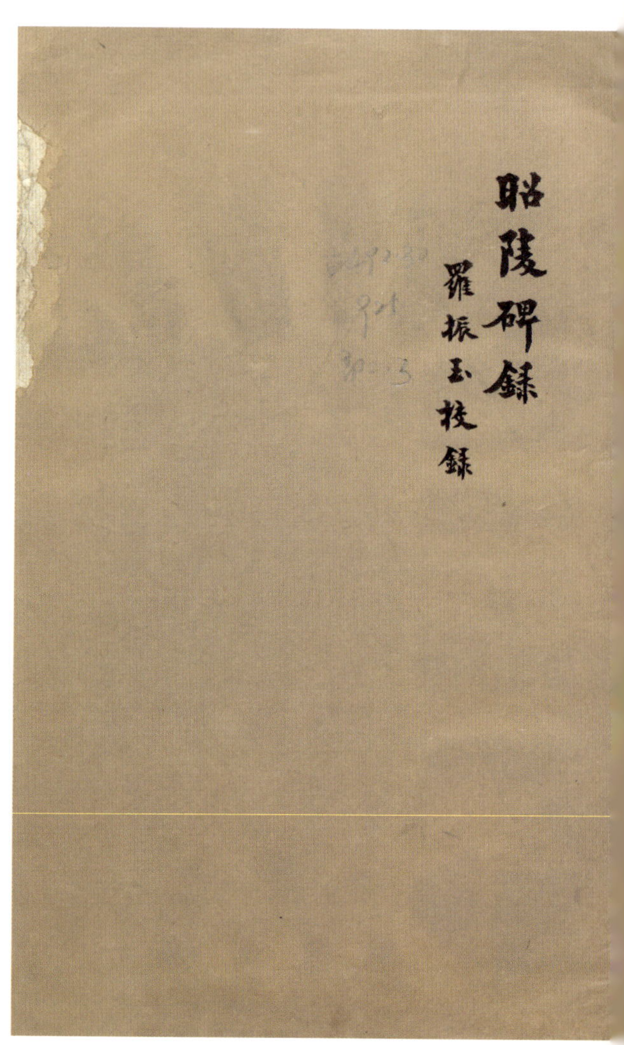

铁琴铜剑楼藏书目录

《铁琴铜剑楼藏书目录》

凡二十四卷，装十册。

瞿菊农所赠。癸亥中秋，启超记。

《铁琴铜剑楼藏书目录》二十四卷，清瞿镛藏并编，清光绪二十四年（1898）常熟瞿启甲校刻本。

瞿镛（1794—1846），字子雍、熙邦，号潜研老人，江苏常熟人。贡生。其父绍基（字荫棠）好蓄书，藏书室名恬裕斋，收得张金吾爱日精庐、陈揆稽瑞楼所藏宋元善本。又获古铁琴、古铜剑各一，尤为珍爱，遂以“铁琴铜剑楼”名其藏书处。瞿镛继承父志，一生以读书稽古为业，复大力搜求藏书，尝得汪士钟艺芸精舍旧藏，积书至十余万卷，时有“南瞿北杨”之称。编有《恬裕斋藏书目录》《铁琴铜剑楼藏书目录》《铁琴铜剑楼集古印谱》等。

瞿世英（1901—1976），原名士英，字菊农，江苏武进（今江苏省常州市）人，教育家。1918年考入燕京大学哲学系，1922年毕业于研究科，1926年获哈佛大学哲学与教育学博士学位，曾任清华大学、北京大学、北京师范大学等校教授等职，毕生从事哲学、教育理论的教学与研究工作。著有《教育哲学》《教育学原理》《乡村教育文录》《现代哲学》《西洋教育思想史》等。

该目仿《郡斋读书志》《直斋书录解题》体例，于清咸丰年间付梓，仅成经部三卷，旋毁于兵，镛亦遽逝。其子秉渊、秉清延聘季锡畴（字菘耘）、王振声（字宝之）馆于家，任校勘之事。因太平军陷常熟，藏书亦遭损毁，迁延至光绪二十四年秉清子启甲始刻竣行世。该目由瞿氏祖孙三代历五十余年刻成，共收录图书一千一百九十四种，其中宋刻一百七十三种，金刻四种，元刻一百八十四种，明刻二百七十五种，抄本四百九十种，校本六十一种，其他七种。所收止于元人著述，明清著作未入目，以四部分类排次。

商务印书馆编印《四部丛刊》时，曾采铁琴铜剑楼藏书数十种以为底本。瞿启甲另辑印《铁琴铜剑楼宋金元本书影》一书，有1922年石印本。

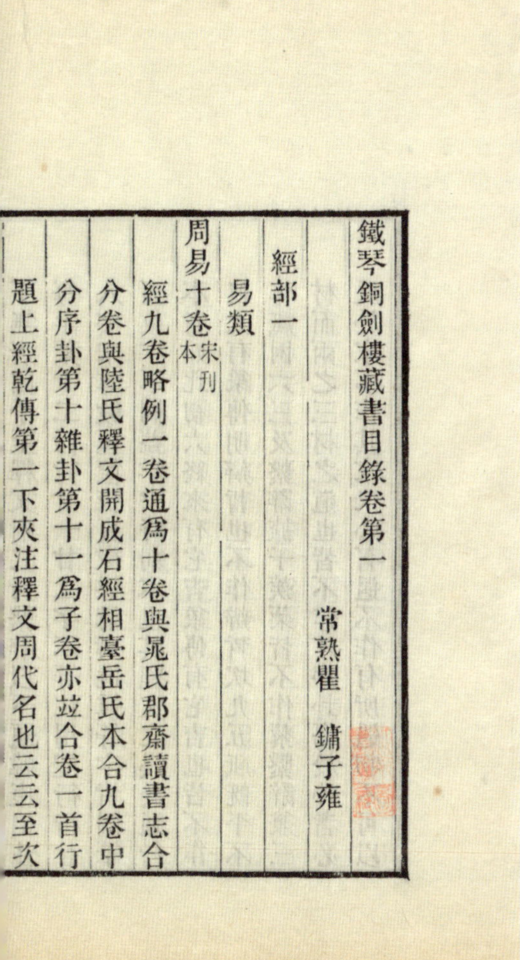

鐵琴銅劍樓藏書目錄卷第一　常熟瞿　鏞子雍

經部一

易類

周易十卷宋刊本

經九卷略例一卷通爲十卷與晁氏郡齋讀書志合分卷與陸氏釋文開成石經相臺岳氏本合九卷中分序卦第十雜卦第十一爲子卷亦竝合卷一首行題上經乾傳第一下夾注釋文周代名也云云至次

鐵琴銅劍樓藏書目錄

凡二十四卷裝十冊

瞿菊農所贈

癸亥中秋　啓超記

四库简明目录标注

明人集部书见于著录者，《千顷堂》外，以《孝慈堂》为最富。《千顷》备史志采择，不皆目睹，《孝慈》则手藏检录也。逡写其目于卷端，两日而毕。戊辰五月初九日。

《四库简明目录标注》二十卷《附录》一卷，清邵懿辰撰，清宣统三年（1911）仁和邵氏家祠刻本。

邵懿辰（1810—1861），字位西、惠西，浙江仁和（今浙江省杭州市）人，经学家、藏书家、目录学家。清道光十一年（1831）举人，历任内阁中书、刑部员外郎等。学问淹通，精于版本目录之学。著有《礼经通论》《尚书传授同异考》《半岩庐文集》《孝经通论》《四库简明目录标注》《位西所见书目》等。

道光中，邵氏以家藏及经眼各书版本注于《四库全书简明目录》之上，久之乃成此书，次序一仍其旧。该目分类介绍《四库全书》所收书，著录较详，存书名、卷数、著者、版本、刊刻者等内容，为目录学之重要著作。

书成后以稿、抄本形式流传，抄本有周星诒、孙诒让、王懿荣等名家批校本，后由其孙邵章于宣统三年刻印。因原稿添注涂改凌乱，又以胡念修传抄清本校刻，错讹较多。1958 年，邵章之子友诚重以原稿校勘此书，又增批校诸家姓名及批注、邵章续录、邵懿辰《善本书跋及其他》、邵章《四库未收传本书目》、刘喜海家抄本《东国书目》等而成《增订四库简明目录标注》。

此本有任公朱墨笔批注甚多。

明人集部書見於著錄者千頃齋外以孝
若堂書目千頃齋史之乘擇不皆目睹、
孝慈列手藏擒錄如逢寫其目於卷端
而目而畢 戊辰五月初九日

瓊芳集二卷 淮康王朱祁銓撰 適園志有成化刻本

東泉軒集四卷 弋陽端惠王拱樻撰 詩七百餘首手自編定嘉靖
二十年刻王多娘跋刊之 適園志有初刊本
千頃堂目訓出雲集 四卷 善錄 張石銘謂其
東閣重貴 最是舊刻本也

四庫簡明目錄標注卷第十八

仁和 邵懿辰 位西

集部六

別集類五 明洪武至崇禎

明太祖文集二十卷 案明太祖文集見於國史經籍志者凡二部見於黃虞稷千頃堂書目者凡四部此本爲姚士觀沈鈇所校刊

明萬曆十四年刊本 嘉靖己丑雲南刊本 有分類本有分甲乙丙丁四集本 楊起元輯本附訓行錄三卷 明硃印本星詒

宋學士全集三十六卷 附錄 明宋濂撰 七集七十五号

半巖廬所著書之四

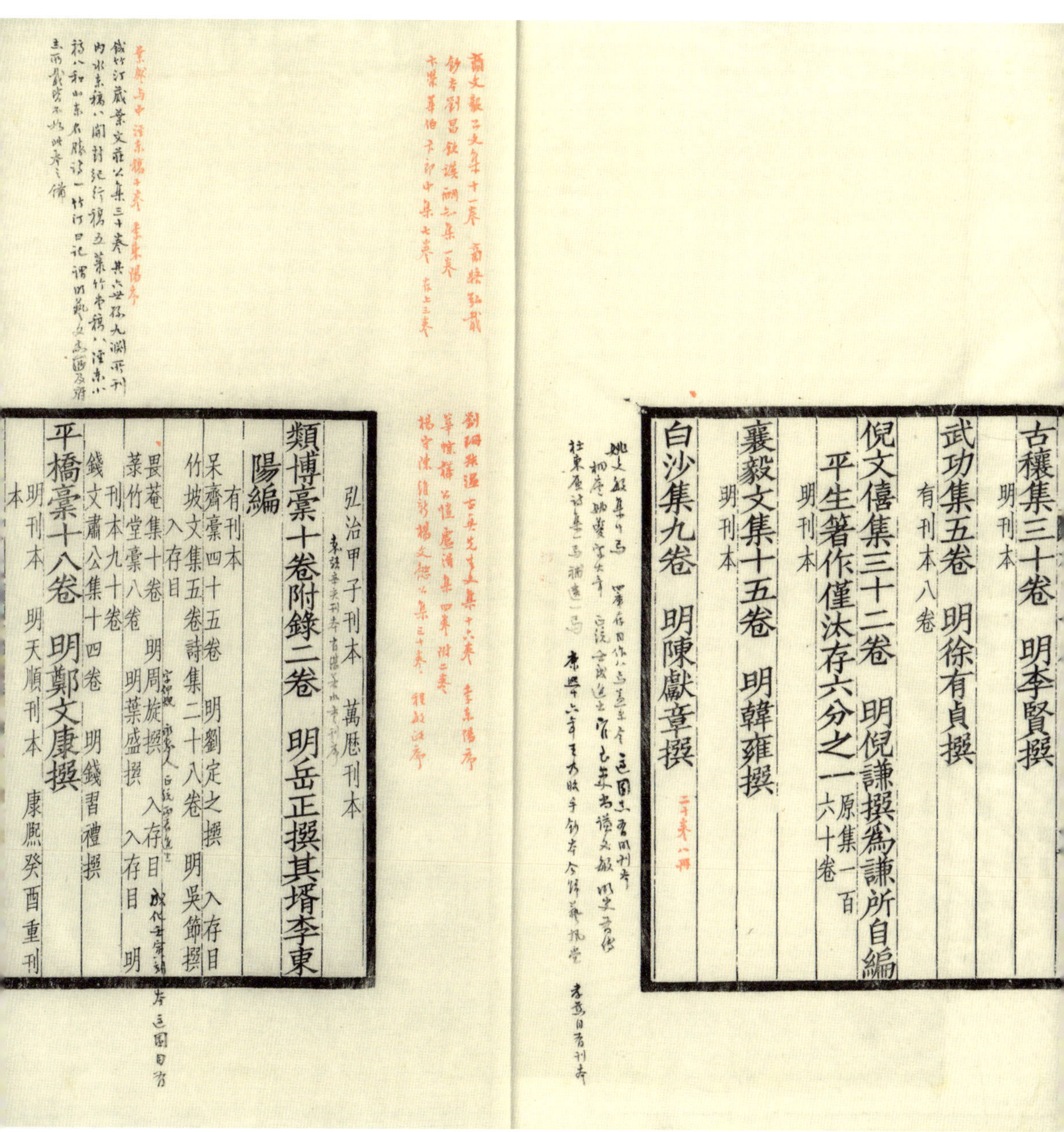

古穰集三十卷　明李賢撰

明刊本

武功集五卷　明徐有貞撰

有刊本八卷

倪文僖集三十二卷　明倪謙撰爲謙所自編

平生著作僅汰存六分之一原集一百六十卷

明刊本

襄毅文集十五卷　明韓雍撰

明刊本

白沙集九卷　明陳獻章撰

二十卷八冊

弘治甲子刊本　萬歷刊本

類博稾十卷附錄二卷　明岳正撰其壻李東陽編

有刊本

呆齋稾四十五卷　明劉定之撰　入存目

竹坡文集五卷詩集二十八卷　明吳節撰　入存目

畏菴集十卷　明周旋撰　入存目

菉竹堂稾八卷　明葉盛撰　入存目　明刊本九十卷

錢文肅公集十四卷　明錢習禮撰

平橋稾十八卷　明鄭文康撰

明刊本　明天順刊本　康熙癸酉重刊本

留真谱初编

《留真谱初编》十二册，宜都杨守敬撰。

杨君游日本，获见其国秘府及故家所藏唐宋以来写椠古籍，依原书格式景刊其首叶，残本则景其所残之叶，小本或全景之（如御注《孝经》），其有序跋藏记者并景之。凡经部二册九十二种，小学一册五十二种，史部一册四十七种，子部二册七十五种，医部二册六十八种，集部二册七十五种，佛部一册十九种，杂部一册二种，都四百三十种。陈百鼎而各献一脔，亦足餍异味也已矣。杨君收藏称当代第一，其遗籍今在国务院，非久恐为大力者负之以趋，惜不复见续编也。戊午六月初六日，梁启超记藏。

此册末附《乐毅论》《杂书要略》二种，概题佛部，不当也。

《留真谱初编》十二卷，杨守敬编，清光绪二十七年（1901）宜都杨守敬刻本。

杨守敬（1839—1915），谱名开科，榜名恺，更名守敬，字惺吾，晚号邻苏老人，湖北宜都人，历史地理学家、金石文字学家、版本目录学家、藏书家。以长于考证闻名于世，著述繁富，有《水经注疏》《隋书经籍志补正》《晦明轩稿》《汉书地理志补校》《日本访书志》等。

光绪六年（1880），杨守敬担任驻日公使何如璋随员，出访日本。其间，首次利用新技术缩印古碑《寰宇贞打图》。后又从黎庶昌出使日本，潜心搜集在日流传的中国散失古籍。受日本藏书家森立之《留真谱》启发，以森氏摹写书影为基础，经多方汇集、摹写，积累古刻旧抄书影至二十余册。曾于东京摹刻三册，因耗费过奢而中辍。返国后继续收集资料，至光绪二十七年续刻成《留真谱初编》十二卷。内收宋元明珍本及日本、朝鲜旧抄本共四百八十三种，为我国古籍书影汇编出版之肇始。

杨守敬去世后，时任教育部部长的傅增湘推动民国政府将杨氏观海堂藏书共四万余册购为国有，庋藏于政事堂。任公担心日后为“大力者”侵占，于 1918 年 11 月呈请将其纳入松坡图书馆收藏。后经总统徐世昌、国务总理段祺瑞核准，将其中刻本约二万四千册拨予松坡图书馆，终随松坡图书馆并入国立北平图书馆（国家图书馆前身）；剩余一万五千余册储于集灵囿，1926 年随军机处档案一同拨交故宫博物院，1929 年移入寿安宫。1933 年起，因日军侵略，该批藏书辗转于南京、上海、重庆、成都、乐山、峨眉等地。日本投降后，于 1947 年运回南京。1948—1949 年又运往台中（有少量留存北京故宫），1966 年再迁台北故宫博物院新馆。经历了半个世纪的颠沛流离之后，此批藏书终于有了比较稳定的馆藏地。

周易上經乾傳第一

王弼註

乾下乾上 乾元亨利貞初九潛龍勿用 文言備矣

九

无

咎

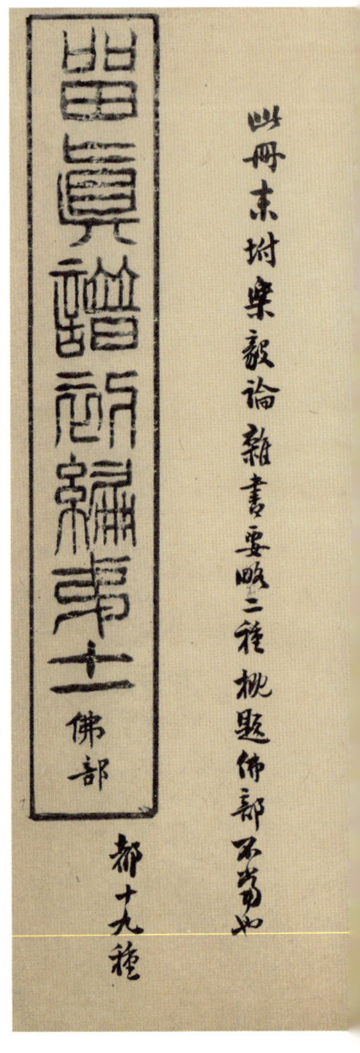

留真譜初編十二冊　宜都楊守敬撰

楊君游日本獲見其國秘府及故家所藏唐宋以來寫槧古籍依原書格式景刊其首葉殘本則景其所殘之葉小本或全景之孝經如所記其有序跋藏記者並景之凡經部二冊九十二種小學一冊五十二種史部一冊四十七種子部二冊七十五種醫部二冊六十八種集部二冊七十五種佛部一冊十九種雜部一冊二種都四百三十種陳百鼎而嘗厥一臠亦足之饜異味也已矣楊君收藏稱甲當代第一其遺籍今在國務院非久恐爲大力者負之以趨惜不復見續編也

戊午六月初六日　梁啓超記藏

留真譜初編卷一　經部

都四十九種

破邪论

《破邪论》一卷，余姚黄宗羲著。

此梨洲最晚年之作，其自序引《明夷待访录》相况，实则价值远在《待访录》下也。惟《魂魄》一章最有理解，《从祀》一章最有气力。

《破邪论》一卷，清黄宗羲撰，清道光十三年（1833）吴江沈氏世楷堂刻清光绪间重印《昭代丛书》本。

该书为黄氏晚年所撰最后一部著作，原附刊于《南雷文定四集》，分《从祀》《上帝》《魂魄》《地狱》《分野》《唐书》《赋税》《科举》《骂先贤》九篇。是书批评时政积弊，反对世俗迷信，揭露、鞭挞虚妄邪说，可视为《明夷待访录》之补充。惜其论述内容多样，而主旨并不统一。

破邪論一卷　餘姚黃宗羲著
此棃洲最晚年之作具自序引明夷待訪錄相
說實則價直遠在待訪錄下也惟魂魄一章最
有理解從祀一章最有氣力
山公九原一卷　錢塘馮景著
通言一卷　餘姚勞史著
蠟談一卷　錢塘盧存心著
詹言一卷　華亭黃之雋著
四書皆膚淺無足觀

破邪論　　廣編卷第十五
餘姚黃宗羲太沖著
余嘗爲待訪錄崑山顧寧人見之不以爲迂今
計作此時已三十餘年矣方飾巾待盡因念天
人之際先儒有所未盡者稍拈一二名曰破邪
夫論之美者酌古美芹彼皆戰爭經略之事顧
余之所言迂幽不可稽考一炭之光不堪爲鄰
女四壁之用或者憐其老而不忘學也

颜氏学记

《颜氏学记》

癸亥十月，养病汤山，精读一过。启超记。

近于神话语，可删，但视钟金若辈所纪已少矣。

尹元孚《健余文集》（卷八）“颜习斋先生墓表”云：“始予垂髫，每闻乡里间语及先生，辄有‘颜圣人’之目，而学者则或笑或讪，或怒加诋毁，殊不解其所以。嗣先生与王业师会于塾，予从旁谛视，则貌古言庄；论议古今事，虽毫无假借，而心气自平。因私问于师，曰：‘颜先生有何遗行，而学者嫉之若此其甚也？’师云：‘昔恶无礼，今恶有礼。江河日下，小子安知？’予时稚昧，未喻师言之慷慨而深切也。……”

按：所云业师者，王藜曙也，清苑人。

《健余札记》卷三叶十六云：习斋偶入乡塾，与幼学讲“诱掖奖劝”四字，云：“如教小儿学步，诱者，引之开步也；掖者，防其倾跌也；

奖者，夸其已能行走也；劝者，教其嗣后照此行走也。比方甚明，即此亦可想见先生之诲人矣。”

卷四叶十又云：习斋先生自洛归里，得宁陵吕氏所辑《小儿语》，欲广其传于北地。

《颜氏学记》十卷，清戴望述，清同治十年（1871）冶城山馆刻本。

戴望（1837—1873），字子高，号仲欣，浙江德清人，治经史训诂之学，著有《颜氏学记》《论语注》《管子校正》等。

戴望因习家藏颜元书而推崇颜李之学，后得赵之谦以颜、李之书相赠，遂精研性理之学。清咸丰十年（1860），其藏书毁于太平天国战火。又广为搜求，卒于同治七年（1868）购得一批颜、李书，且更完备，于是撰成《颜氏学记》。该书记述颜元、李塨及其门人生平、学行、著述、思想，旨在表彰颜李学派，强调实学。

任公精读此书，内有眉批多条，对其评价甚高。称“自子高《学记》出，世始稍稍知有颜李学”[1]，认为“这部《学记》，体裁全仿梨洲两《学案》，能提要钩玄，价值不在黄书下”[2]，为清代学派专史的两大名著之一[3]。

[1] 梁启超著：《中国近三百年学术史·实践实用主义》，《中国学术论著精品丛刊》，北京：中国书籍出版社，2020年，第147页。

[2] 梁启超著：《中国近三百年学术史·实践实用主义》，《中国学术论著精品丛刊》，北京：中国书籍出版社，2020年，第146页。

[3] 梁启超在《清代学者整理旧学之总成绩》中称：“学派的专史，清代有两名著：其一为李穆堂（绂）之《陆子学谱》，貌象山之真；其二为戴子高（望）之《颜氏学记》，表习斋之晦，可谓振裘挈领，心知其意者矣。”参见梁启超著：《中国近三百年学术史·清代学者整理旧学之总成绩（三）》，《中国学术论著精品丛刊》，北京：中国书籍出版社，2020年，第304页。

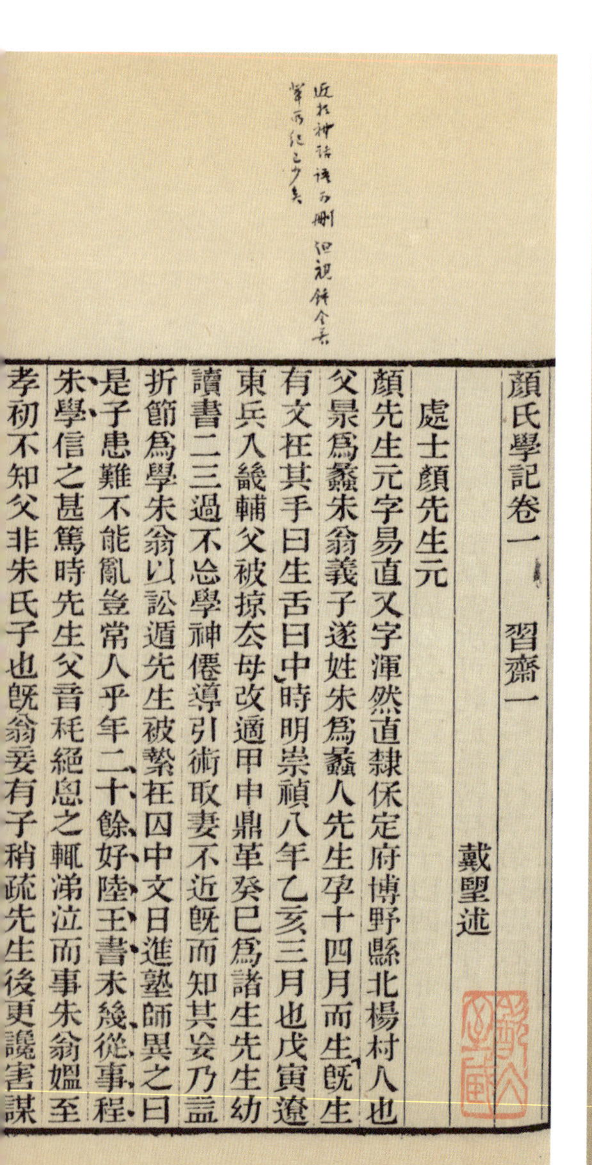

近於神話誠可刪但視餘今去
掌而紀之可矣

顏氏學記卷一　習齋一

戴望述

處士顏先生元

顏先生元字易直又字渾然直隸保定府博野縣北楊村人也父㫤爲蠡朱翁義子遂姓朱爲蠡人先生孕十四月而生既生有文在其手曰生舌曰中時明崇禎八年乙亥三月也戊寅遼東兵入畿輔父被掠去母改適甲申鼎革癸巳爲諸生先生幼讀書二三過不忘學神僊導引術取妻不近既而知其妄乃謚折節爲學朱翁以訟遁先生被繫在囚中文日進塾師異之曰是子患難不能亂豈常人乎年二十餘好陸王書未幾從事程朱學信之甚篤時先生父音耗絕息之輒涕泣而事朱翁媼至孝初不知父非朱氏子也既翁妾有子稍疏先生後更讒害謀

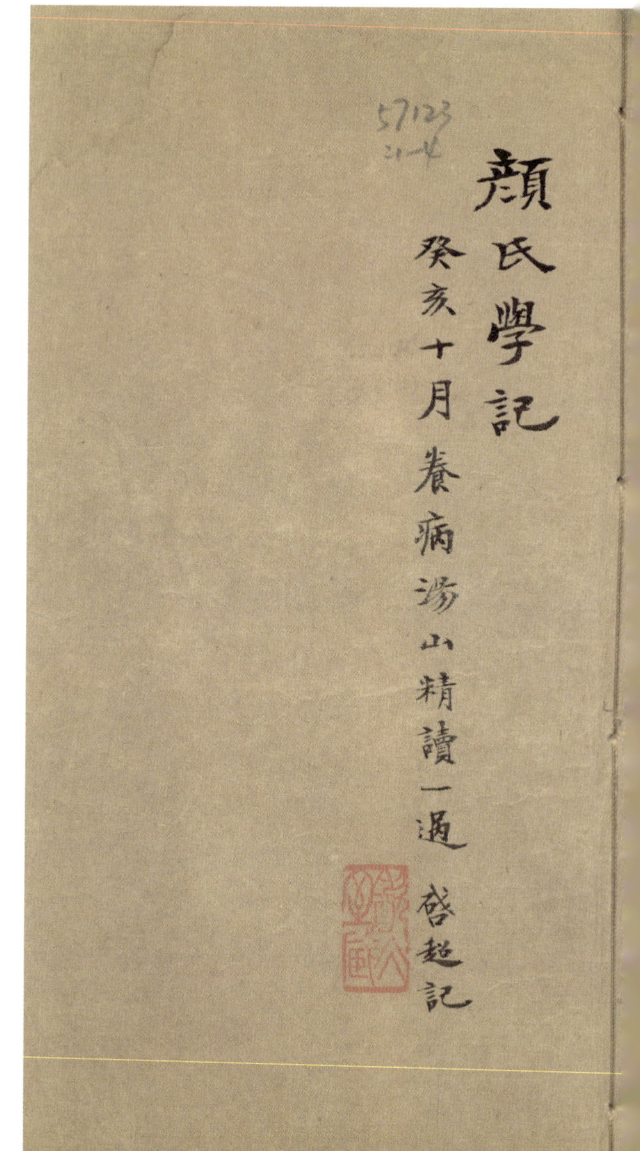

顏氏學記

癸亥十月養病湯山精讀一過　啓超記

行爲難且於古經之稍近與讀者亦不欲讀惟日奉小學近思録章句集注綱目語類等書齊之六經之列童而習之先入爲主莫知其非其視先生之學欲復聖門舊章則相顧卻走而不前者其宜矣彼僞言僞行詭薄僄忮之徒相率冒爲程朱之學而無識者從而和之使程朱生於今日其許之乎其必黜夫僞言僞行而許先生爲諍友可斷斷無疑也予既次先生遺言又爲別傳一通而縱論之如此以俟不黨之君子論定焉

四存編

聖人學教治皆一致也民可使由之不可使知之是孔子明言千聖百王持世成法守之則易簡而有功失之徒繁難而寡效故罕言命自處也性道不可得聞教人也立法魯民歌怨爲治也他如予欲無言無行不與莫我知諸章何莫非此意哉當時

论衡

海昌蒋氏《东湖丛记》卷六有“论衡”一则，曰：“王氏《论衡》通行本以通津草堂刊者为胜，程（荣）本不及也。独《累害篇》‘污为江河’下脱四百字，张氏《藏书志》亦云。而所阙之文，莫能考见，以为憾。偶从西吴书舫购得元刻十五卷本有之，亟录以饷读是书者，不欲为帐后之秘也。”其文如下：“矣。夫如是，市虎之讹、投杼之误，不足怪；则玉变为石、珠化为砾，不足诡也。何则？昧心冥冥之知使之然也！文王所以为粪土，而恶来所以为金玉也。非纣憎圣而好恶也，心知惑蔽。蔽惑不能审，则微子十去、比干五剖，未足痛也。故三监谗圣人，周公奔楚；后母毁孝子，伯奇放流。当时周世，孰有不惑乎？后《鸱鸮》作而《黍离》兴，讽咏之者，乃悲伤之。故无雷风之变，周公之恶不灭；当夏不陨霜，邹衍之罪不除。德不能感天，诚不能动变，君子笃信审己也，安能遏累害于人？圣贤不治名，害至不免辟，形章墨短，掩匿白长；不理身冤，不弭流言，受垢取毁，不求洁完。故恶见而善不彰，行缺而迹不显。邪伪之人，治身以巧俗，修诈以偶众。犹漆盘盂之工，穿墙不见；弄丸剑之倡，手指不知也。世不见短，故共称之；将不闻恶，故显用之。夫如是，世俗之所谓贤洁者，未必非恶；所谓邪污者，未必非善也。或曰：‘言有招患，行有招耻，所在常由小人。’夫小人性患耻者也，含邪而生、怀伪而游，沐浴累害之中，何招召之有？故夫火生者不伤湿，水居者无溺患。火不苦热，水不痛寒，气性自然焉。招之者，君子也。以忠言招患，以高行招耻，何世不然？然而太山之恶，君子不得名，毛”新钞。十一，一，廿二。

以士之遇不遇成一问题，此自春秋战国后始有之。大抵君主专制之力愈强，则此问题愈有力。

《论衡》三十卷，汉王充著，明万历间新安程氏刻《汉魏丛书》本。

王充（27—约97），字仲任，会稽上虞（今浙江省绍兴市）人，思想家、文学批评家。擅辩论，提出“元气自然论”“无神论”等唯物主义思想，著有《论衡》《讥俗》等。

该书为王充历时三十余年写就，批判唯心神学，破除神鬼迷信，探讨宇宙运转、疫病起源及农业虫害等科学问题，是我国第一部无神论著作。此书原有百余篇，辗转至范晔《后汉书》时仅见八十五篇，现存八十四篇，另有《招致篇》存目。《隋书·经籍志》著录为二十九卷，《旧唐书·经籍志》著录为三十卷，后世多为三十卷。以宋庆历五年（1045）杨文昌所定本为善本，后有宋乾道三年（1167）洪适蓬莱阁校本，今皆存残卷。元代有至元间刊十五卷本，乃据乾道本覆刻。后世递有刻印，以明嘉靖十四年（1535）苏献可校刊通津草堂本流传最广，其后诸本皆源于此，均佚此四百字，直至清咸丰间蒋光煦购得元刻十五卷本方才辑出。此本为程荣刻《汉魏丛书》本，源出通津草堂本，曾为王嘉宾（字麓铭，号鹿鸣）所藏。

《东湖丛记》为咸丰六年（1856）蒋氏避乱乡间时寓目珍本秘籍和金石碑帖的读书笔记，存有遗文、序跋及钟鼎铭文、碑刻拓本等资料共一百四十一则，篇末间有按语，咸丰年间刊成。此书编排虽较随意，但纂有不少佚书秘刊，可裨研究之用。

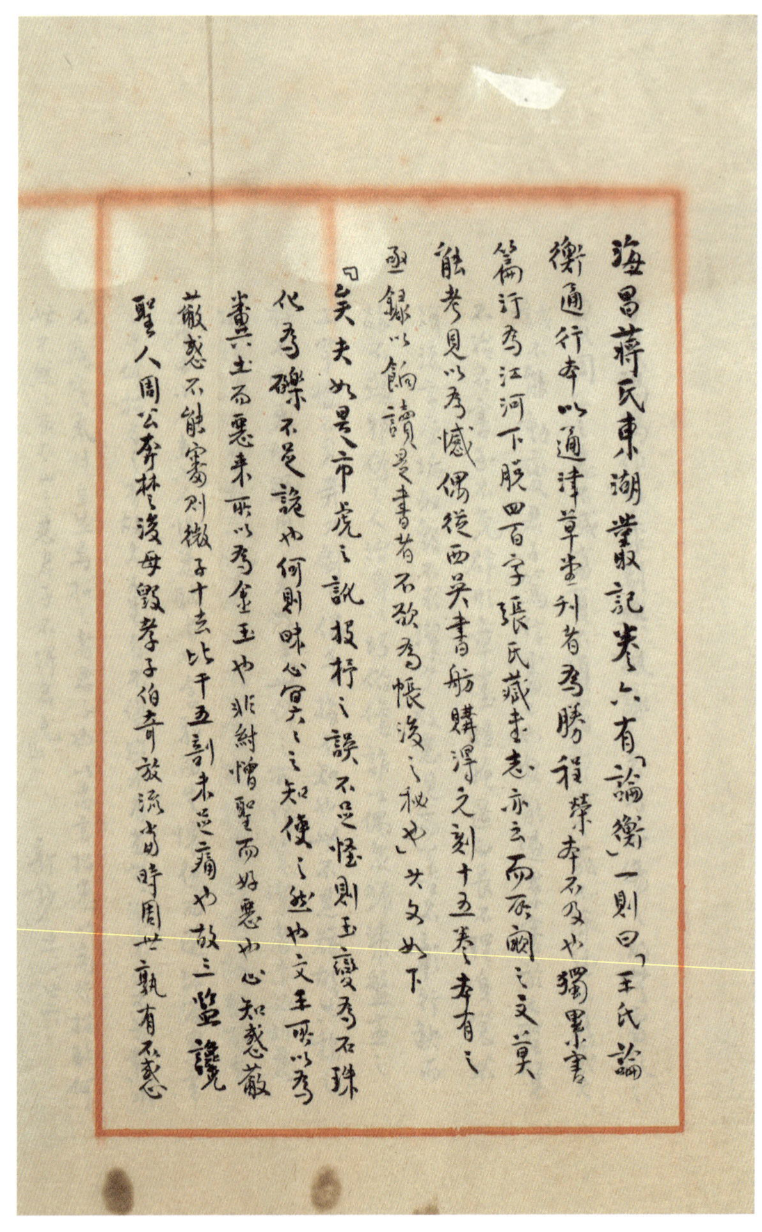
海昌蔣氏東湖叢記卷六有「論衡」一則曰「王氏論衡通行本以通津草堂刊者為勝程榮本不及也獨累害篇污為江河下脫四百字張氏藏書志亦云而不附闕之文莫能考見以為憾偶從西吳書舫購得元刻十五卷本有之亟錄以餉讀是書者不欲為帳後之秘也」其文如下

「矣夫如是市虎之訛投杼之誤不足怪則玉變為石珠化為礫不足詭也何則昧心冥冥之知使之然也文王所以為糞土而惡來所以為金玉也非紂憎聖而好惡也心知惑蔽蔽惑不能審則微子十去比干五剖未足痛也故三監讒聖人周公奔楚後母毀孝子伯奇放流當時周世孰有不惑

手從鴟鴞作而黍離興諷詠之者乃悲傷之故無雷風之
變周公之惡不滅當夏不隕霜鄒衍之罪不除德不能感天
誠不能動變君子篤信審己也安能遏累害於人聖賢
不治名害至不免辟形章墨短掩匿白長不理身冤不
弭流言受垢取毀不求潔完故惡見而善不彰行缺而
迹不顯邪偽之人治身以巧俗脩詐以偶衆猶漆盤盂之
工穿墻不見弄丸劍之倡手指不知也世不見短故共稱之
將不聞惡故顯用之夫如是世俗之所謂賢潔者未必非惡
所謂邪污者未必非善也或曰言有招患行有招恥所在
常由小人夫小人性患恥者也含邪而生懷偽而遊沐浴累害
之中何招召之有故夫火生者不傷溼水居者無溺患火不苦熱水
不痛寒之氣性自然焉招之者君子也以忠言招患以高行招恥何
世不然然而太山之惡君子不得名也

新鈔 十·一·廿二

論衡序

仲任以其志鰌㬥邃師彪从雄之學濤諛聞之實而牖薄社耳目孰人魯叟矣故其紀曰口務明言華務露文曉然若盲之闚目冷然若聾之通耳言不可旒纊也洛陽之

以士之遇不遇成一例題此自春秋戰國後始有之大抵君之專制之力愈強則此例愈有力

論衡卷第一

漢　會稽王充著

明　新安程榮校

逢遇篇　累害篇

命祿篇　氣壽篇

逢遇篇

操行有常賢仕宦無常遇賢不賢才也遇不遇時也才高行潔不可保以必尊貴能薄操濁不可保以必卑賤或高才潔行不遇退在下流薄能濁操遇在衆

墨子间诂

《墨子间诂》

仲容先生之子来乞铭墓，以此为贽。吾家所藏者，此为第五本矣。壬戌十月，启超记。

《墨子间诂》十五卷目录一卷《附录》一卷《后语》二卷，清孙诒让撰，清宣统二年（1910）瑞安孙氏刻本。

孙诒让（1848—1908），字仲容，号籀庼，浙江瑞安人，经学家、语言文字学家、教育家，近代新教育的开创者之一。清同治六年（1867）举人，官至刑部主事。著作颇丰，有《周礼正义》《墨子间诂》《札迻》《契文举例》等。

此书为孙氏积三十年之功撰成，吸收诸家学术成果，为清代墨学研究之集大成者。任公称其释古训、正错简，胆识绝伦，辨伪眼光远出诸家之上。现代墨学复活，全由此书导之。古今注《墨子》者，固莫能过此书，而仲容一生著述，亦以此书为第一[1]。该书为任公研究墨学提供了大量资料，撰述《墨经校释》《墨子学案》《子墨子学说》和《墨子之论理学》时起到引导作用，也引领了民国墨学研究的大发展。

此书初刊本为清光绪二十一年（1895）吴门毛上珍木活字本，光绪三十年（1904）增定，后改以宣统二年刻本为通行定本。

[1] 参见梁启超著：《中国近三百年学术史·清代学者整理旧学之总成绩（二）》，《中国学术论著精品丛刊》，北京：中国书籍出版社，2020年，第240页。

墨子閒詁卷一

瑞安孫詒讓

親士第一畢沅云眾經音義云倉頡篇曰親愛也近也說文解字云士从一从十孔子曰推十合一爲士玉篇云傳曰通古今辯然不謂之士此與脩身篇無稱子墨子云疑翟所著也案畢說未塙此書文多闕失或稱子墨子曰或否疑多非古本之舊未可據以定爲墨子所自著之書也又此篇所論大抵尚賢篇之餘義亦似不當爲第一篇後人因其持論尚正與儒言相近遂舉以冠首耳以馬總意林所引校之則唐以前本已如是矣

入國而不存其士則亡國矣說文子部云存恤問也見賢而不急則緩其君矣非賢無急非士無與慮國說文思部云慮謀思也緩賢忘士而能以其國存者未曾有也昔者文公出走而正天下畢云正讀如征王念孫云畢讀非也爾雅曰正長也晉文爲諸侯盟主故曰正天下與下霸諸侯對文又廣雅正君也尚賢篇

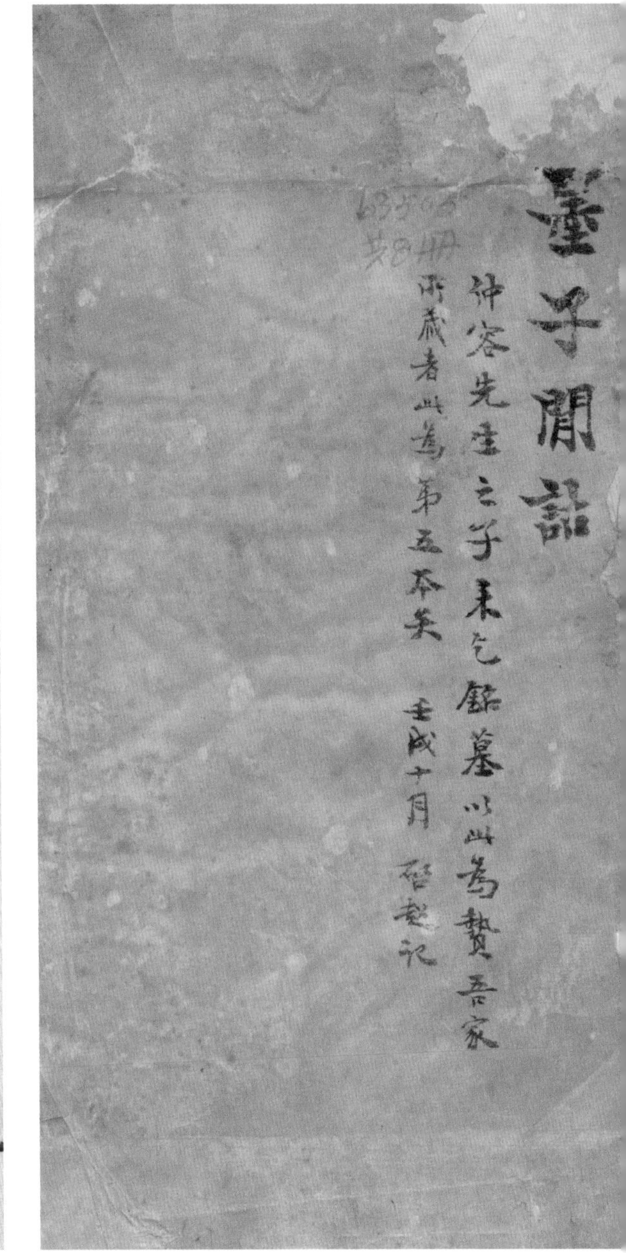

弟子职注

《弟子职注》一卷

清孙同元撰。同元，字与人，浙江仁和人。《弟子职》古代本别行，《汉志》列于孝经类，今惟附《管子》以传耳。清代王元启曾为单行注，同元此注晚出，纠正王注者颇多。同元为孙渊如门人，其学笃守汉师家法也。戊午六月，启超记。

《弟子职注》一卷，清孙同元撰，清赵之谦辑，清光绪间会稽赵之谦刻《仰视千七百二十九鹤斋丛书》本。

孙同元，生卒年不详，字与人、雨人，浙江仁和（今浙江省杭州市）人，文学家。清嘉庆元年（1796）入阮元幕，分纂《经籍籑诂》，校勘《十三经注疏》。嘉庆十三年（1808）举人，官永嘉教谕，著有《永嘉闻见录》《今韵三辨》《弟子职注》等。

王元启（1714—1786），字宋贤，号惺斋，浙江嘉兴人。清乾隆十六年（1751）进士，官将乐知县。著有《史记三书正讹》《汉书律历志正讹》《惺斋杂著》《弟子职笺注》等。

该书为注《管子·弟子职》之作，撰成于嘉庆六年（1801）。因旧解多所未安，故重为作注。孙氏所据典籍众多，吸收并校正此前诸家注释而成是书，侧重于解释词义、校勘字词，篇帙较简。其自序称“惟近代济宁王氏元启有单行注本，虽间有胜于诸家，亦多可议”，并举多例以纠正之。

弟子職注一卷

清孫同元撰。同元字与人，浙江仁和人。弟子職古代本别行，漢志列於孝经類，今惟坿管子以傳耳。清代王元啓曾為單行注，同元此注晚出，糾正王注者頗多。同元為孫淵如內人，其學篤守漢師家法也。

戊午六月　啓哲記

弟子職注

仁和孫同元撰

先生施教

曲禮從於先生鄭注先生老人教學者論語爲政篇施於有政包注施行也說文教上所施下所效也此謂先生以己之所行使弟子效之也

弟子是則

弟子對先生而言卑者之稱爾雅釋詁則法也謂弟子當以先生所施效法之也

图注八十一难经辨真

《难经》，张世贤图注，四册。

戊午八月，饮冰室藏。

《图注八十一难经辨真》四卷，战国秦越人撰，明张世贤注，清刻本。

秦越人（前407—前310），姬姓，秦氏，名越人，扁鹊原名，渤海郡鄚县（今河北省任丘市）人，医学家。中医切脉诊断创始人，著有《扁鹊内经》《扁鹊外经》等，均佚。

张世贤，生卒年不详，字天成，号静斋，四明（今浙江省宁波市）人，医学家。明正德间名医，擅长针灸，精研《难经》，著成《图注八十一难经辨真》。另著有《图注王叔和脉诀》。

《难经》为中医经典著作之一，原名《黄帝八十一难经》，题秦越人撰，成书于战国时代，略晚于《黄帝内经》，乃扁鹊学派著作，以设问回答、解释疑难之体例编纂，故名《难经》。

此书又名《图注八十一难经》。张氏因深患"《难经》之解未悉而图未全”，遂“折衷群言，侑以己意，每节为之注，每难为之图”，精微曲折，如指诸掌，使其得以详备。该书初刊于正德五年（1510），有四卷本、八卷本二种。后有明嘉靖三十三年（1554）吴门沈氏碧梧亭刻本。

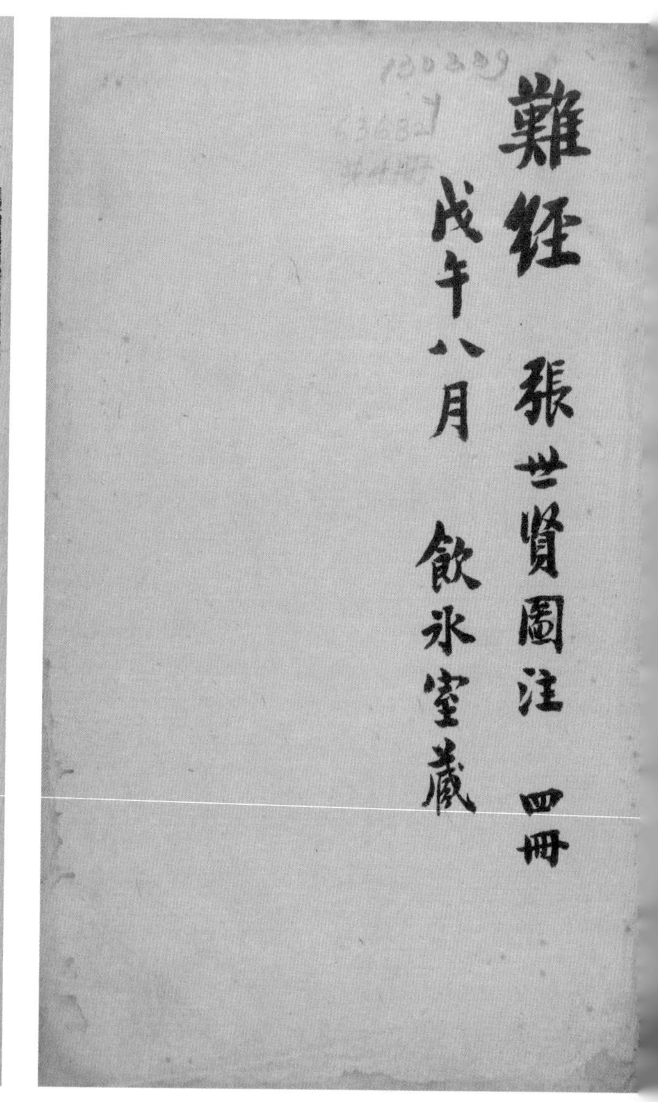
難經 張世賢圖注 四冊
戊午八月 飲冰室藏

圖註八十一難經辨眞卷之一
盧國 秦越人 述
四明 張世賢 註
一難
一難曰十二經中皆有動脉獨取寸口以决五藏六府死生吉凶之法何謂也然寸口者脉之大會手太陰之脉動也
經者直路也十二經者手足三陰三陽也手足三陽手走頭而頭走足手足三陰足走胸而胸走手經乃脉所由之直路也法者診法也脉者資始于腎間動氣資生于胃中穀氣貫串于十二經中皆

山公九原、迒言、蜡谈、詹言

《山公九原》一卷，钱塘冯景著。

《迒言》一卷，余姚劳史著。

《蜡谈》一卷，钱塘卢存心著。

《詹言》一卷，华亭黄之隽著。

四书皆肤浅，无足观。

《山公九原》一卷，清冯景撰；《迒言》一卷，清劳史撰；《蜡谈》一卷，清卢存心撰；《詹言》一卷，清黄之隽撰，清道光十三年（1833）吴江沈氏世楷堂刻清光绪间重印《昭代丛书》本。

冯景（1652—1715），字山公、少渠，浙江钱塘（今浙江省杭州市）人。诸生。性嗜书，以古文名浙右，著有《解舂集》《周正改诗论》《幸草》《樊中集》等。

劳史（1655—1713），字麟书，浙江余姚人。学者称余山先生，著有《余山遗书》。

黄之隽（1668—1748），初名兆森，字若木、石牧，号㢈堂、吾堂，江苏华亭（今上海市奉贤区）人。清康熙六十年（1721）进士，授编修，督福建学政。工诗文，著有《㢈堂集》《香屑集》等。

《山公九原》原附刊于《解舂文集》，有“原命”“原性”“原情”“原生”“原死”“原神”“原怪”七论，其中“原怪”三篇，凡九篇，后多附批语。所论乃生死、神怪及命运诸问题，多有无神论见解。

《迩言》论述天人理数阴阳变化等事，旁及持身涉世之道。

《蜡谈》乃卢氏清言小品集。其因独处无友，遂将所言录于纸上，以待良朋剧谈。

《詹言》乃黄氏日常心有所触而作笔记之书，原附刊于《㢈堂集》中。

破邪論一卷　餘姚黃宗羲著

此梨洲最晚年之作其自序引明夷待訪錄相況實則價直遠在待訪錄下也惟魂魄一章最有理解從祀一章最有氣力

山公九原一卷　錢塘馮景著

迩言一卷　餘姚勞史著

蠟談一卷　錢塘盧存心著

詹言一卷　華亭黃之雋著

四書皆膚淺無足觀

山公九原　　廣編卷第十六

錢塘馮　景少渠著

原命

人所云云者命也而莫有究其所以命者故其言不讐祭法曰大凡生於天地之間者皆曰命屈狐庸曰巢隕諸樊閽戕戴吳是二王之命也而郛文公則曰死之短長時也遷繹而卒君子曰知命然則命一定而不可變乎曰奚爲其然也今使有人于此以生辰干支問都利術士李彌乾彌乾曰法當死溺吾言無

通言　　廣編卷第十七

餘姚勞　史麟書著

理者當然之名號當然者理之實體也

道之本原出於天而不可易其實體句備于已而不可離出於天本董子備於已本孟子時解將其實二字讀斷以體備于已連讀不知實體就現成說惟君子爲能體之有工夫

天人道理總歸一誠動靜工夫總歸一敬

降衷有恒直指性善天命謂性祖述之孟子昌言之

蠟談　　廣編卷第十八

錢塘盧存心敬甫著

春來日處愁城二三知己又天各一方每懷欲訴即錄片紙庶幾寄我良朋如對劇談終日名曰蠟談亦云嚼蠟矣

仙氏之戒曰殺生而食鳳炮龍殺更甚矣佛氏之說曰平等而乘獅坐象平何有焉

秀因稗而足重寶擬矢而見輕有秀無稗秀亦賤今南無曰恒河沙佛此以知佛之賤也擬寶於矢寶亦

詹言　　廣編卷第十九

華亭黃之雋石牧著

心所觸而爲言或筆硯未攜過輒忘記或零牋斷墨信手散佚書眉剩尾間有存者語非一時事非一例條析而件繫之分爲上下篇短於拆襪線碎於鋸木屑雜於羹合鯖漏於管窺豹莊周曰小言詹詹名焉莫宜

上篇

日者仁之光照而無不生也雷者義之聲發而無不

渌水亭杂识

《渌水亭杂识》一卷，满洲纳兰成德著。

容若小词，直追李主。其刻《通志堂九经解》，为经学家津逮。此书为随手札记之作，其纪地胜、摭史实，多有佳趣；偶评政俗人物，见地亦超绝；诗文评益精到，盖有所自得也。卷末论释老，可谓明通。其言曰“一家人相聚，只说得一家话，自许英杰，不自知孤陋也”，可为俗儒辟异端者当头一棒。翩翩一浊世公子，有此器识，且出自满洲，岂不异哉？使永其年，恐清儒皆须让此君出一头地也。戊午八月，病中读竟记。启超。

《渌水亭杂识》一卷，清纳兰成德撰，清道光十三年（1833）吴江沈氏世楷堂刻清光绪间重印《昭代丛书》本。

纳兰性德（1655—1685），原名成德，字容若，号饮水、楞伽山人，满洲正黄旗人，词人。清康熙十五年（1676）进士，官一等侍卫。工诗，尤长于词，与朱彝尊、陈维崧并称“清词三大家”，况周颐《惠风词话》

推其为“国初第一词人”，著有《纳兰词》《渌水亭杂识》等。

该书撰成于康熙十六年（1677）。纳兰氏将其在渌水亭读书期间，批读经史所得文字，友朋传述异闻所作笔录合纂而成是书，内容包括地理沿革、朝廷掌故、海外纪闻、典章制度、诗词评论等。考辨翔实，言之成理。

淥水亭雜識　　　　廣編卷第二十四

滿洲納蘭成德容若著

癸丑病起披讀經史偶有管見書之別簡或良
朋蒞止傳述異聞客去輒錄而藏焉踰三四年
遂成卷曰淥水亭雜識以備說家之瀏覽云爾

燕山竇十郎故居或云在城西或云在昌平或云在
涿州或云在薊州當時馮瀛王道贈詩有靈椿一株
老之句今北城有靈椿坊疑是十郎舊里此靈椿所
以名坊也

淥水亭雜識一卷　滿洲納蘭成德著

容若小詞直追李主其刻通志堂九經解為經學家津逮
此書乃隨手劄記之作其紀地勝摭史實多有佳趣說詩
論人物見地亦超絕詩文評益精到蓋有所自得也卷末論釋
老可謂明通其言曰一家人相聚只說得一家話自許英傑不自知
孤陋也可為俗儒開異端者當頭一棒翩翩一濁世公子有
此器識且出自滿洲豈不異哉使永其年恐清儒皆須讓此
君出一頭地也

戊午八月病中讀竟記　恐怡

仁恕堂筆記一卷　長汀黎士宏著

無甚獨到之處其紀隴西風土頗可觀有錄西夏一碑
文可見當時文化之盛而寫作亦宏麗異出人何耶

梦溪笔谈

民国三年，在广州得旧书数十种，此其一焉。顷偶翻读，书中有校识若干条，圈点若干处，其识语一望而辨为东塾先生遗墨，致足宝也。十年十一月，启超识。

《梦溪笔谈》二十六卷《补笔谈》三卷《续笔谈》一卷，宋沈括撰，明崇祯四年（1631）马元调刻本。

沈括（1031—1095），字存中，号梦溪丈人，杭州钱塘（今浙江省杭州市）人，科学家、政治家。宋嘉祐八年（1063）进士，授扬州司理参军。历任馆阁校勘、太常丞、翰林学士、知延州兼鄜延路经略安抚使等。著有《梦溪笔谈》《长兴集》《苍梧台记》《江州揽秀亭记》等。

马元调（1576—1645），字巽甫，号简堂居士，嘉定（今上海市嘉定区）人。诸生。精通经史典章名物，好刻书，刊印有《容斋随笔》《元氏长庆集》《白氏长庆集》《梦溪笔谈》等，著有《简堂集》。

《梦溪笔谈》为综合性笔记体著作，内容涉及自然科学、工艺技术及社会历史现象诸方面。全书分十七目，共六百零九条，被称为百科全书式著作，尤以其科学技术价值闻名于世。此书有北宋扬州刻本和南宋乾道刻本，皆不存。现存最早版本为元大德九年（1305）陈仁子东山书院刻本，据乾道本重刊。明代有弘治间徐瑶刻本，崇祯四年马元调刻本。清代有嘉庆十年（1805）张海鹏《学津讨原》本，光绪间番禺陶氏爱庐刻本，后又有王国维、叶景葵手校本。

見書之難而今之學者有書不讀爲可惜也吾於斯序乎有感崇禎四年夏六月既望嘉定馬元調序

民國三年在廣州得舊書數十種此其一焉頃偶翻讀書中有校識若干條圈點若干處其識語一望而辨為東塾先生遺墨致足寶也

十年十一月 啟超識

重刻夢溪筆談序

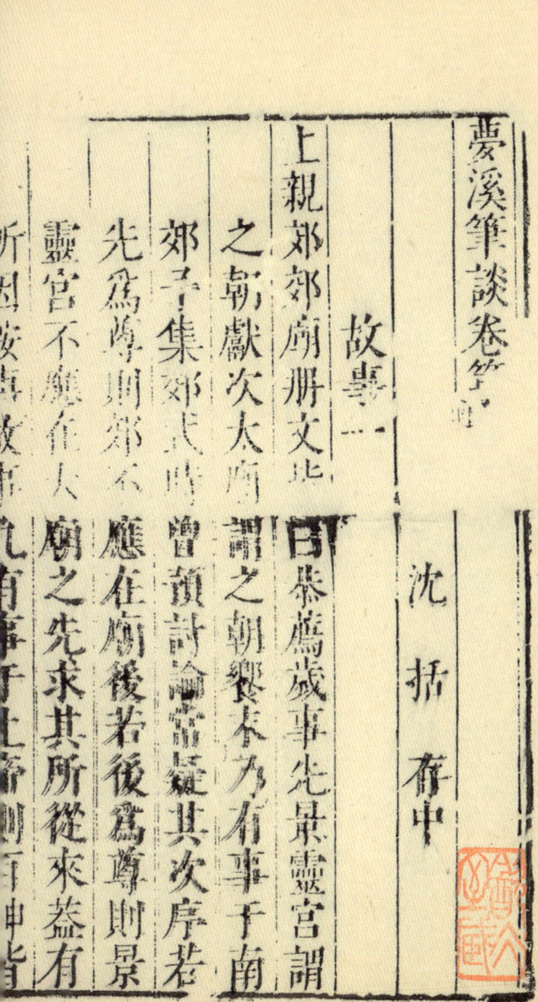

夢溪筆談卷第一

沈括存中

故事一

上親郊郊廟冊文皆曰恭薦歲事先景靈宮謂之朝獻次太廟謂之朝饗末乃有事于南郊予集郊式時曾預討論常疑其次序若先爲尊則郊不應在廟後若後爲尊則景靈宮不應在太廟之先求其所從來蓋有所因按唐故事凡有事于上帝則百神皆

瀛舟笔谈

阮仲嘉《瀛舟笔谈》十二卷

甲子腊不尽三日，粗读一过，为作提要。

《瀛舟笔谈》十二卷，仪征阮仲嘉（亨）所著，用以纪述其伯兄文达公（元）事业、学术、文章、行谊、家世、交游者。文达于嘉庆四年抚浙，十二年奉代入觐，旋移督吾粤。其在浙也，于节署之后园，葺屋三楹，榜曰“瀛舟”，故仲嘉以名其书焉。其所记亦以文达去浙之年为断。卷一至卷三记文达平海贼蔡牵事，卷一总叙始末，卷二、三用日记体，颇多有益之史料，卷四、卷五记文达治浙其他政绩，卷六记文达先德及其夫人事，卷七记文达重要著作及其与当时诸经师之交谊，卷八、卷九、卷十记文达与师友倡和之诗及当时文界杂事，卷十一录文达所著四库未收书目提要，卷十二记积古斋中金石。仲嘉以文达为之兄，又师事焦理堂，故其学富于常识，亦颇有别裁。此书实一种别体之年谱，以子弟记其父兄所历，故纤悉周备，惜所记有年限。文达在粤之遗闻逸事，吾侪所最欲知者，不可得见也。书中记其他掌故，亦多有关系，如顾亭林尝更名圭年，谢蕴山曾辑《史籍考》（与毕秋帆似不相谋），谈阶平曾著《畴人传》（文达似未见其书），皆它书所未见也。甲子十二月廿七夜，榻上流览，翌晨记之。启超。

《瀛舟笔谈》十二卷卷首一卷，清阮亨撰，清嘉庆间刻本。

阮亨（1783—1859），字仲嘉，号梅叔，江苏仪征人，长于诗，著有《春草堂丛书》《珠湖草堂诗钞》《琴言集》《珠湖草堂笔记》等。阮元从弟。

此书杂记阮元抚浙时事，史料价值丰富，任公称之为“别体之年谱”。阮元曾于清嘉庆二十二年（1817）至清道光五年（1825）任两广总督，颇有政声。嘉庆二十五年（1820）创立学海堂书院，使岭南学风骤盛，任公本人也曾就学于此，故其最欲知“文达在粤之遗闻逸事”，惜不得见。

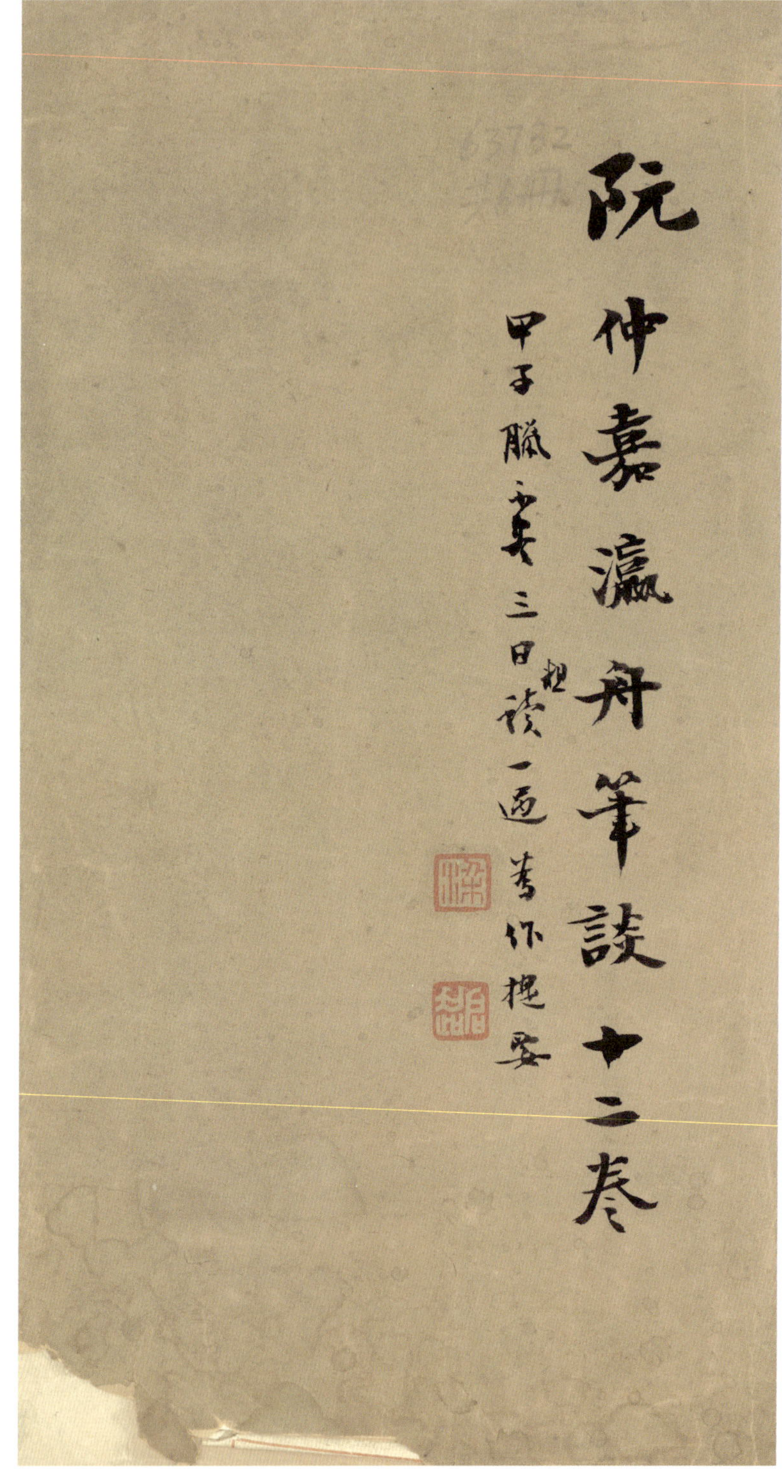
阮仲嘉瀛舟筆談十二卷
甲子臘不盡三日粗讀一過為作提要

瀛舟筆談十二卷，儀徵阮仲嘉亨所著，用以紀述其伯兄文達公元事業、學術、文章、行誼、家世、交遊者。文達於嘉慶四年撫浙，十二年奉代入覲，旋移撫吾粵。其在浙也，於節署之後園葺屋三楹，榜曰瀛舟，故仲嘉以名其書焉。其所記亦以文達去浙之年為斷。卷一至卷三記文達平海賊蔡牽事，卷一總叙始末，卷二、三用日記體，皆極有價之史料。卷四卷五記文達治浙其他政績。卷六記文達先世及其夫人事。卷七記文達重要著作及其與當時諸經師之交誼。卷八卷九卷十記文達與師友倡和之詩及當時文界雜事。卷十一錄文達所著四庫未收書目提要。卷十二記積古齋中金石。仲嘉以文達為之兄，又師事焦理堂，故其學富於常識，亦頗有別裁。此書實一種別體之年譜，以子弟記其父兄所歷，故纖悉周備。惜所記有年限，文達在粵之遺聞逸事，竟闕所最欲知者，不可得見也。書中記其他掌故亦多有關係，如顧亭林墓更名圭年，謝蘊山著聯史雜考（與畢秋帆似不相謀），誤陸平原著勝人傳（文達似未見其書），皆它書所未見也。

甲子十二月廿七夜揭士流覽，翌晨記之。啟超

瀛舟筆談卷一

揚州阮亨仲嘉記

嘉慶四年冬余兄由戶部侍郎奉
命出撫浙江時浙東海寇頗劇五年始少戢兄於所居西廂池上葺屋三楹題曰瀛舟陳君曼生鴻壽爲之隸并跋云瀛洲仙客舊領清班横海將軍新修戰艦構水榭如坐樓船志在澄清銘諸几席云爾嘉慶九年兄於孤山蘇公祠傍建白少傅祠祠左荷池數畝提鵬挈鷺渺然令人生江湖之思爲屋一楹亦題之曰瀛舟刻石嵌壁間每籌大事慮重囚輒來獨坐于此亦謀野則獲之意耳今凡瀛舟兵事勒爲首卷西湖向無蘇公專祠秦小峴觀察瀛始創建之其地在孤山

仁恕堂笔记

《仁恕堂笔记》一卷，长汀黎士宏著。

无甚独到之处。其纪陇西风土，颇可观耳！录西夏一碑文，可见当时文化之彀。而鸣沙石室藏异书颇多，何耶？

《仁恕堂笔记》一卷，清黎士宏撰，清道光十三年（1833）吴江沈氏世楷堂刻清光绪间重印《昭代丛书》本。

黎士宏（1618—1697），字愧曾，福建长汀人。历任广信府推官、永新县令、甘州司马、常州知府、洮岷道副使、布政司参政等。有诗名，著有《托素斋文集》《仁恕堂笔记》《理信存稿》《西陲闻见歌》等。

该书为黎氏备兵河西、从戎偶暇时，为销思乡思子之苦所作笔记。所记皆今昔杂事，始于清康熙十四年（1675），约成于康熙二十年（1681）。

渌水亭雜識一卷　滿洲納蘭成德著

容若小詞直追李主其刻通志堂九經解為經學家津逮此書為隨手劄記之作其紀地勝摭史實多有佳趣評政俗人物見地亦超絕詩文評益精到蓋有所自得也卷末論釋老可謂明通其言曰一家人相聚只說得一家話自許英傑不自知其陋也可為從儒闢異端者當頭一棒翩翩一濁世公子有此器識且出自滿洲豈不異哉使永其年恐清儒皆須讓此君出一頭地也

戊午八月病中讀竟記　起潛

仁恕堂筆記一卷　長汀黎士宏著

無甚獨到之處其紀甑西瓜志頗可觀耳　錄西夏一碑又可見當時文化之盛而當時名家藏異書頗多如何耶

仁恕堂筆記　　　　廣編卷第二十五

長汀黎士宏媿曾著

余還轡而西重罥張掖郎儲糒忙人指畫易竟衙鼓既罷殊苦思家與兩兒子謀爲銷日之計饘粥之餘輒寫新舊事一兩通言語既長遂成卷帙孟東野曰耿耿蓄良思遥遥仰嘉話蓄思雖多但不知能當夫嘉話否也時爲康熙乙卯

秋媿曾識

康熙乙卯春余已拜分巡洮岷之命値河東變起當

忆书

《忆书》六卷

焦里堂遗稿，赵㧑叔跋而刻之。书中皆琐碎札记，内关于里堂本身传记资料者不少。其余关于当社会风习[1]，亦有可采者。癸亥十二月，启超。

《忆书》六卷，清焦循撰，清赵之谦辑，清光绪间会稽赵之谦刻《仰视千七百二十九鹤斋丛书》本。

该书乃焦循所撰杂录笔记，载有书籍跋文、奇闻轶事等，篇幅短小，记事生动，凡二万余言。光绪九年（1883），赵寿佺（之谦子）见焦氏遗稿于扬州书肆，友人朱养儒购赠赵之谦，遂刻入《仰视千七百二十九鹤斋丛书》。

[1]“当”字后遗漏“时”字。

憶書六卷

焦里堂遺稿趙撝叔跋而刻之書中皆瑣碎劄記
內關於里堂本身傳記資料者不少 其餘關於社會風
習亦有可采者

癸亥十二月 知堂

憶書一　江都焦循

楊鑄字怡齋昭武將軍孫以廩膳生襲世職官古北口總兵　聖祖以其嘗習文命誦大學鑄誦至半偶忘之奏曰臣數年理軍務致疎舊業　上曰朕一日萬幾尚不忘乃自首服誦至末鑄叩頭曰　皇上天縱豈小臣所能及　上又問能詩否對曰尚能因賦詩一章而退嘉慶戊辰秋楊竹廬都尉招於誦芬莊看桂偶述此事都尉爲怡齋曾孫

乾坤大略

五公山人之父以起义死，其兄从殉焉。无一日而忘复仇也（国仇、家仇）。本书则革命军教科书耳！故其自跋云："十卷挨次而进，各有深意，不可以一丝乱。"

书原名"此书"，不审其用意所在，"乾坤大略"恐是后人架附之名耳！癸亥小除夕，启超记。

《乾坤大略》十卷《补遗》一卷，明王余佑撰，清光绪五年（1879）新城王氏刻民国二年（1913）武进陶湘汇印《畿辅丛书》本。

王余佑（1615—1684），字申之，一字介祺，自号五公山人，直隶新城（今河北省高碑店市）人。少有才誉，文武兼备，曾与父兄辈组织武装力量对抗李自成农民军。清军入关后，因仇家陷害，父兄二人俱赴难。后隐居五公山中，以讲学著述终老。曾从孙奇逢（字启泰）学，颜元（字浑然）、李塨（字刚主）师。著有《通鉴独观》《五公山人集》《乾坤大略》《十三刀法》《拳术》等。

《乾坤大略》又称《兵鉴》《廿一史兵略》，专论兵学战略，探讨影响帝王成败的“王霸大略”。该书结合历代经典战例，将天下成败剖析为十事，且先后有序，依次进行，以保王业克成，故任公称之为“革命军教科书”。

五公山人之父以起義死，其兄洪殉焉，無一日而忘復仇也（國仇、家仇）。本書直革命軍教科書耳，故其自跋云：十卷挨次而進，各有深意，不可以一絲亂。書原名「兵書」，不審其用意所在，「乾坤大略」想是後人架附之名耳。

癸亥小除夕　啓超記

乾坤大略卷一

畿輔叢書

獻縣王餘佑著

兵起先知所向

楚圍滎陽益急漢將軍紀信曰事急矣臣請誑楚乃乘王車出東門曰食盡漢王降楚楚皆之城東觀王乃令周苛守滎陽而與數十騎出西門去羽燒殺信王入關收兵欲復東轅生曰願君王出武關羽必南走王深壁勿戰令滎陽成皋間且得休息而韓信等亦得安輯趙地連燕齊王乃復還滎陽則楚備多而兵力分復與之戰破之必矣王從之羽果南王

佛地经论

民国十一年十一月，在金陵读。启超记。

《佛地经论》七卷，唐释玄奘译，民国五年（1916）金陵刻经处刻本。

玄奘（约602—664），俗姓陈，名祎，洛阳缑氏（今河南省洛阳市偃师区）人，汉传佛教四大佛经翻译家之一，汉传佛教唯识宗创始人。唐贞观三年（629），赴印度那烂陀寺学习佛教经典。贞观十九年（645），携佛经返回长安。其后一直从事译经事业，先后译出大小乘经论共七十五部一千三百三十五卷，撰有《大唐西域记》。

《佛地经论》简称《佛地论》，为古印度亲光《佛地经》之论释。亲光三分《佛地经》为教起因缘分、圣教所说分、依教奉行分以释之，以清净法界和大圆镜智、平等性智、妙观察智、成所作智等四智阐释佛果境界。其为摩揭陀国那烂陀寺学者，又为护法门人，故书中多以护法系统之唯识思想释之，尤以四智心品、五性各别等说作释而闻名。后有唐靖迈《佛地经论疏》、新罗智仁《佛地论疏》等注疏。

任公晚年倾心于佛学。1922 年 10—11 月，赴南京东南大学讲学，借机至金陵刻经处支那内学院听欧阳渐（字竟无）讲唯识，前后二十天左右，后因心脏不适匆匆返津。其间及返津后，任公与欧阳氏曾有书信往来，请益佛学，欧阳氏赠其佛经数种。

佛地經論卷第一

親光菩薩等造

大唐三藏法師玄奘奉　詔譯

稽首無上良福田　三身二諦一乘衆

我今隨力造此論　爲法久住濟羣生

覽諸師意我已淨　恐餘劣智未能通

爲令彼淨生勝德　故我略釋牟尼地

論曰。佛地經者。具一切智一切種智。離煩惱障及

所知障。於一切法一切種相能自開覺亦能開覺

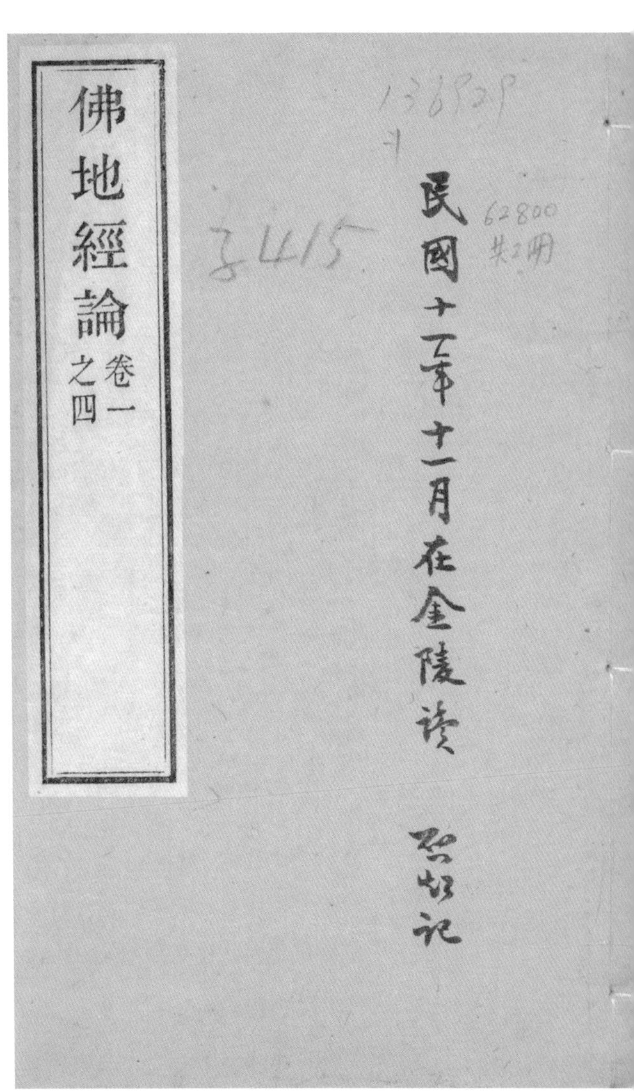

成唯识论

民国十一年十月以后在金陵所读本，启超记。

《成唯识论》十卷，唐释玄奘译，清光绪二十二年（1896）金陵刻经处刻本。

此书为唯识宗经典著作，成于唐显庆四年（659）。印度天亲菩萨（世亲）作《唯识三十颂》，十大论师为之注释，玄奘取经时携归。弟子窥基以编译之法汇合十家之说，以护法释为主体，揉以其他论师之注释而成书。该书强调主观意识能力之“内心”，而无客观世界的“外境”，是一部主观唯心主义著作。唯识宗由玄奘创始，窥基传之，注重解释心理现象（“法相”），名辞繁多，又名法相宗。因其教义复杂且主张只有少数人可成佛，故在窥基之后迅速衰落，被主张人皆可成佛的华严宗、禅宗所取代。

窥基编译此书时，将玄奘所述论证记录下来，编成《成唯识论述记》。系统阐释唯识宗的“八识”“唯识无境”“三自性”“三无性”等观点。该书至元朝时失传，清末从日本传回，由金陵刻经处刻印。

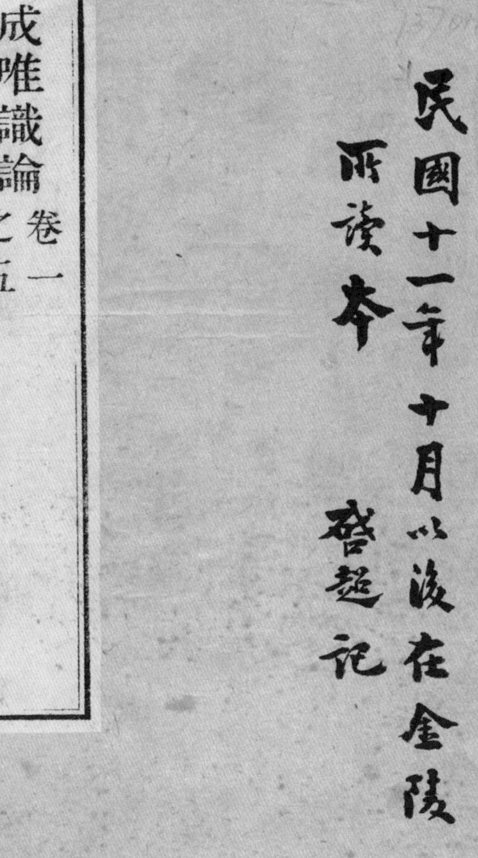

成唯識論卷第一

護法等菩薩造

唐三藏法師玄奘奉　詔譯

稽首唯識性。滿分淸淨者。我今釋彼說。利樂諸有情。

今造此論爲於二空有迷謬者生正解故。生解爲斷二重障故。由我法執。二障具生。若證二空。彼障隨斷。斷障爲得二勝果故。由斷續生煩惱障故。證眞解脫。由斷礙解所知障故。得大菩提。又爲開示謬執我法

成唯识论述记讲义

《成唯识论述记讲义》，第一册。

《成唯识论述记讲义》，北京法相研究会编，民国间铅印本。

北京法相研究会，1921年由韩清净（字德清）与其门人朱芾煌、徐森玉等创立于北京，我国现代佛教史上著名的佛学研究团体之一。成员以居士为中心，以唯识法相研究为主，与支那内学院齐名。1927年改名为“三时学会”。会员多为北京著名知识分子，规模较小，人才稍逊，但学风细密。

该书是韩清净为会员及信众讲述唐窥基《成唯识论述记》所撰讲义。韩氏治学以弘传慈氏（即弥勒）唯识学为特色，而抑玄奘唯识学。以弘扬真实佛教经义为宗旨，研究精微。

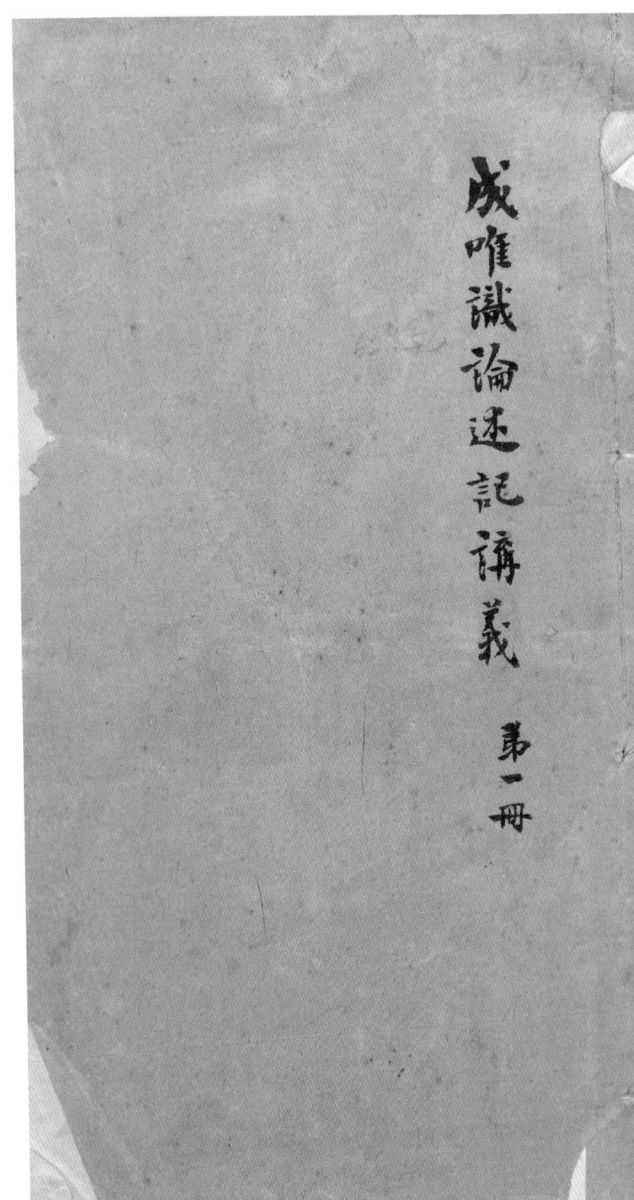

成唯識論述記講義卷首

北京法相研究會編

成唯識論述記卷第一

唯識爲釋迦如來所演究竟了義教、境無識有、立唯識名、其後彌勒承之、獨甄其宰、無著天親（一名世親）相繼傳燈、大暢厥旨、奉以爲宗、天親乃造唯識三十頌、護法等十大菩薩各爲義釋、名曰成唯識論、是則唯識三十頌爲本論、而成唯識爲釋論也、製此釋者雖十論師、於中護法聲德獨振、故論題中特以標首、當護法造釋論已、有玄鑒居士、罄資供養、經於三年、遂以此釋與之、居士既得此釋、爲令餘人敬重、須出金錢、乃得觀覽、唯玄奘法師由遠而至、以其般重、雖不得金錢、即以傳之、迨奘師歸國、譯釋論時、遂以護法所釋爲宗、並將其他論師釋義、糅爲一部、原共百卷、總爲十卷、即今成唯識論譯本也、譯時窺基大師親承師受、著爲述記、即此本也、惟文義高深、每難索解、于是慧沼繼基師述了義燈十四卷、智周撰了義燈記二卷、並演秘十四卷、如理集義演二十六卷、道邑撰義蘊五卷、此皆唐疏、各有師承、於時唐代相宗燦然大備、日本僧有智通智達二人、入稟玄奘三藏、更有新羅智鳳禪師承玄奘三藏、始傳日本、義淵僧正、又玄昉僧正入唐、受學智周、還授善珠僧正、自爾已來、宗傳東渡、中國自宋以還、相宗諸書、散佚已久、如述記于清光緒季年始還自日本、楊仁山先生刊於金陵、了義燈及演秘等、尚未能覩、今茲參考、悉出日本續藏經中、自後入文、隨引別釋、以資參究、此宗相承、概如

大方广圆觉经大疏

《圆觉经大疏》，都四册。

戊午九月，点读一过。启超记。

《大方广圆觉经大疏》十六卷卷首一卷，唐释宗密撰，清宣统元年（1909）金陵刻经处刻本。

宗密（780—841），俗姓何，名炯，果州西充（今四川省西充县）人，唐代名僧，佛教华严五祖。曾中进士，唐元和二年（807）于遂州遇道圆禅师，受具足戒，出家为僧。因常住圭峰兰若，世称圭峰法师，卒谥“定慧禅师”。佛教思想家，主张“佛儒一源”，著有《金刚波若经疏论纂要》《大乘起信论疏》《华严原人论》等。

《大方广圆觉经大疏》又称《圆觉经大疏》，随文解释《大方广圆觉修多罗了义经》，约成于唐长庆年间。宗密分《圆觉经》为教起因缘、藏乘分摄、权实对辩、分齐幽深、所被机宜、能诠体性、宗趣通别、修证阶差、通释名题、别解文义十门，并解说文义，又借以阐发自身禅学思想。因其系由《圆觉经》而得悟，故平生特别推重此经。

此本内有任公墨笔圈点、批注多处。

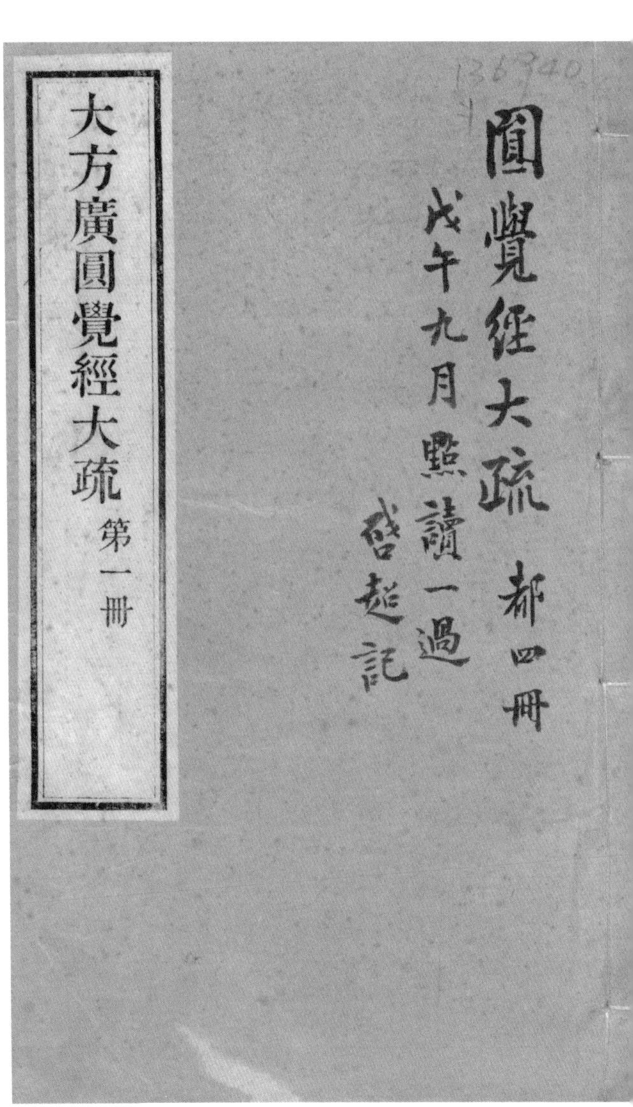

大方廣圓覺經大疏卷第一

唐終南山草堂寺沙門宗密述

歸命妙色身　無礙辯才智　所位清淨覺

所流修證門　妙德普賢尊　十二百千衆

我發深弘誓　莊嚴要略經　願三寶慈哀

冥資方便慧　一切法門海　潛流入我心

心通義相生　風畫空中現　文文符聖意

句句合羣機　身心入覺城　同受無爲樂

將釋此經。十門分別。一教起因緣。二藏乘分攝。三

[illegible]

大方廣圓覺經大疏　第一冊

圓覺經大疏　都四冊

戊午九月點讀一過

啓超記

解深密经疏

初印本《解深密经圆测疏》十二册

欧阳竟无大师所赠。癸亥元旦，启超记。

此经有真谛、令因、圆测、玄范四疏，余三皆佚，《测疏》存日本《续藏》中，金陵刻经处于壬戌年重刻成。其年除夕，竟翁寄到此本，实馈岁之良品也。谨记因缘如右。

《解深密经疏》三十四卷，唐释圆测著，民国十一年（1922）金陵刻经处刻本。

圆测（613—696），俗名文雅，唐代新罗人。原为新罗王孙，自幼出家。十五岁来中国，后从玄奘习佛法，与窥基并名，被尊为“海东瑜伽之祖”。因其于西明寺承玄奘弘传唯识教义，故后世亦称其为“西明”。著作颇丰，多散佚，现存《解深密经疏》《仁王经疏》《般若心经赞》三种。

欧阳渐（1871—1943），字竟无，江西宜黄人，著名佛学居士。清光绪三十年（1904），曾专程到南京金陵刻经处拜访杨文会（字仁山）。

光绪三十三年（1907），追随杨氏学习佛法。清宣统三年（1911），杨文会去世后，遵其嘱托，主持金陵刻经处编校、刻印事业，在整理、刻印佛经方面作出了重大贡献。1914 年，在金陵刻经处成立佛学研究部，聚众讲学。1918 年，与沈曾植、梁启超、章太炎等在佛学研究部基础上筹建支那内学院，1922 年正式成立，任首任院长。著述甚丰，晚年自编其著作为《竟无内外学》二十六种三十余卷，均由支那内学院蜀院刻印，今由金陵刻经处再版流通。

《解深密经》为印度瑜伽行派与中国法相宗之根本经典。自此经汉译后，慈恩宗据以分判释迦如来一代教法，为有、空、中道三时教，并依此经以三性说及唯识说为一宗的根本教义。该疏据玄奘师说，广引经论，于大小乘比类发明，乃法相宗重要理论著作。此疏原为四十卷，第三十五卷以后佚失，幸其全本存于藏文《丹珠尔》。改革开放后，中国佛学院观空法师将该疏佚文还译补全，仍由金陵刻经处刊刻印行。

解深密經疏卷一之三

刻印本解深密經圓測疏 十二册

歐陽竟無大師所贈

癸亥元旦 啓超記

此經有真諦令因圓測玄範四疏 餘三皆佚 測疏存日本續藏中 金陵刻經處於壬戌年重刻 竣其年除夕竟翁寄到此本 實饋歲之良品也 謹記因緣於右

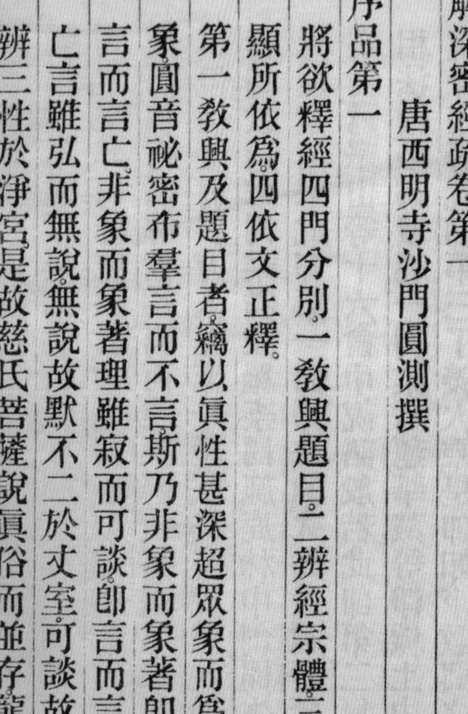

解深密經疏卷第一

唐西明寺沙門圓測撰

序品第一

將欲釋經四門分別。一教興題目。二辨經宗體。三顯所依為。四依文正釋。

第一教興及題目者。竊以眞性甚深超衆象而為象。圓音祕密布羣言而不言。斯乃非象而象著。卽言而言亡。非象而象著。理雖寂而可談。卽言而言亡。言雖弘而無說。無說故默不二於丈室。可談故辨三性於淨宮。是故慈氏菩薩說眞俗而並存。龍

瑜伽师地论菩萨地真实品

《瑜伽师地论真实品》一册，附《伦记》三册。

《瑜伽真实品遁伦记》

欧阳竟无大师所赠。癸亥元旦，启超记。

《瑜伽伦记》卷帙浩瀚，未能刻成。尝此一脔，慰情聊胜。此第一次印本，尤可宝也。

《瑜伽师地论菩萨地真实品》，唐释遁伦撰，欧阳渐汇辑，民国十年（1921）金陵刻经处刻本。

遁伦，生卒年不详，又称道伦，唐代新罗僧，事迹不明。其以唯识为中心，广涉般若、戒律等经、律、论。著有《瑜伽论记》《金刚般若经略记》《大般若经略记》《净饭王经疏》《药师本愿经疏》《十一面经疏》《四分律决问》《新撰大乘义章》《成唯识论要决》等。

《瑜伽师地论》又称《十七地论》《瑜伽论》，称弥勒述，无著记，玄奘译，为传说弥勒菩萨授予无著的五大论中最根本者。分本地、摄抉择、摄释、摄异门、摄事五分，论述大乘基本义理，阐释禅观及修行果位尤详，为大乘佛教瑜伽行派和法相宗根本论典。

《瑜伽师地论记》又称《瑜伽论记》，为《瑜伽师地论》现存最全最完善注本，依据窥基《瑜伽论略纂》集撰而成，并引用顺憬、文备、玄范、神泰、惠景、惠达、圆测、元晓诸师学说，引论丰富。此本未成全帙，仅刻成三十五至三十七卷、七十七至七十九卷、八十至八十一卷。

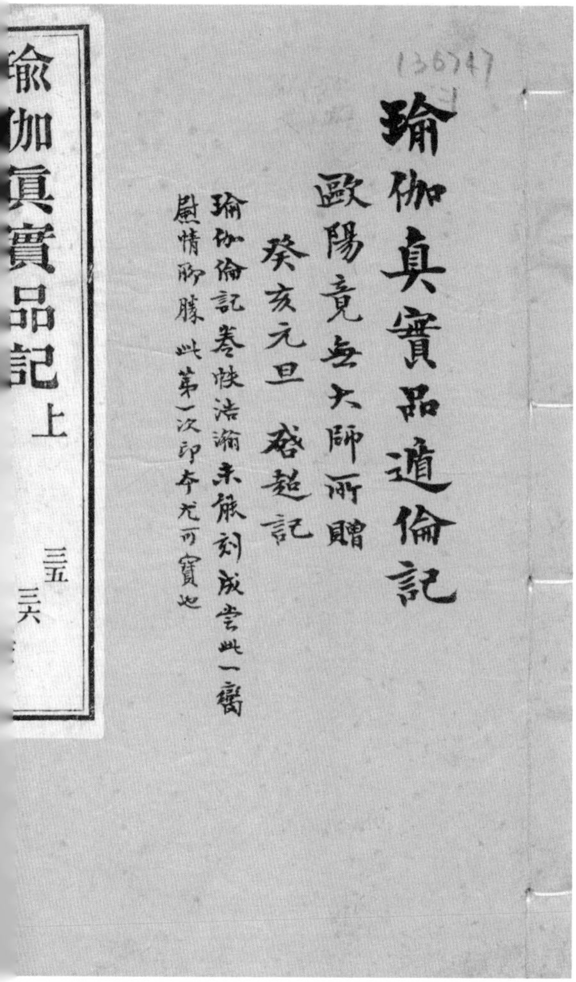

瑜伽眞實品記 上

三五
三六

(130747)

瑜伽真實品遁倫記

歐陽竟無大師所贈

癸亥元旦 啓超記

瑜伽倫記卷帙浩瀚，未能刻成，當此一臠

慰情聊勝，此第一次印本，尤可寶也

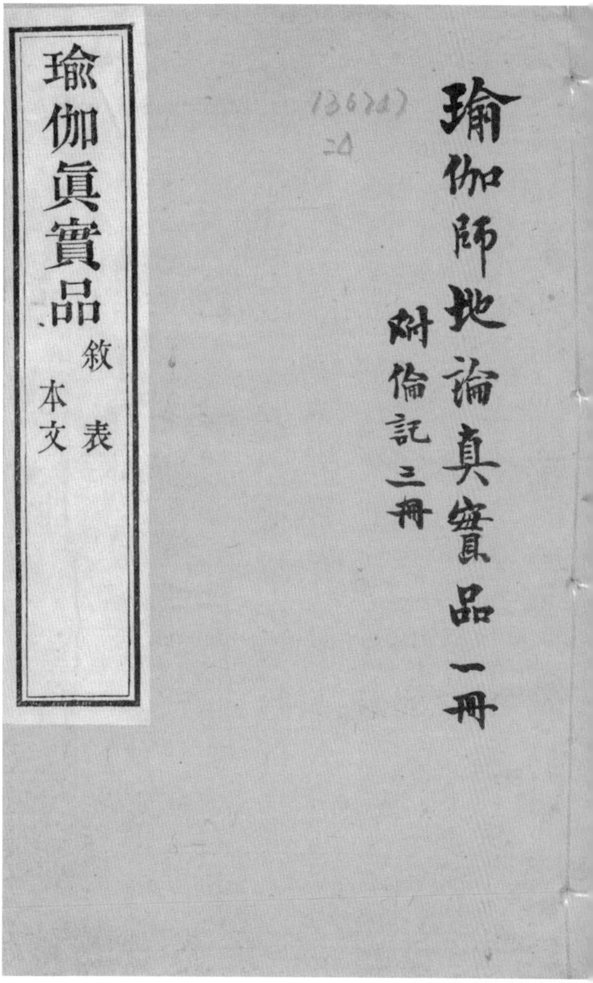

瑜伽眞實品

敘表

本文

(130727)

瑜伽師地論真實品 一冊

附倫記 三冊

瑜伽師地論記卷第三十五

唐釋遁倫集撰

本地分中菩薩地初持瑜伽處眞實品第四

眞實義品依文明。且如三性。徧計所執法爾體無。依他圓成二諦說有。今有卽言有無卽言無。稱當眞實。亦可眞實卽是二諦。二諦之理不顚倒故名爲眞實。若卽勝義諦理不變異故名爲眞實義者。是境卽二諦理爲智境界眞實義。於此品中廣明二諦眞實境智名眞實義品。何故自他利後明眞實品者。前因種姓故能發心。由發心故便能起行。

云何眞實義謂略有二種。一者依如所有性諸法眞實性。二者依盡所有性諸法。一切性如是諸法眞實性一切性應知總名眞實義。此眞實義品類差別復有四種。一者世間極成眞實。二者道理極成眞實。三者煩惱障淨智所行眞實。四者所知障淨智所行眞實。

云何世間極成眞實謂一切世間於彼彼事隨順假立世俗串習悟入覺慧所見同性。謂地唯是地非是火等如地如是水火風色聲香味觸飲食衣乘諸莊

大慈恩寺三藏法师传

《旧唐书》本传称师“洛州偃师人”，《塔铭》称师“河南缑氏人”，与此同。

师生年，两传皆失载。《旧书》本传称师年五十六，《塔铭》称师年六十九。据本书卷九第十九叶、卷十第四叶所述，则《塔铭》之说殆近真。以此上推，则师当生于隋开皇十六年。

念常《佛祖通载》言六十三。

卷五廿一叶载师在于阗所上表云“以贞观三年四月冒越宪章，私往天竺”，此处言“八月”，当考。

贞观三年至十八年上表时，仅得十五年耳。

此时若师年仅二十六，则下距麟德元年师之卒，得寿仅六十一矣。《续传》谓师三十出游，较此近真。

计从凉州启行，当在九月杪。

各书皆言师出游之言为贞观三年，然师归国时在于阗上表，明言在外十有七年，其时则贞观十八年三四月间也。若三年出游，则至是仅得十五年耳！且以本书所纪日程及各地淹留岁月计之，师在外确满十七年。若三年秋间出游，则其间尚缺两年之岁月，乃敷旅程分配。以此推之，恐诸书皆误也。

《大慈恩寺三藏法师传》十卷，唐释慧立撰，唐释彦悰笺，清宣统元年（1909）常州天宁寺刻本。

慧立（615—？），俗姓赵，名子立，敕名慧立，又称惠立，唐高僧，天水（今甘肃省天水市）人。生而聪敏，有弃俗之志，唐贞观三年（629），出家于豳州昭仁寺。学识渊博，兼通儒释，能言善辩，敕任大慈恩寺翻经大德，次补西明寺都维那，后授太原寺主。

彦悰，生卒年、籍贯不详，唐初僧人。贞观间，至长安师从玄奘学唯识之教；高宗时，住长安弘福寺。唐龙朔二年（662），曾集录六朝至唐高宗时僧徒臣工反对拜君亲之文章，编为《集沙门不拜俗议》六卷。另著有《唐护法沙门法琳别传》《大唐京寺录传》等。

慧立因仰赞玄奘三藏行仪而为之修传，撰成《大慈恩寺三藏法师传》五卷。临终时授予门徒，后流离分散。唐垂拱四年（688），彦悰搜求此书，重加整理笺校，并补撰后五卷，成《大慈恩寺三藏法师传》十卷。该书详述玄奘身世、取经过程及讲学译经等事，文笔简洁生动，可见玄奘舍身求法之精神，亦可补《大唐西域记》所述游历之不足；又杂以神鬼故事，使其经历更具传奇色彩。

玄奘在我国佛教史地位卓著，后世研究众多，唯其生年争议较大，致有五十六岁说、六十一岁说、六十三岁说、六十五岁说、六十九岁说等不同主张，诸家意见不一。任公《支那内学院精校本〈玄奘传〉书后》详列众说并作论述，认为六十九岁最可信[1]。

此本有任公朱墨笔眉批甚多，曾于国立北平图书馆图书展览会展出，附有展签。

[1]梁启超撰：《支那内学院精校本〈玄奘传〉书后》，《东方杂志》，1924年21卷第7期。

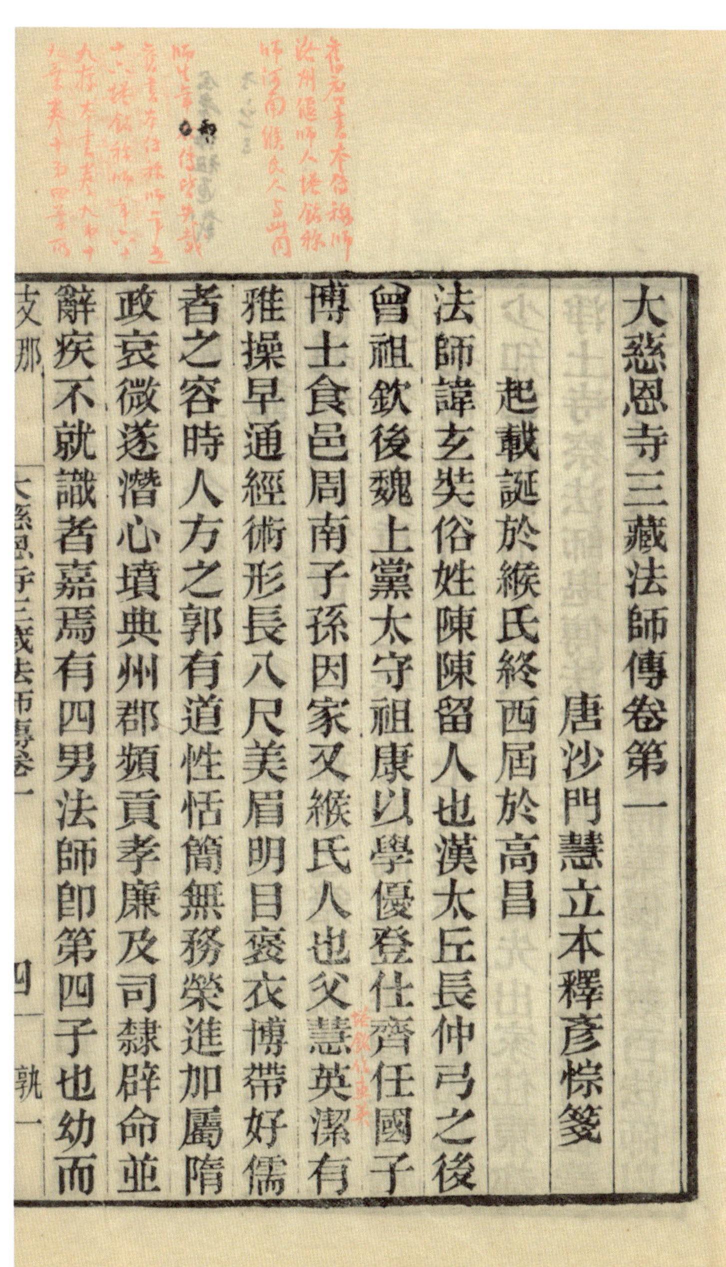

大慈恩寺三藏法師傳卷第一

唐沙門慧立本釋彥悰箋

起載誕於緱氏終西屆於高昌

法師諱玄奘俗姓陳陳留人也漢太丘長仲弓之後曾祖欽後魏上黨太守祖康以學優登仕齊任國子博士食邑周南子孫因家又緱氏人也父慧英潔有雅操早通經術形長八尺美眉明目褒衣博帶好儒者之容時人方之郭有道性恬簡無務榮進加屬隋政衰微遂潛心墳典州郡頻貢孝廉及司隸辟命並辭疾不就識者嘉焉有四男法師即第四子也幼而

支那　大慈恩寺三藏法師傳卷一　四一　執一

梁任公先生手批三藏法師傳

珪璋特達聰悟不羣年八歲父坐於几側口授孝經
至曾子避席忽整襟而起問其故對曰曾子聞師命
避席玄奘今奉慈訓豈宜安坐父甚悅知其必成召
宗人語之皆賀曰此公之揚烏也其早慧如此自後
備通經典而愛古尚賢非雅正之籍不觀非聖哲之
風不習不交童幼之黨無涉闤闠之門雖鐘鼓嘈囋
於通衢百戲叫歌於閭巷士女雲萃亦未嘗出也又
少知色養溫凊淳謹其第二兄長捷先出家住東都
淨土寺察法師堪傳法教因將詣道場教誦習經業
俄而有勑於洛陽度二七僧時業優者數百法師以

經少不預取限立於公門之側時使人大理卿鄭善
果有知士之鑒見而奇之問曰子為誰家答以氏族
又問曰求度耶答曰然但以習近業微不蒙比預又
問出家意何所為答曰意欲遠紹如來近光遺法果
深嘉其志又賢其器貌故特而取之因謂官僚曰誦
業易成風骨難得若度此子必為釋門偉器但恐果
與諸公不見其翔翥雲霄灑演甘露耳又名家不可
失以今觀之則鄭卿之言為不虛也既得出家與兄
同止時寺有景法師講涅槃經執卷伏膺遂忘寢食
又學嚴法師攝大乘論愛好逾劇一聞將盡再覽之

母曰汝是我子今欲何去答曰為求法故去此則遊
方之先兆也貞觀三年秋八月將欲首塗又求祥瑞
乃夜夢見大海中有蘇迷盧山四寶所成極為嚴麗
意欲登山而洪濤洶湧又無船筏不以為懼乃決意
而入忽見石蓮華踊乎波外應足而生卻而觀之隨
足而滅須臾至山下又峻峭不可上試踊身自騰有
摶飈颷至扶而上昇到山頂四望廓然無復擁礙喜
而寤焉遂即行矣時年二十六也時有秦州僧孝達
在京學涅槃經功畢還鄉遂與俱去至秦州停一宿
逢蘭州伴又隨去至蘭州一宿遇涼州人送官馬歸

又隨去至彼停月餘日道俗請開涅槃攝論及般若
經法師皆為開發涼州為河西都會襟帶西蕃葱左
諸國商侶往來無有停絕時開講日盛有其人皆施
珍寶稽顙讚歎歸還各向其君長稱歎法師之美云
欲西來求法於婆羅門國此是西域諸城無不預發
歡心嚴灑而待散會之日珍施豐厚金錢銀錢白馬
無數法師受一半然燈餘外竝施諸寺時國政尚新
疆埸未遠禁約百姓不許出蕃時李大亮為涼州都
督既奉嚴勑防禁特切有人報亮云有僧從長安來
欲向西國不知何意亮懼追法師問來由法師報云

六壬神定经

《景祐六壬神定经》二卷

宋杨惟德奉敕撰，《通志·艺文略》《宋史·艺文志》俱著录。卷首有宋仁宗御制序。据《志》，维德所撰尚有《遁甲》《七曜》《太一》诸书，盖皆奉敕。仁宗号称英主，乃迷信此等术士之言，盖宋诸帝通习矣。然术数一科，在汉时已为《七略》之一，其源甚古，观此亦可存古术之一斑也。戊午六月，梁启超记。

《六壬神定经》二卷，宋杨惟德撰，清赵之谦辑，清光绪间会稽赵之谦刻《仰视千七百二十九鹤斋丛书》本。

杨惟德，生卒年、籍贯不详，天文学家。约生活于宋真宗、仁宗年间。曾任司天监保章正、春官正、监正等，著有《乾象新书》《遁甲玉函符应经》《太一福应集要》《六壬神定经》等。

六壬乃以阴阳五行占卜吉凶之术数，与遁甲、太乙合称三式。该书乃杨氏奉敕撰，原为十卷，现存二卷。上卷多释六壬名辞，下卷记录六壬具体推占。清同治四年（1865），赵之谦购得明抄残帙二卷，因其所载古六壬之法颇不同于清季，故刻入《仰视千七百二十九鹤斋丛书》以传世。

六壬神定經卷之一

釋天第一

乾鑿度曰氣象未分謂之太易謂始生於玄牝元氣始萌謂之太初陰陽初生氣象之端謂之太始始有清濁之形形變有質謂之太素清濁已分形質已具謂之太極二儀初立

釋名曰天坦也坦然而高遠也　物理論曰水土之氣升而爲天　桓譚新論曰天以爲蓋左旋日月星辰隨而東西　虞喜曰天確乎在上有常安之形故天行健而不息也尚書考靈曜曰觀二儀之旋昏明

景祐六壬神定經二卷

宋楊維德奉勅撰通志藝文略宋史藝文志俱著錄　卷首有宋仁宗御製序按志維德所撰尚有遁甲七曜太一諸書蓋皆奉勅仁宗號稱英主然乃迷信此等術士之言蓋宋諸帝通習矣然術數一科在漢時已爲七略之一其源甚古觀此亦可存古術之一斑也

戊午六月　梁啟超記

国民浅训

《国民浅训》

丙辰三月越南帽溪山中扶病著。

原稿授思永藏之。饮冰。

《国民浅训》一卷，梁启超撰，民国五年（1916）稿本。

梁启超（1873—1929），字卓如、任甫，号任公、饮冰子、饮冰室主人、哀时客等，广东新会（今广东省江门市新会区）人，政治家、思想家、文学家、教育家。清光绪十五年（1889）举人，戊戌变法领袖之一，维新派代表，清末民国时期百科全书式人物。著述宏富，涉猎广泛，著有《清代学术概论》《墨子学案》《中国近三百年学术史》《变法通议》等，凡一千四百余万字，后辑为《饮冰室合集》。

1915 年 12 月 12 日袁世凯称帝，12 月 16 日梁启超离津赴沪。次年 3 月 4 日，应广西都督陆荣廷之邀，前往广西。为躲避袁世凯堵截，任公此行经香港，绕道越南，于 3 月 27 日抵达镇南关（今友谊关），与已宣布独立的桂省护国军会合。是书撰于此行途中。

3月15日，黄群（字溯初）护送任公乘日船至海防附近的洪崖上岸。由日人接应护送，辗转于17日晨到达日商横山氏的帽溪牧场隐藏，以待机入桂。此后，任公独居万山丛中，直至26日离开。苦闷时，以书代言，倾吐心怀。自称“一人枯坐”[1]，唯有“作文或著书以振我精神”，“文兴发则忘诸苦”[2]。

3月20日，任公患急病将死，所在“不特无一家人且无一国人”，“若其夕死者，明日乃能发见”，当夜“灯火尽熄，茶水俱绝”[3]，苦痛难挨。幸好次晨有人前来，施以特效草药救治后痊愈。当日下午即动笔，三日夜成此二万言，完稿时欢称“大快”[4]！任公为倡革命而远赴越南，病之将死又勉力著书，置个人安危于不顾，意欲启发国民之现代公民与国家意识，故称“此书真我生之绝好记念”[5]！

此书有民国五年上海商务印书馆铅印本。

[1]梁启超著，胡跃生校注：《梁启超家书校注本》，桂林：漓江出版社，2017年，第507页。

[2]梁启超著，胡跃生校注：《梁启超家书校注本》，桂林：漓江出版社，2017年，第509页。

[3]梁启超著，胡跃生校注：《梁启超家书校注本》，桂林：漓江出版社，2017年，第512页。

[4]梁启超著，胡跃生校注：《梁启超家书校注本》，桂林：漓江出版社，2017年，第512页。

[5]梁启超著，胡跃生校注：《梁启超家书校注本》，桂林：漓江出版社，2017年，第511页。

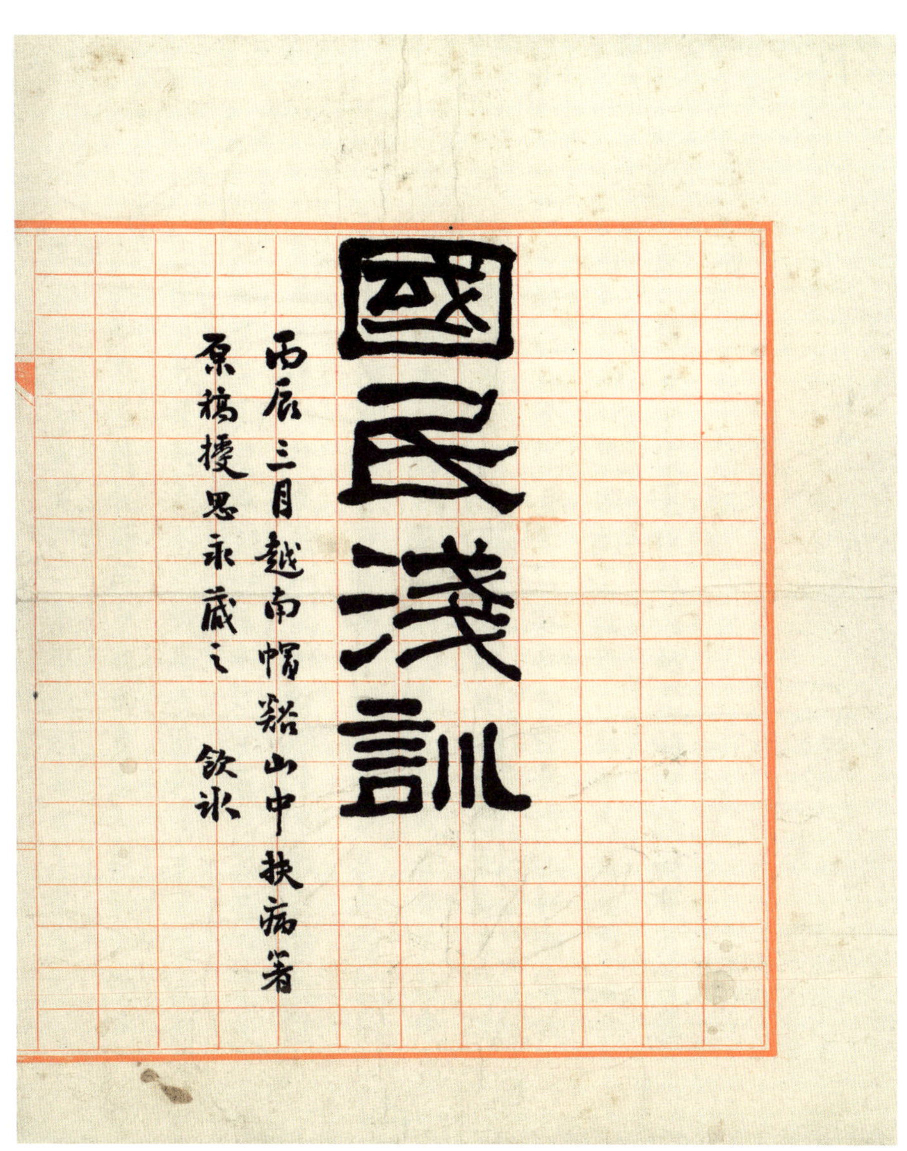
國民淺訓
丙辰三月越南帽谿山中扶病箸
原稿樓思永藏之 飲冰

國民淺訓

新會梁啟超著

第一章　何故須愛國

愛國兩字。近來當作時興口號。到處有人說起。但細按下去。真能愛國者。究有幾人。比起外(別)國人愛國真(至情)。識。我等真要姚死。因由前此國家組織。未能妥善。所行政事。無益(利)於民。故人民總不覺得有此國家。於我何益。故此愛情。無由發動。此原不能盡(十分)怪責吾民。雖然。亦由吾民未能細(深知)思國家之與我身。家。其關係若何切要。將他當作身外閒是閒非。不顧多管。故此任憑一群小人。將國家盤據起來。偷得一分權。便作一分惡。無法無天。愈弄愈壞。換了一群。還是一群。照此混鬧下去。中國豈復能成為國。須知我等說要愛國。並非因愛國是當今一種美名。說來湊熱。實覺得非

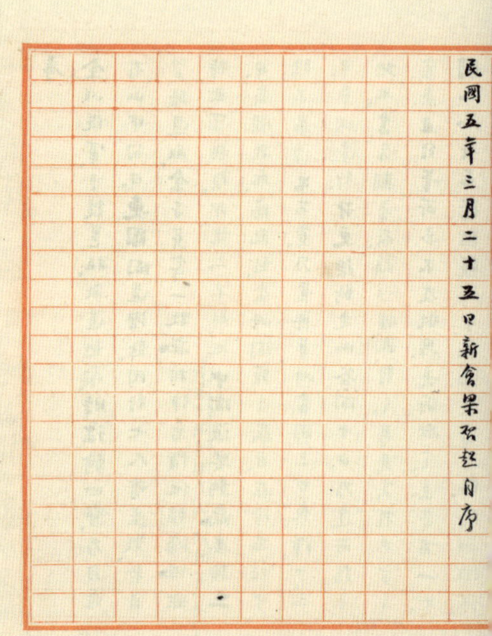

靖节先生集

《陶文毅注陶集》十卷附《年谱考异》二卷

此文毅以十年之力所成，今昔之陶集注，此最精审矣。癸亥元旦，启超记。

《靖节先生集》十卷卷首一卷卷末二卷，晋陶潜撰，清陶澍注，清光绪九年（1883）江苏书局刻本。

陶潜（约365—427），字元亮，别号五柳先生，私谥“靖节”，世称靖节先生，寻阳柴桑（今江西省九江市）人，诗人、辞赋家、散文家。历任江州祭酒、建威参军、镇军参军、彭泽县令，著有《桃花源记》《五柳先生传》等。

陶澍（1779—1839），字子霖、子云，号云汀，晚号髯樵、桃花渔者，湖南安化人。清嘉庆七年（1802）进士，授庶吉士，任翰林院编修，历任山西、安徽等省按察使、布政使和巡抚、两江总督等职。卒谥“文毅”。著有《印心石屋诗抄》《蜀辖日记》《陶文毅公全集》等。

陶氏辑注七易其稿，博采陶集注百余种，以汤汉、李公焕、何孟春三家为主，资料宏富，注释详明。卒后，其夫人将书稿交外甥周诒朴校雠，清道光二十年（1840）付梓。任公《陶渊明年谱》称其《年谱考异》“备列两旧谱而加以考证，至博赡矣”。

陶文毅注陶集十卷
附年譜攷異二卷

此文毅以十年之力所成今昔之陶集注
此最精審矣

癸亥元旦 啓超記

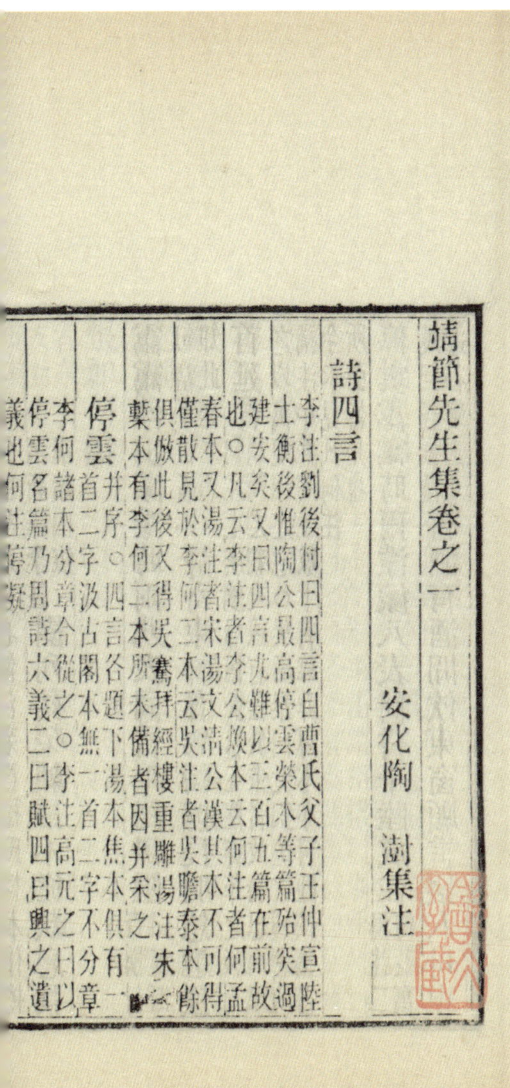

靖節先生集卷之一

安化陶澍集注

詩四言

李注劉後村曰四言自曹氏父子王仲宣陸士衡後惟陶公最高停雲榮木等篇殆突過建安矣又曰四言尤難以三百五篇在前故也○凡云李注者李公煥本云何注者何孟春本又湯注者宋湯文清公漢其本不可得僅散見於李何二本云吳注者吳瞻泰本餘俱倣此後又得吳騫拜經樓重雕湯注宋槧本有李何二本所未備者因并采之

停雲并序○四言各題下湯本焦本俱有一首二字汲古閣本無一首二字不分章李何諸本分章今從之○李注高元之曰以停雲名篇乃周詩六義二曰賦四曰興之遺義也何注停凝

新刊五百家注音辩昌黎先生文集

文有缩千言为一言者，亦有展一言为千言者。此首写梧桐叶落至六句之多，写得惊天动地，真是奇恣之笔，惟命意警拔，故不病词费耳。

宵寂、秋明、强怀、弱念、语阱、心兵，皆昌黎字法，与第五首同一研炼。

几人读昌黎诗，知其炼字炼句？然昌黎独到之处，实在炼意。此十一首，几于无意不铄。第五首与此首尤见良工心苦。末首反第二首之意，此首无甚新意，或故以淡旷作结耶？

此十一首乃韩公惨憺经营之作，熟读之，则学韩可得蹊径矣。甲寅七月三日偶一覆读记此。

《新刊五百家注音辩昌黎先生文集》四十卷《外集》十卷《类谱》十卷《考异》十卷，唐韩愈撰，民国元年（1912）涵芬楼影印本。

韩愈（768—824），字退之，河内河阳（今河南省孟州市）人，世称“韩昌黎”“昌黎先生”，唐宋八大家之首，文学家、思想家、教育家。唐贞元八年（792）进士，历任都官员外郎、史馆修撰、中书舍人等，以吏部侍郎致仕。著有《韩昌黎集》。

此书卷首载诸注家名氏，计唐十一家、宋一百三十七家、新增二百三十家，凡三百七十八家。采录博赡，内容丰富。自宋至清，韩愈诗文集有百余种，以宋庆元六年（1200）建安魏仲举编《五百家注音辩昌黎先生文集》《外集》为最善，存诸多宋人旧注。

沈曾植题据宋板影印，书末孙毓修跋称据宋庆元六年建安魏仲举刊本影印。但魏仲举本目录后有“庆元六祀孟春建安魏仲举刻梓于家塾”木记，此影印本无；其次，影印本《正集》《外集》、序传碑记和《类谱》等版式为白口，双鱼尾，左右双栏，半页十行，每行大字十八、小字二十三。《考异》版式为白口，双鱼尾，四周双栏，半页九行，每行大字十七、小字十九，应是不同时期所刻；其三，《考异》卷末有孙毓修跋，称其据《曝书亭集》和《天禄琳琅书目》著录，定之为宋庆元六年建安魏仲举刊本。查《曝书亭集》卷五十二《跋五百家昌黎集注》一文和《天禄琳琅书目》卷三《宋版集部》，著录有两部《新刊五百家注音辩昌黎先生文集》，均未提及《考异》十卷。据此，涵芬楼影印底本很大可能是庆元六年以后翻刻本，《考异》为翻刻时补入[1]。

此本有任公墨笔圈点、批注甚多。

[1] 参见汕头大学中文系编：《韩愈研究资料汇编》，汕头大学中文系，1986年，第55—56页。

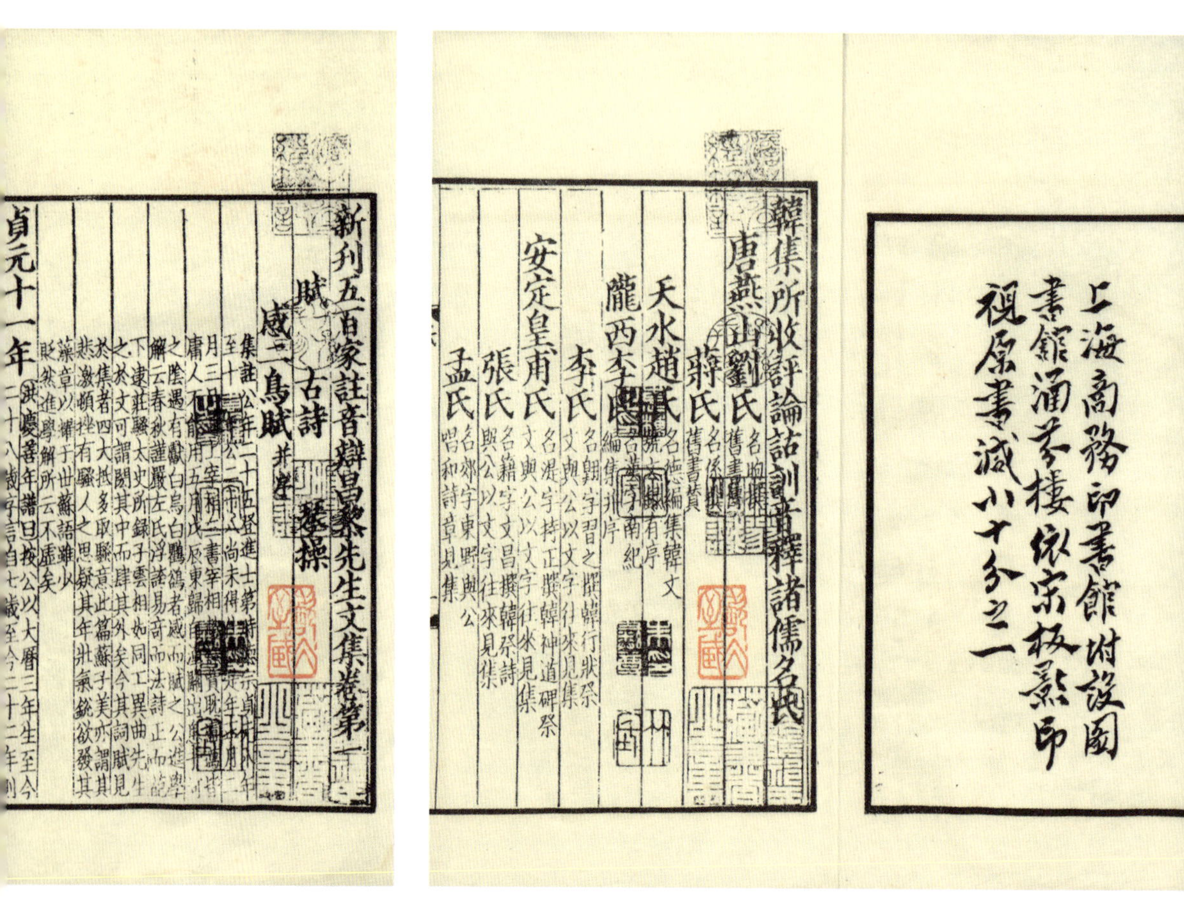

上海商務印書館附設圖
書館涵芬樓依宋板影印
視原書減小十分之一

韓集所收評論詁訓音釋諸儒名氏

唐燕山劉氏 名昫 舊書列傳

蔣氏 名係 舊書贊

天水趙氏 名德 編集韓文 號文錄 有序

隴西李氏 名漢 字南紀 編集并序

李氏 名翺 字習之 撰韓行狀祭文 與公以文字往來見集

安定皇甫氏 名湜 字持正 撰韓神道碑祭文 與公以文字往來見集

張氏 名籍 字文昌 撰韓祭詩 與公以文字往來見集

孟氏 名郊 字東野 與公唱和詩章見集

新刊五百家註音辯昌黎先生文集卷第一

賦 古詩

感二鳥賦 并序

集註 公年二十五登進士第 時[illegible]貞元[illegible]年至十[illegible]公二[illegible]尚未得[illegible]是年[illegible]用[illegible]二年月三[illegible]宰相[illegible]書宰相[illegible]貫[illegible]取[illegible]皆庸人不[illegible]能[illegible]用五月戊辰東歸[illegible]出[illegible]之陰遇有獻白烏白鸜鵒者感而賦之公進學解云春秋謹嚴左氏浮誇易奇而法詩正而葩下逮莊騷太史所錄子雲相如同工異曲先生之於文可謂閎其中而肆其外矣今其詞賦見於集者四大抵多取騷意此篇蘇子美亦謂其悲激頓挫有騷人之思疑其年壯氣銳欲發其藻章以耀于世蘇語雖以貶然進學解所云不虛矣

貞元十一年 洪慶善年譜曰按公以大曆三年生至今二十八歲序言自七歲至今二十二年則

文有縮千言爲一言者亦有展一言爲千言者皆寫梧桐葉落至六句之多寫以驚天動地真是奇恣之筆惟命意炎拔故不爲詞費耳

千其言有感觸使我復悽酸顧謂汝童子置書後本爲且與前章丈夫云有右被且安眠丈夫屬有念事業無窮年霜風侵梧桐衆葉著樹乾空階一片下琤若摧琅玕祝曰琤論語云琤玉聲也楚耕千耕二切謂是夜氣滅韓曰陵陽子明經冬飲沆瀣者北方夜半氣也望舒實其團孫曰淮南子月御曰望舒韓曰離騷前望舒使先驅實墜也公羊夜中星實如雨補注張載曰望舒四五團闕葉聲琤然誤謂望舒之實其團也○實于敏切青冥無依倚飛轍危難安驚起出戶視倚檻久汍瀾韓曰選歐陽堅石詩揮筆涕汍瀾注涕流貌也○汍音丸瀾音闌憂愁費晷景日月如跳丸祝曰跳躍也莊子東西跳梁韓曰杜牧之詩日月兩跳丸取此意也迷復不計遠孫曰易不遠復無祇悔又曰迷復凶有災眚言迷而能復不計遠近也爲君駐塵轂後輯以積弱不在然合味亦剩雜篇事

實叙秋明德懷弱念語寧心若皆昌黎字法5第五首因一研餘後人讀昌黎詩知其餘字餘句餘昌黎獨到之處實在命意此十一首義於無意不餘第五首與嘆首見良之心苦而首及第二首之意味首無甚新意或故以淺懷作結耶此十一首乃韓公誇張往苦之作熟讀之則出子韓可得請往矣甲寅七月三日偶一覆讀記味

暮暗來客去羣囂各收聲孫曰羣囂羣動也悠悠偃宵寂亹亹抱秋明祝曰亹亹進也美也前漢兒生亹亹音尾世累忽進慮外憂遂侵誠彊懷張不滿弱念缺易盈易一作已詰屈避語穽冥茫觸心兵敗虞千金棄蔡曰莊子林回棄千金之璧負赤子而趨或曰爲其布與赤子之布寡矣爲其累與赤子之累多矣棄千金之璧負赤子而趨何也林回曰彼以利合此以天屬也夫以利合者迫窮禍患害相棄也以天屬者迫窮禍患害相收也得比寸草榮知恥足爲勇蔡曰禮記中庸曰知恥近乎勇晏然誰汝令鮮鮮霜中菊既晚何用好揚揚弄芳蝶揚揚一作陽陽爾生還不早補注東坡詩云勿謂昌黎公恨菊生不早謂此語也運窮兩值遇婉孌死相保祝曰詩婉兮孌兮注婉少貌孌好貌上音宛下力兖切西風蟄龍蛇

陆放翁全集

此书原装古雅可玩，未敢轻动饰新。

《陆放翁全集》，宋陆游撰，明末虞山毛晋汲古阁刻本。

陆游（1125—1210），字务观，号放翁，越州山阴（今浙江省绍兴市）人，文学家、史学家、爱国诗人。历任宁德主簿、建康通判、夔州通判、礼部郎中等职。著有《剑南诗稿》《放翁词》《渭南文集》《南唐书》等。

《陆放翁全集》乃后人所辑放翁诗词文全集，含《渭南文集》《剑南诗稿》《放翁逸稿》《南唐书》《老学庵笔记》《家世旧闻》《斋居纪事》七种。《渭南文集》五十卷，放翁自订，授幼子子遹辑刻。其文以记铭序跋为佳，沉郁雄健、悲壮忧愤；《剑南诗稿》八十五卷，由其长子子虡编成，收诗九千三百余首。其诗内容丰富，语言晓畅自然，涉及南宋初期社会生活诸多方面；《放翁逸稿》二卷，毛晋所辑。后毛扆又辑佚诗二十首，附于卷末。其余《南唐书》十八卷、《老学庵笔记》十卷、《家世旧闻》八则、《斋居纪事》三十六则依次附于后。

此本有任公墨笔圈点、眉批。

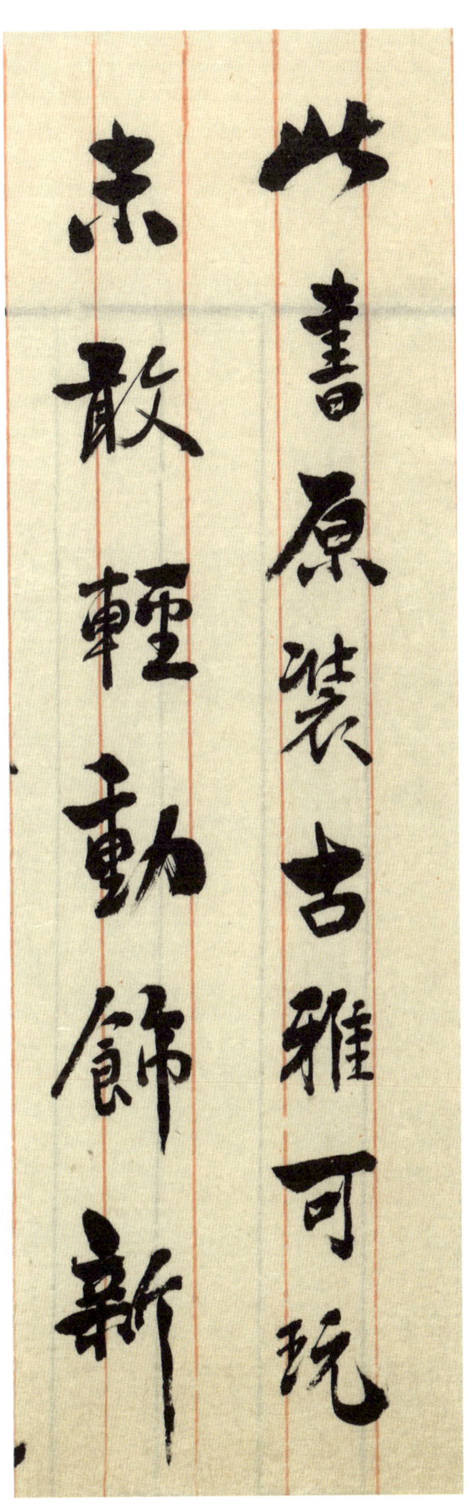
此書原裝古雅可玩
未敢輕動飾新

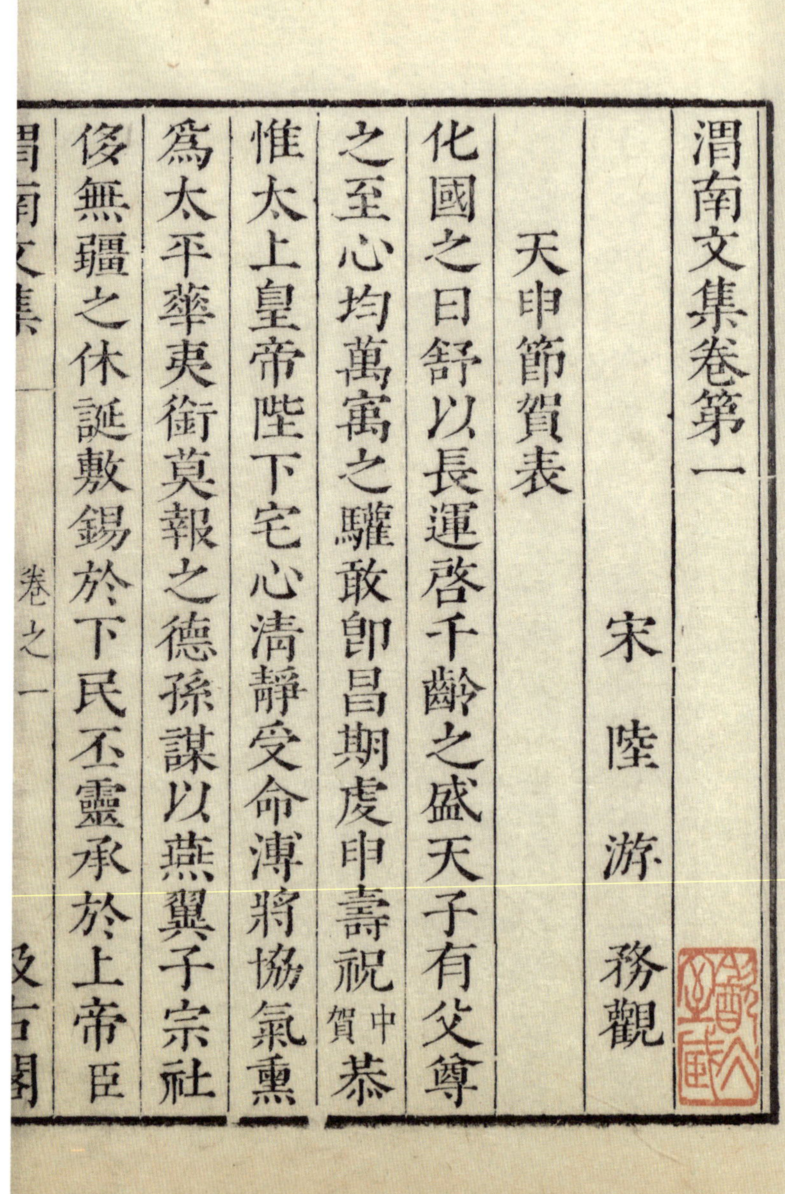

渭南文集卷第一

宋　陸游　務觀

天申節賀表

化國之曰舒以長運啓千齡之盛天子有父尊之至心均萬寓之驩敢即昌期虔申壽祝中賀恭惟太上皇帝陛下宅心淸靜受命溥將協氣熏爲太平華夷銜莫報之德孫謀以燕翼子宗社侈無疆之休誕敷錫於下民丕靈承於上帝臣

渭南文集　卷之一　汲古閣

青邱高季迪先生诗集

明有高青邱，略可比唐之陈子昂，惜后此何、李辈力薄不堪负荷，故盛唐之盛遂不可见，抑亦运会升降然耶？！此本为二樵先生旧藏，有二樵手批数十则，良可珍秘。中间曾归陶子正同年（邵学），吾得诸黄晦闻（节），许时甲寅三月也。越四年，戊午正月校读一过，记之。梁启超。

《青邱高季迪先生诗集》十八卷卷首一卷《补遗》一卷《扣舷集》一卷《凫藻集》五卷《附录》一卷，明高启撰，清金檀辑注，清雍正六年（1728）桐乡金氏文瑞楼刻本。

高启（1336—1374），字季迪，号槎轩、青丘子，长洲（今江苏省苏州市）人。明洪武初，荐修《元史》，授翰林院国史编修官。能文，尤精于诗，与刘基、宋濂并称“明初诗文三大家”，著有《高太史大全集》《凫藻集》《扣舷集》等。

金檀（1765—约 1826），字星轺，浙江桐乡人，藏书家。好聚书，筑文瑞楼以藏之，编有《文瑞楼藏书目录》，著录图书两千余种。著有《文瑞楼集》《销暑偶录》等，校刊有《贝清江集》《程巽隐集》《高青邱诗文集》等，梓行于世。

黎简（1747—1799），字简民，号二樵，广东顺德（今广东省佛山市顺德区）人，诗书画皆擅，著有《五百四峰草堂诗文钞》《药烟阁词钞》等。

该集为高启诗、文、词之合编，以明景泰间徐庸刊《高太史大全集》为底本，辑补高氏诗二百五十余首，注释详尽。软体写刻，甚为精美。

此本原为黎简所有，书眉撰批语数十条，递经陶邵学、黄节等收藏，终归梁启超饮冰室。钤有“黎简私印”“二樵山人”“五百四峰长”“陶邵学读书印”“颐巢甄录图籍”“伊秉绶印”“有真意斋”“黄节读书之记”“饮冰室藏”等印。

明有高青邱殆可比唐之陳子昂惜後此何李輩力薄不堪負荷故盛唐之盛遂不可見抑亦運會升降豈耶此本為二樵先生舊藏有二樵手批数十則良可珍秘中間曾歸陶子正同年邵學吾得諸黃晦聞節許時甲寅

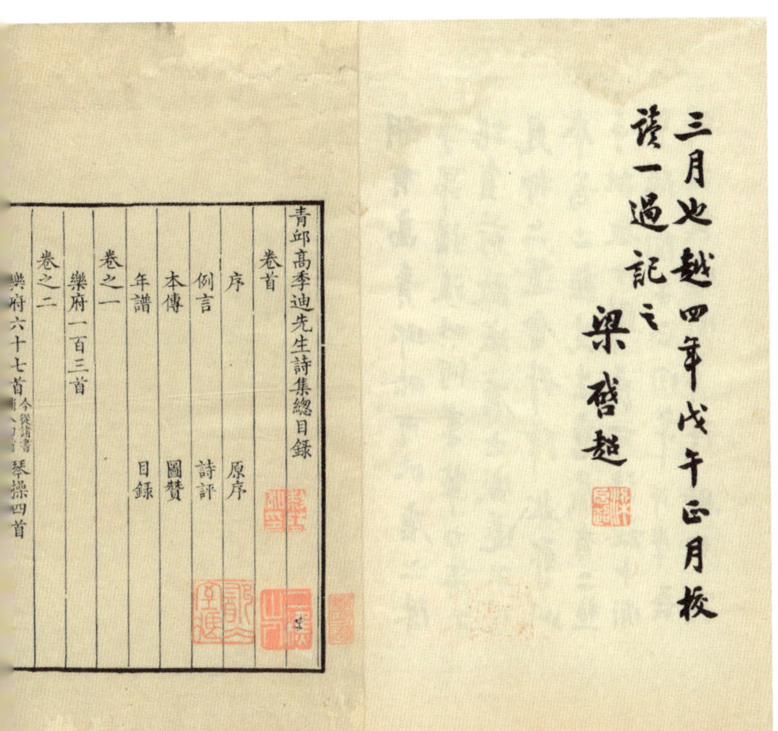

三月也越四年戊午正月校讀一過記之 梁啓超

青邱高季迪先生詩集總目錄

青邱高季迪先生詩集卷一

桐鄉金檀星軺輯注

姪 成鼎 梅均

男 宏熹 開霞 仝校

樂府

上之回

古今樂錄漢鼓吹鐃歌十八曲四曰上之回樂府正聲漢短簫鐃歌曲漢書武帝紀元封四年冬十月行幸雍祠五時通回中道遂北出蕭關歷獨鹿鳴澤自代而還幸河東師古注回中在安定北通蕭關吳兢樂府解題漢武通回中道後數出游幸焉沈建廣題漢曲皆美當時之事

聖主重行幸蔡邕獨斷天子車駕所至見令長三老官屬親臨軒作樂賜以食帛民爵有級或賜田租故謂之幸六蚪法乾旋續漢書天子五輅駕六馬揚雄甘泉賦四蒼螭兮六素虬北巡初避暑王僧孺詩迴鑾避暑宮錢謙益列朝詩集元世每年孟夏駕幸灤京避暑七月乃還北巡初避暑紀元事也東祠已祈年禮記月令天子乃祈來年于天宗羣官從清塵班固東都賦雨師汎灑風

青邱詩集卷一 樂府 一 文瑞樓

甲乙杂著

《甲乙杂著》一卷

明孙肩撰。肩，号梅溪，国变后为僧。此书皆小品，可见其品概尔。戊午六月，启超记。

《甲乙杂著》一卷，明孙肩撰，清赵之谦辑，清光绪间会稽赵之谦刻《仰视千七百二十九鹤斋丛书》本。

孙肩，生卒年不详，字培庵，号梅溪逸叟，浙江嘉兴人。国变后弃家为僧，名诠胜，号大山。工草书，好吟咏，著有《甲乙诗记》《甲乙杂著》。

该书乃孙氏文集，因屡经传抄，已多讹阙。赵之谦从友人处借抄而来，因“世无副本”，故收入《仰视千七百二十九鹤斋丛书》。

甲乙雜著一卷

明孫肩撰肩號梅谿國變後爲僧此書皆小品可見其品概云

戊午六月叔弢記

甲乙雜箸

告城隍文

檇李孫肩箸

某爲僧一十六載馬齒知非內疚日增外火洊至旣絕生趣惟有死門莫由告訴瀝血抒衷敬詞於城隍之神曰某聞死生有命子夏曾聞問事鬼神夫子不告然漢文徵宣室之談毫髮不爽周王感內史之對禍福無移造物於人自有默定能生能死則神明能獨宰也某七齡背母十一歲棄父怙恃之恩早失蓼

霜红龛集

此三十四首大约是少年之作，学陈伯玉、李太白风格已极道上，但未脱摹仿痕迹。

思想在全集中算是最温醇，然时已露磊落不可羁勒之概。

此等诗最能表现个性，直是磊磊的血块从胸臆间迸出来。

极沉痛，又极豪迈。

先生复有何事对不起自己良知，而常若抱深耻不可湔拔者，孟子所谓“思天下有溺者犹己溺之”，是以如此其急也。

见其偶及者，便不敢离分毫，拘儒之所以裂道术也。

《霜红龛集》四十卷，明傅山撰，清刘霦补辑，清咸丰四年（1854）寿阳王行恕刻本。

傅山（1607—1684），初名鼎臣，后改名山，字青竹，改字青主，号丹崖，别名众多，山西阳曲（今山西省太原市）人，思想家、书法家、医学家。国变后不仕。于学无所不通，经史之外，留心诸子，兼及释道，又长于书画医学。其诗真率而内敛，饱含故国之思。著有《霜红龛集》《荀子评注》《傅青主女科》《傅青主男科》等。

刘霦（？—1858），字雪崖，号龙泉山人，寿阳（今山西省晋中市）人。咸丰二年（1852）恩贡，著有《仙儒外纪》。

霜红龛为傅氏居所。为求抗清，其足迹踏遍大半个中国。所作诗文随笔随掷，家无藏稿，临终始收拾遗文，十不存一。清康熙、乾隆间，戴廷栻（字枫仲）、张耀先（字思孝）先后刻有《霜红龛诗文集》《霜红龛集》，惜传世绝少。张氏惧触时忌，又将书版挖补抽换，毁其原版。清道光二年（1822），同邑张廷鉴（字郎甫）、张廷铨（字叔衡）昆仲聚五台徐润第（字德夫）、崞县张震（号东墅）、寿阳刘霦三人于其家塾，研讨傅氏学问。五人分工协作。张氏兄弟辑补遗文，终得四十卷；张震以音韵训诂之法，考其挖改文字；张廷铨、刘霦多作注释，张震亦有所补；徐润第评论发微，后均由刘霦采入《霜红龛集》而刻之，即为此本。该集现存诗赋十一卷，文二十九卷。又有清宣统三年（1911）山阳丁氏刻本，凡四十卷《附录》三卷《年谱》一卷。该本由缪荃孙、罗振玉等审定，较为完备。

此本有任公墨笔圈点、眉批及文内批注甚多。

此三十四首大約是少年之作學陳伯玉李太白風格已極遒上但未脫摹仿痕跡思想在全集中算是最溫醇然時已露森森不可羈勒之概

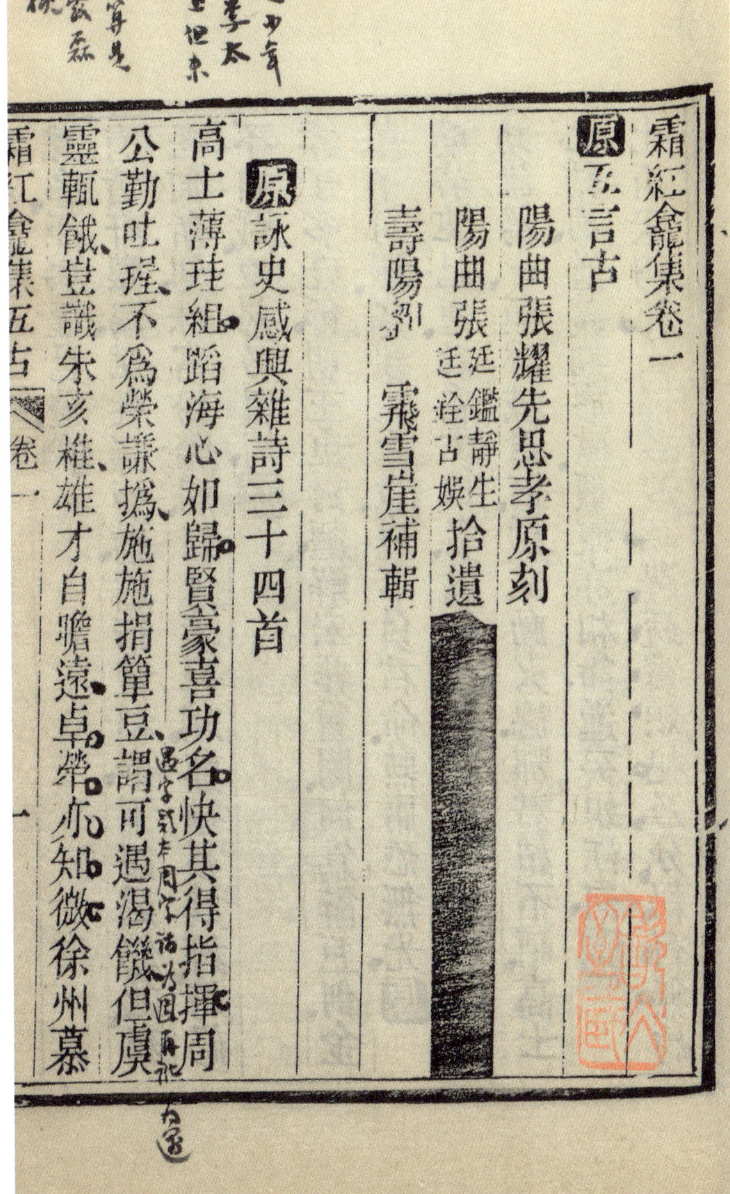

霜紅龕集卷一

陽曲張耀先思孝原刻

陽曲張廷鑑靜生 廷銓古娛 拾遺

壽陽劉霏雪崖補輯

原 五言古

詠史感興雜詩三十四首

高士薄珪組蹈海心如歸賢豪喜功名快其得指揮周公勤吐握不為榮謙撝施施捐簞豆謂可遏渴饑但虞靈輒餓豈識朱亥椎雄才自贍遠卓犖亦知微徐州慕

遏字疑本周字訛為遏再記

霜紅龕集　五古　卷一　一

此等語最能表現當時直是磊々的血塊從胸臆間迸出來

堂切城陰是木不欲凋綠烟常不晴入門竟霽窸一僮
魋儓佁拾之撫有額茶酒粗給力惠者責其儕初見我
憐渠似不知啼笑蟀然代渠憐我之天機觸體對相太
始有欲淺乎𥨊人既勾喬禪禪得僮熟䶅道氣可靜參
聰明皆不妙世界習所薄誰儻爾獨偁再來勸勿酤主
僕意可嚼

原 夜氣四章

夜氣四端備羞惡尤崚嶒火土混沌中金木寒光騰曉
間有漏盡牀上無尸腥東餓相戛撑一志深鐙𤇾

極沈痛又極豪邁

先生復有何事對不起自己良知而常若抱沉恥不可湔拔者孟子所謂思天下有溺者猶己溺之是以如此其急也

見其偶及者便不敢斂分豪抑從之所以能造詣也

明日九月節霜氣流淒風蒼鷹徑勁爪駿馬搖疎鬢老
農舞連枷瓶罌愁不充萬類各有業雲中鳴孤鴻
生遂啼一齋死緣啼一埋終然負天地生死何爲哉鬼
伯不發蒙晨鐘撥心求嬋媛孰告予抱一聽其哀
白日照強顏朝氣亦纏黃詩書包長慝溝壑有不忘儒
生待堯舜襄歸猥稻粱孔甲抱奏恨慨然死陳王兩生
豈不矣亦各云行藏

原 講學

神易非禮書老生章嚼糟聖言偶及此不敢離分豪去
田妙啇義天在山中包何必不實有多識亦塞茅

天问阁集

《天问阁集》三卷，卷下佚大半。

《天问阁集》三卷，存二卷，其下卷存一条。

明李长祥撰。长祥，四川达州人，崇祯十六年进士。国变后，屡思仗义规复。事监国鲁王，官至兵部左侍郎。《明史》无传，其事迹见全祖望所为行状。祖望称此书丙戌以后作，杭人张南漪得之吴市书肆中云，盖修《明史》时所未见也。卷上为《甲申廷臣传》《新乐刘文炳传》二篇，卷中有传十篇，皆纪当时死难诸贤，多足补史编之缺。《廷臣传》之末，有论一篇，论思陵失国之由。于廷臣略无恕词，虽黄道周、刘宗周亦有微辞，所见殊多独到处，而独屡袒杨嗣昌、陈新甲，颇与时论异。谢山谓其不免爱憎之见，不知其果尔耶？抑时论有门户，不足凭信也？谢山谓其于文不称作家，然《新乐侯》一传，法度森然，生气远出。吾于明人之文，乃罕见其比也。戊午六月，梁启超读竟记。

《天问阁集》中卷，其下卷佚大半。

《天问阁集》三卷，清李长祥撰，清赵之谦辑，清光绪间会稽赵之谦刻《仰视千七百二十九鹤斋丛书》本。

李长祥（1609—1673），字研斋、子发，自号石井道人，达县（今四川省达州市）人。明崇祯十六年（1643）进士，授庶吉士。明亡后坚持抗清。南明鲁监国四年（1649）任兵部左侍郎，六年被清军所俘，羁押于南京。才女姚淑慕其名，携其逃离，遍历南北。晚年迁居毗陵，建桃园草堂，筑天问阁。著有《天问阁文集》《杜诗编年》《易经参伍错综图》等。

该集原题《天问阁明季杂稿》，所载乃旧闻轶事，多疏证史案。清乾隆间列为禁书，原为四卷，今存三卷。

天問閣集 三卷

卷下佚大半

明李長祥撰長祥四川達州人崇禎十六年進
士國變後屢思仗義規復事監國魯王官
至兵部左侍郎明史無傳其事蹟見全祖
望所為行狀祖望稱此書丙戌以後作杭人張
南潯得之吳市書肆中云蓋脩明史時所
未見也卷上為甲申廷臣傳新樂劉文炳傳
二篇卷中有傳十篇皆紀當時死難諸賢
多足補史編之缺廷臣傳之末有論一篇

論思陵失國之由於廷臣毀無怨詞雖黃道
周劉宗周亦有微辭所見殊多獨到處
而獨屢詆楊嗣昌陳新甲頗與時論異
謝山謂其不免愛憎之見不知其果爾耶
抑時論有門戶不足憑信也謝山謂其於
文不稱作家然新樂侯一傳法度森然生
氣遠出吾於明人之文乃罕見其比也
戊午六月　梁啓超讀竟記

天問閣集目錄

天問閣集　中卷　其下卷佚大半

鮓話　遼陽佟世恩著

專紀廣東恩平縣瑣事多足觀者

天問閣集卷上

甲申廷臣傳

古夔李長祥研齋著

國家之變故其死難之人難哉孔子曰見危受命有殺身以成仁無求生以害仁歲寒然後知松柏之後凋也諸人之謂歟賈子曰烈士徇名夸者死權夫其死一也而死權則異君子恥之矣卽謂之徇名猶失之蓋非聖人之旨也故孟子曰生我所欲也舍生而取於義也殺身蓋取義者而實仁若夫可以死可以

天問閣集卷中

古夔李長祥研齋著

故都察院右副都御史宣府巡撫宛平朱公廟碑

皇帝授命持節秉鉞誅殺不庭以文官行將帥之事則督撫臣撫臣內省會皆有之若塞外當要害弓矢甲冑宵嚴而夜不釋以窺於疆土則宣府撫也崇禎壬午員缺廷臣推朱公皇帝求治甚於乾清門列屏風凡海內之賢能可其意則書名其上不時御覽公

聪山集

凫盟自言不能文，然其文含渊懿于俊逸中，如其诗集中《诗集自序》一篇，记事极纤悉，一字一句满贮情感，李易安《金石录后序》之匹也。《张覆舆诗引》《殷宗山行状》两篇，磊落森郁，如其所状之人。《与朱锡鬯书》，尺牍之最隽者。癸亥小除夕，启超记。

《聪山集》三卷，清申涵光撰，清光绪五年（1879）新城王氏刻民国二年（1913）武进陶湘汇印《畿辅丛书》本。

申涵光（1620—1677），字孚孟、和孟，号凫盟、凫明、聪山等，直隶永年（今河北省邯郸市）人，文学家，河朔诗派领袖人物。少时以诗名，与殷岳、张盖合称“畿南三才子”。著有《聪山集》《聪山诗选》《荆园小语》等。

该集为申氏散文集，其文深隽秀美，又蕴含家国感伤之情。始刻于清康熙十三年（1674）。

覺盟自言不能文然其文含渊懿於後進中
如其詩集中詩集自序一篇記事並識忠
一字句滿貯情感李易安金石録後序之亞也
張霞樂詩引敘宗山行狀兩篇磊落森嶷如
其所以之人与朱錫鬯讀書天樓之最集
者

癸亥小除夕　啓功記

聰山集卷一　　畿輔叢書

永年申涵光著

序

畿輔先賢詩序

畿輔古冀北之區地近邊鄙習戰鬬之事於武爲宜然玉篋之燕巳肇北音採薇作歌爰自孤竹至秦火後風雅廢缺燕人韓嬰趙人毛萇紹明其說有功於詩大矣六季之世張盧祖束及刁協劉琨輩爭雄江左唐則魏徵宋璟盧照鄰沈佺期稱一代巨公而高適孔巢父極爲少陵所推許他如李嶠之鎮才子劉長卿之五言長城樂天目劉禹

居易堂集

《居易堂集》二十卷，罗叔蕴所赠。

此集为俟斋先生手自编定者，刻本已稀见。三月前，有持以求售者，索五十金也。叔韫既为先生年谱，复校刻其集，其致敬也深矣。甲子五月读一过。启超。

读此集如嚼冰啮雪，彻骨清寒。而倔强坚忍之气，百世犹将起懦。韵语却无特长，但得一“清”字耳。

《居易堂集》二十卷，明徐枋撰，清潘耒编，民国八年（1919）上虞罗氏铅印本。

徐枋（1622—1694），字昭法，号俟斋、秦余山人，长洲（今江苏省苏州市）人，画家。明崇祯十五年（1642）举人。入清后隐居灵岩山麓“涧上草堂”，终生不入城市，自称孤哀子。书擅行草，工画山水，与杨无咎、朱用纯并称“吴中三高士”，与沈寿民、巢鸣盛合称“海内三遗民”。著有《通鉴纪事类聚》《廿一史文汇》《读史稗语》《读书杂钞》《建元同文录》《管见》《居易堂集》等，现仅存《读史稗语》《居易堂集》二种。

潘耒（1646—1708），原名栋吴，字次耕、稼堂，晚号止止居士，江苏吴江（今江苏省苏州市）人。初从其兄柽章学。柽章因湖州庄氏“明史案”罹难，妻子流徙，耒伴送至京。后从隐逸游，继而受业于徐枋，复师从顾炎武。清康熙十八年（1679）应博学鸿儒科，列二等第二名，授翰林院检讨，修撰《明史》。著有《类音》《遂初堂集》等，刊刻有顾炎武《日知录》、徐枋《居易堂集》和亡兄潘柽章《国史考异》《松陵文献》等。

该集乃徐氏诗文汇编。初有康熙二十三年（1684）潘耒刻本，传世稀少。清嘉庆间，赵筠获潘氏旧版，补刷行世。民国间，张元济访得固安刘氏康熙原本，附以王欣夫《居易堂集外诗文》一卷，收入《四部丛刊》三编。此本虽为铅印本，但设计古雅，为罗振玉私印本。

居易堂集二十卷　羅叔蘊所贈

此集為俟齋先生手自編定者　刻本已稀見

三月前有持以販售者索五十金也　叔蘊既為先

生年譜後校刻其集其致勤也深矣

甲子五月讀一過　豈明

讀此集如嚼冰嚥雪徹骨清寒　而倔強

堅忍之氣　百世猶將起懦

韻語卻無特長　但以一隻字耳

居易堂集卷之一

書

答蘇松兵備王之晉書（附來書）

待罪名邦託居仙圖敬仰先賢大節遙挹主人高風僾直造墓廬一申瞻企自愧塵鞅碌碌遂致策之不前茲者投劾以去又復刺促遄歸晤對一光儀竟成欠事矣惟是久託萬閒之芘而未獻一芹慚悚盈襟無可自宣聊具戔戔少展寸忱非敢云賃廡之資也統惟笑茹爲荷偶有鶴一隻欲將去不知肯相隨否如其不羈或當留爲山池之玩也臨啓不盡瞻依

孤哀子徐枋稽顙拜痛自先人束身殉節捐棄藐孤而藐孤不肖不能從死偷生苟活致毀體辱親誠爲兩閒之罪人抑亦名教之罪人矣病毀交摧生理已絕呻吟苫塊跧伏隴巳如是者半年於茲而卒未能一刻強起致人閒世事一枕都廢昨者小伻自城至荒塋忽傳翰教存及藐孤而九死餘魂一絲僅繫未能拜貺完璧以歸知執事當不以世法苛垂死之人而罪其不恭也至一畝之宮荒榛可掬何足以駐使節哉伏枕支離口占奉報不知所云

居一　一

遂初堂文集

卷三《声音元本论上下》《南北音论》《古今音论》《全分音论》《反切音论》六篇，皆音韵学极切要之作。次耕斯学，虽受自亭林，而亭林重韵，次耕重音。次耕盖与方密之、刘继庄同一研究对象也。

《修明史议》所举四要八事，实修史正则，虽仅寥寥千余言，当时议者莫或过之。

卷六之《国史考异序》，卷七之《松陵文献序》，读之可见乃兄力田先生治学梗概。

《寇事编年》《殉国汇编》二序见戴耘野之学。

《遂初堂文集》二十卷，清潘耒撰，清康熙间武英殿聚珍本。

该集为潘氏治学杂记。因其性好山水，故集中多游记之作；又博涉经史及历算、声韵之学，如任公所言之卷三诸篇，旨在明辨声韵。其文搜采广博，考证益精。任公阅览此书时，见卷七载有潘氏所撰《徐霞客游记序》一篇，曾将其告知地质学家丁文江，丁氏将之收入新编《徐霞客游记》中[1]。

该集另有二十七卷本，计有诗十二卷文十五卷；又有四十卷本，计有诗集十五卷文集二十卷别集四卷补遗一卷。

[1]参见张永康、朱钧侃、杨达源编:《徐学发展史》，武汉: 中国地质大学出版社，2012年，第72页。

卷三聲音元本論上下南北音論古今音論全分音論反切音論六篇皆音韻學極切要之書作次耕斯学能受自亭林而亭林於韵次耕重音次耕蓋与方密之劉繼莊同一研究對象也

循明文識所举四要八事實皆史正則論從寬〻子餘之節時議者莫能過之

卷六之國史考異序卷七之松陵文獻序讀之可見乃兄力田先生治學梗概寇事編年殉國彙編二序見載於野之[illegible]

遂初堂文集卷之一

述征賦

敦牂之歲兮日月向除僕夫整駕兮吾將北徂橫大江而徑逝兮指淮浦以爲期旌搖搖其將邁兮心惝怳而踟躕哀吾生之多艱兮遘喪亂而播遷羌匝年而三徙兮曾不得乎少延伊吾祖之卜宅兮在笠澤之下渚臨具區而瞰包山兮雙溪泫泫而承宇信仁智之所樂兮爰族居而里處夫何遘命之不造兮倏星離而雲散悼骨肉之乖隔兮嗟始合而終判鴒飛鳴索其偶兮鴈蹤躅而求其曹雖一枝之安棲兮曾莫返乎故巢羌飄風

戴南山先生全集

《史论篇》极有见地，南山一生抱负所在也。

《左氏辨篇》亦多独到语。其论《左传》非成于一人之手，极当！

此册多制义文稿之序，未细读。

惟《〈蔡瞻岷文集〉序》一篇，自述与万季野、刘继庄、王昆绳诸人交期颇详。《自订时文全集序》，于其论文之友大略备述，皆可观也。

《四书朱子大全序》，见其治宋学之法。

《与余生书》为南山获罪之主因。书中亦可见其对于明史之抱负，集中最重要资料也。

《与刘大山书》亦自述抱负语。

《中西经星异同考》，见南山与梅定九交期。

《书〈归震川文集〉后》，见桐城古文所由衍出。

此册左忠毅公、曹先生、沈寿民三传极佳。

赠刘言洁、刘继庄两序，写自己志事颇详尽。

《赠顾君原序》，论径学方法甚佳。

《一壶先生传》《画网巾先生传》，极精奇倜傥之致。

《朱铭德传》云“康熙初，乌程朱氏有《明史》之役”，“坐死者数千人”，此事不审即庄廷鑨之狱否？盖庄史实袭自朱氏也。

《杨刘二王合传》，借四人为骨干，叙晚明四川、云南形势，而及明之所以亡，其技术之妙，与《孑遗录》相埒。

此册中《游山水记》诸篇，颇有佳者，可追柳柳州。

卷十二杂著类，多游戏文字，不脱牢愁习气。

卷十三纪行类，足备史料。

《孑遗录》，以桐城一县被贼始末为骨干，而晚明流寇全部形势，乃至明之所以亡者具见焉。而又未尝离桐而有枝溢之辞，可谓极史家技术之能。无怪其毅然以《明史》自任，而窃比迁、固也。所志不遂而陷大僇，以孑长蚕室校之，岂所谓“九渊之下，尚有天衢”者耶！癸亥腊不尽十日，后学梁启超跋。

此册纪略四篇，皆极重要文字，可见南山史才。

《戴南山先生全集》十四卷《补遗》三卷，清戴名世撰，民国七年（1918）木活字本。

戴名世（1653—1713），字田有、褐夫，号药身，别号忧庵，世称南山先生，安徽桐城人。清康熙四十八年（1709）榜眼，任翰林院编修。著有《戴南山先生全集》。

康熙四十一年（1702），戴氏弟子尤云鹗将其所抄古文百余篇刊刻行世，名为《南山集偶抄》，即《南山集》。康熙五十年（1711），左都御史赵申乔据《南山集·致余生书》参劾戴名世“倒置是非，语多狂悖”，两年后以“大逆”之罪被杀于市，株连三百余人，史称“南山案”。该集随之被禁，却仍不乏传抄者，易名《潜虚先生文集》以传世。清道光间，文网渐弛，族人戴钧衡搜辑遗作，汇编为《戴南山先生全集》，清光绪间始有刊本行世。

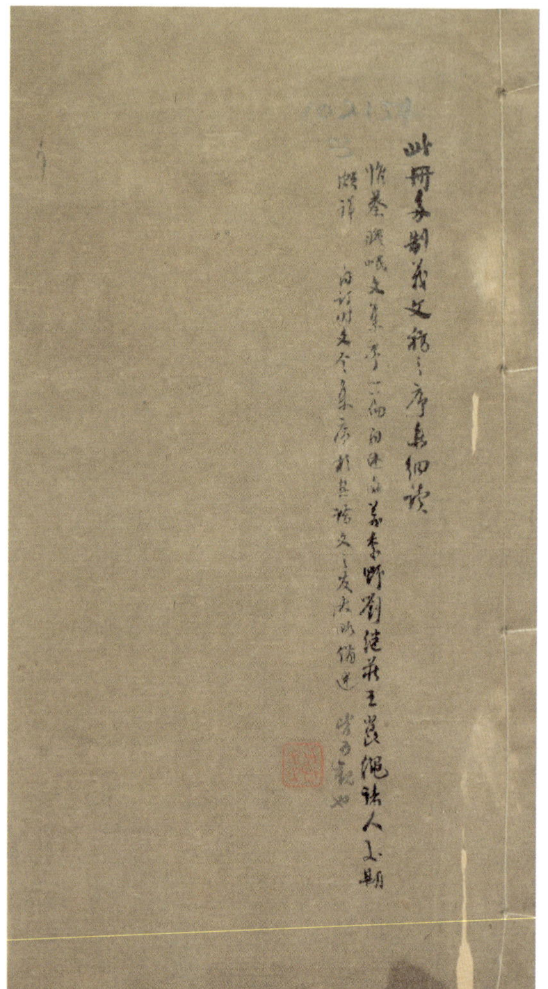

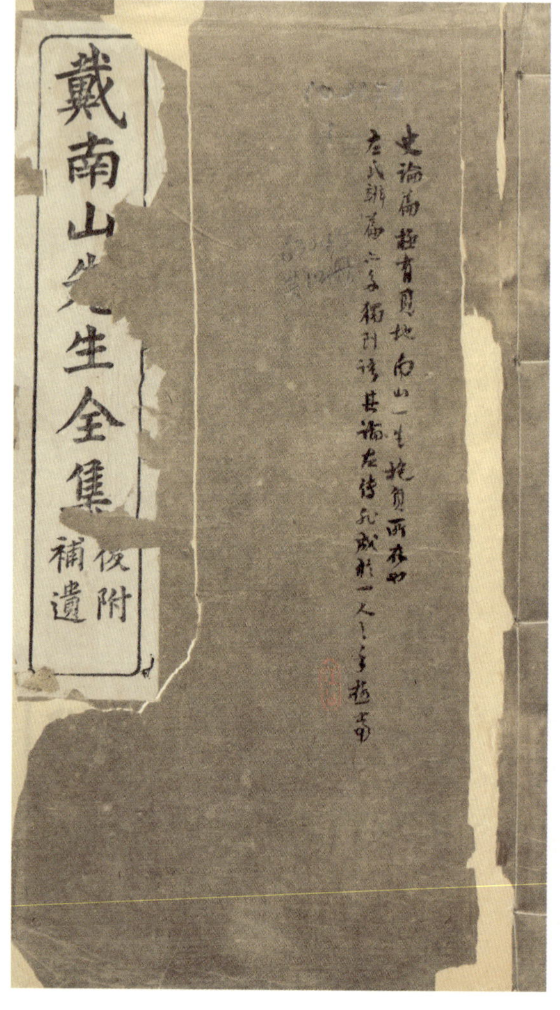
戴南山先生全集
附補遺

此册有悲歌黄先生洮寿民三传题后
明劉文炤劉德莊兩序寫自己志事甚詳頗
明顧君恩序論詩宗旨亦甚佳

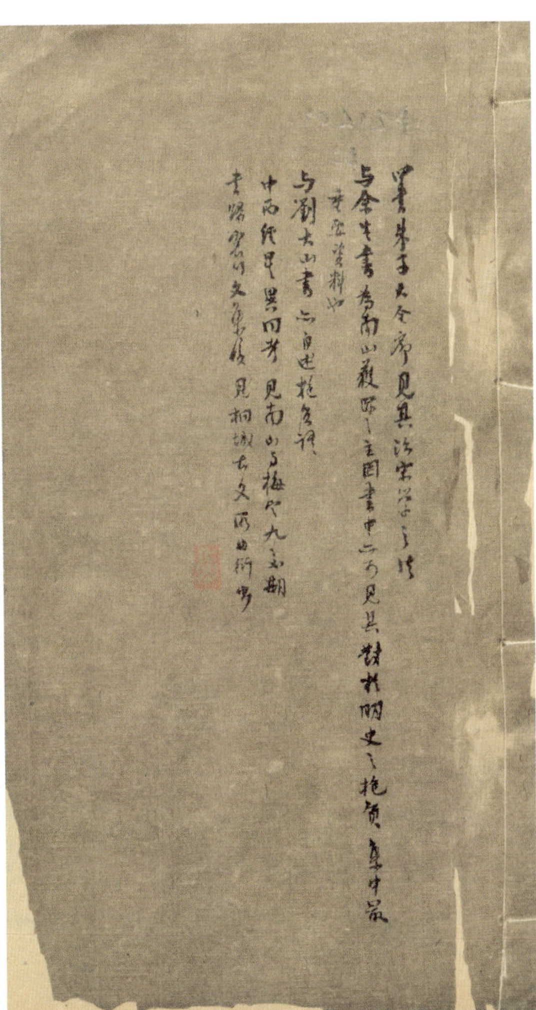
黃某手大令序見其論宋學之精
與余生書為南山薇蕨之主因書中亦可見其對於明史之抱負集中最
重要資料也
與劉大山書亦自述抱負頗
中西經史異同考見南山與梅定九交翻
書贈宋作文集後見桐城古文所由衍也

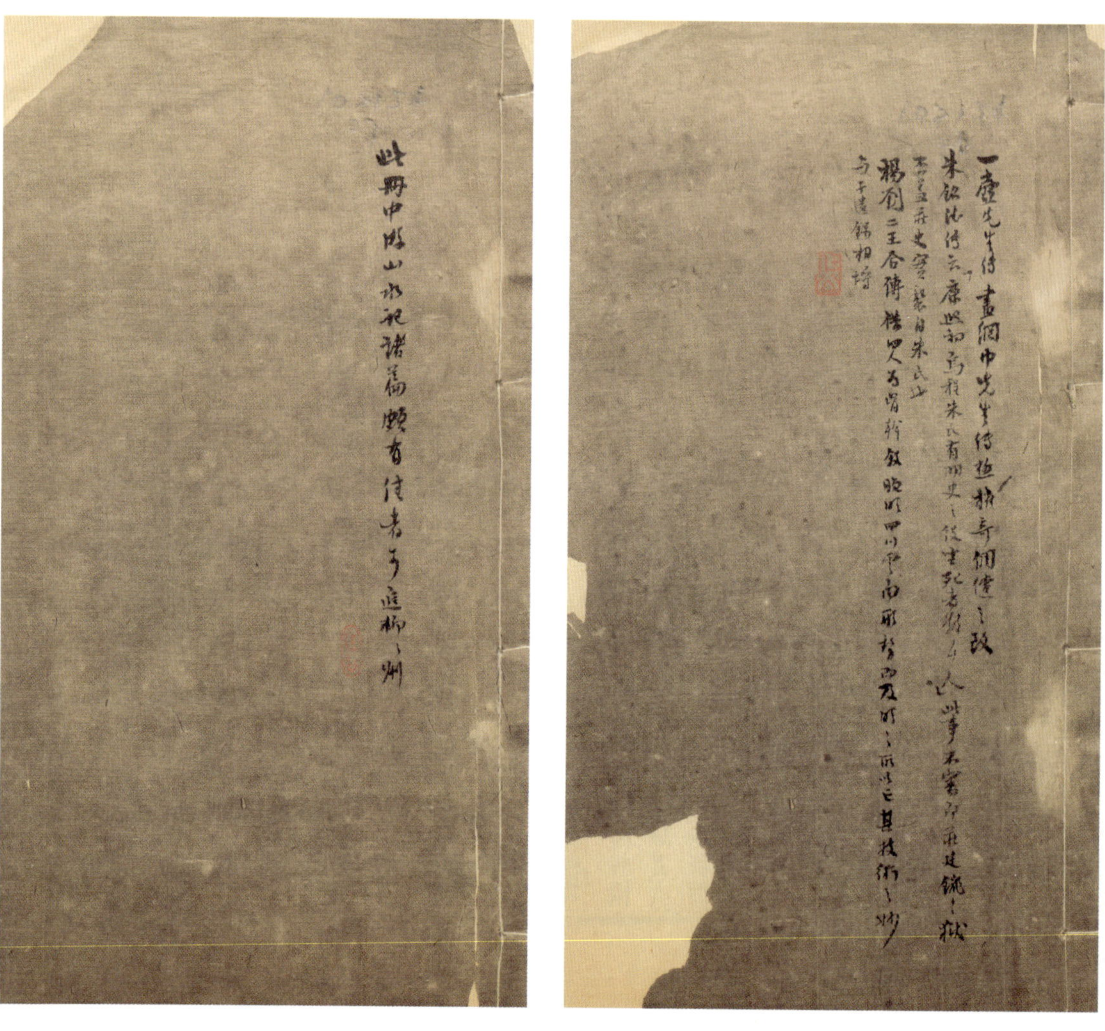

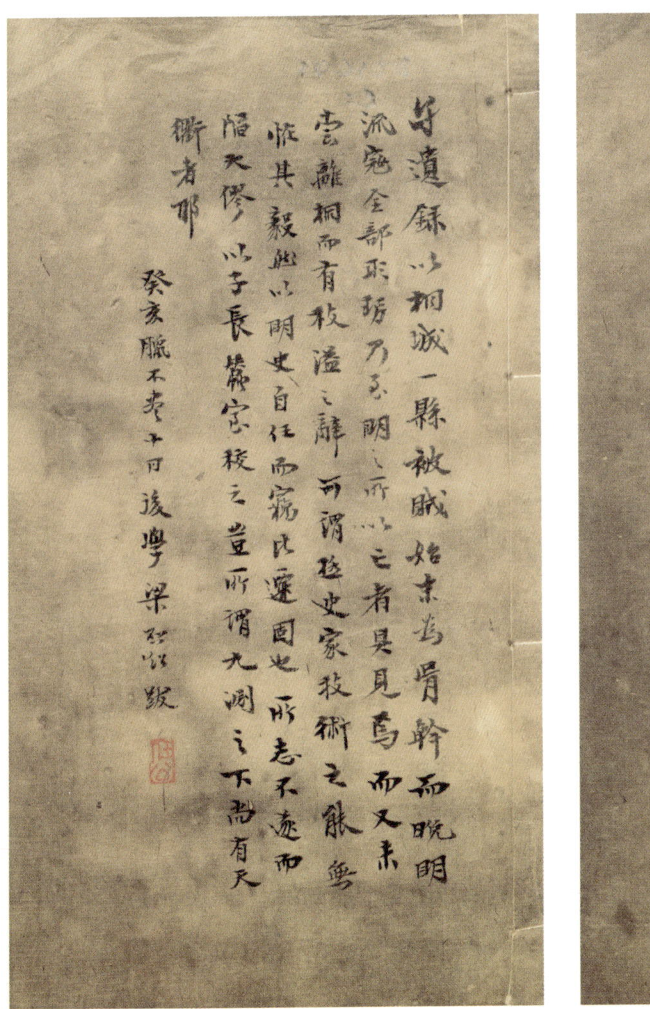

等遺錄以桐城一縣被賊始末為骨幹而晚明之流寇全部形勢乃至明之所以亡者具見焉而又未嘗離桐而有枝溢之辭所謂熟史家技術之能無悵其毅然以明史自任而窺史遷固也所志不遂而陷大僇以予長篤官校之豈所謂九淵之下尚有天衢者耶

癸亥臘不盡十日後學梁啟超跋

卷十二雜著數多此類文字不顧當時忌諱
卷十三紀行數足備史料

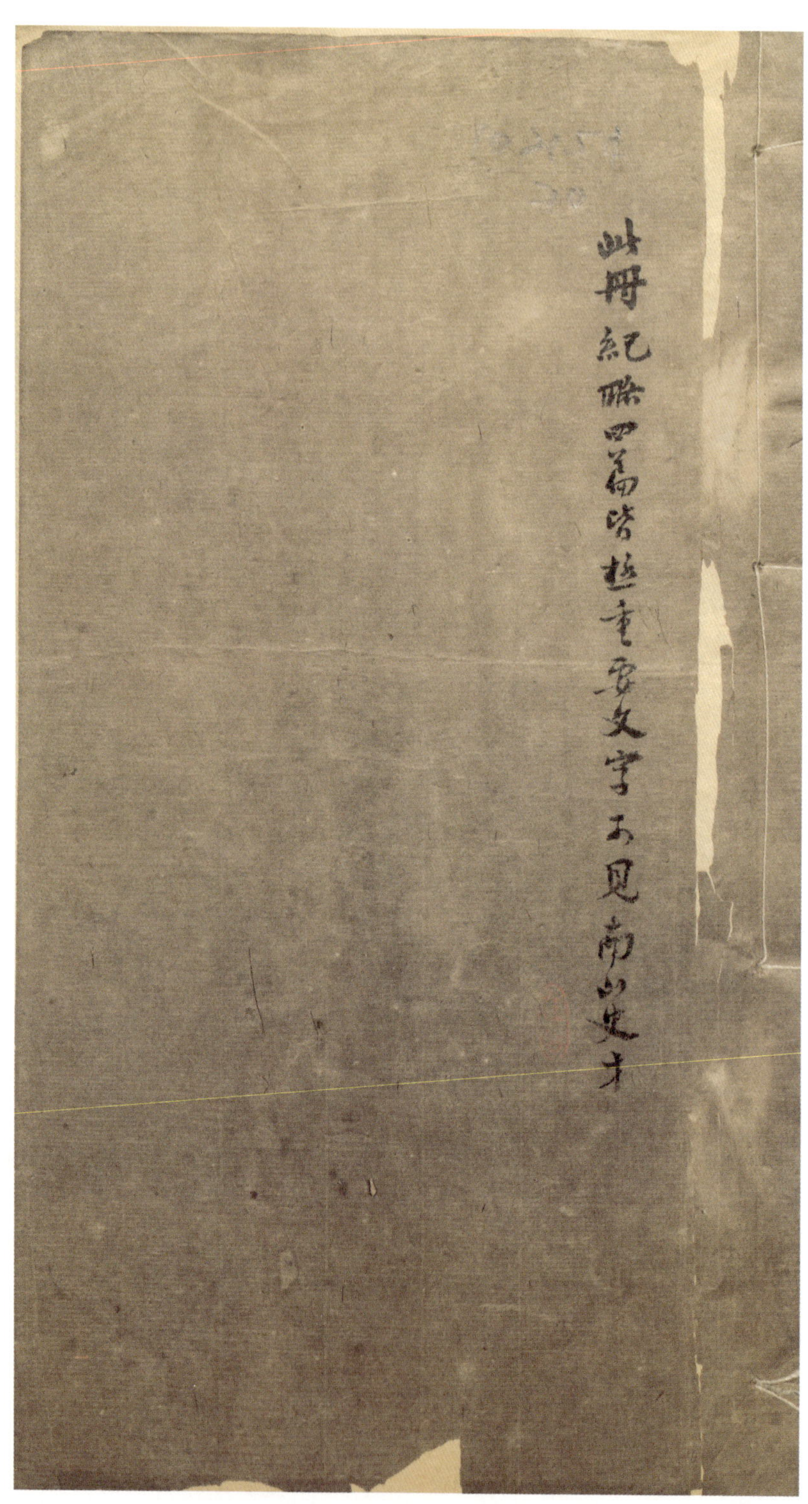
此册紀略四篇皆極重要文字不見南山足本

野香亭集

此书若非后人重印，则康熙间聚珍板矣。亦藏家一掌故也。癸亥二月，启超题记。

《野香亭集》，清李孚青撰，清光绪十四年（1888）木活字本。

李孚青（1664—1715），字丹壑，号盘隐，安徽合肥人。清康熙十八年（1679）进士，选翰林院编修，工诗，著有《野香亭集》《道旁散人集》《盘隐山樵集》等。

李氏家世贵显，聪慧早达，诗作温厚和雅，辞丽以则。该集为李氏诗集，所收诗起于康熙丙寅（1686），讫于康熙戊寅（1698），凡十三年。王士祯序称其诗“清新绵婉”。后又刻《盘隐山樵集》，为康熙己卯（1699）至康熙癸未（1703）间所作诗。

任公疑此书或为康熙间聚珍本，实则该书乃光绪十四年木活字本。此本卷前有合肥蒯德标（字蔗农）于光绪戊子（1888）所作“续刻《野香亭集》记”，称王少云家有此书存本，寄之以付手民，与其所刻《容斋诗》先后颉颃。

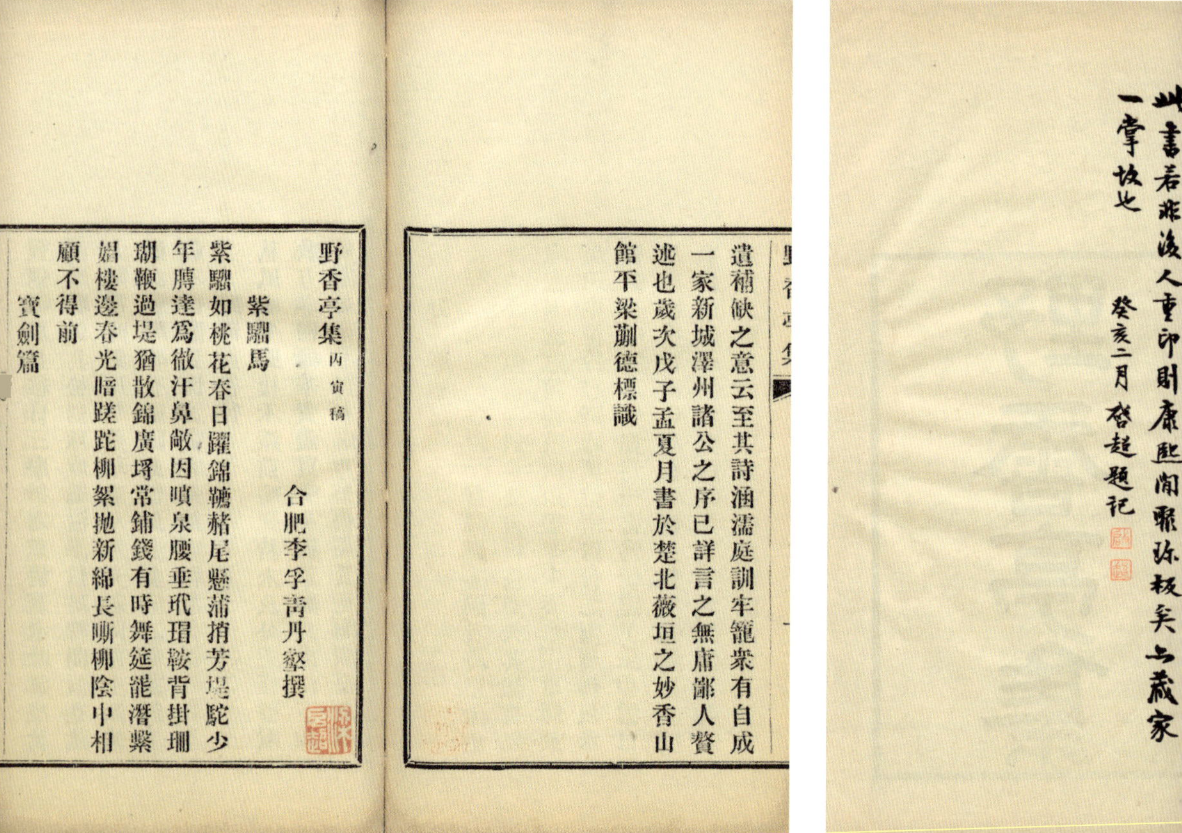
此書若非後人重印則康熙間雕琢板矣亦藏家一拿故也
癸亥二月 啓超題記

遺補缺之意云至其詩涵濡庭訓牢籠衆有自成一家新城澤州諸公之序已詳言之無庸鄙人贅述也歲次戊子孟夏月書於楚北薇垣之妙香山館平梁蒯德標識

野香亭集 丙寅稿

合肥李孚青丹壑撰

紫騮馬

紫騮如桃花春日躍錦韉赭尾懸蒲捎芳堤駝少年膞達爲徹汗鼻敵因噴泉腰垂玳瑁鞍背掛珊瑚鞭過堤猶散錦廣埒常鋪錢有時舞筵罷潛繫娼樓邊春光暗蹉跎柳絮拋新綿長嘶柳陰中相顧不得前

寶劍篇

六观楼文集拾遗

《六观楼文集拾遗》，济宁许鸿磐云峤著。

《河源说》《山脉论》两篇最佳。

云峤生卒年待考。观其与凌次仲往复，当是嘉庆间人。其《方舆考证》《雪帆杂著》两书惜不得见也。甲子二月十四日，启超记。

许鸿磐，字渐逵，号云峤，乾隆进士，官江苏同知。

《六观楼文集拾遗》，清许鸿磐撰，清同治九年（1870）粤东节署刻本。

许鸿磐（1757—1837），字渐逵，号云峤，又号六观楼主人，山东济宁人。清乾隆四十六年（1781）进士，历任安东县知县、颍州府同知、泗州直隶州知州、禹州知州等，工诗文词赋，著有《方舆考证》《六观楼文存》《六观楼诗存》《六观楼北曲六种》等。

许氏之文散佚甚多。同治七年（1868），同邑李福泰（字星衢）访得其稿，尚存《尚书札记稿》四卷、《六观楼遗文》三十编，抚粤东时刻此集于广州。该集前有李氏序，略述许氏生平、学识及刻书经过。

任公题记称许氏生卒年待考。据耿陈陈《清代戏曲家许鸿磐研究》、刘娟《许鸿磐〈六观楼北曲六种〉研究》和丁瑞《清代戏曲家许鸿磐及其戏曲研究》三文，可知许鸿磐生于清乾隆二十二年（1757），卒于清道光十七年（1837）[1]。

[1] 参见耿陈陈：《清代戏曲家许鸿磐研究》，南京师范大学2016年硕士论文，第2页；刘娟：《许鸿磐〈六观楼北曲六种〉研究》，天津师范大学2017年硕士论文，第5—7页；丁瑞：《清代戏曲家许鸿磐及其戏曲研究》，山西师范大学2018年硕士论文，第7—8页。

許鴻磐字漸逵號雲嶠乾隆進士官江蘇同知

六觀樓文集拾遺

六觀樓文集拾遺　濟甯許鴻磐雲嶠著

河源說山脈論兩篇最佳

雲嶠生卒年待致視其與淩次仲沈欽韓是嘉慶間人

其方輿考證雲帆新箋而未能見也

甲子二月十四日　起潛記

著作之才至我
朝而極盛二百年來宏通淹雅之儒先後輩出其所著書或貢之明廷或傳之海內志藝文者旁徵博引以彰
國家右文之治非第儒者不朽之業而已也如吾里許雲嶠先生誠有不可不傳者矣先生少負俊才博涉羣籍於學無不窺捷南宮後授指揮官京邸淩次仲方以經學負重名見先生所作雪帆雜著與甘泉江子屏共相歎服稱其論內地及外裔山川瞭若指

與李粂川書

某謹啓粂川大哥足下昔在都門以方輿之學相勗迄今弗敢忘昨舍弟自東回面述大哥近履佳勝所以期望愚蒙者至遠且大又言無志出山用讀書訓子自娛此等識見高出尋常萬萬固弟有志而不能逮者也弟風塵碌碌畧無佳趣少暇即修補舊業竊謂讀書不專則不精凡所稱無弗能者特五技鼠耳故二十年精神血氣并而置之方輿一途初涉之而覺其難繼入之而覺其倍難蓋此一途中不博考於古則無本不切證於今則無用不洞悉郡縣沿革名

雕菰集

此传于里堂《易》学所阐发略尽，其最缺憾者，则于史学不置一词也。集中上伊汀州、姚秋农两书，深得治史症结，其识不在谢山下，是不宜简置也。里堂于义理之学，其见地亦不在东原戴氏下，此传所发未尽。又《剧说》一书，亦里堂绝学之一，不当并书名而不叙也。癸亥三月，启超记于翠微山之奇觚庐。

《雕菰集》二十四卷，清焦循撰，清道光四年（1824）扬州阮氏刻本。

该集为焦循平生所著诗赋散文集，于清嘉庆二十二年（1817）手自编定，存诗四百二十首、文三百二十六篇。道光四年由阮元在粤刊行。书前附有阮元所作《通儒扬州焦君传》，介绍其家世、生平及撰述等情况。

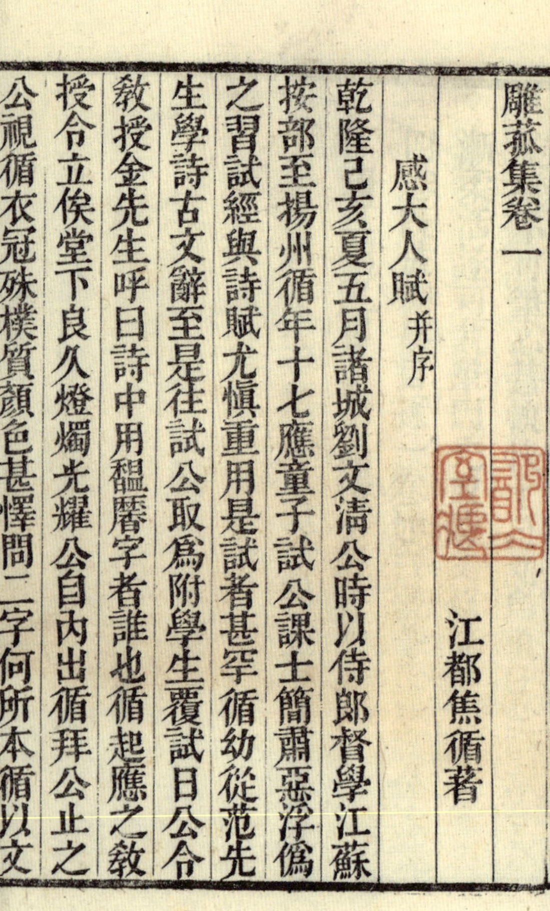

雕菰集卷一

江都焦循著

感大人賦 并序

乾隆己亥夏五月諸城劉文淸公時以侍郎督學江蘇按部至揚州循年十七應童子試公課士簡肅惡浮僞之習試經與詩賦尤慎重用是試者甚罕循幼從范先生學詩古文辭至是往試公取爲附學生覆試日公令教授金先生呼曰詩中用馧馪字者誰也循起應之教授令立俟堂下良久燈燭光耀公自內出循拜公止之公視循衣冠殊樸質顏色甚懌問二字何所本循以文

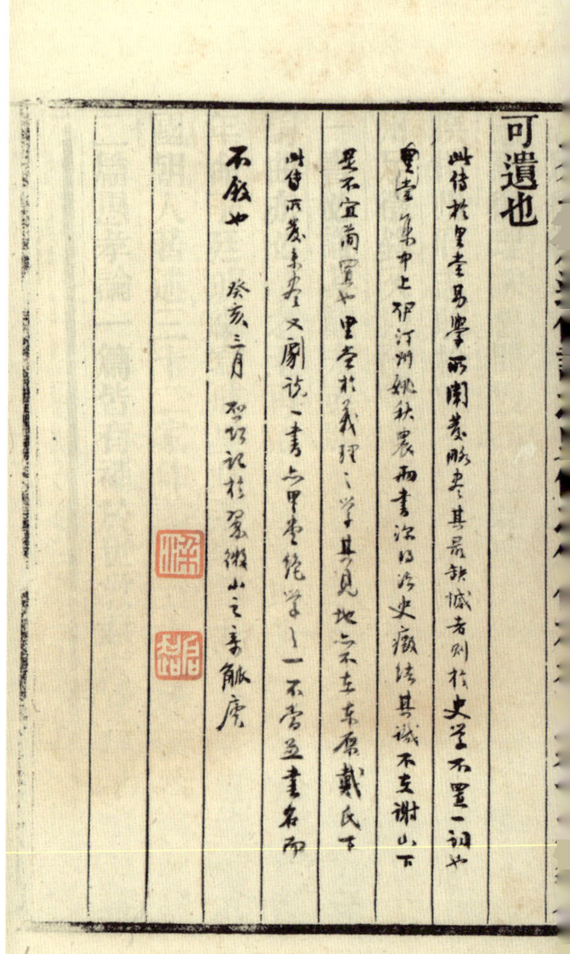

可遺也

此條於里堂易學所關甚鉅其最缺憾者列於史學不置一詞也里堂集中上邵汀州姚秋農兩書論以治史徵諸其識不在謝山下是不宜簡置也里堂於義理之學其見地亦不在東原戴氏下此條而卷末要文劇說一書亦里堂絕學之一不當並書名而不敘也 癸亥三月 [illegible]記於翠微山之新觚廬

示朴斋骈体文

《示朴斋骈体文》

钱念劬京卿赠，饮冰室藏。

《示朴斋骈体文》六卷，清钱振伦撰，清同治六年（1867）袁浦崇实书院刻本。

钱振伦（1816—1879），原名福元，字仑仙、楞仙，号示朴，浙江归安（今浙江省湖州市）人，散文家。清道光十八年（1838）进士，改庶吉士，授翰林院编修。道光二十四年（1844）主四川乡试，后升国子监司业。道光三十年（1850）丁母忧回籍，不复出仕。长期主讲杭州紫阳书院、淮阴崇实书院、扬州梅花书院、扬州安定书院，历经丧乱流离，卒于扬州。著有《樊南文集补编笺注》《玉溪生年谱订误》《鲍参军集注》《示朴斋制义》等，主纂《续纂扬州府志》。

钱恂（字念劬），振伦侄。

钱振伦乃晚清著名骈文作家，尤喜李商隐偶骊文，尝辍其佚文两百余篇，刊为《樊南文集补编笺注》。然其为文，不尽效李氏。吴汝纶代曾国藩撰《钱楞仙骈文序》称其文“冲夷清越，藻丽自生”，“磊落洞达，洒然若并身世顺逆而俱忘”。另有未刊稿《示朴斋骈体文剩》一卷。

示樸齋駢體文卷一　　歸安錢振倫楞仙

賦

述系賦并序

若夫離騷命經推高陽之遠冑幽通作賦溯顓頊之遙宗自古文人言必稱先志存纂服落葉期於糞本飲水貴乎思源不獨潘岳始述家風陸機先陳世德至如顏氏覩我生之製仕履特詳庾氏哀江南之篇播遷臚敘則又於去國辭鄉之慘念保姓受氏之艱詳其所感蓋有深焉振倫儒冠誤身客星賦命少窘家食爲饑所驅長學宦遊處窮

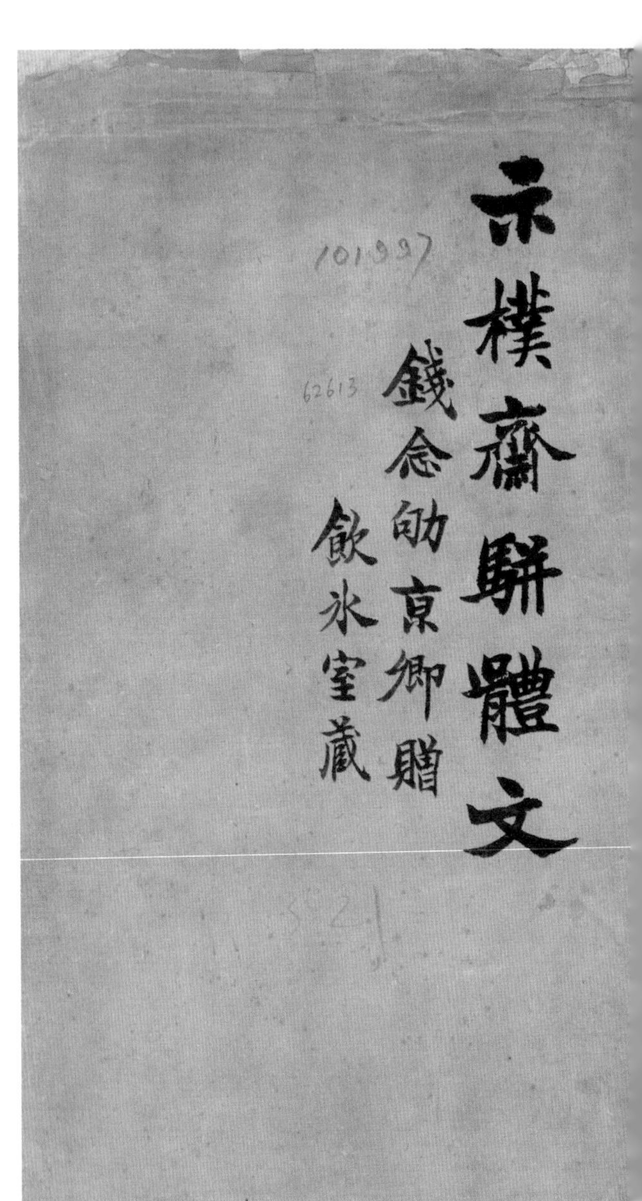

晦明轩稿

《晦明轩稿》，宜都杨守敬撰。

杨君水地之学为并世第一，此书所存，皆释地之文，精核固无待言。吾方读《禹贡》，参考《绛水》《衡山》《碣石》诸篇，叹其独到。书为杨君手赠，愈可宝也。戊午六月，启超。

《晦明轩稿》，杨守敬编，清光绪二十七年（1901）宜都杨守敬邻苏园刻本。

该书考订古代山川、城邑之方位、名称及变迁等情况，评述地理类相关图籍，选择历来误说最多且事关重大者，详加探讨，见解精辟独到。任公认为杨氏水地之学为并世第一，罗振玉推崇其“为本朝之冠”，张舜徽亦称“守敬治舆地，最号专门”。

清水考

漢志南陽郡酈縣下育水出西北南入漢弘農郡盧氏縣下熊耳山在東育水南至順陽入沔丹水縣下丹水出上雒冢領山東至析入鈞（文選上林賦注引應劭說亦云丹水入均）說文清水出弘農盧氏山東（句）南入沔或曰出酈山西應劭曰清水出盧氏南入沔（漢志育陽縣下注）據許應兩說似合漢志盧氏酈縣二水爲一者故錢氏坫斠漢志以酈縣之育水卽盧氏之育水段氏玉裁注說文謂二清異源同流王氏筠則謂說文前說之清水

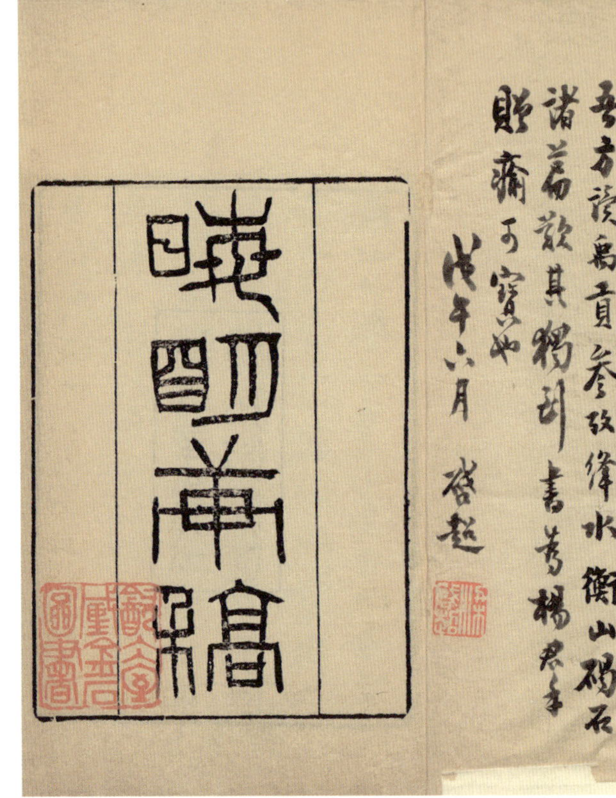

靖逸小集

叶嗣宗（绍翁）《靖逸小稿》格调出韦、柳，佳处乃骎骎逼少陵，宋贤中不易见也。

《靖逸小集》一卷，宋叶绍翁撰，清嘉庆六年（1801）石门顾氏读画斋刻《南宋群贤小集》本。

叶绍翁，生卒年不详，本姓李，字嗣宗，号靖逸，祖籍建州浦城（今福建省建瓯市），后嗣于龙泉（今浙江省龙泉市）叶氏。江湖派诗人，著有《靖逸小集》《四朝闻见录》等。

该集乃叶氏诗集，所收多清雅闲适、兴会悠远之品。叶诗以七绝见长，写景抒情，多精妙之作，惜格局不高。

靖逸小集

建安 葉紹翁嗣宗

登謝屐亭贈謝行之 亭在天竺

君家靈運有山癖平生費卻幾緉屐從人輿渠作山賊內史風流定誰識西窻小憩足力疲夢賦池塘春草詩只今屐朽詩不朽五字句法誰人追天台覽遍輿未已天竺山前聽流水秦人稱帝魯連恥寧向蒼苔留屐齒乙巷行之自號是渠幾世孫登山認得屐齒痕摩挲苔石坐良久便

葉嗣宗 紹翁 靖逸小稿頗調出章析
佳處乃駸駸逼少陵宋賢中不易見也
丁晴跋張堯叟戈秋江烟草二卷每有所
作必錄餘數日張季龍飛雪樓冊恢自
序記句讀字錄 燕如中的熟讀二集
可覓者獨引矣

杜仲高 旃 癖齋小葉集並有盛唐音 旃是東五人並者文東村
稱杜氏五高 陳同甫極推殊高 彼之詩謂其千戈森立者若筆
含牛之氣而左右崇春 嫁以輝騰牛洞 惜不得見 此俟附錄之一首耳

疏寮小集

《疏寮小集》七古佳者，方驾遗山、放翁。

《疏寮小集》一卷，宋高似孙撰，清嘉庆六年（1801）石门顾氏读画斋刻《南宋群贤小集》本。

高似孙（1158—1231），字续古，号疏寮，鄞县（今浙江省宁波市鄞州区）人。宋淳熙十一年（1184）进士，历任会稽主簿、徽州通判、处州守等。为官贪酷，趋附权臣，人品无足道。作文以怪涩为奇，诗作有可观，江湖派诗人，撰有《疏寮小集》《剡录》《史略》《子略》等。

是集在宋颇著称。高氏诗轻快疏宕，意致洒脱，七言歌行尤佳。《文献通考》著录该集为三卷，今存一卷。

竹所吟藁味枯淡若嚼蔗蘖

雲淵詩集詩僅六首皆古體氣局韻味

俱近古

適安藏拙餘藁皆絕句頗有神韻

藏拙乙卷七律多渾灝流傳宋較中上乘

疏寮小集七古佳者方駕遺山放翁

疏寮小集

四明高似孫續古

入餘杭縣

明發遵西陸驅車月流光佳山迎車來知是古餘杭危樹露如雨平野日未陽支流濇淸源弱羽無高翔人家叢灌下世載山水鄉扣門作午憩白飯義文魴邂逅有足歡離合非其常主人不予鄙予酌亦徜徉

憩昌化民家

适安藏拙余稿、适安藏拙乙稿

《适安藏拙余稿》皆绝句，颇有神韵。

《藏拙乙卷》七律多浑灏流转，宋格中上乘。

《适安藏拙余稿》一卷，《适安藏拙乙稿》一卷，宋武衍撰，清嘉庆六年（1801）石门顾氏读画斋刻《南宋群贤小集》本。

武衍，生卒年不详，字朝宗，号适安，汴梁（今河南省开封市）人。淳祐时人。工诗，与戴复古、刘克庄游，江湖派诗人，著有《适安藏拙余稿》《适安藏拙乙稿》。

武氏诗以七绝最佳，略有晚唐风味。二稿之外，四库馆臣尚自《永乐大典》辑得《适安藏拙余稿续卷》一卷，为世所行本不复见者。

竹所吟藁，味枯淡若嚼蔗蘖。

雪川詩集，詩僅八首，皆古體，氣局與韻味俱近古。

適安藏拙餘藁，皆絕句，頗有神韻。

藏拙乙卷，七律多渾灝流轉，宋格中上乘。

疎寮小集，七古健者方駕遺山、放翁。

適安藏拙餘稾

古汴武衍朝宗

昔徐孝穆以魏收之文沈於江曰吾與魏公藏拙衍學詩三十年投質於宗工名勝者甚多藏拙之餘僅存此稾故云淳祐改元立冬日衍書

秋夕過松陵

月冷江空夜氣濃桂香飛下廣庭風不知何處神仙過鶴唳數聲煙靄中

適安藏拙餘稾乙卷

古汴武衍朝宗

霜梧

棲鳳枝頭數葉輕井邊籬落正關情晚來縱有西風過一片秋聲作一作做不成

湖邊

日日湖邊上小車要尋紅紫醉年華東風合與春料理忍把輕寒瘦杏花

示施師

芸隐横舟稿、芸隐倦游稿

芸隐两稿绝句多通灵微眇之作，定当为阮亭所赏，余体病弱。

《芸隐横舟稿》一卷，《芸隐倦游稿》一卷，宋施枢撰，清嘉庆六年（1801）石门顾氏读画斋刻《南宋群贤小集》本。

施枢，生卒年不详，字知言，号芸隐、浮玉，丹徒（今江苏省镇江市）人。宋端平三年（1236），为浙东转运司幕属。宋淳祐三年（1243），累官至从事郎、知溧阳县。工诗，江湖派诗人，著有《芸隐横舟稿》《芸隐倦游稿》。

据二集中所载年月，《芸隐倦游稿》当作于《芸隐横舟稿》前。因篇页无多，故附于后。施氏诗多登临山水、酬赠唱答之作，神韵清婉，任公称其“通灵微眇”。

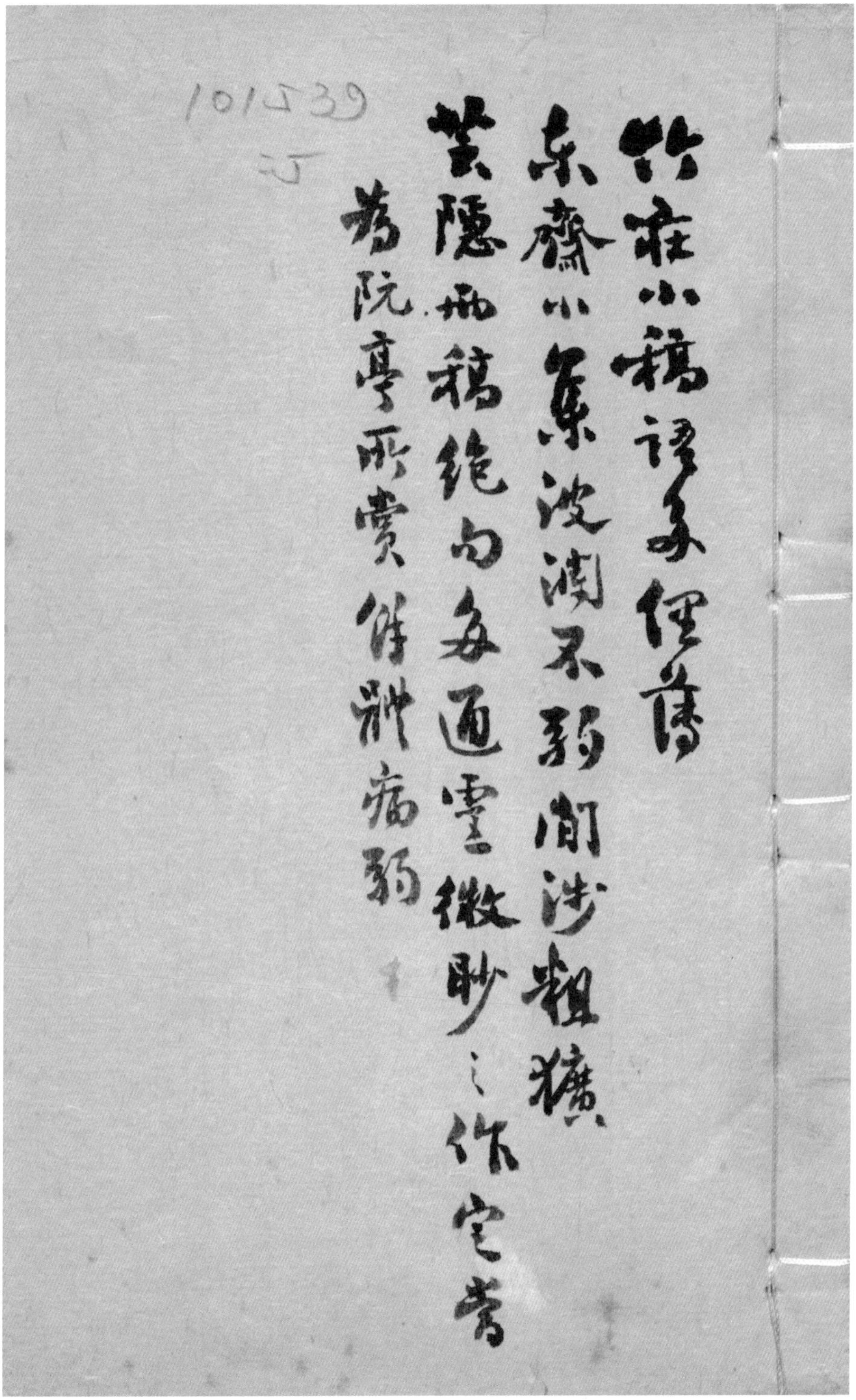

竹莊小稿詩多俚語

東齋小集波瀾不弱間涉粗獷

芸隱兩稿絕句每通靈徹眇眇之作定當

為阮亭所賞惟體病弱

浮玉施樞知言

輪差祝　聖所拈香

瓣薌來謁玉晨宮月在觚稜絳闕東轉向御街
西畔過朝天萬馬正匆匆

幾度來游幾賦詩又因將命到靈芝三呼祝了
君王壽偷眼湖光立片時

至日謁廟吳山見日初出

曦龍浴海上扶桑雲表輝芒燭萬方史觀繽紛

芸隱勸游稾

浮玉施樞知言

立春

雪花風細拂春旗一色雲邊漏暖曦羣吏守文
行故典長官書祝致新祠土牛底事遭身碎綵
勝隨時把鬢欺爭似野人閒可睡枕邊搔髮自
吟詩

感春

等閒羈旅欲歸難又見蔬盤簇綵旛九十日春

云卧诗集

《云卧诗集》诗仅八首，皆古体，气局、韵味俱近古。

《云卧诗集》一卷，宋吴汝弌撰，清嘉庆六年（1801）石门顾氏读画斋刻《南宋群贤小集》本。

吴汝弌，又作汝式，生卒年不详，字伯成，号云卧，盱江（今江西省南城县）人。与邓有功（号月巢）有交，二人并称“江西诗伯”。江湖派诗人，著有《云卧诗集》。

吴氏常以诗纪行，历游台州、会稽、钱塘诸名胜。其诗简洁清修。

竹所吟藁味枯淡若齊後藁
雲卧詩集詩僅六首皆古體氣局韻味
俱近古
適安藏拙餘藁皆絕句頗有神韻
藏拙乙卷七律多渾灝深得宋格中上乘
疎寮小集七古佳者方駕遺山放翁

雲臥詩集

遣興　盱江吳汝弌伯成

弱齡性淡泊鄭圃吾其師及兹拙生事窮窘常經時無方可紓急何以宣中懷柴門蔽殘席咏書倦徘徊呼兒促觴至目玩天雲飛山鳥送新響日遲花露滋頽然醉欄下不省何如時雖非富貴樂富貴乃所乖

疎松碎明月密竹篩清風親交昔與別若謂行

学诗初稿

《学诗初稿》浅率。

《学诗初稿》一卷，宋王同祖撰，清嘉庆六年（1801）石门顾氏读画斋刻《南宋群贤小集》本。

王同祖（1219—？），字与之，号花洲，婺州金华（今浙江省金华市）人。宋嘉熙元年（1237）任朝散郎、大理寺主簿。宋淳祐九年（1249），通判建康府。次年，添差沿江制置司机宜文字。江湖派诗人，著有《学诗初稿》。

该集纂成于嘉熙四年（1240），收王氏少时所作七言绝句一百首，另有杂体数百首未录。跋称其“慕圣门学诗之训，将以求益”，故名“学诗”。因其诗录有年少诸事，故传诗以记其事。

學詩初稿淺率

西叢詩稿絕多宋人習氣而以方駕

飛卿不敢望樊川也古體長律皆靡

曼不自振

橘潭七絕僅有轉遠處

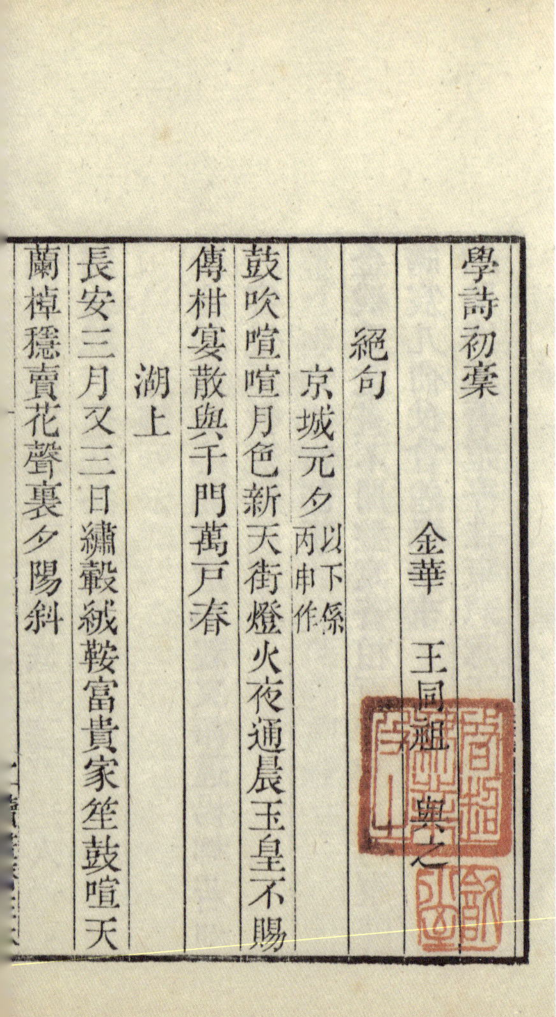

學詩初槀

金華　王同祖與之

絕句

京城元夕 以下係丙申作

鼓吹喧喧月色新天街燈火夜通晨玉皇不賜

傳柑宴散與千門萬戶春

湖上

長安三月又三日繡轂絨鞍富貴家坐鼓喧天

蘭棹穩賣花聲裏夕陽斜

竹庄小稿

《竹庄小稿》语多俚薄。

《竹庄小稿》一卷，宋胡仲参撰，清嘉庆六年（1801）石门顾氏读画斋刻《南宋群贤小集》本。

胡仲参，字希道，号竹庄，清源（今福建省泉州市）人。仲弓弟。生平不详。江湖派诗人，著有《竹庄小稿》。

该集收诗七十五首，内容涉及纪游、写景、抒情、送行、纪事、唱和等。集中载其早岁就学临安，应礼部试不第。后浪迹江湖，寄情山水，游踪颇广。其诗学晚唐，喜苦吟，多写景抒情之作。曹庭栋（字楷人）《宋百家诗存》称其诗“古奡不足，清俊有余”[1]。

[1] 参见侯体健著：《士人身份与南宋诗文研究》，王水照主编：《复旦宋代文学研究书系》第二辑，上海：复旦大学出版社，2018年，第17页。

竹莊小稿詩多俚語東齋小集波瀾不驚間涉粗獷芸隱兩稿絕句多通靈微眇之作定當為阮亭所賞 修髯病翁

竹莊小稾

清源胡仲參希道

宮怨

淚粉羞臨寶鑑前淡妝爭似舊嬋娟一言曾忤君王意閉在長門十五年

寄竹院方丈孚師

江湖歲月易銷磨振錫歸來鬢欲皤性懶吟編多散逸門閑俗客少經過虛櫚破處懸蛛網落葉空中見鳥窠一片師心誰會得半窗竹影綠

橘潭诗稿

橘潭七绝尽有绵远处。

《橘潭诗稿》一卷，宋何应龙撰，清嘉庆六年（1801）石门顾氏读画斋刻《南宋群贤小集》本。

何应龙，生卒年不详，字子翔，号橘潭，钱塘（今浙江省杭州市）人。宋嘉泰间进士，曾知汉州。与陈允平有交。工诗，著作已佚，仅存《橘潭诗稿》。

该集存诗四十二首，皆七言绝句。何氏七绝效法晚唐，多缠绵旖旎之思，较为精巧，故任公称其“绵远”。

學詩初稿淺率

西巖詩稿絶多宋人習氣而以方駕

飛卿不啻霄壤之別也古體長律皆靡

弱不自振

橘潭七絶俊有韻遠致

橘潭詩槀

錢塘　何應龍　子翔

春寒

博山熏盡鷓鴣斑羅帶同心不忍看莫近闌干

聽花雨樓高無處著春寒

客懷

客懷處處不宜秋秋到梧桐動客愁想得故人

無字到鴈聲遠過夕陽樓

寫情

秋江烟草、雪林删余

丁熇跋张彦发（弋）《秋江烟草》，言其“每有所作，必镕炼数日”；张至龙（季灵）《雪林删余》自序记“句琢字炼”“发必中的”。然熟观二集，了不见有独到处。

《秋江烟草》一卷，宋张弋撰；《雪林删余》一卷，宋张至龙撰，清嘉庆六年（1801）石门顾氏读画斋刻《南宋群贤小集》本。

张弋，生卒年不详，原名奕，字韩伯，后改名弋，字彦发，号无隅翁，河阳（今河南省孟州市）人。不喜举业，专意为诗，与戴复古、赵师秀等多有酬唱。江湖派诗人，著有《秋江烟草》《秋江烟草补遗》。

张至龙，生卒年不详，字季灵，号雪林，建安（今福建省建瓯市）人。嗜诗，江湖派诗人，著有《雪林删余》。

张弋作诗师法贾岛、姚合，需苦吟数日。其诗清深闲雅，有唐人风致；张至龙亦贾、姚体，以苦吟自诩。曾两次邀请陈起删选其诗，方成《雪林删余》，以授其子耕老。

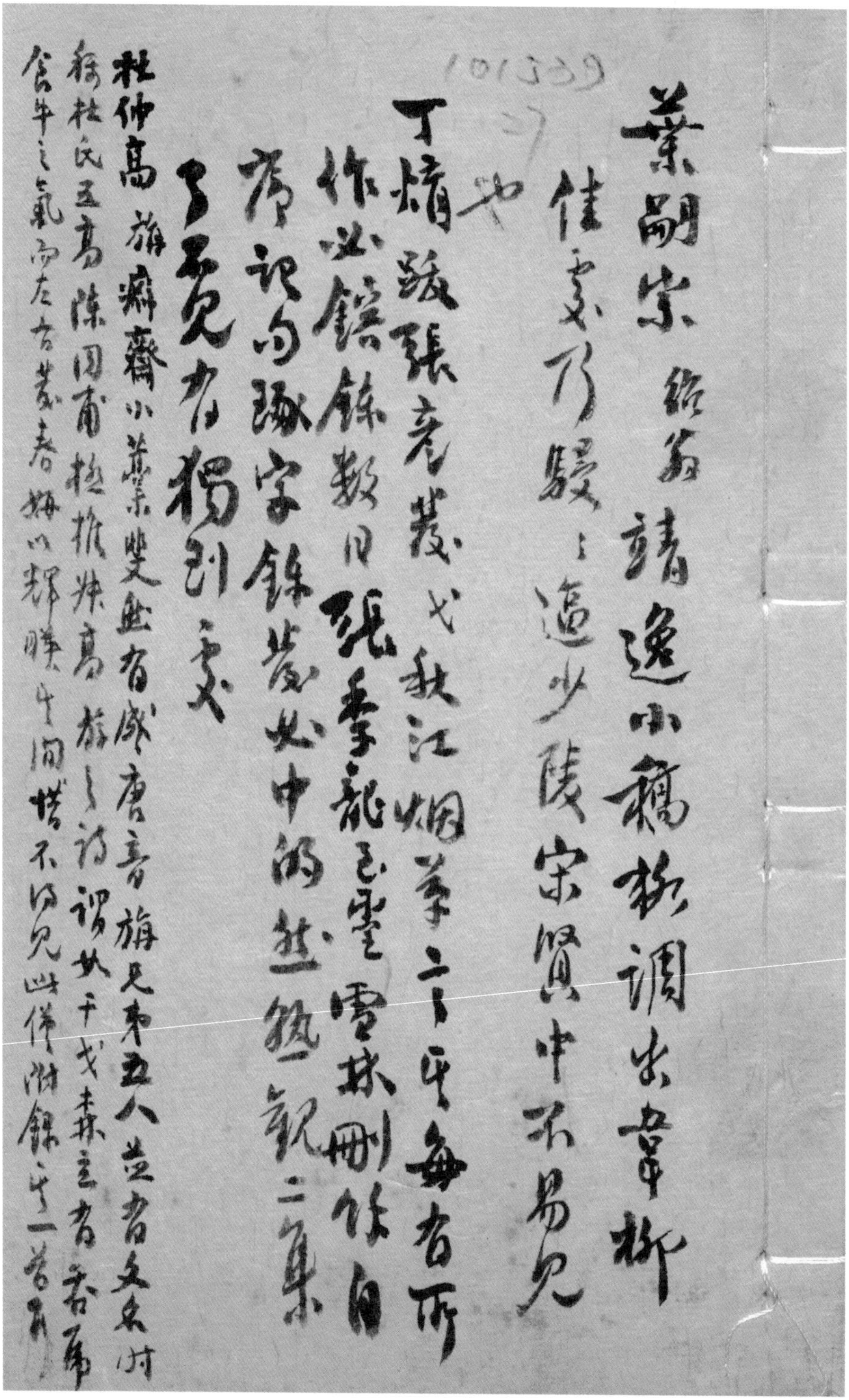

葉紹翁 綰翁 靖逸小稿 新調出韋柳

佳處可駸駸追少陵 宋賢中不易見

也

丁熿 跋張堯叟 弋 秋江烟草 二十年每有所

作必錄鈔數日 張季龍 玉霙 雪林刪餘 自

序記句蹤字錄甚處如中的然亦觀二集

可見其獨到處

杜仲高 旃 癖齋小藁 斐然有感 唐音 旃與弟五人並有文名 時

稱杜氏五高 陳同甫極推挹高 旃之詩謂如干戈森立有吞虜

食牛之氣 而左右發春 縣以鄰勝牛間 惜不得見此僅附錄六十一首耳

秋江煙草

河陽張弋彥發 一字韓伯 號無隅翁

寄趙紫芝

獨游非一事書札故應遲江上逢春月湖邊憶醉時有雲爲我伴終日誦君詩百鳥鳴花樹聲聲在遠思

得山中友人書

近得山中信山中頗寂寥酒方收秫釀薪旋割茅燒破屋秋多雨平湖暗有潮不曾逢客至默

秋江煙草 一 讀畫齋正本

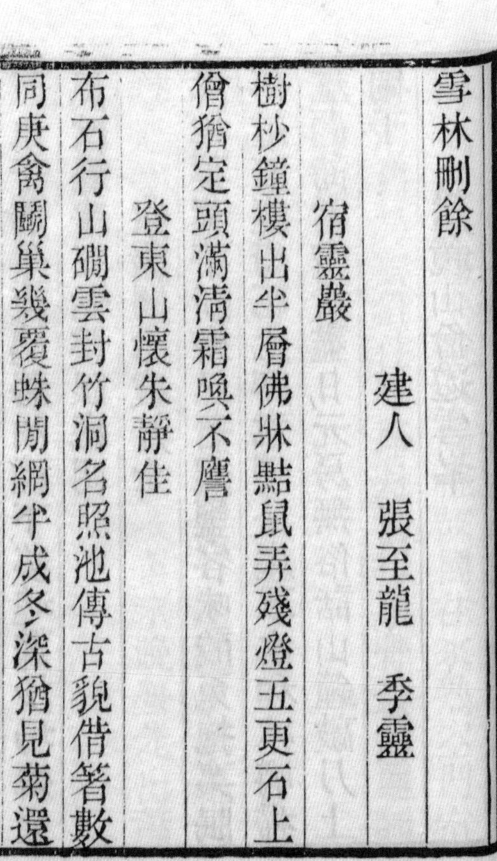

雪林删餘

建人 張至龍 季靈

宿靈巖

樹杪鐘樓出半層佛牀黠鼠弄殘燈五更石上僧猶定頭滿清霜喚不譍

登東山懷朱靜佳

布石行山磵雲封竹洞名照池傳古貌借箸數同庚禽鬬巢幾覆蛛閑網半成冬深猶見菊還

东斋小集

《东斋小集》波澜不弱，间涉粗犷。

《东斋小集》一卷，宋陈鉴之撰，清嘉庆六年（1801）石门顾氏读画斋刻《南宋群贤小集》本。

陈鉴之，生卒年不详，初名璟，字刚父，闽县（今福建省福州市）人。宋嘉定时漫游京口、临安间，与倪守斋善，二人多有唱和。宋淳祐七年（1247）进士。江湖派诗人，著有《东斋小集》。

陈氏诗风不局限于晚唐，稍参江西之法。曹庭栋（字楷人）《宋百家诗存》称其“古诗，排奡中具渟蓄之势；律诗，亦深稳有致”，王士祯《带经堂诗话》则称其“笔力苦孱”[1]。

[1] 参见陈世镕纂：《福州西湖宛在堂诗龛征录》，福州：福建人民出版社，2007年，第368—369页。

竹莊小稿詩多俚俗
東齋小集波瀾不弱間涉粗獷
芸隱兩稿絶句多通靈微眇之作宜當
爲阮亭所賞 脩洲病翁

東齋小集

三山陳鑒之剛父 元名璟

送鄭嚴州四首 之悌

諸賢適江海梧竹孤鳳吟願言正王度祈招嗣清音亦爲膠西董反慰及物心未可賦柏舟天眷宗社深

父老迎使君舟楫桐江波那知使君心一片煙雨蓑杖藜對客星春風雙臺裏沙鷗公故人應

西麓诗稿

《西麓诗稿》绝无宋人习气，可以方驾飞卿，不敢望樊川也。古体、长律皆靡曼不自振。

《西麓诗稿》一卷，宋陈允平撰，清嘉庆六年（1801）石门顾氏读画斋刻《南宋群贤小集》本。

陈允平（约1220—约1295），字君衡、衡冲，号西麓，鄞县（今浙江省宁波市鄞州区）人，词人。宋淳祐三年（1243），任余姚县令。宋德祐元年（1275），授沿海制置司参议。能诗，尤以词名，著有《西麓诗稿》《蜩鸣稿》《日湖渔唱》《西麓继周集》等。

陈氏乃江湖诗派之余脉，时人誉其与吴文英（号梦窗）、翁云龙（号处静）齐名。该集存诗八十余首，多写山水羁旅、依红偎翠、寻僧访道之题材，远离社会现实，又显软媚柔弱，有末世堕落之感。

學詩初稿淺率
西麓詩稿絕無宋人習氣不以方駕
飛卿不敢望樊川也古體長律皆靡
叟不自振
橋澤七絕傳者轉遠矣

西麓詩稾

四明陳允平衡仲

秦鸞曲

盈盈白玉鈿裊裊黃金縷拍拍水晶奩皎皎珊瑚樹簾前雙燕飛門外桃花雨無處說相思羞對秦鸞舞

登吳山

登高一展眺宮樹鬱嵯峨樓閣春風滿東南王

竹所吟稿

《竹所吟稿》味枯薄若嚼落蕊。

《竹所吟稿》一卷，宋徐集孙撰，清嘉庆六年（1801）石门顾氏读画斋刻《南宋群贤小集》本。

徐集孙，生卒年不详，字义夫，建安（今福建省建瓯市）人。理宗朝仕于浙，退居后名其居为竹所，江湖派诗人，著有《竹所吟稿》。

徐氏诗平静恬逸。其足迹所至，辄有题咏，于西湖诸胜尤多。

竹所吟藁味枯薄若嚼蔗藁
雲泉詩集詩僅八首皆古體氣局韻味
俱近古
適安藏拙餘藁皆絕句頗有神韻
藏拙乙卷七律多渾灝流轉宋格中上乘
疎寮小集七古佳者方駕遺山放翁

竹所吟藁

建安徐　集孫　義夫

古意

彼美山中桐千古生清風斲削羅徽弦不費膠
漆工伊石臺有梅月冷雲空濛一彈彈春江遲
日春融融再彈彈招隱霜木吟樵楓三彈彈離
騷感慨古道降太羹元酒味旨趣回顧蒙世無
子期耳知音未易逢袖手長太息所聽何不同

癖斋小集

杜仲高（旃）《癖斋小稿》，斐然有盛唐音。旃兄弟五人，并有文名，时称“杜氏五高”。陈同甫极推叔高（斿）之诗，谓“如干戈森立，有吞虎食牛之气，而左右发春妍以辉映其间”。惜不得见，此仅附录其一首耳！

《癖斋小集》一卷，宋杜旃撰，清嘉庆六年（1801）石门顾氏读画斋刻《南宋群贤小集》本。

杜旃，生卒年不详，字仲高，号癖斋，金华（今浙江省金华市）人。博学工文，江湖派诗人，著有《癖斋小集》《杜诗发微》。

杜斿，生卒年不详，字叔高。杜旃三弟。

杜旃诗法老杜，古诗尤能得其浑灏委折之妙。该集后附诸杜文、杜旟词、杜斿诗一首及杜旃侄孙濬之诗。杜斿曾问道于朱子，与辛弃疾等游。陈亮（字同甫）的《复杜仲高书》称“叔高之诗，如干戈森立，有吞虎食牛之气，而左右发春妍以辉映于其间。此非独一门之盛，盖亦可谓一时之豪矣”[1]。

[1]（宋）陈亮撰：《龙川文集》三十卷，清永康陈氏刻本，第十九卷，第三十二叶。

葉嗣宗號菊靖逸與鶴林調山章柳佳處乃駸駸逼少陵宋賢中不易見也

丁焴號張堯叟戈秋江烟草二卷每首所作必鏤餘數日張季龍玉壘雲林删修自序記句琢字鍊岩如中朝然銳二集亦足見其獨到處

杜仲高旃癖齋小藁叟在省咸唐音旃是東五人並者文采甘稱杜氏五高陳同甫極推殊高旃之詩謂如干戈森立者吾第吞虜之氣宜左方叢春姊以鄰勝尤間惜不得見此僅附錄六首一首耳

癖齋小集

金華杜旃仲高

白雲在南山

白雲在南山幽鳥乘風飛鳥飛不能遠雲高邈難依園中亦有菊堂後那無萱遊子不得歸銜悲欲何言

綠珠行

蜀絲殷空金作谷珊瑚成林珠百斛彼姝千花萬花叢明月出台照

草窗韵语

景宋本《草窗韵语》

草窗词名掩其诗，然诗实清丽，无西江之生硬，无四灵之寒俭，不愧晚宋一名家也。此刻字体亦挺秀可喜。甲子十二月十六日，启超题藏。

《草窗韵语》六卷，宋周密撰，民国间影印本。

周密（1232—1298），字公谨，号草窗，又号霄斋、蘋洲、萧斋，晚号弁阳老人、四水潜夫、华不注山人，吴兴（今浙江省湖州市）人，词人、文学家、书画鉴赏家，著有《齐东野语》《武林旧事》《草窗词》《草窗韵语》等。

周诗崇自然，去雕饰，风格多样。早年受永嘉四灵和江湖诗派影响，多吟咏闲情、怀古咏史之作；壮年时因个人遭遇和社会变迁，而感时伤怀、倦心思隐；宋亡后，身受乱离之苦，又生黍离之悲。不同时期，面貌各异。该集编于宋咸淳十年（1274），收周密四十三岁以前所作诗四百余首，故无宋亡后诗。

1916年秋，蒋汝藻从藏书家曹元忠处购得宋刻本《草窗韵语》。此书为周密手写上版，曾经元人俞琰，明人都穆、朱承爵等多位名家收藏，洵为珍贵，蒋氏遂以“密韵”名其藏书楼，并将其影印传世。

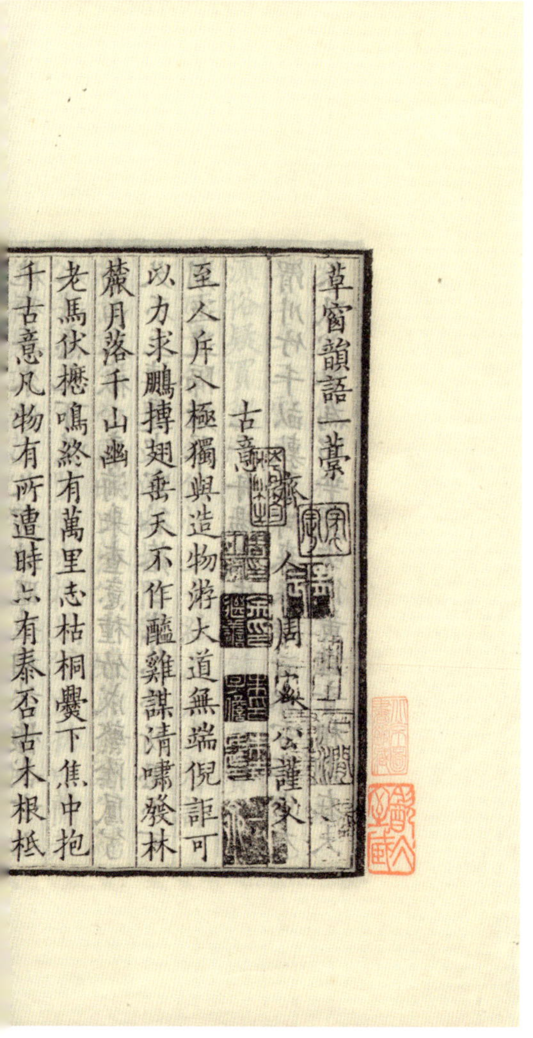

草窗韻語一藁

古意　人周密公謹父

至人斥八極獨與造物游大道無端倪詐可以力求鵬摶翅垂天不作醯雞謀清嘯發林藪月落千山幽

老馬伏櫪鳴終有萬里志枯桐爨下焦中抱千古意凡物有所遭時亦有泰否古木根柢

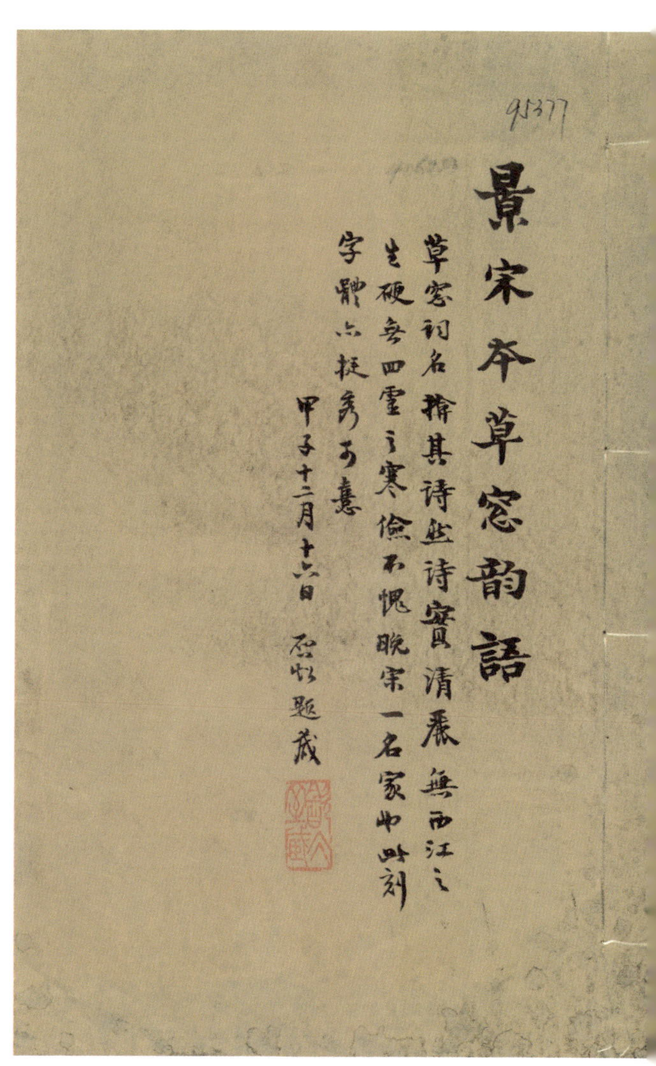

景宋本草窗韻語

草窗詞名掩其詩然詩實清麗無西江之生硬無四靈之寒儉不愧晚宋一名家也此刻字體亦挺秀可意

甲子十二月十六日　題識

巢经巢诗钞

郑子尹诗，时流所极宗尚，范伯子、陈散原皆其传衣，吾求之十年不得。兹本乃赵尧生所刻，癸丑入都，印数十以诒朋辈之好郑诗者，此其一焉。饮冰。

时流咸称子尹诗为能自辟门户，有清作者举莫及。以余观之，吾乡黎二樵之俦匹耳。立格选辞有独到处，惜意境狭。

《巢经巢诗钞》九卷《后集》一卷，清郑珍撰，清末刻本[1]。

郑珍（1806—1864），字子尹，晚号柴翁，别号巢经巢主、子午山孩、五尺道人、且同亭长，贵州遵义人，经学家、文学家、史学家，沙滩文化代表人物之一。清道光十七年（1837）举人，道光二十四年（1844）任吉州厅学训导、荔波县学教谕，继任镇远府学代理训导和荔波县学训导。后回遵义，先后担任启秀书院、湘川书院讲席。晚清宋诗派重要作家，与莫友芝并称“西南巨儒”，著有《仪礼私笺》《说文逸字》《说

[1] 题记称此本为赵熙于癸丑年（1913）入京后印（不排除已雕版），然赵氏于1912年冬已携眷回川，故“赵尧生”“癸丑”两处似有误题者。《梁氏饮冰室藏书目录》著录为清宣统间刻本，他处未见。种种抵牾，难以确断，编者暂将此书版本定为清末刻本。

文新附考》《巢经巢诗钞》等。

《巢经巢诗钞》收道光六年（1826）至咸丰元年（1851）所作诗四百九十二首，按年编次。《后集》收诗六十六首。该书由郑氏手订，其子知同（字伯更）付梓。郑氏主张诗风应多变，“浏漓顿挫，不主故常”。其诗内容丰富，莫友芝序称其诗“隽伟宏肆”，翁同书序称其诗“简穆深厚”。

鄭子尹詩時流所推崇，范伯子、陳散原皆其傳衣。吾求之十年不得，茲本乃趙堯生所刻，癸丑入都印數十以詒朋輩之好鄭詩者，此其一焉。飲冰

時流咸稱子尹詩為能自闢門戶，有清作者羣莫及。以余觀之，吾鄉黎二樵之儔匹耳。立按：集中有獨到處，惜意境狹。

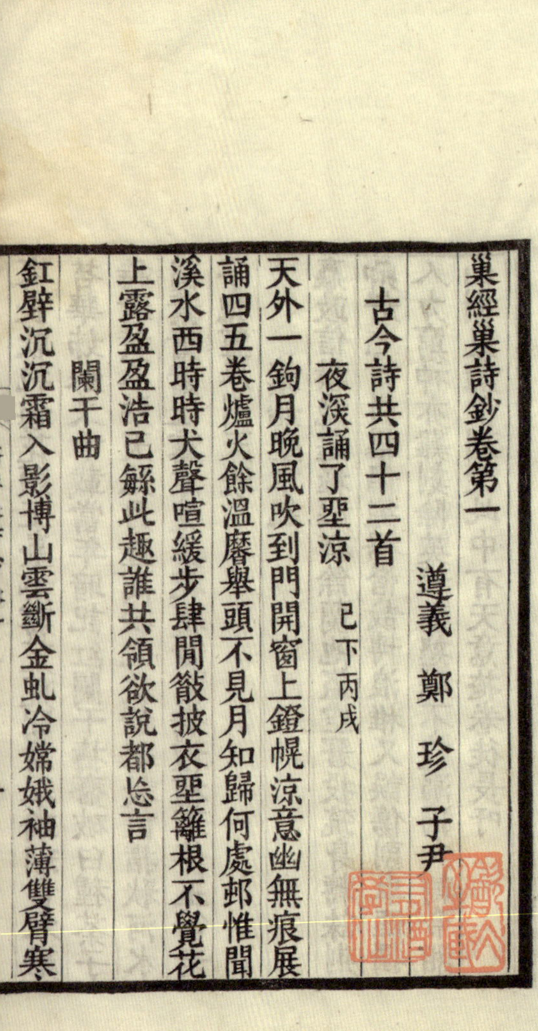

巢經巢詩鈔卷第一

遵義 鄭珍 子尹

古今詩共四十二首

夜溪誦了堊涼 已下丙戌

天外一鉤月晚風吹到門開窗上鐙幌涼意幽無痕展誦四五卷爐火餘溫馨舉頭不見月知歸何處邨惟聞溪水西時時犬聲喧緩步肆閒散披衣堊籬根不覺花上露盈盈浩已緐此趣誰共領欲說都忘言

闌干曲

釭壁沉沉霜入影博山雲斷金虬冷嫦娥袖薄雙臂寒

聪山诗选

申凫盟诗，以杜为骨、王孟为神，不见一毫雕饰之迹；而节奏和畅、气度丰容，又非如渔洋一派之以声希味淡相尚者，此所以为大家。其七绝，自半山老人以后未或能比。癸亥小除夕，启超读竟识。

凫盟自言中年以还专力于诗，上下今古无不穷究，其中甘苦一一身尝之矣，故知其得此甚不易也！

《聪山诗选》八卷，清申涵光撰，清刘佑订，清光绪五年（1879）新城王氏刻民国二年（1913）武进陶湘汇印《畿辅丛书》本。

刘佑（1620—1702），字孟孚，号云麓，直隶曲周（今河北省曲周县）人，诗人。拔贡。清顺治十三年（1656）任蕲水知县，后任泰州知州、高唐知州等职。与孙奇逢、申涵光、刘逢源等相往还，河朔诗派代表人物，著有《楚游小纪》《寻远楼诗集》《悦柳轩诗稿》等。

《聪山诗选》存诗五百余首，始刻于清康熙初年。申诗浑厚质朴，不重词藻。以杜甫为宗，出入于高适、岑参、王维、孟浩然诸家，兼采李梦阳（号空同子）、何景明（号大复山人）之所长，风格多样。

中鳧盟詩以杜爲骨王孟爲神不見一
豪雕飾之跡而節奏和暢氣度雍容
又非如漁洋一派之以聲希味淡相尚者
此所以爲大家　其七絕自牛山老人以後
未或能比
癸亥小除夕　啓功讀竟識

鳧盟自言中年以還專力於詩上下今古無不窮究
其中甘苦一一身受之矣始知其得此甚不易也

聰山詩選卷一　畿輔叢書

永年申涵光鳧盟著　曲周劉佑雲麓訂

五言古

歲晏

束髮未更事姓名慚不張遠游就賢達斯道相扶將但挹椒蘭馨不虞荆棘傷揚眉闊時輩一息遍八荒登高望古人顧影恆悲凉毀譽互因依崎嶇變否臧中宵起長歎欲晦迺無方羨彼沈冥徒空外忩翱翔

其二

歲晏百物息草木隨風沙松栢慘不舒況彼園中花層陰

散原精舍诗

与伯严别二十五年，今岁讲学秣陵，始复合并。吾年五十，而伯严且七十矣。九月晦，同人集科学社为伯严寿。而沪上适以此书至，俯仰离合，不能已于怀。壬戌十月一日，启超手记。

《散原精舍诗》二卷《续集》三卷，陈三立撰，民国十一年（1922）上海商务印书馆铅印本。

陈三立（1853—1937），字伯严，号散原，江西义宁（今江西省九江市修水县）人。清光绪十五年（1889）进士，授吏部主事。佐其父湖南巡抚陈宝箴创办新政、提倡新学，支持变法运动。戊戌政变后革职，遂侍父隐居南昌西山。同光体诗派领袖，亦工古文，著有《散原精舍诗》《散原精舍文集》。

光绪二十三年（1897），陈三立佐父湖南巡抚任上，主张邀请梁启超担任时务学堂总教习，任公得以到长沙宣传维新思想，使湘俗大变，吸引了一大批门人弟子。1922 年，二人再遇于金陵，适陈氏七十寿，此书恰又印成寄到，种种巧合让二人开怀不已。吴宗慈《陈三立传略》载："民十一年壬戌，与梁启超晤叙金陵。二十年前之同志也。"[1]任公《饮冰室诗话》称"其诗不用新异之语而境界自与时流异，浓深俊微，吾谓于唐宋人集中罕见伦比"[2]。郑孝胥序称其诗"有越世高谈、自开户牖之叹"，"至辛丑以后，尤有不可一世之概"。

[1] 转引自钱文忠著：《钱文忠随笔精选》，武汉：长江文艺出版社，2016年，第91页。

[2] 梁启超著：《饮冰室诗话》，北京：人民文学出版社，1959年，第10页。

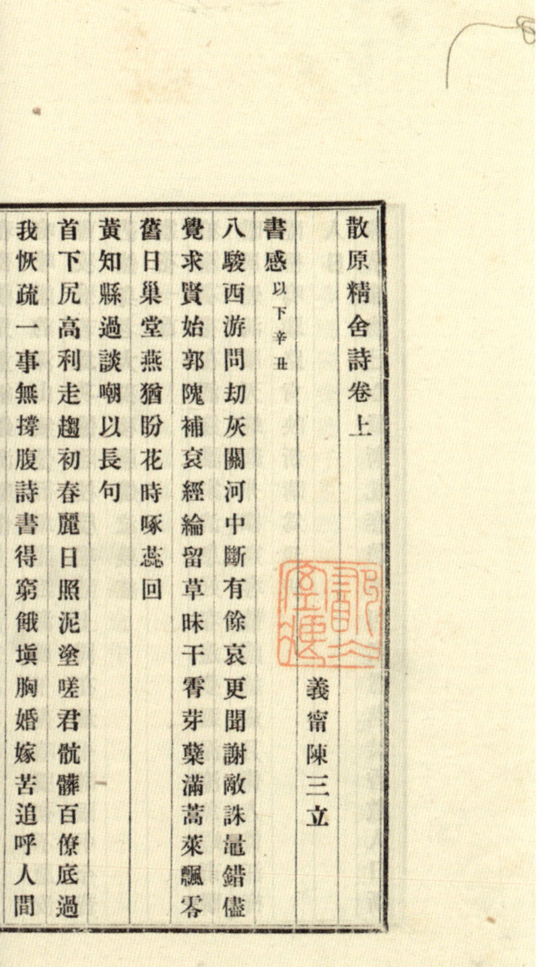

散原精舍詩卷上

義甯陳三立

書感 以下辛丑

八駿西游問刧灰關河中斷有餘哀更聞謝敵誅鼂錯儘覺求賢始郭隗補袞經綸留草昧干霄芽櫱滿蒿萊飄零舊日巢堂燕猶盼花時啄蕊回

黃知縣過談嘲以長句

首下尻高利走趨初春麗日照泥塗嗟君骯髒百僚底過我恢疏一事無撐腹詩書得窮餓塡胸婚嫁苦追呼人間

散原精舍詩

一

與伯嚴別二十五年今歲講學秣陵始復合并吾年五十而伯嚴且七十矣九月晦同人集科學社為伯嚴壽而滬上適以此書至俯仰離合不能已於懷

壬戌十月一日 啟超手記

节庵先生遗诗

《梁节庵遗诗》，上册。

余樾园所诒。癸亥十一月，启超题藏。

《节庵先生遗诗》六卷，梁鼎芬撰，民国十二年（1923）沔阳卢弼刻本。

梁鼎芬（1859—1919），字星海、心海，又字伯烈，号节庵，别号不回山民、孤庵、藏山等，广东番禺（今广东省广州市）人。清光绪六年（1880）进士，入翰林院，散馆授编修。光绪十二年（1886）起，历任丰湖书院、端溪书院、广雅书院、岳州书院、钟山书院、两湖书院院长。后任汉阳知府，累迁湖北按察使，署布政使。诗词多慷慨愤世之作，“岭南四大家”之一，著有《款红楼词》《节庵先生遗诗》等。

余绍宋（1883—1949），字越园、樾园，别署寒柯，浙江龙游人。日本法政大学毕业，清宣统二年（1910）授外务部主事。民国后历任众议院秘书、司法部参事、次长、代理总长，北京美术学校校长，北京师范大学、北京法政大学教授，司法储才馆教务长等职。擅书画，著有《书画书录解题》《寒柯堂集》等。梁鼎芬表侄。

梁鼎芬早负诗名，陈衍称其“窥中晚唐及南北宋诸名家堂奥，佳处多在悲慨、超逸两种”[1]，郑逸梅亦有此称[2]。其诗风格沉郁，超凡脱俗。梁氏虽肆力为诗，惜多不存，逝后仅见二卷。余氏遍征其诗，复辑得四卷。由陈宝琛审订一过，再与曾习经、黄节诸人校订，辑成《节庵先生遗诗》，凡八百六十二首。1944 年，叶恭绰又辑刊《梁节庵先生遗诗续编》，收诗三百首。

[1] 陈永正主编：《岭南文学史》，广州：广东高等教育出版社，1993 年，第 706 页。

[2] 郑逸梅著：《逸梅杂札》，济南：齐鲁书社，1985 年，第 33 页。

梁節庵遺詩 上册

余樾園所詒　癸亥十一月　啓超題簽

節庵先生遺詩卷一

番禺　梁鼎芬

龍文壽祺宴集家園賦呈二首

暇日陪清讌端居葆令姿卅年上京夢三月柳花詞丈有柳花詞至佳愛雨新添竹棲雲舊種芝南樓書史富余意欲淹遲

開開開別館每每表先芬中散狀誰比魯公書不羣先君三十以前學顏書日盡數紙哀勞翻益淚寥落恐無聞起視中庭月清光到夜分

泊古樓村弔鄒吏目

昔者鄒君字汝愚石城流竄由諫書後人追思但歎息一鳳豈可雜羣狙此閒風俗甚醨直著者李煥君所識

蛰庵诗存

亡友曾刚父志洁行芳，其诗亦具如其为人。此手写景印本，殊可爱玩。寄赠在君，借破客中岑寂也。丁卯仲冬，启超[1]。

《蛰庵诗存》，曾习经撰，民国十六年（1927）影印本。

曾习经（1867—1926），字刚甫，号蛰公，别号蛰庵居士，广东揭阳人。清光绪十六年（1890）进士，官至度支部右丞，兼法律馆协修、大清银行监督、税务处提调、印刷局总办等。工诗词，“岭南四大家”之一，编有《揭阳曾氏湖楼藏书目》，著有《蛰庵诗存》《秋翠斋词》等。

曾习经曾入广雅书院学习，深得院长梁鼎芬赏识。后转学海堂就读，与梁启超为先后。二人为光绪己丑（1889）乡试同年，交谊自此始，终成莫逆之交。任公《曾习经进士象赞》称之为“清代第一完人”。

逝后翌年，任公为其编成《蛰庵诗存》，叶恭绰影印行世。此书收

[1] 此题记为影印件。

诗一百九十四首，除末十八首由其女振绮仿写抄录外，其余均为曾氏手笔。其诗精警澄莹，平实显豁而风华朗润，英华四溢而无雕镂之迹。任公序称其诗“光晶炯炯，惊心动魄，一字而千金”。

亡友曾剛父志絜行芳其詩亦異於其為人
此手寫景印本殊可愛玩云爾
在君藉破先生岑寂也 丁卯仲冬 啓超

流出昨而前塵夢影渺不可追矣誦詠
編益不禁思之連杯而系題也 丁卯三月
番禺葉恭綽

昔夢四首　蟄庵詩錄

無憀還有恨惜別復傷春欲織紅鴛錦親鏤綵玉
塵仰雲通一語燒燭掩孤嚬虛負瑤華夢年年
芳意新
憂患浮生事還來讀道書銀鐙消昔夢華屋及
春居寂歷塵情謝蕭條清夜徂行郎空柘彈還
馬欲躊躇
婕妤輕離獨寵香瘦自寺也詩曾高酒…

宋诗钞初集

王元之（禹偁）《小畜集钞》

初印本《宋诗钞》，癸丑二月，标题一过。饮冰室藏。

《宋诗钞初集》一百一十卷，清吕留良、清吴之振、清吴尔尧编，清康熙十年（1671）吴之振鉴古堂刻本。

吕留良（1629—1683），原名光轮，又名光纶，字庄生、用晦，号晚村，别号耻翁，晚年削发为僧，名耐可，字不昧，号何求老人，浙江崇德（今浙江省桐乡市）人，思想家、文学家。著有《吕晚村先生文集》《东庄吟稿》等。

吴之振（1640—1717），字孟举，号橙斋，别号竹洲居士，晚号黄叶老人、黄叶村农，浙江崇德（今浙江省桐乡市）人，著有《黄叶村庄诗集》《德音堂琴谱》等。

吴尔尧（1634—1677），字自牧、松生。吴之振侄，与吕留良为儿女亲家。

吴之振家有余赀，购藏宋人集部秘本甚多。康熙二年（1663），吕留良与吴之振、吴尔尧在其水生草堂选编《宋诗钞》，历时九年粗定。该集目录列诗人百家，实收宋诗成集者八十四家，录诗一千二百余首。杨万里、谢翱、周必大等存集较多，其余诗家一人一集，每集之首有吕留良所作小传。该集未臻完秩，选诗亦有不足，错漏较多，详略不一。后管庭芬抄、蒋光煦编《宋诗钞补》，选补诗人八十五名，补齐原缺十六家，并增补其他诗家名作，增诗凡二千七百八十首，体例一如原书。

王元之 禹偁 小畜集鈔

初印本宋詩鈔

癸丑二月標題一過
飲冰室藏

小畜集

王禹偁字元之濟州鉅野人九歲能文大平興國八年進士授成武主簿徙知長洲縣端拱初召試擢右拾遺直史館拜左司諫知制誥坐劾妖尼貶商州團練使量移解州進拜左正言直弘文館出知單州䓁召爲禮部員外郎再知制誥至道元年入翰林爲學士知審官院兼通進銀臺封駁司又坐謗訕罷爲工部郎中知滁州揚州召還知制誥又坐實錄直書出知黃州徙蘄州而卒年四十八今有小畜集六十二卷紹興丁卯沈虞卿所編也當時元之自編按其序則三十卷宋史言二十卷脫誤也元之詩學李杜故其贈朱嚴詩云誰憐所好還同我韓柳文章李杜詩學杜而未至故其示子詩云

古诗笺

渔洋论诗，专宗神韵。其敝也流于滑弱，近体尤甚。兹编所选，独不失厚重之气。初学诵习，足正涂径。癸丑夏五，饮冰。

《古诗笺》，清王士祯编，清闻人倓注，清乾隆三十一年（1766）芷兰堂刻本。

王士祯（1634—1711），原名士禛，字子真，一字贻上，号阮亭，又号渔洋山人，世称王渔洋，山东新城（今山东省淄博市桓台县）人，诗人、文学家、诗词理论家。清顺治十五年（1658）进士。官至刑部尚书，颇有政声。著述繁富，有《渔洋山人精华录》《池北偶谈》《居易录》《渔洋诗集》《感旧集》《五代诗话》《精华录训纂》《蚕尾集》等。

闻人倓，生卒年不详，字讷甫，松江华亭（今上海市）人。工诗。

王士祯论诗承司空图"味外味"说和严羽"无迹可求"说，标榜"神韵"，主张"兴会神到"，影响清初诗坛逾百年。但对其理论缺乏系统阐述，故后人评论各执己见，难以一是。因过于强调创作时灵感的萌发，容易导致诗作脱离现实，故任公称其有“流于滑弱”之弊。

《古诗选》集汉至元五言、七言古体诗，选诗人一百八十八家，收诗作一千四百七十余首。意在阐明古今五七言诗之面貌与流变，以“含蓄蕴藉、冲淡清远”来扭转宋元以来直率空疏、缺乏情致之流弊。闻人倓笺注简明平实。历廿余年搜求钩稽，再加修订，其注多阐释诗作背景及本事，于文句艰涩难懂处予以疏解。

漁洋論詩專宗神韻其敝也流於滑弱
近體尤甚茲編所選獨不失厚重之氣
初學誦習其正塗徑

癸丑夏五　飲冰

五言詩卷一

王阮亭先生選本　　雲間聞人倓詩箋

無名氏

古詩十九首〔按〕十九首非一人一時作徐孝穆以行行重行行青青河畔草西北有高樓涉江采芙蓉庭中有奇樹迢迢牽牛星東城高且長明月何皎皎爲枚乘作劉勰以孤竹一篇爲傳毅之辭昭明以失其姓氏統名爲古詩從文選爲是

行行重行行與君生別離〔吳伯其說〕選詩首言行行遠也再言行行久也〔楚辭〕悲莫悲兮生別離相去萬餘里各在天一涯涯音宜〔廣雅〕涯方也道路阻且長會面安可知一作期〔毛詩〕道阻且長胡馬依北風越鳥巢南枝〔韓詩外傳〕代馬依北風飛鳥棲故巢〔按〕來自北故依北

渔洋山人古诗选、惜抱轩今体诗选

《渔洋山人古诗选》附《惜抱轩今体诗选》

饮冰室藏。癸丑二月题记。

《渔洋山人古诗选》三十二卷，清王士祯选；《惜抱轩今体诗选》十八卷，清姚鼐选，清同治五年（1866）金陵书局刻本。

姚鼐（1732—1815），字姬传，一字梦谷，室名惜抱轩，世称惜抱先生，安徽桐城人，散文家。清乾隆二十八年（1763）进士，选庶吉士，历任山东、湖南副主考，会试同考官，四库馆纂修官。后归里讲学，门人弟子众多。工诗文，与方苞、刘大櫆并称“桐城派三祖”，著有《惜抱轩诗文集》，编有《古文辞类纂》。

《渔洋山人古诗选》牌记题“同治五年十月金陵书局开雕”，《惜抱轩今体诗选》牌记题“同治五年八月金陵书局开雕”，二书同期开雕。因皆系诗歌选本，且内容联系紧密，故合刻以行。

《渔洋山人古诗选》又称《五七言古诗选》，成于清康熙二十二年

（1683）。收五言古诗十七卷，起于汉，止于唐，两汉之作几乎全选，魏晋以下渐趋严格，唐诗只选陈子昂、张九龄、李白、韦应物和柳宗元五家；七言古诗十五卷，自先秦至元代，《凡例》称“大旨以杜为宗，唐宋以来善学杜者则取之”。所选诗作皆为当时代表作，可窥一时风貌。该书影响甚大，姚鼐赞其“可谓当人心之公者”，对王氏“神韵说”较为推崇，其《惜抱轩今体诗选》正是续《古诗选》而作。

《惜抱轩今体诗选》又称《今体诗钞》，收五言今体诗九卷，选唐五代五律；七言今体诗九卷，录唐宋七言律诗。自序称《古诗选》只录古体而不及今体，其时为今体者“纷纭歧出，多趋讹谬，风雅之道日衰”，故请取唐以来诗作以补之，以尽渔洋遗志。此书成后，经嘉庆、道光、同治朝多次翻刻，流风远播，于乾嘉以后诗坛影响极大，实桐城派诗选之经典。

王姚二书虽合刻行世，均以存古人正轨、导启后进为己任，但二人旨趣见解不尽相同，需加辨别体会。

漁洋山人古詩選
坿惜抱軒今體詩選
飲冰室藏
癸丑二月題記

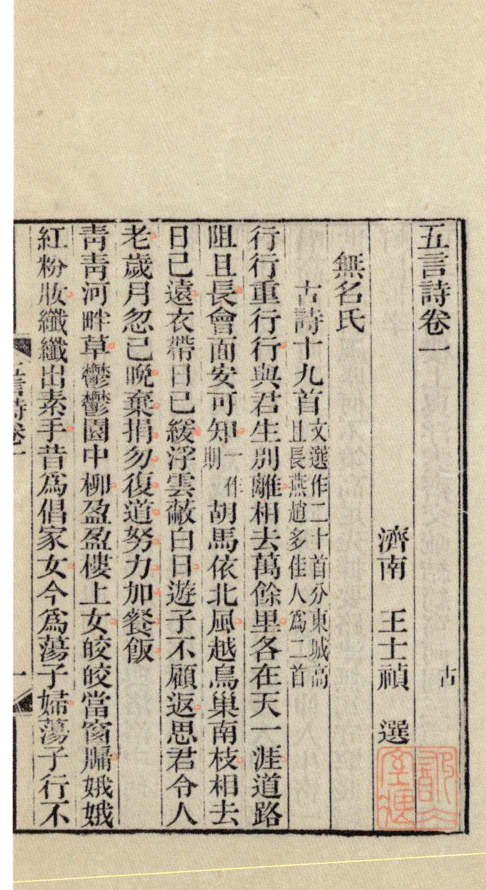

五言詩卷一　古

濟南　王士禛　選

無名氏

古詩十九首 文選作二十首分東城高且長燕趙多佳人為二首

行行重行行與君生別離相去萬餘里各在天一涯道路阻且長會面安可知 一作期 胡馬依北風越鳥巢南枝相去日已遠衣帶日已緩浮雲蔽白日遊子不顧返思君令人老歲月忽已晚棄捐勿復道努力加餐飯

青青河畔草鬱鬱園中柳盈盈樓上女皎皎當窗牖娥娥紅粉妝纖纖出素手昔為倡家女今為蕩子婦蕩子行不

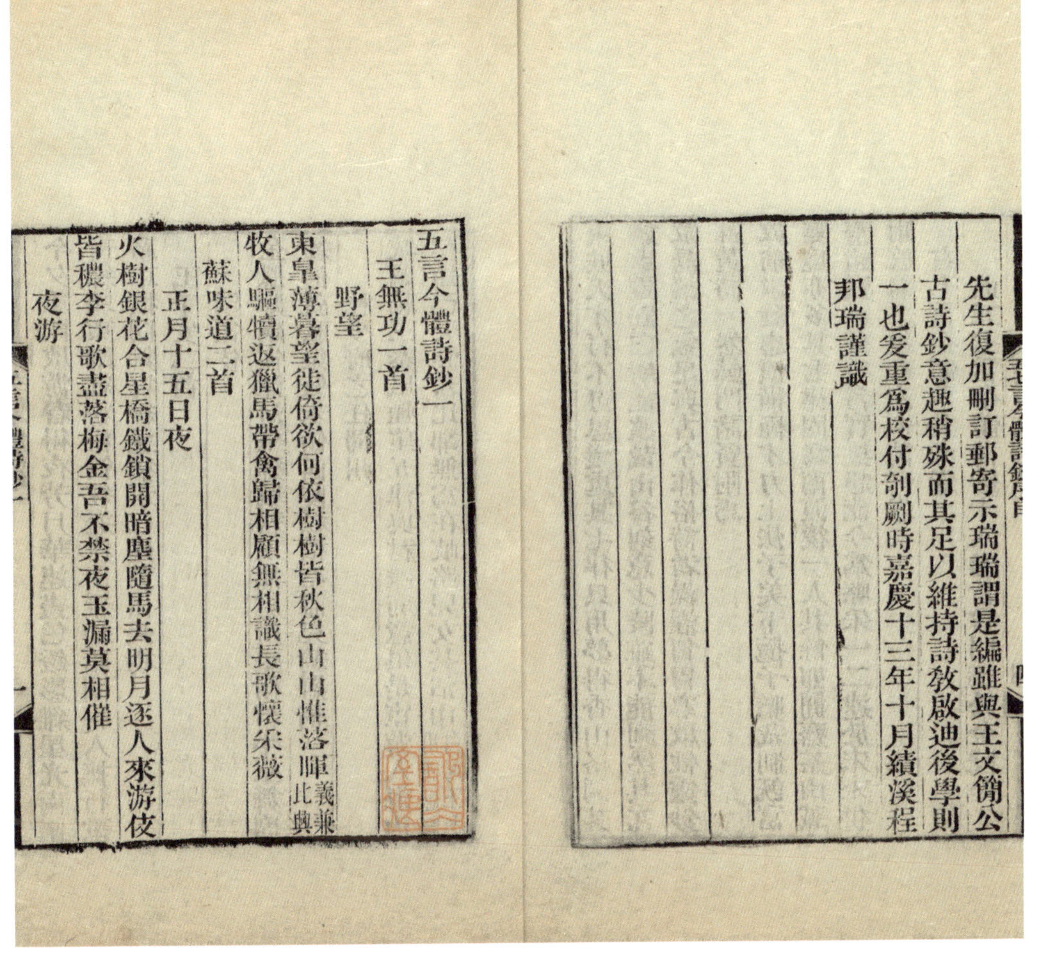

先生復加刪訂郵寄示瑞瑞謂是編雖與王文簡公古詩鈔意趣稍殊而其足以維持詩教啟迪後學則一也爰重爲校付剞劂時嘉慶十三年十月績溪程邦瑞謹識

五言今體詩鈔一

王無功一首

野望

東皋薄暮望徙倚欲何依樹樹皆秋色山山惟落暉（義兼比興）牧人驅犢返獵馬帶禽歸相顧無相識長歌懷采薇

蘇味道二首

正月十五日夜

火樹銀花合星橋鐵鎖開暗塵隨馬去明月逐人來游伎皆穠李行歌盡落梅金吾不禁夜玉漏莫相催

夜遊

播雅

《播雅》二十四卷

戴循若巡按赠。饮冰室藏。

《播雅》二十四卷，清郑珍编，清宣统三年（1911）贵阳文通书局铅印本。

戴戡（1879—1917），初名桂龄，字循若，号锡九，贵州贵定人。清光绪三十年（1904）赴日留学，师从梁启超，入政闻社。归国后任职于河南法政学堂，后经云贵总督李经义邀请，任云南个旧锡务公司经理。其间结识蔡锷，并引为知己。1913 年任贵州巡抚使，1915 年入京任民国参政院参政。袁世凯称帝后，与梁启超、蔡锷等密谋“倒袁”。1917 年因反对张勋复辟，在与川军刘存厚激战时阵亡。

《播雅》，初名《遵义诗钞》，莫友芝序称郑珍“选辑遵义一郡本朝二百年耆旧诗略，溯诸有明改流以来，为《播雅》二十四卷”。从明万历二十九年（1601）改土归流起，至清咸丰三年（1853）止，该集共选录诗人二百二十名，诗作二千零三十八篇。郑氏自序称《播雅》仿《中州集》体例，“或因诗存人，或因人存诗”，且有所创新，“或因一传而附见数人，或因一诗而附载他文，按及他事”。

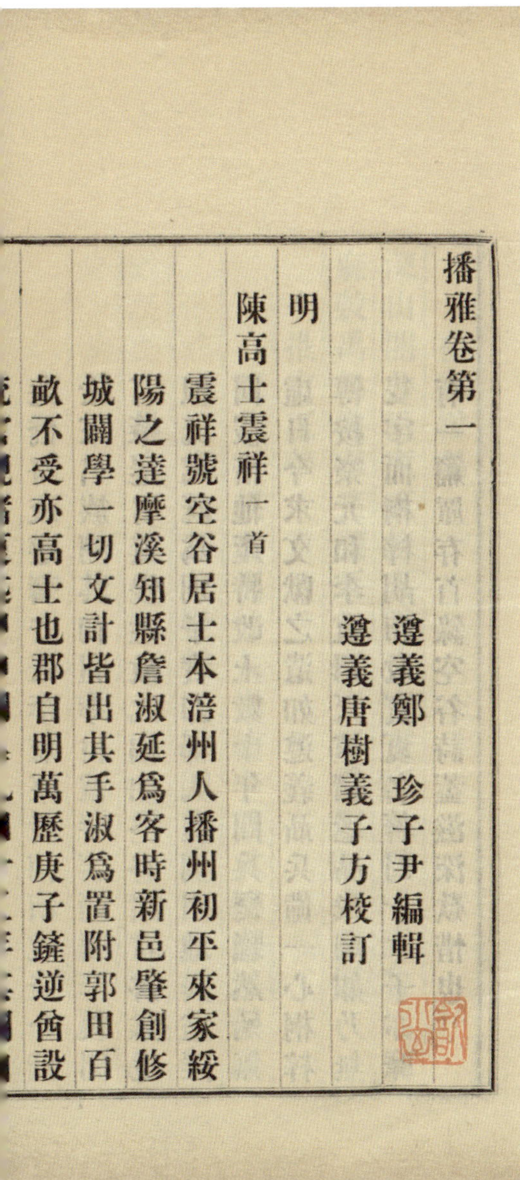

播雅卷第一

遵義鄭　珍子尹編輯

遵義唐樹義子方校訂

明

陳高士震祥一首

震祥號空谷居士本涪州人播州初平來家綏陽之逹摩溪知縣詹淑延爲客時新邑肇創修城闢學一切文計皆出其手淑爲置附郭田百畝不受亦高士也郡自明萬歷庚子鏟逆酋設

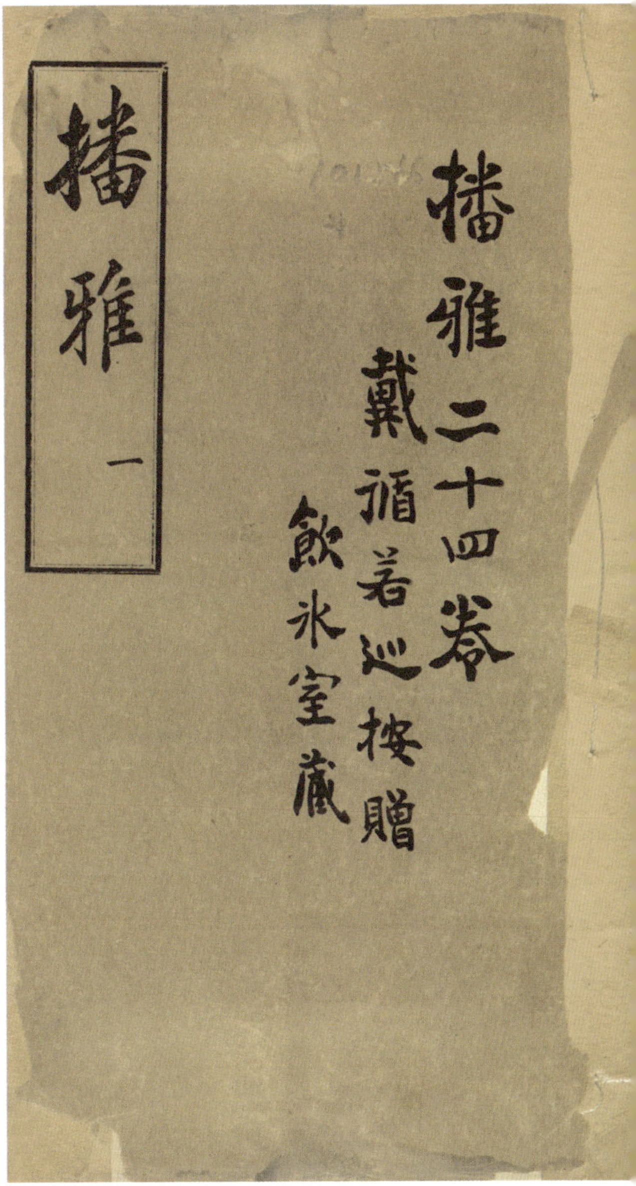

播雅　一

播雅二十四卷

戴循若巡按贈

飲冰室藏

宝晋长短句

元章词无甚英发之气。

《宝晋长短句》一卷，宋米芾撰，民国六年（1917）归安朱氏刻《彊村丛书》本。

米芾（1051—1107），原名黻，后改名芾，字元章，号海岳外史、鬻熊后人等，祖籍太原（今山西省太原市），后迁湖北襄阳，书法家、画家。曾任校书郎、书画博士、礼部员外郎等。擅书画，与蔡襄、苏轼、黄庭坚合称“宋四家”。工诗词，著有《宝晋英光集》《书史》《画史》《宝晋长短句》《宝晋待访录》等。

《宝晋长短句》又称《宝晋英光词》，存词十七首。米氏天分甚高，时有佳句。其词清丽明快、自然飘逸，多写景物及社会生活，以咏茶为其所长。

元章詞無甚英茂之氣

寶晉英光詞目錄

寶晉長短句

襄陽米芾元章

西江月

溪面荷香粲粲，林端遠岫青青。楚天秋色太多情，雲卷煙收風定。夜靜冰娥欲上，夢回醉眼初醒。玉缾未恥有新聲，一曲請君來聽。

菩薩蠻

葭蒹風外煙籠柳，數疊遥山眉黛秀。微雨過江來，煩襟爲一開。沙邊臨望處，紫燕雙飛語。舉酒送飛雲，夜涼愁夢頭

东山词、贺方回词、东山词补

方回词最善改用古人诗句。

《东山词》一卷，《贺方回词》二卷，《东山词补》一卷，宋贺铸撰，民国六年（1917）归安朱氏刻《彊村丛书》本。

贺铸（1052—1125），字方回，卫州（今河南省卫辉市）人。以贺知章为远祖，自称越人，故自号庆湖遗老。曾任泗州、太平州通判。能诗文，工词，著有《庆湖遗老集》《东山词》等。

《东山词》又名《东山寓声乐府》《东山乐府》《贺方回词》，为贺铸晚年手编词集，程俱《宋故朝奉郎贺公墓志铭》称贺铸有“乐府辞五百首”。此朱孝臧《彊村丛书》本收残宋本《东山词》上卷，《贺方回词》二卷及《东山词补》一卷，每种后附朱氏校记，现存词二百八十四阕，三百六十首。贺氏词风格多样，兼采豪放、婉约之长，尤擅锤炼语言并融化前人成句，惜华赡有余而真性不足。

方回詞最善改用古人詩句

東山詞卷上

山陰　賀鑄　方回

天寧樂 銅人捧露盤引

斗儲祥虹流祉兆黃虞未□□□聖眞符千齡叶應九河清神物出龜圖□□□□盛時朝野歡娛　靡不覆旋穹□□坤輿致萬國一變華胥霞觴□□□□□□□宸趨五雲長在望子□□□□

□□□七娘子

□波飛□□向□□□□□□□在會稽樣擁鼻微吟捋鬢遐想□□□□□上　會須加數□□醸□□

东堂词

毛泽民为杭州法曹时，以乐府受知东坡。

《东堂词》一卷，宋毛滂撰，民国六年（1917）归安朱氏刻《彊村丛书》本。

毛滂（1060—约1124），字泽民，号东堂，衢州江山（今浙江省衢州市）人。曾任杭州法曹、武康知县、祠部员外郎等职。工诗能文，尤擅于词，著有《东堂集》《东堂词》。

宋元祐初年，毛氏为杭州法曹，受知于苏轼。其词受苏轼、柳永影响，但自成一家。词风潇洒明润，自然秀雅，以清疏见长。其词多吟诵景物，寄情风月，大都应酬之作。

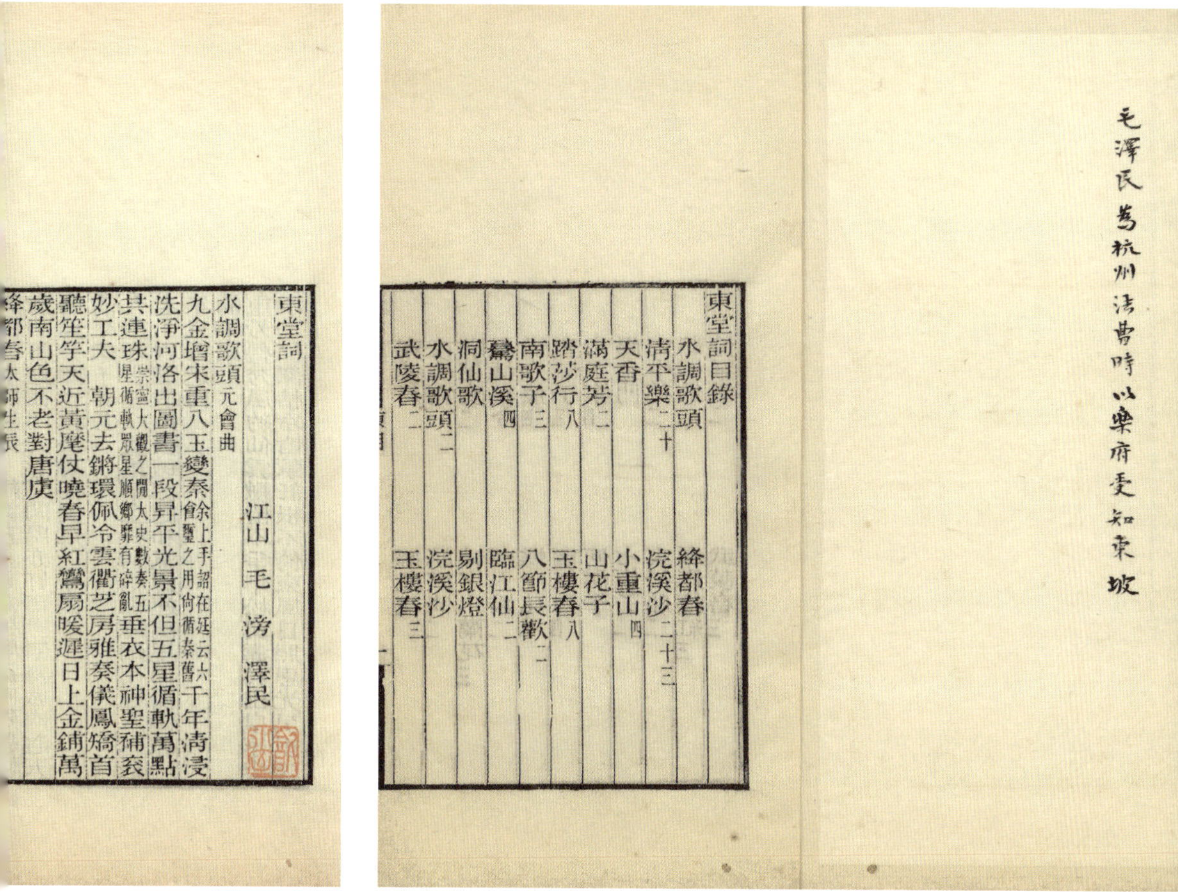

毛澤民為杭州法曹時以樂府受知東坡

東堂詞目錄

東堂詞

江山毛滂澤民

水調歌頭元會曲

九金增宋重八玉變秦餘上手詔在廷云六會璽之用尚循秦舊千年清浸洗淨河洛出圖書一段昇平光景不但五星循軌萬點共連珠崇寧大觀之間太史數奏五星循軌衆星順鄉雖有碎亂垂衣本神聖補袞妙工夫　朝元去鏘環佩冷雲衢芝房雅奏儀鳳矯首聽笙竽天近黃麾仗曉春早紅鸞扇暖遲日上金鋪萬歲南山色不老對唐庚

絳都春太師生辰

清真集

大鹤山人校本《清真集》

何澄一所赠。丙寅三月，任公题藏。

《清真集》二卷《补遗》一卷，宋周邦彦撰，清光绪二十六年（1900）北海郑文焯刻本。

周邦彦（1056—1121），字美成，号清真居士，杭州钱塘（今浙江省杭州市）人，宋代“婉约派”代表词人之一，宋词之集大成者。著有《清真集》《片玉集》等。

何澄一（？—1957），又名何澄意、何擎一、何天柱，广东香山（今广东省中山市）人，长期追随康梁，曾经办书局，担任梁启超秘书。1922 年 12 月，松坡图书馆干事会成立时，梁启超任馆长，何澄一为理事之一，负责中文编目。后任职于故宫博物院图书馆。

此集为郑文焯（号大鹤山人）所校，以毛晋所得宋刻《片玉集》二卷为底本，收词一百八十余首，晋阳强焕为叙。郑氏《清真词校后录要》

认为“是《清真词》实自陈（元龙）刻始改题号，宋时刊本断无‘片玉’之名可证”，故毛氏《片玉集》即《清真集》。郑氏所校刻本后为孙虹《清真集校注》采为底本，乃当今影响较大的注本。

周氏词以寄情风月、惜别相思为主，亦有羁旅行役、怀古伤今之作。善于铺叙，典丽精工，清妍和雅，乃婉约词之集大成者，对后世影响颇大，开南宋姜夔、吴文英一派。

此本有任公朱墨笔批注甚多。

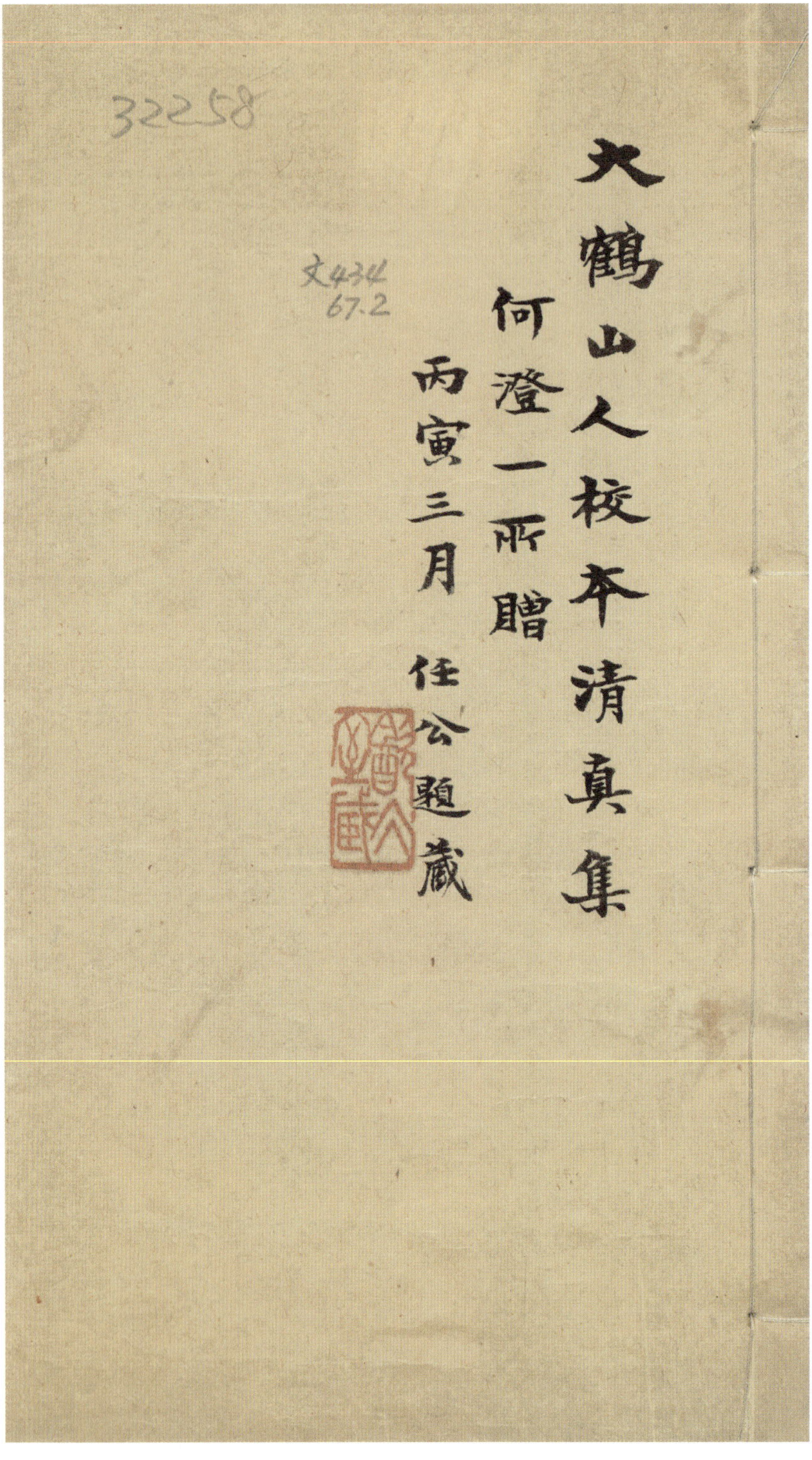

大鹤山人校本清真集

何澄一所赠

丙寅三月 任公题藏

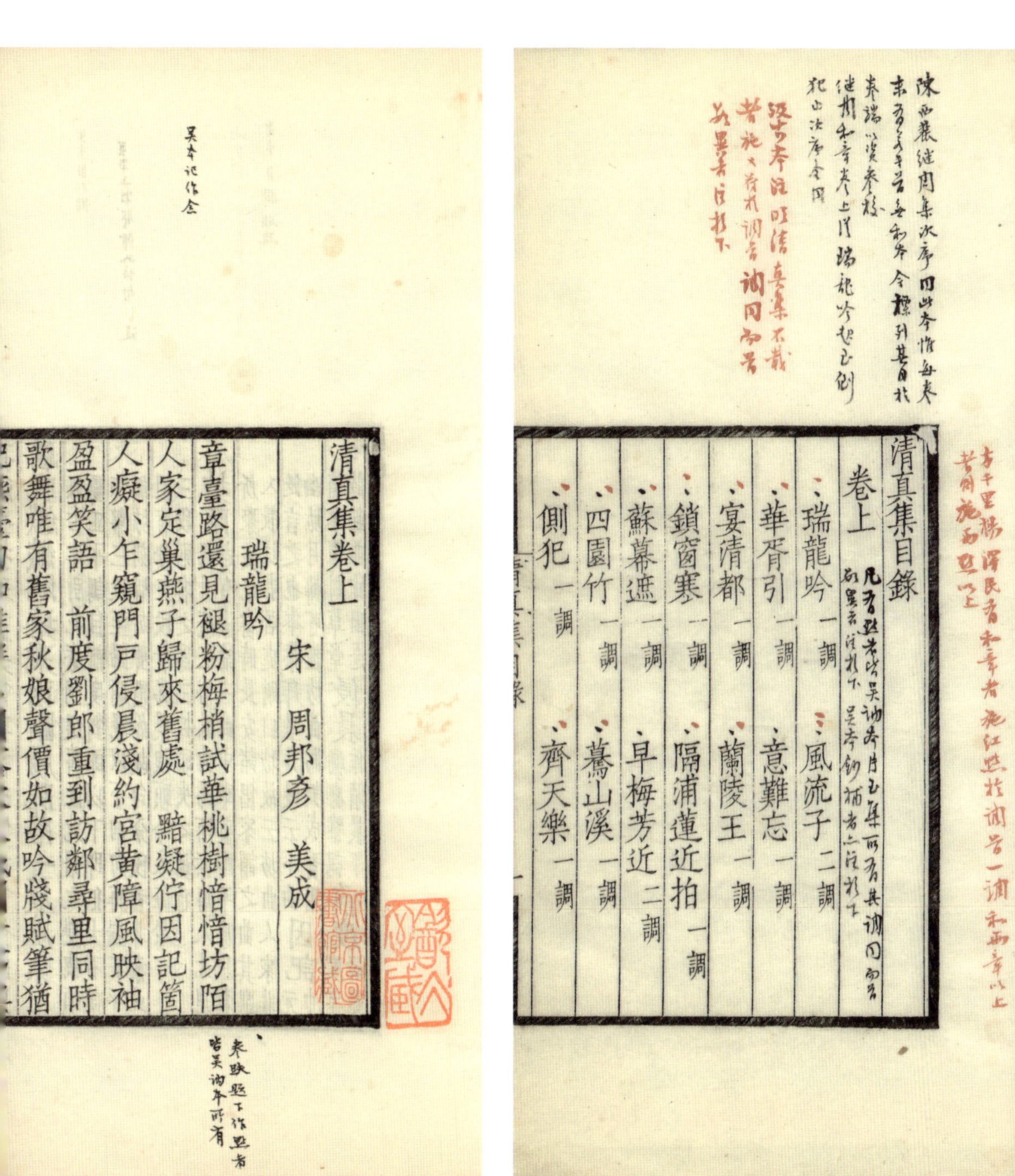
清真集目錄

卷上

瑞龍吟 一調　風流子 二調

華胥引 一調　意難忘 一調

宴清都 一調　蘭陵王 一調

鎖窗寒 一調　隔浦蓮近拍 一調

蘇幕遮 一調　早梅芳近 二調

四園竹 一調　蕙山溪 一調

側犯 一調　齊天樂 一調

清真集卷上

宋 周邦彥 美成

瑞龍吟

章臺路還見褪粉梅梢試華桃樹愔愔坊陌人家定巢燕子歸來舊處　黯凝佇因記箇人癡小乍窺門戶侵晨淺約宮黃障風映袖盈盈笑語　前度劉郎重到訪鄰尋里同時歌舞唯有舊家秋娘聲價如故吟牋賦筆猶

苕溪乐章

刘一止，字行简，宣和三年进士，绍兴中官监察御史，累迁给事中，以直学士致仕。

《苕溪乐章》一卷，宋刘一止撰，民国六年（1917）归安朱氏刻《彊村丛书》本。

刘一止（1078—1161），字行简，号太简居士，湖州归安（今浙江省湖州市）人。宋宣和三年（1121）进士，历任监察御史、中书舍人、给事中、敷文阁直学士等职。为文敏捷，博学多才，著有《苕溪集》。

该集存词四十二首，颇雅隽工致。刘氏词前期多书羁旅行役之苦，后期多写景咏怀、酬唱赠别、歌咏太平之作。

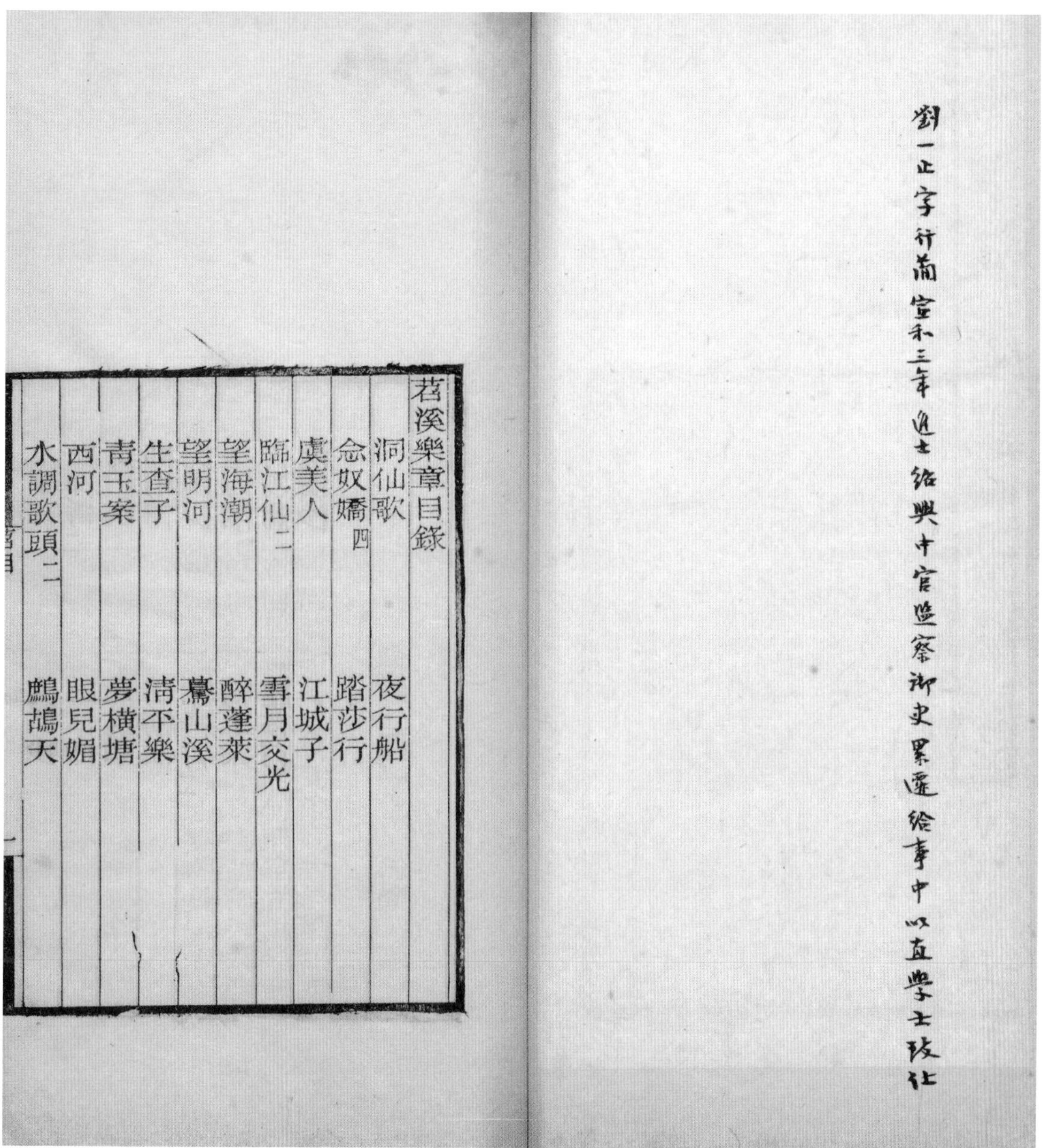

劉一止字行簡 宣和三年進士 紹興中官監察御史 累遷給事中 以直學士致仕

苕溪樂章目錄

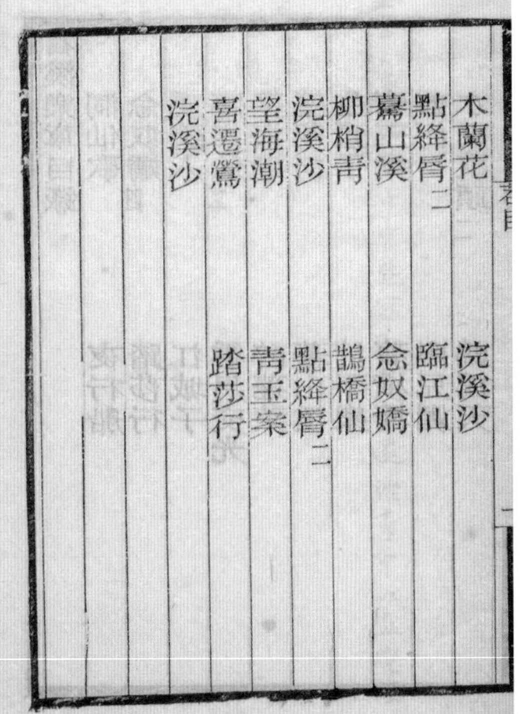

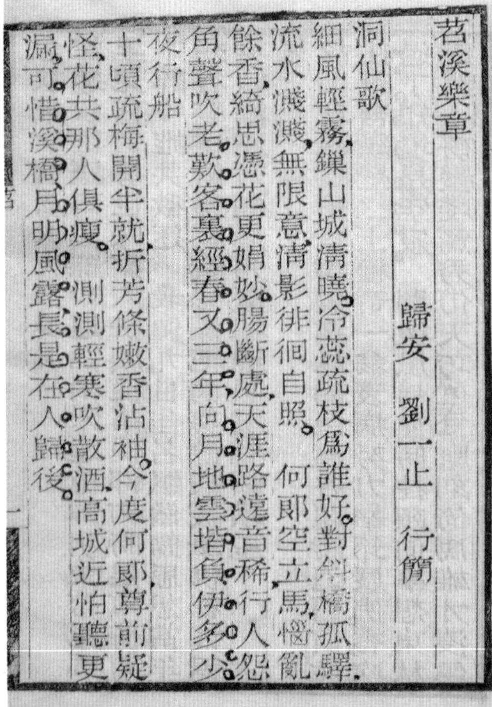

茗溪樂章

歸安　劉一止　行簡

洞仙歌

細風輕霧鎖山城清曉冷蕊疏枝爲誰好對斜橋孤驛流水濺濺無限意清影徘徊自照何郎空立馬惱亂餘香綺思憑花更娟妙腸斷處天涯路遠音稀行人怨角聲吹老歎客裏經春又三年向月地雲堦負伊多少

夜行船

十頃疏梅開半就折芳條嫩香沾袖今度何郎尊前疑怪花共那人俱瘦　測測輕寒吹散酒高城近怕聽更漏可惜溪橋月明風露長是在人歸後

樵歌

内朱希真《樵歌》用吴讷《唐宋名贤百家词》本手校一过，遂成善本，宜特别宝藏之。戊辰季夏，启超记。

《历代诗余》云：朱敦儒字希真，一作希直，洛阳人。绍兴二年以荐授迪功郎，赐进士出身，除秘书省正字，兼兵部郎官，迁两浙东路提点刑狱。上疏乞归，居嘉禾。晚年起为鸿胪少卿。有词三卷，名《樵歌》。

四印斋《樵歌拾遗》跋：希真词清真谐婉，犹是北宋风度。《樵歌》三卷，求之屡年，苦不可得……

《词综》有朱希真"念奴娇"一首，为诸本《樵歌》所无，录如左。

念奴娇

别离情绪，奈一番好景，一番悲戚。燕语莺啼人乍远，还是他乡寒食。桃李无言，不堪攀折，总是风流客。东君也自，怪人冷淡踪迹。

花艳草草春工，酒随花意薄，疏狂何益。除却清风并皓月，脉脉此情谁识。料得文君，重帘不卷，且等闲消息。不如归去，受他真个怜惜。

《樵歌》，《直斋书录》作一卷，《揅经室外集》及清代诸藏目皆作三卷。偶借得明吴讷所编《唐宋名贤百家词》钞本，则二卷本也。中卷“浪淘沙”以上为上卷，“千秋岁”以下为下卷，阕数多寡符合，惟次第小有参差耳！文字异同七十六处，其确胜于此本二十二处。校本字，旁施圈者是已。此本失题而彼本有之者，又五处。知吴氏所据乃别一善本矣。尽一日之力，校得如右。暇当钞为补校记，寄沤尹先生也。戊辰六月二十日，启超记于天津之饮冰室。

卷中圈点及评语，乃数年前随手批抹，不复记忆时日。超又记。

翌日，取王氏四印斋所刻《樵歌拾遗》三十七首，注于各题下。王氏所据为彭氏知圣道斋传钞汲古阁未刻词本，无出此本外者，且皆在吴讷本下卷内，其上卷诸词无一首。异文亦多同吴本，似毛斧季曾见此两卷本之下卷，从中录出若干首也。启超又记。

《樵歌》三卷，宋朱敦儒撰，民国六年（1917）归安朱氏刻《彊村丛书》本。

朱敦儒（1081—1159），字希真，号岩壑，又称伊水老人、洛川先生，洛阳（今河南省洛阳市）人。赐进士出身，历任兵部郎中、临安府通判、秘书郎、都官员外郎、两浙东路提点刑狱等职。擅山水，工诗词，著有《樵歌》《岩壑老人诗文》等。

朱氏词风前后有别，早年浓艳丽巧，中年南渡后激昂慷慨，晚年闲居时婉明清畅，完整展现其一生行藏。其词继承苏轼而有不同，自成一体，有“词俊”之名。

此本有任公墨笔圈点、批注甚多，乃其以吴讷《唐宋名贤百家词》、王鹏运四印斋《樵歌拾遗》手校时所录。

丙未希真樵歌用吴訥唐宋名賢百家詞本手校一過遂賦
善本宜特別寶藏之

戊辰季夏　啓超記

樵歌

历代诗馀云 朱敦儒字希真一作希直 洛阳人 绍兴二年以荐授迪功郎
赐进士出身 除秘书省正字 兼兵部郎官 迁两浙东路提点刑狱 上疏乞
归居嘉禾 晚年起为鸿胪少卿 有词三卷 名樵歌
四印斋樵歌拾遗跋 希真词清真谐婉 犹是北宋风度 樵歌三卷 求之屡年
苦不可得……

詞綜有朱希真念奴嬌一首，考諸本樵歌所未録，如左

念奴嬌

別離情緒，奈一番好景，一番悲戚。燕語鶯啼人乍遠，還是他鄉寒食。桃李無言，不堪攀折，總是風流客。東君也自，怪人冷淡蹤跡。 花艷草草春工，酒隨花意薄，踈狂何益。除却清風并皓月，脉脉此情誰識。料得文君，重簾不卷，且等閑消息。不如歸去，受他真箇憐惜。

又垂虹亭

放船縱櫂，趁吳江風露，平分秋色。帆卷垂虹波面冷，初落蕭蕭楓葉。萬頃琉璃，一輪金鑑，與我成三客。碧空寥廓，瑞星銀漢爭白。 深夜悄悄魚龍，靈旗收暮靄，天光相接。瑩澈乾坤，全放出，疊玉層冰宮闕。洗盡凡心，相忘塵世，夢想都銷歇。胸中雲海，浩然猶浸明月。

蘇武慢

枕海山橫，陵江潮去，雉堞秋風殘照。閑尋桂子，試聽菱歌，湖上晚來涼好。幾處蘭舟，采蓮遊女，歸去隔花相惱。奈長安不見，劉郎已老，暗傷懷抱。 誰信得舊日風流，如今憔悴，換卻五陵年少。逢花倒趓，遇酒堅辭，常是懶

西樓落月雞聲急，夜浸疏香淅瀝。玉人酒渴嚼春冰，曉色入簾橫寶瑟。

柳枝

江南岸，柳枝；江北岸，柳枝；折送行人無盡時，恨分離，柳枝。

酒一杯，柳枝；淚雙垂，柳枝；君到長安百事違，幾時歸，柳枝。

樵歌直齋書錄作一卷，揅經室外集及清代諸藏目皆作三卷。偶借得明吳訥所編唐宋名賢百家詞鈔本二卷，本無中卷，浪淘沙以上為上卷，千秋歲以下為下卷，闋數多寡符合，惟次第小有參差耳。文字異同七十六處，其確勝於此本二十二處，校本字旁施

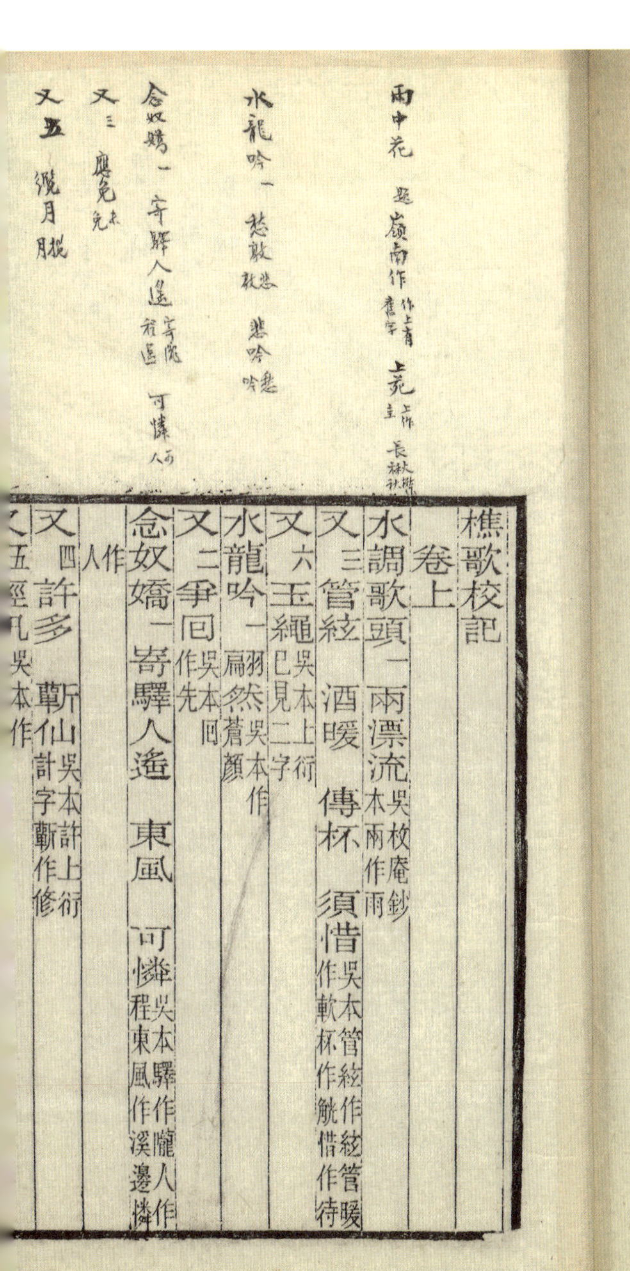

樵歌校記

卷上

水調歌頭一 兩漂流 吳校庵鈔本兩作雨

又三 管絃 酒暖 傳杯 須惜 吳本管絃作絃管暖作軟杯作觥惜作待

又六 玉繩 吳本上衍巳見二字

水龍吟一 羽扇翛然 吳本作蒼顏

又二 爭回 吳本回作先

念奴嬌一 寄驛人遙 東風 可憐 吳本驛作隴人作程東風作溪邊憐作人

又四 許多 斬仙 吳本許上衍計字斬作修

又五 [illegible] 吳本作

圈者是已此本失題而彼本有之者又五處知吳氏所據乃別一善本矣 盡一日之力校得如右暇當鈔寄補校記寄漚尹先生也

戊辰六月二十日 啓超記於天津之飲冰室

卷中圈點及評語乃數年前隨手批抹不復記其时日 超

翌日取王氏四印齋所刻樵歌拾遺三十七首注於各題下 王氏所據爲毛氏知聖道齋傳鈔汲古閣未刻詞本 無出此本外者 且皆在吳鈔本下卷内 其上卷諸詞無一首 疑毛斧季 異文亦少 因吳本似毛斧季所見此兩卷本之下卷從中錄出若干首也 啓超又記

樵歌卷上

洛陽　朱敦儒　希真

聒龍謠

肩拍洪崖、手攜子晉、夢裏暫辭塵宇。高步層霄俯人間如許。算蝸戰多少功名、問蟻聚幾回今古。度銀潢展盡參旗、桂花澹月飛去。　天風緊、玉樓斜、舞萬女霓袖光搖金縷。明廷宴闕、倚青冥回顧。過瑶池重借雙成、就楚岫更邀巫女。轉雲車、指點虛無、引蓬萊路。

又

憑月攜簫遡空秉羽夢蹋絳霄仙去花冷衙榆悄中天風露並真官蕊佩芬芳望帝所紫雲容與享鈞天九奏

华阳长短句

半属生日词，了无意境。

《华阳长短句》一卷，宋张纲撰，民国六年（1917）归安朱氏刻《彊村丛书》本。

张纲（1083—1166），字彦正，号华阳老人，润州金坛（今江苏省常州市）人。曾任太学博士、校书郎、参知政事等。著有《华阳集》《尚书解》等。

《华阳长短句》又名《华阳词》，存词三十五首，由《华阳集》中裁篇别出刊行。其词平和自然、清雅含蓄。

華陽先生詞了無意境

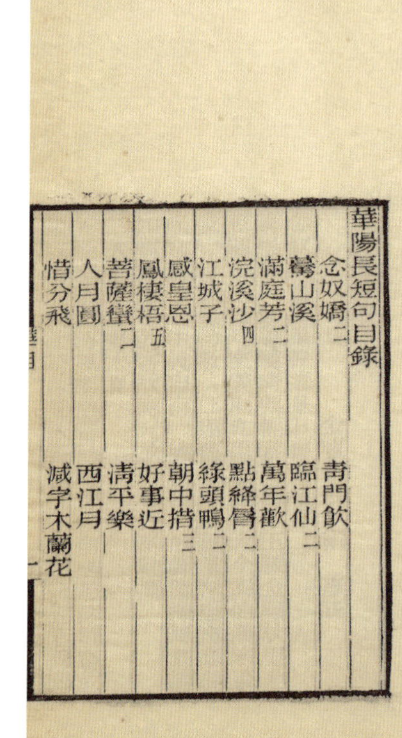

華陽長短句目錄

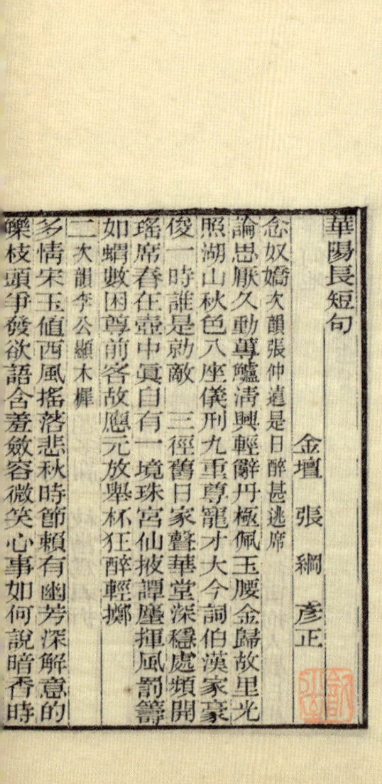

華陽長短句

金壇 張綱 彥正

念奴嬌 次韻張仲遠是日醉甚逃席

論思厭久，動尊罏清興，輕辭丹極。佩玉腰金歸故里，光照湖山秋色。八座儀刑，九重尊寵，才大今詞伯。漢家豪俊，一時誰是勍敵。　三徑舊日家聲，華堂深穩處，頻開瑤席。春在壺中真自有，一境珠宮仙掖。譚麈揮風，罰觴如蝟，數困尊前客。故應元放，舉杯狂醉輕擲。

二 次韻李公顯木樨

多情宋玉，值西風搖落，悲秋時節。賴有幽芳深解意，的皪枝頭爭發。欲語含羞，斂容微笑，心事如何說。暗香時

鄱阳词

洪忠宣词，什九皆北使幽絷时作，虽非当家，却见风力。

《鄱阳词》一卷，宋洪皓撰，民国六年（1917）归安朱氏刻《彊村丛书》本。

洪皓（1088—1155），字光弼，鄱阳（今江西省鄱阳县）人。宋政和五年（1115）进士，曾任礼部尚书、徽猷阁直学士等职。卒谥“忠宣”。工诗词，著有《鄱阳集》《松漠纪闻》。

宋建炎三年（1129），洪皓奉命使金，被扣十余年，宋绍兴十二年（1142）被释归宋。在金期间，威武不屈，时人称为“宋之苏武”。

该集今存十七首。其词清新朴实，含义深远。多北使期间所作，抒发思念故国、忧国忧民之情。

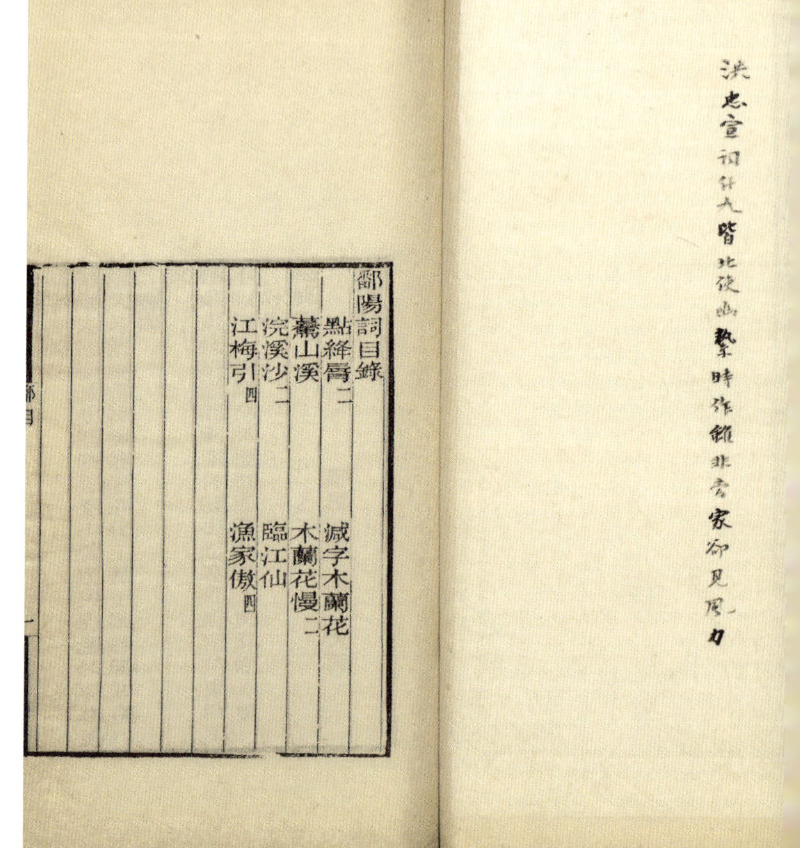

洪忠宣詞廿九皆北使留縶時作雖非當家卻見風力

鄱陽詞目錄

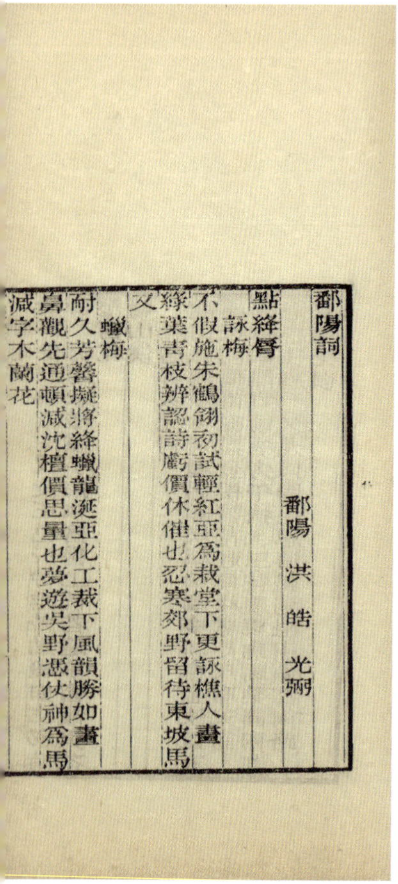

鄱陽詞

鄱陽　洪皓　光弼

點絳脣

詠梅

不假施朱鶴翎初試輕紅亞為裁堂下更詠樵人畫綠葉青枝辨認詩嚬價休偁也忍寒郊野留待東坡馬

又

蠟梅

耐久芳馨擬將絳蠟籠涎亞化工裁下風韻勝如畫鼻觀先通頓減沈檀價思量也夢遊吳野憑仗神為馬

減字木蘭花

无住词

简斋词无一浮响，不独“临江仙”一阕为张叔夏、胡元任倾倒而已。

《无住词》一卷，宋陈与义撰，宋胡穉笺，民国六年（1917）归安朱氏刻《彊村丛书》本。

陈与义（1090—1139），字去非，号简斋，洛阳（今河南省洛阳市）人。宋政和三年（1113）进士。曾任开德府教授、太学博士、礼部侍郎、翰林学士等。工诗词，著有《简斋集》等。

胡穉，生卒年、籍贯不详，字仲孺，号竹坡。宋绍熙间人。

宋人注宋词，现存仅此一集。陈氏词今存十八首，其词清婉奇丽、语意超绝。豪放处尤似东坡，笔力横空，疏朗明快，自然浑成。

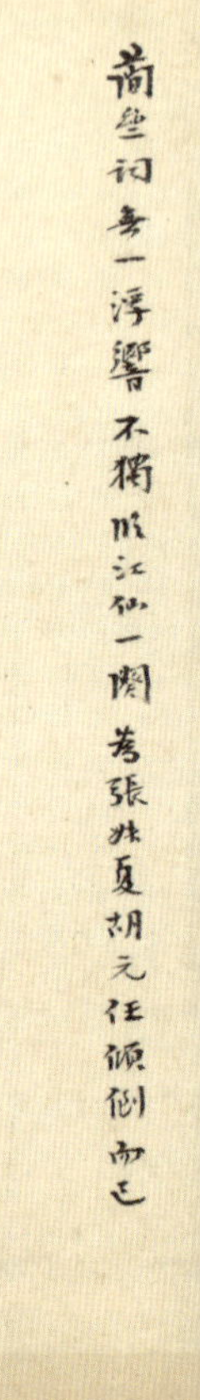

無住詞目錄

無住詞

洛陽陳與義去非　竹坡胡穉仲孺箋

法駕導引世傳頃年都下市肆中有道人攜烏衣椎髻女子買斗酒獨飲女子歌詞以侑凡九闋皆非人世語或記之以問一道士道士驚曰此赤城韓夫人所製水府蔡真君法駕導引也烏衣女子疑龍云得其三而亡其六擬作三闋

朝元路朝元路同駕玉華君千乘載花紅一色人間遙指是祥雲回望海光新

又

虚靖真君词

江湖道士习气极可厌！

《虚靖真君词》一卷，宋张继先撰，民国六年（1917）归安朱氏刻《彊村丛书》本。

张继先（1092—1127），字嘉闻、道正，号翛然子，贵溪（今江西省贵溪市）人。北宋末著名道士。宋元符三年（1100）嗣教，宋徽宗赐号“虚靖先生”。宋靖康二年（1127）羽化，元武宗追封为“虚靖玄通弘悟真君”。著有《虚靖语录》《瀛洲唱和集》《虚靖真君词》等。

该集存词五十首，依彭元瑞知圣道斋藏明抄《南词》本入梓。其词多吐露道家思想，间有写景之作。

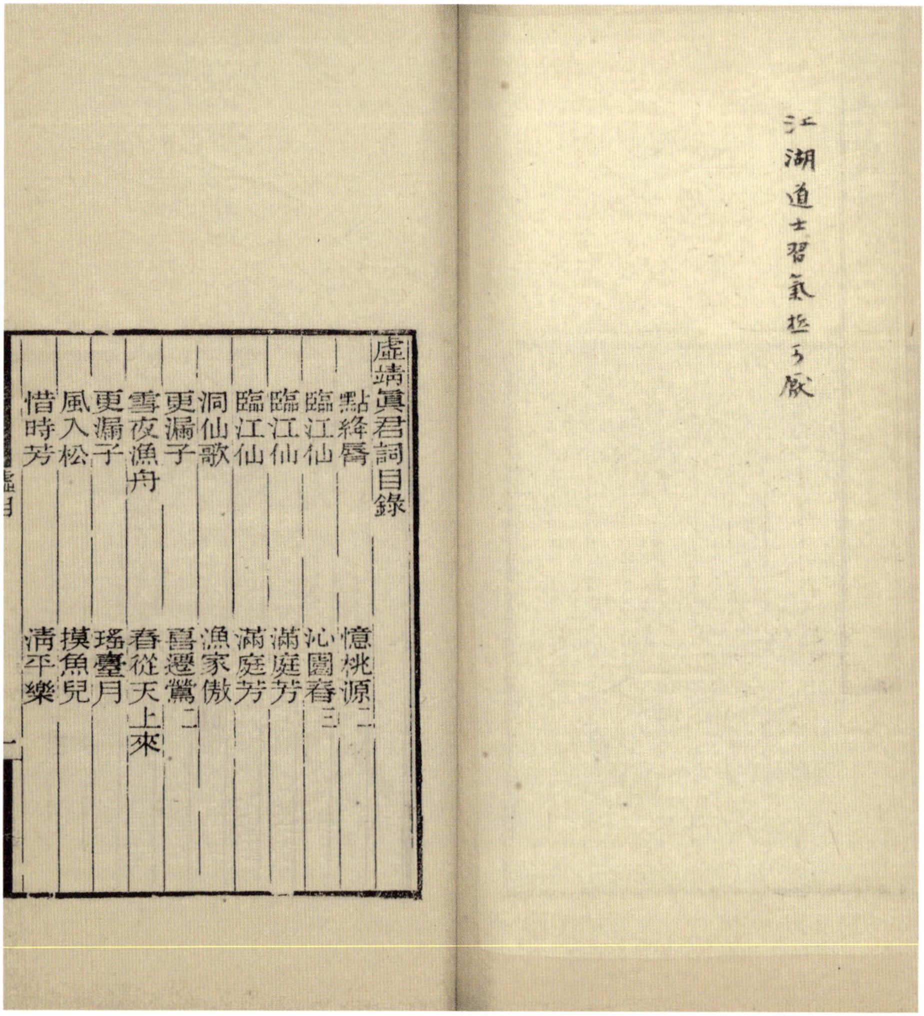

江湖道士習氣極矣　啟

虛靖眞君詞目錄

點絳脣　憶桃源二
臨江仙　沁園春三
臨江仙　滿庭芳
臨江仙　滿庭芳
洞仙歌　漁家傲
更漏子　喜遷鶯二
雪夜漁舟　春從天上來
更漏子　瑤臺月
風入松　摸魚兒
惜時芳　清平樂

虛目　一

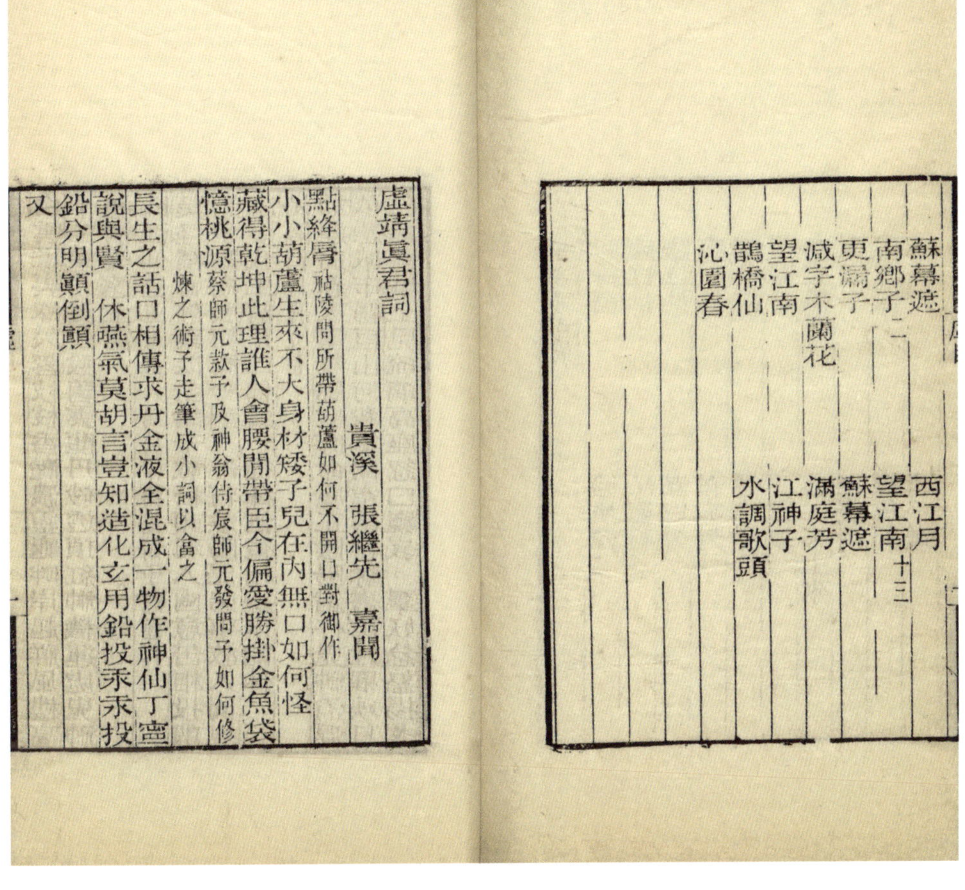

虛靖真君詞

貴溪　張繼先　嘉聞

點絳脣 秥陵問所帶葫蘆如何不開口對御作

小小葫蘆生來不大身材矮子兒在內無口如何怪藏得乾坤此理誰人會腰間帶臣今偏愛勝掛金魚袋

憶桃源 蔡師元款予及神翁侍宸師元發問予如何修煉之術予走筆成小詞以禽之

長生之話口相傳求丹金液全混成一物作神仙丁寧說與賢　休蘸氣莫胡言豈知造化玄用鉛投汞汞投鉛分明顛倒顛

又

方壶诗余

"《方壶诗余》自序"论词之三变，极有见地。

《方壶诗余》二卷，宋汪莘撰，民国六年（1917）归安朱氏刻《彊村丛书》本。

汪莘（1155—1227），字叔耕，号柳塘，晚号方壶居士，徽州休宁（今安徽省休宁县）人。常年隐居黄山，精研《周易》，旁及释老诸书，与朱熹友善。著有《方壶诗余》《方壶存稿》等。

该集收词六十八首，自序称老年始作词，乃知其乐。爱东坡、希真及稼轩三家词，并为三变之论。其词风格清丽，潇洒明净，稍近粗豪。

方壺詩餘自序論詞之三要極有見地

方壺詩餘卷一

休寧 汪 莘 叔耕

水調歌頭東坡云明月幾時有把酒問青天本於太白問月云青天有月來幾時太白云今人不見古時月本於抱朴子云今月不及古月之朗抱朴子所言非綺語也深思而得之誠有此理嘉定元年中秋日因賦水調其夜無月

聽說古時月皎潔勝今時今人但見今月也道似琉璃君看少年眸子那比嬰兒神彩投老又堪悲明月不再盛玉斧亦何爲 約東坡招太白試尋思憑誰斫卻裏

逍遥词

宋词尝以《逍遥》为最先，古拙气犹似《花间》《尊前》诸作，但一扫浮艳，独趣淡远，又如唐诗之有子昂矣。甲子七月，启超。

《逍遥词》一卷，宋潘阆撰，清光绪十四年（1888）王氏家塾刻《四印斋所刻词》本。

潘阆（962？—1009），字梦空，号逍遥子，大名（今河北省大名县）人。宋至道元年（995），赐进士及第。性疏狂，工诗词，著有《逍遥集》《逍遥词》。

潘氏词翰飘洒，往往有出尘语。久居钱塘，其《酒泉子》词以描写钱塘江潮闻名。

宋詞當以逍遥為最先，古拙氣稍似花間、尊前諸作，但一埽浮艷，獨趣淡遠，又如唐詩之有子昂矣。

甲子七月

逍遥詞

宋 大名 潘閬 逍遥

酒泉子

長憶錢塘，不是人寰是天上。萬家掩映翠微間。處處水潺潺。　異花四季當牕放。出入分明在屏障。別來隋柳幾經秋。何日得重遊。

其二

長憶錢塘，臨水傍山三百寺。僧房攜杖徧曾遊。閒話覺忘憂。　栴檀樓閣雲霞畔。鐘梵清宵徹天漢。別來遥禮祇焚香。便恐是西方。

龟峰词

戊辰立秋后一日，用知足知不足馆钞本、锡山华氏《唐宋名家词》校一过，得十数字，可补此本阙误者。启超记。

是日午睡醒后，再取海虞吴氏《名贤词》本校一过，佳处多同华本。超又记。

梅禹金跋及鲍渌饮两跋，从天津图书馆所藏知足知不足馆钞本、锡山华纲编《唐宋词》内录出。

词多哀愤，时作壮语，略似辛稼轩。南宋国事，以付葛岭贾浪子，而疏远之臣有惟（字疑误）如此，千载兴慨。甲午九月望后四日灯下书，禹金。

乾隆丁亥十月，借钱唐汪氏振绮堂本对写，廿七日完。

竹垞先生《词综》云“陈经国，嘉熙淳祐间人”，未尝详其爵里。予按宝祐四年登科录，第四甲第一百四十八人。陈经国，字伯父，小字定夫。年三十八，本贯潮州海阳县人，未知即其人否？俟更考定。

己丑正月十日剪烛书于知不足斋。

《龟峰词》一卷，宋陈人杰撰，清光绪十四年（1888）王氏家塾刻《四印斋所刻词》本。

陈人杰（1218—1243），一作陈经国，字刚父，号龟峰，长乐（今福建省福州市）人，词人。著作现存《龟峰词》。

陈氏现存词三十一首，全用《沁园春》调。其词笔力雄健，气势豪迈，多忧国伤时之作，词风酷似辛稼轩。

鲍廷博（号渌饮）跋所称“陈经国”，是否与陈人杰为一人，至今尚无定论，亦缺乏切实史料。

戊辰立秋後一日用知不足齋鈔本錫山華氏唐宋名家詞校一過得十數字可補此本闕誤者 啓勛記

是日午睡醒後再取海虞吳氏名賢詞本校一過 依文多同華本 勛又記

龜峯詞

宋 陳人傑

沁園春 華本有題思古人

予以爲古今詞人負抱所有妍媸長短雖已自信亦必嘗世名鉅爲之印可然後人信以傳昔劉乂未有顯稱及以雪車冰柱二篇爲韓文公所賞一日之名遂埒張孟予嘗得乂遺集觀其餘作多不稱是而流傳至今未就泯滅者以韓公所賞題品爾今才士滿世所負嘗不止乂如然而獎借後進竟未有如韓公者才難不其然有亦未易識誦山谷之詩不覺喟然

西晉風流自一家憶君魂夢到梅花梅花深處無人蹟明月一枝霜外斜

詞多哀憤時作壯語殆似辛稼軒南宋國事不付苟嶺賈浪子而疏遠之臣脊惟(字疑誤)於此千載無慨甲午大旬中後四日燈下書 禹金

乾隆丁亥十月借錢唐汪氏振綺堂本對勘廿七日完

竹垞先生詞綜云陳經國東甌淳祐間人未嘗詳其籍里予按寶祐四年登科錄第四甲第一百四十八人陳經國字伯父小字定夫年三十八本貫漳州海陽縣人未知即其人否俟更考定 己巳二月十日 啓端書于知不足齋

梅禹金跋及鮑渌飲兩跋從天津圖書館所藏知不足齋鈔本錫山華湘編唐宋詞內錄出

天籁集

白仁甫以善作曲名，所谓“关马郑白”是也。幼育于元遗山，故其词酷似之。

《天籁集》二卷，元白朴撰，清光绪十四年（1888）王氏家塾刻《四印斋所刻词》本。

白朴（1226—1306后），原名恒，字仁甫，后改名朴，字太素，号兰谷，隩州（今山西省河曲县）人，“元曲四大家”之一，词人。著有《裴少俊墙头马上》《唐明皇秋夜梧桐雨》《天籁集》等。

该集原已失传，清康熙间六安杨希洛得抄本于白氏裔孙白驹处，由朱彝尊分为二卷，付刻传世。王博文（字子勉）序称该集“辞语遒严，情寄高远，音节协和，轻重稳惬”，并为之定名“天籁”。

金天兴二年（1233），蒙古军队攻破汴京，白朴随元好问避难于山东，后育于其家凡四年，并从之学。后流寓河北真定（今河北省正定县），元氏亦常导其治学门径，故其词酷似遗山。

天籟集

白仁甫以善作曲名所謂關馬鄭白是也幼育於元遺山故其詞雅似之

樂府始於漢著於唐盛於宋大概以情致爲主秦晁賀
晏雖得其體然哇淫靡曼之聲勝東坡稼軒矯之以雄
詞英氣天下之趨向始明近時元遺山每遊戲於此掇
古詩之精英備諸家之體製而以林下風度消融其膏
粉之氣白樞判寓齋序云裕之法度最備誠爲確論宜
其獨步當代光前人而冠來者也元白爲中州世契兩
家子弟每舉長慶故事以詩文相往來太素即寓齋仲
子於遺山爲通家姪甫七歲遭壬辰之難寓齋以事遠
適明年春京城變遺山遂挈以北渡自是不茹葷血人

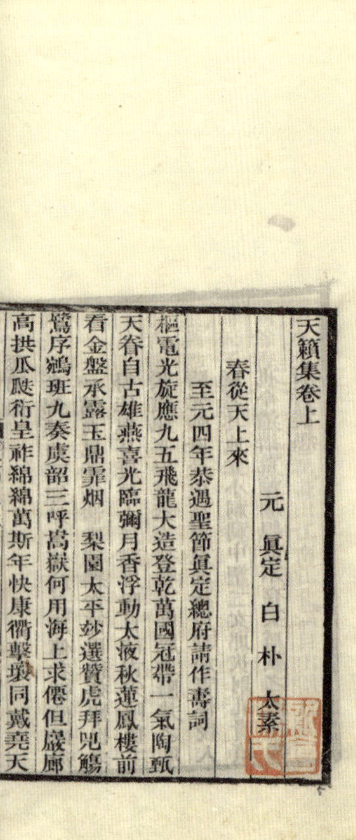

天籟集卷上

元　眞定　白朴　太素

春從天上來

至元四年恭遇聖節眞定總府請作壽詞

樞電光旋應九五飛龍大造登乾萬國冠帶一氣陶甄
天眷自古雄燕喜光臨彌月香浮動太液秋蓮鳳樓前
看金盤承露玉鼎霏烟　梨園太平妙選贊虎拜兕觴
鶯序鵷班九奏虞韶三呼嵩嶽何用海上求僊但巖廊
高拱瓜瓞衍皇祚綿綿萬斯年快康衢擊壤同戴堯天

明弘治高丽本遗山乐府

《遗山乐府》三卷

朱彊村所刻，甲寅浴佛日牡丹盛放时，吴印丞在崇效寺见赠。饮冰记。

《明弘治高丽本遗山乐府》三卷，金元好问撰，民国二年（1913）归安朱孝臧刻本。

元好问（1190—1257），字裕之，号遗山，太原秀容（今山西省忻州市）人。金兴定五年（1221）进士，金正大元年（1224）又以宏词科登第，历任权国史院编修、镇平县令、内乡县令、南阳县令、行尚书省左司员外郎等。著有《元遗山先生全集》《遗山先生文集》等，辑有《中州集》。

吴昌绶（1868—1924），字伯宛、印臣、印丞，号甘遁，晚号松邻，浙江仁和（今浙江省杭州市）人，藏书家、金石学家、刻书家。清光绪二十三年（1897）举人，官内阁中书。民国后任北洋政府司法部秘书。以藏书、刻书著称，藏书处曰“双照楼”。著有《松邻遗集》《仁和吴氏双照楼影刊宋元本词》《吴郡通典备稿》等。

《遗山乐府》，又名《遗山先生新乐府》，金天兴三年（1234）编成。其词选材广泛，婉约、豪放兼有。此集编定后又陆续增订，故传世有三卷本、四卷本、五卷本。三卷本最早刊本为高丽本，收词二百二十余首，朱氏刊本即据此本刻成。

遺山樂府三卷

朱彊邨所刻甲寅浴佛日牡丹盛放時吳印丞在崇效寺見贈

飲冰記

遺山樂府卷之上

太原 元好問 裕之

水調歌頭

少室玉華谷月夕與希顏欽叔飲醉中賦此玉華詩老宋洛陽耆英劉几伯壽也劉有二侍妾名萱草芳草吹鐵笛騎牛山間玉華亭榭遺址在焉金堂玉室嵩山事石城瓊壁少室山三十六峰之名也

山家釀初熟取醉不論錢清溪留飲三日魚鳥亦欣然見說玉華詩老袖有忘憂萱草牛背穩於船鐵笛久埋沒雅曲竟誰傳 坐蒼苔攲亂石耿不眠長松夜半悲

遗山乐府

遗山窃比苏辛，而才气不逮，不能追其意境；但造语圆浑，无生硬堆垛气，固出晚宋诸家上。甲子十月，启超记。

遗山词神味确与此诸篇相近。

《遗山乐府》三卷，金元好问撰，民国六年（1917）归安朱氏刻《彊村丛书》本。

元氏于金元之交，饱经神州陆沉之痛，铜驼荆棘之伤，词作多反映社会现实。其词矫异不群而雄豪劲健，萧散闲舒而悲凉淡远。又能用俗为雅，变故作新。兼收百家，类型多样，熔“豪放”与“婉约”于一炉。

此本收词二百二十余首，实与民国二年（1913）朱氏刻本同版，原有书名页题《明弘治高丽本遗山乐府》，收入《彊村丛书》后撤去此页。有任公墨笔圈点、眉批。

遺山樂府

遺山竊比蘇辛，而才氣不逮，不能追其意境，但造語圓渾，無生硬排奡氣，固出晚宋諸家上。

甲子十月　石[illegible]記

遺山詞神味殊與此詩
爲相近

遺山自題樂府引

世所傳樂府多矣如山谷漁父詞青篛笠前無限事綠蓑衣底一時休斜風細雨轉船頭陳去非懷舊云憶昔午橋橋下飲坐中都是豪英長溝流月去無聲杏花疏影裏吹笛到天明三十年來成一夢此身雖在堪驚閒登高閣賞新晴古今多少事漁唱起三更又云高詠楚辭酬午日天涯節序悤悤榴花不似舞裙紅無人知此意歌罷滿簾風萬事一身傷老矣戎葵凝笑牆東酒杯深淺去年同試澆橋下水今夕到湘中如此等類詩家謂之言外句含咀之久不傳之妙隱然眉睫閒惟具眼者乃能賞之古有之人莫不飲食鮮能知味譬之羸牸

遺山樂府卷之上

太原　元好問　裕之

水調歌頭

少室玉華谷月夕與希顏欽叔飲醉中賦此玉華詩老宋洛陽耆英劉几伯壽也劉有二侍妾名萱草芳草吹鐵笛騎牛山閒玉華亭榭遺址在焉金堂玉室嵩山事石城瓊壁少室山三十六峰之名也

山家釀初熟取醉不論錢清溪留飲三日魚鳥亦欣然見說玉華詩老袖有忘憂萱草牛背穩於船鐵笛久埋沒雅曲竟誰傳　坐蒼苔敧亂石耿不眠長松夜半悲嘯笙鶴下遙天天上金堂玉室地下石城瓊壁別有一

拙宜园词

黄韵珊以《桃溪雪》《帝女花》诸传奇得名，其曲本品格不过与蒋苕生上下耳。其词（骈文尤佳）却有生气、无俗响，在晚清总可占一席。乙丑盛夏，点圈一过，借以逭热。任公记。

《拙宜园词》二卷，清黄宪清撰，清末秀水孙氏望云仙馆刻《槜李遗书》本。

黄宪清（1805—1864），后名燮清，字韵珊、韵甫，别号吟香诗舫主人，浙江海盐人。清道光十五年（1835）举人，曾任松滋知县。交游广泛，著有《倚晴楼集》《倚晴楼七种曲》《拙宜园词》《国朝词综续编》等。

黄氏少时即以词曲名世，中年后肆力于诗文。任公认为黄氏虽以《桃溪雪》《帝女花》等得名，但其曲仅与蒋士铨（字苕生）不相上下，而赞其词有生气。《拙宜园词》为其早年所作，该集跋文称“少年绮语，一意忏除，盖由绚烂渐渐归平淡”，其风格渐老渐淡，归于质朴。李慈铭亦称其词“平易近素，然律切深秀”，“于词中为当家”[1]。

[1]（清）李慈铭著，由云龙辑：《越缦堂读书记》，上海：上海书店出版社，2000年，第1233页。

黃韻珊以桃谿雪、帝女花諸傳奇得名，惜其曲本品格不過与蔣苕生上下耳。其詞駢文尤佳，卻有生氣無俗響，在晚清倒可占一席也。丑歲夏亞園一過，藉以遣熱。

佳之記

拙宜園詞　　　　檇李遺書

海鹽黃憲清韻珊著　嘉善孫福清稼亭校刊

南鄉子

宿瑪瑙寺禪房

玉版話三生。禪榻茶烟證淨盟。時有妙香來鼻觀，零星。佛座閒花供一瓶。　燈火透檐青。襆被輕寒逼五更。殘夢不曾留得住，惺忪。雨裏疎鐘又幾聲。

卜算子

湖樓

拙宜園詞　望雲山館

纳兰词

鹊桥仙

容若卒于康熙乙丑五月，今岁其二百四十年周忌也。遥夜望月，讽纳兰词，枨触成咏。

冷瓢饮水，蹇驴侧帽，绝调更无人和。为谁夜夜梦红楼，却不道当时真错。

寄愁天上，和天也瘦，廿纪年光迅过。"断肠声里忆平生"（集中原句），寄不去的愁有么？

乙丑五月十六日。任公初稿。

《纳兰词》五卷《补遗》一卷，清纳兰性德撰，清光绪六年（1880）仁和许增娱园刻《榆园丛刻》本。

许增（1824—1903），字迈孙，号益斋，浙江仁和（今浙江省杭州市）人，藏书家。喜勘订书籍，又善书画。校刻有《唐文萃》，辑有《榆园丛刻》，著有《煮梦庵诗》。

该集收词三百余首。纳兰性德以小令见长，风格婉丽清凄，哀怨缠绵，不事雕饰，有清代李后主之称。所著《侧帽集》，后更名《饮水集》。清道光间，汪元浩（字孟养）据诸本汇编为《纳兰词》五卷，凡二百七十余阕；光绪间，许增增补后刊入《榆园丛刻》，是为足本。

鵲橋仙

容若卒於康熙乙丑五月今歲其二百四十年周忌也逆夜坐月諷納蘭詞悵觸成詠

冷瓢飲水，塞驢側帽，絕調更無人和。為誰夜夜夢紅樓，卻不道、當時真錯。寄愁天上，和天也瘦，廿紀年光迅過。斷腸聲裏憶平生（集中句），寄不盡的愁有麼。

乙丑五月十六日　汪之和稿

納蘭詞

納蘭詞卷一

長白性德容若箸

仁和許增邁孫栞

憶江南

昏鴉盡小立恨因誰急雪乍翻香閣絮輕風吹到膽瓶梅心字已成灰

赤棗子

驚曉漏護春眠格外嬌慵只（一作止誤）自憐寄語釀花風日好綠窗來與上琴絃

憶王孫

西風一夜翦芭蕉倦眼經秋耐寂寥強把心情付濁醪讀離

半塘定稿、半塘剩稿

归安朱侍郎祖谋赠。戊申三月[1]。

《半塘定稿》二卷《剩稿》一卷

沤尹刻鹜翁词成，以初印本赠蜕庵。蜕庵携赴日本，与余同客须磨之双涛园。蜕庵归，此本遂杂置我箧中十七年，蜕庵墓木亦拱矣。摩挲签题，凄感无已。乙丑五月，启超记。

浣溪沙

题蜕庵旧藏《半塘词》

廿九年前识此翁，校场抹角小胡同。

几回问字费邮筒，一卷杀青谁并读。

两行题墨态犹浓，双涛情话又朦胧。

[1] 此题记为麦孟华所作。

乙丑五月八日，启超。

《半塘定稿》二卷，《半塘剩稿》一卷，清王鹏运撰，清光绪间刻本。

王鹏运（1849—1904），字幼霞、幼遐、佑遐，自号半塘老人、半僧、鹜翁、半塘僧鹜，广西临桂（今广西壮族自治区桂林市）人。清同治九年（1870）举人，历官内阁侍读、监察御史、礼科给事中，以直谏著称。罢后主持仪董学堂，并执教于上海南洋公学。工词，与郑文焯、朱祖谋、况周颐合称为“晚清四大家”，因其在词坛声望很高，成就突出，被尊为四大家之首。著有《半塘定稿》，校刻有《花间集》《四印斋所刻词》《四印斋汇刻宋元三十一家词》《吴梦窗词》等。

麦孟华（1875—1915），字孺博，号蜕庵，广东顺德（今广东省佛山市顺德区）人。光绪十七年（1891）入万木草堂，师从康有为，与梁启超齐名，在草堂弟子中有“梁麦”之称。光绪十九年（1893）举人，曾参与公车上书，积极投身维新运动。戊戌政变后赴日，协助梁启超创办《清议报》。生平性喜吟咏，辞章绵丽沉郁，著有《蜕庵诗词》，后收入《粤两生集》。

王氏著有《袖墨集》《虫秋集》《味梨集》《鹜翁集》《蜩知集》《校梦龛集》《庚子秋词》《春蛰吟》《南潜集》等词集，后统名《半塘词稿》，晚年删定为《半塘定稿》，朱祖谋又编《半塘剩稿》，合刻以行世。王氏词风沉郁，提倡“重、拙、大”，将常州词派理论发扬光大，开临桂词派先河，对清末词坛颇有影响。

“半塘僧鹜小象”书眉所题“浣溪沙”词一首，未见著录，可补任公词作。

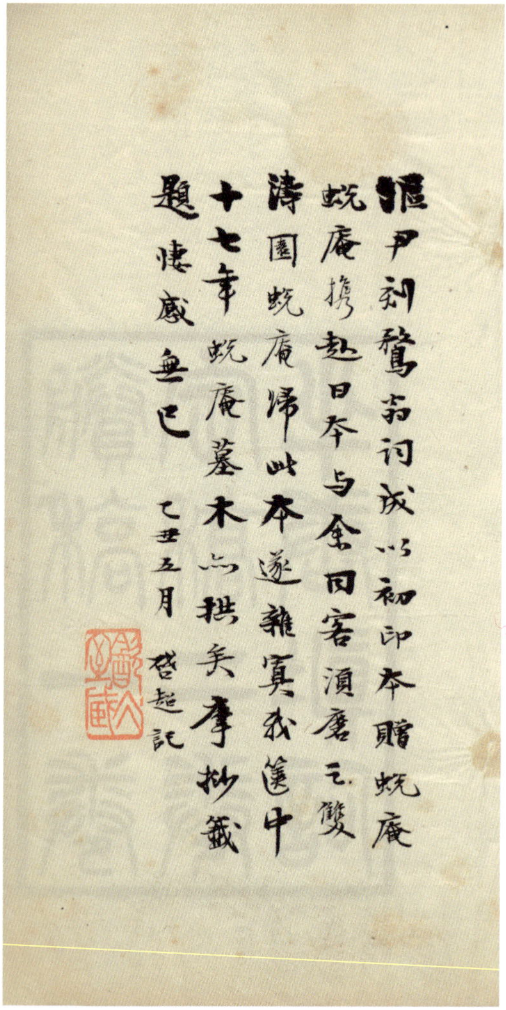

半塘定稿二卷賸稿一卷

歸安朱侍郎祖謀贈

戊申三月

漚尹刻鶩翁詞成以初印本贈蛻庵蛻庵攜赴日本與余同客須磨之雙濤園蛻庵歸此本遂雜寘我篋中十七年蛻庵墓木已拱矣摩挲籤題悽感無已

乙丑五月　啓超記

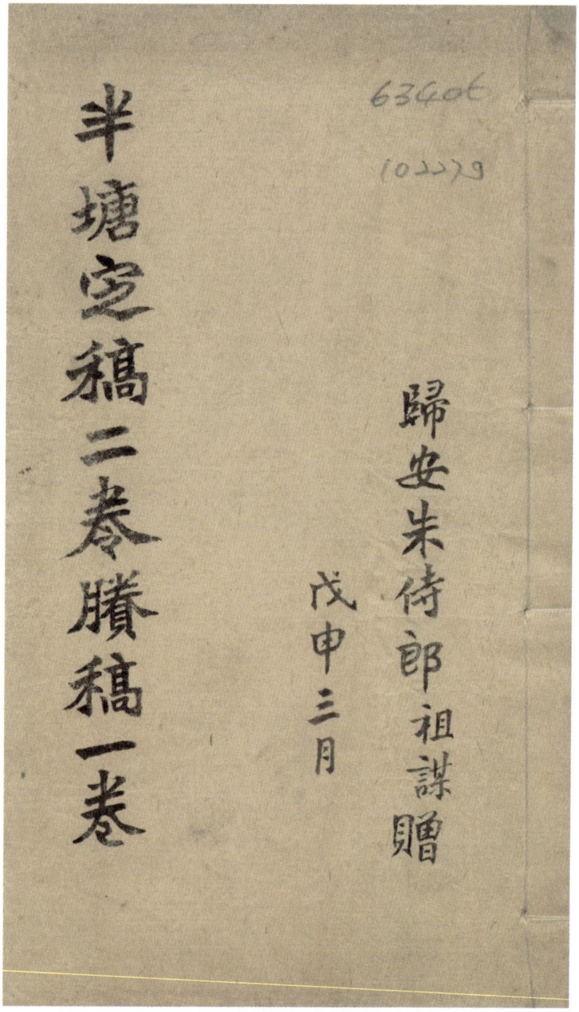

浣溪沙
題蜕庵意藏半塘詞

廿九年前識此翁
校場抹角小胡同
我田尚字費鄭筒
一卷殺青誰竝讀
兩行題墨淚猶濃
蔓濤情話又朦朧

乙丑五月八日
啓超

半塘定稾卷一　　　臨桂王鵬運佑遐

褏墨集丙戌至己丑

掃花游豐臺菊花零落同槐廬粹父泥飲叢祠倚此索和

彎環十八是丹鳳城西賣花邨路舊游憶否又蒼煙偷換穠春歌舞好約來遲一片秋聲在樹自凝佇歎著意訪秋秋轉無據　釃酒重弔古記往日詞人醉香深塢遠山翠縷倘依稀認得那人眉嫵倦倚西風誤卻紅牙舊

樵风乐府

《樵风乐府》九卷

癸丑六月，著者赠。饮冰室藏。

《樵风乐府》九卷，郑文焯撰，民国二年（1913）仁和吴氏双照楼刻朱印本。

郑文焯（1856—1918），字俊臣，号小坡、叔问，晚号大鹤山人，别署冷红词客，奉天铁岭（今辽宁省铁岭市）人。清光绪元年（1875）举人，曾任内阁中书。工诗词，通音律，“晚清四大词人”之一，著有《大鹤山人诗集》《瘦碧词》《冷红词》《词源斠律》《樵风乐府》等。

郑氏词取法姜夔、张炎，倡导清空淡雅，有隐士气，梁启超称赞其词与纳兰容若并为清词之首。晚年将《瘦碧词》《冷红词》《比竹余音词》《苕雅旧稿》四种删改而成《樵风乐府》九卷。

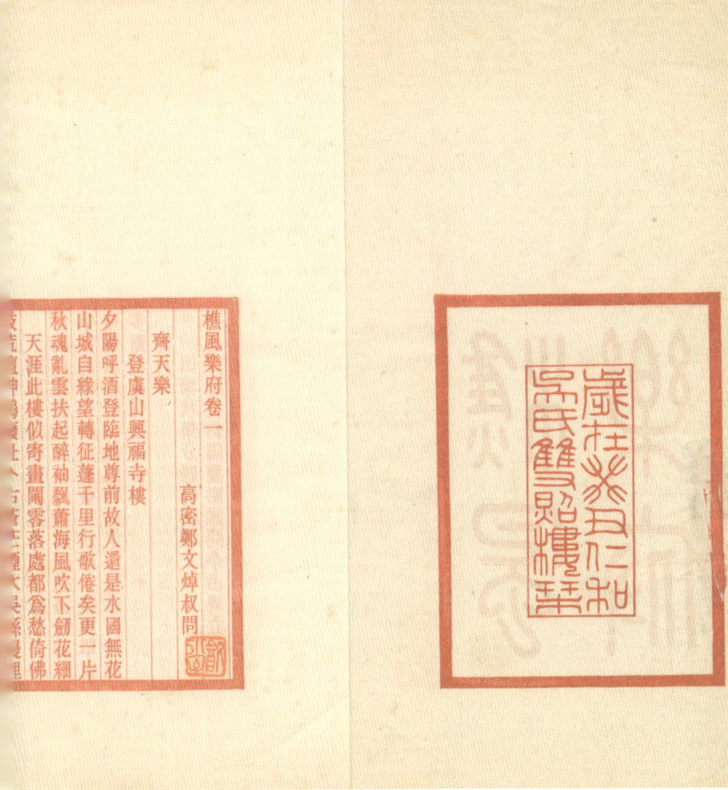
樵風樂府卷一　高密鄭文焯叔問

齊天樂

登虞山興福寺樓

夕陽呼酒登臨地尊前故人還是水國無花
山城自綠望轉征蓬千里行歌倦矣更一片
秋魂亂雲扶起醉袖飄蕭海風吹下劒花細
天涯此樓似寄畫闌零落處都爲愁倚佛

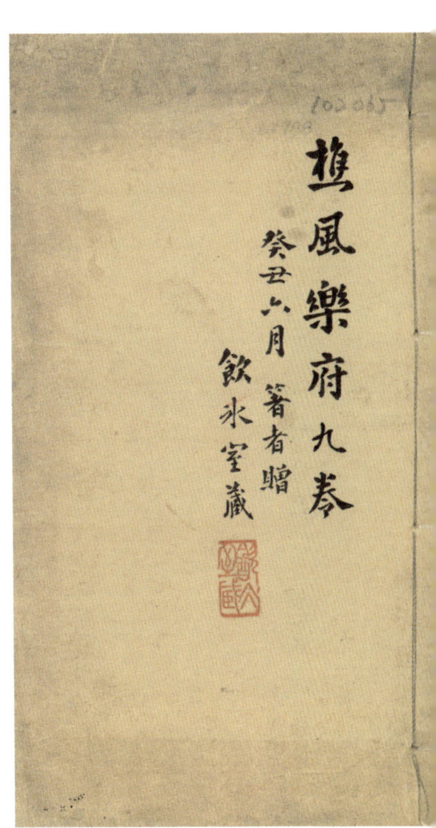

彊村乐府、蕙风琴趣

朱古微《蔃村乐府》、况夔生《蕙风琴趣》合刻本

乙丑五月，启超题藏。

《彊村乐府》，朱孝臧撰；《蕙风琴趣》一卷，况周颐撰，民国七年（1918）孙氏四益宧铅印本。

朱祖谋（1857—1931），原名孝臧，字藿生，一字古微、古薇，号沤尹、彊村，浙江归安（今浙江省湖州市）人。清光绪九年（1883）进士，官至礼部右侍郎。始以诗名，后与王鹏运交，遂弃诗而专攻词，“晚清四大词人”之一，辑有《湖州词征》《彊村丛书》等，著有《彊村词》等。

况周颐（1859—1926），原名周仪，避宣统帝讳，改名周颐。字夔笙、揆孙，别号玉梅词人、玉梅词隐，晚号蕙风词隐，广西临桂（今广西壮族自治区桂林市）人。光绪五年（1879）举人，官内阁中书。一生致力于词，存词作六百余首。尤精词论，重性灵流露、书卷酝酿，并以词心主之。“晚清四大词人”之一，著有《蕙风词》《蕙风词话》等。

朱况二人师承王鹏运，合《彊村乐府》《蕙风琴趣》二书为《鹜音集》，以绍王氏一脉之传。光绪二十二年（1896），朱祖谋入王氏词社后，受益甚多，方专力为词。其词高简浑成，多遗老遣怀或流连歌场之作，词律谐调，富丽精工；况氏年少时好为侧艳语，光绪十八年（1892）入京与王鹏运同官后，词风大变，转为沉郁真挚，晚年词律益工，伤时感事，多故国之思。

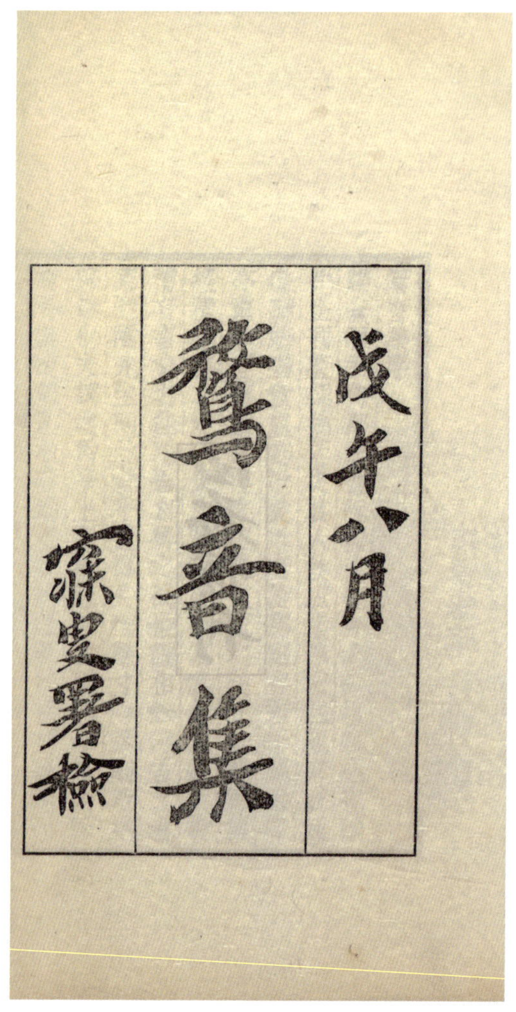
戊午八月
鷇音集
寐叟署檢

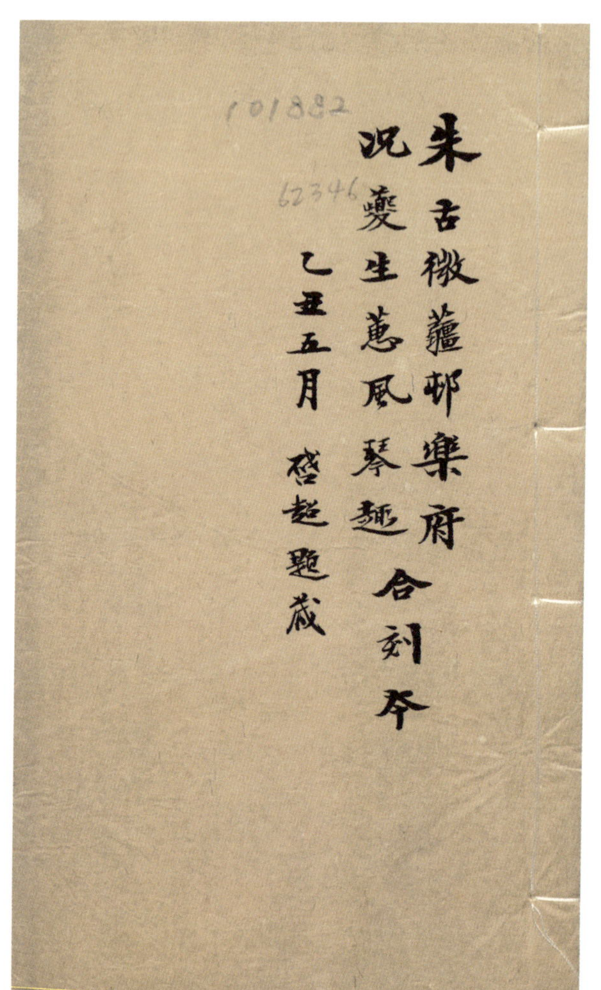
101882
62346
朱古微彊邨樂府
況夔生蕙風琴趣合刻本
乙丑五月 啓超題蔵

彊邨樂府

歸安　朱孝臧　古微

鷓鴣天

夢裏雲屏度幾重蘭期猶熯舊懽叢鐙飄繡扇花如睡歌咽金船酒不醲　春寂寂恨悤悤鳳城涼信又歸鴻緘情欲託天邊月知道高樓雨是風

解連環

七月十四日坐雨有作

雨涼無極傍西池漸浥畫屏猩色悵倦旅呼酒闌干數不斷唳鴻遠天如墨亂葉流紅驀驚散鶱鴛蹤迹

蕙風琴趣

臨桂　況周頤　夔笙

齊天樂

秋雨

沈郎已自拌顦顇驚心又聞秋雨做冷欺鐙將愁續夢越是宵深難住千絲萬縷更攙入蟲聲攪人情緒一片蕭騷細聽不是故園樹　沈沈更漏漸咽只檻前鐵馬幽怨如訴儻是殘春明朝怕有無數飛花飛絮天涯倦旅記滴向蓬窗更加淒苦欲譜瀟湘黯愁生玉柱

香宋词

赵尧生《香宋词》

己未秋作者见寄。乙丑夏精读一过，题而藏之。启超记。

《香宋词》二卷，赵熙撰，民国六年（1917）成都图书馆刻本。

赵熙（1867—1948），字尧生，号香宋，四川荣县人。清光绪十八年（1892）进士，选翰林院庶吉士，授翰林院国史馆编修，转官监察御史。常年留川讲学，门人弟子众多。工诗词，善书法，有“晚清第一词人”之称，蜀中五老七贤之一。著有《香宋诗集》《香宋词》等。

赵氏才思敏捷，早以诗名，任公并其女令娴曾从之学。与康梁交谊颇深，具有改良思想。其作词较晚，约1915年开始填词。1916年秋，客游成都，与方旭（号鹤斋）、邓鸿荃（号休庵）、林思进（字山腴）等蜀中名流结成“锦江词社”，互相酬唱，遂用力于词。俟《香宋词》出，时以词人称之。

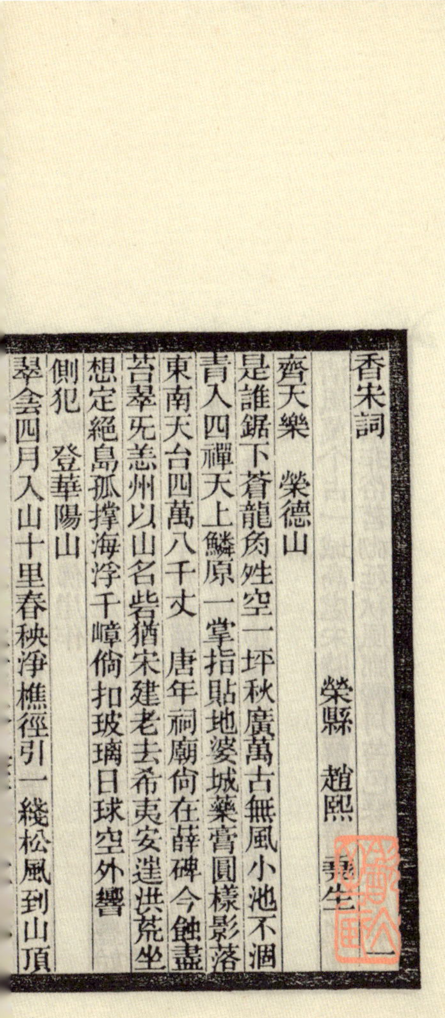

香宋詞　　榮縣　趙熙　堯生

齊天樂　榮德山

是誰鋸下蒼龍角殅空一坪秋廣萬古無風小池不涸青入四禪天上鱗原一掌指貼地婆城藥膏圓樣影落東南天台四萬八千丈　唐年祠廟倘在薛碑今蝕盡苔翠死恙州以山名砦猶宋建老去希夷安逍洪荒坐想定絕島孤撐海浮千嶂倘扣玻璃日球空外響

側犯　登華陽山

翠陰四月入山十里春秧淨樵徑引一綫松風到山頂

趙堯生香宋詞

己未秋作者見寄

乙丑夏精讀一過題而藏之

啓超記

绝妙好词笺

陈东塾先生评点本《绝妙好词笺》

甲子十月，启超题藏。

此东塾先生早年评点之本，为王耕伯所得，归诸先生。先生即以赠耕伯，题一诗媵焉。五六年前，汪伯唐同年得诸海王村破书摊中。以余夙私淑先生也，持以见贻。全书除续编外，字字皆经笔，圈评不多而壹皆精绝。所批抹严于斧钺，可谓一洗凡马。推崇苏辛，而于草窗所录稼轩三首深致不满，可见先生宗旨所在矣。先生诗词皆散佚无传，读此得窥其词学一斑。又得遗诗一首，深足幸也。甲子十月，后学梁启超补跋。

肠断梅溪折素弦，还君《绝妙好词笺》。江南倦客今头白，不按红牙二十年。

同治戊辰六月，余游端州，遇王君耕伯，云有余评点《汉书》及《绝妙好词笺》，得之史实甫之子。实甫死久矣，今以见归。余受《汉书》

而以此书赠耕伯，并题绝句于目录后。江南倦客者，余昔时填词以此自号云。兰甫书[1]。

启超案："吹笙"，《本集》作"吹帘"。

可见先生伟识。启超注。

《绝妙好词笺》七卷《续钞》一卷，宋周密辑，清查为仁、清厉鹗笺，清余集续钞，清徐楙补录，清道光八年（1828）杭州徐氏爱日轩刻本。

查为仁（1694—1749），字心谷，号莲坡，直隶宛平（今北京市丰台区）人。清康熙五十年（1711）举人，著有《绝妙好词笺》《莲坡诗话》等。

厉鹗（1692—1752），字太鸿，号樊榭，浙江钱塘（今浙江省杭州市）人。康熙五十九年（1720）举人，浙派诗词代表人物，著有《樊榭山房集》《辽史拾遗》《宋诗纪事》等。

余集（1738—1823），字蓉裳，号秋室，浙江仁和（今浙江省杭州市）人，画家、藏书家。清乾隆三十一年（1766）进士，乾隆三十八年（1773）荐修《四库全书》，授翰林院编修，累迁至侍讲学士。工诗文，擅画山水人物。藏有宋元遗集五百余种，著有《梁园归棹录》《忆漫庵剩稿》《百呐琴》《秋室诗钞》等。

徐楙，生卒年不详，清嘉庆道光间人，字仲繇、仲勉，一字问渠、问蘧，别署问年道人，浙江钱塘（今浙江省杭州市）人。诸生。嗜书画、金石，尤擅篆刻，以搜奇嗜古著称。

乾隆十三年（1748），厉鹗北上经过天津，查为仁留其同撰《绝妙好词笺》。《绝妙好词》收南宋词人一百三十二家，词作近四百首。查、厉二人考证作者生平，校改柯煜、高士奇刻本之误，引用诸家评语，阐释词作内容，并指出作者名篇佳句。余氏续钞，则取周氏书中曾称道之

[1] 此题记为陈澧所作。

人录之。徐懋刊刻时，又从《武林旧事》中补录当时供奉诸作，并雅谈杂识野语中尚有未采者，成《续钞》一卷。

此本中陈澧及任公题记，详细说明其递藏源流，陈氏遗诗亦可管窥其诗风之一斑；又有二人批语若干，尤以陈氏批语得见其词学思想。

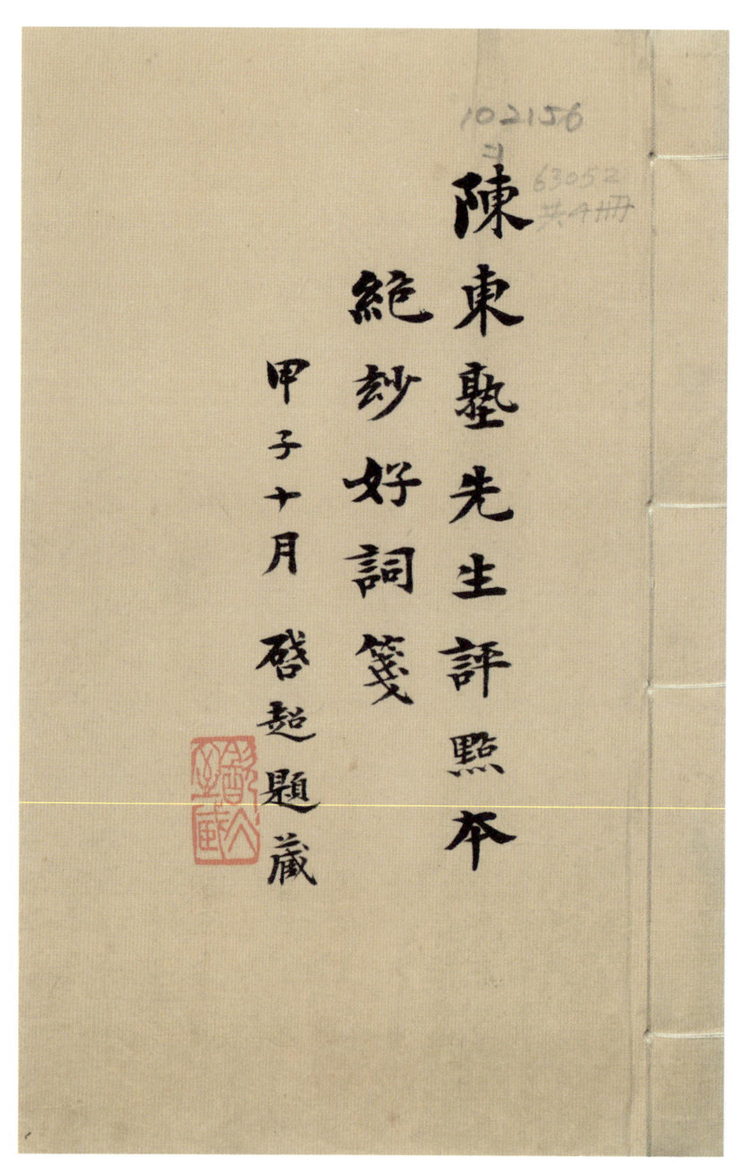

此東塾先生早年評點之本，舊為王耕伯所得，歸諸先生，先生即以贈耕伯，題一詩媵焉。五六年前汪伯唐同年得諸海王邨故書攤中，以余夙私淑先生也，持以見貽。全書除續編外，字字皆經筆圈評，不多而壹皆精絕。所批抹最於谷鈔所謂一洗凡馬者，推崇蘇辛，而於草窗所錄靡靡之音深致不滿，可見先生宗旨所在矣。先生詩詞皆散佚，今得讀此，得窺其詞學一斑，又得遺詩一首，深足幸也。

甲子十月 後學梁啟超補跋 啟超

腸斷梅溪折素經還君絕妙好詞箋
江南倦客今頭白不按紅牙二十年
同治戊辰六月余避亂溫州遇王君耕伯云
有余拜亞溪書及絕妙好詞箋留之史
賓甫之子寶甫死久矣今以見歸余受
溪書而以此書贈耕伯并題絕句於目錄後
江南倦客者余昔時填詞以此自號云
蘭甫書

絕妙好詞箋目錄

杭州愛日軒刻

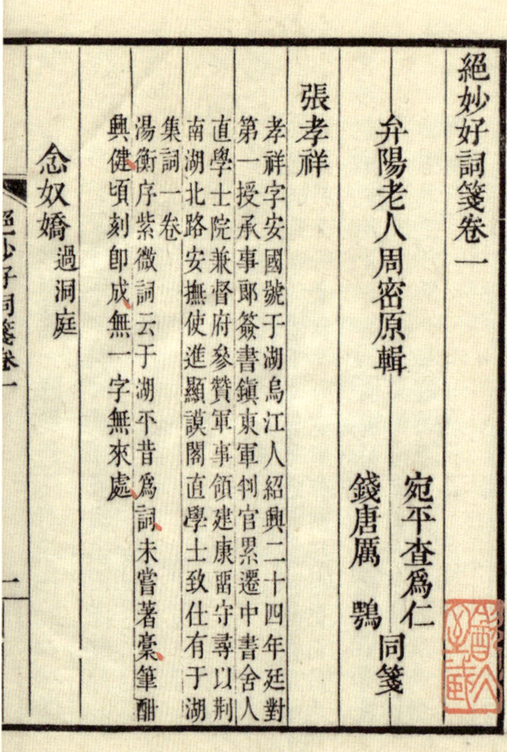

絕妙好詞箋卷一

弁陽老人周密原輯

宛平查爲仁　錢唐厲鶚　同箋

張孝祥

孝祥字安國號于湖烏江人紹興二十四年廷對第一授承事郎簽書鎭東軍判官累遷中書舍人直學士院兼督府參贊軍事領建康留守尋以判南湖北路安撫使進顯謨閣直學士致仕有于湖集詞一卷

湯衡序紫微詞云于湖平昔爲詞未嘗著稾筆酣興健頃刻卽成無一字無來處

念奴嬌　過洞庭

花影吹笙本集作吹簾

樓烏飛絕絳河綠霧星明滅燒香曳簟眠清樾花影吹笙滿地淡黃月　好風碎竹聲如雪昭華三弄臨風咽鬢絲撩亂綸巾折涼滿北窗休共軟紅說

朝中措

長年心事寄林扃塵鬢已星星芳意不如水遠歸心欲與雲平　留連一醉花殘日永雨後山明從此量船載酒莫教閒卻春情

眼兒媚

酣酣日腳紫煙浮妍暖試輕裘困人天氣醉人花底午

絕妙好詞箋卷一　四

既以于湖過洞庭一闋壓卷是不廢豪宕之作矣而選稼軒詞止此三闋何耶殆家校之不喜蘇辛家數實誤

雨見先生偉識
不如花

祝英臺近

寶釵分桃葉渡煙柳暗南浦怕上層樓十日九風雨斷腸點點飛紅都無人管倩誰勸啼鶯聲住　鬢邊覷應把花卜歸期纔簪又重數羅帳燈昏哽咽夢中語是他春帶愁來春歸何處卻不解帶將愁去

貴耳集云呂婆呂正己之妻正己為京畿漕有女事辛幼安因以微事觸其怒竟逐之今稼軒桃葉渡詞因此而作

詞旨警句應把花卜歸期纔簪又重數祝英臺近是他春帶愁來春歸何處卻不解帶將愁去同上

歸潛志党懷英辛棄疾少同舍屬金國初亂辛率數千騎南渡顯於宋党在北擢第入翰林二公皆有榮寵後辛退閒有鷓鴣天云壯歲旌旗

絕妙好詞箋卷一　十四

宋六十名家词

罗氏原文云今定为三卷，子晋自跋亦明言旧刻三卷。今厘为一卷矣，乃此处竟改“三”字为“一”字，明人习气如此，所谓刻书而书亡也。戊辰六月记。

程正伯与东坡为中表，词品固当受东坡影响。其佳者如弹丸脱手，游丝扬空，非特苏门诸子所不逮，即坡老且尝放渠出一头地也。南渡后，惟希真、稼轩得其神髓尔。乙丑端午后十日，启超读竟记。

取吴讷《唐宋名贤百家词》本对校，阕数全同。不过此本将同调者汇在一处，吴本则分散耳！所谓多溷苏作，今悉删正者，不知何指也？戊辰六月二十日，启超校竟记。

《宋六十名家词》，明毛晋编，清光绪间钱塘汪氏刻本。

毛晋（1599—1659），原名凤苞，字子久，后改字子晋，号潜在，别号汲古主人，江苏常熟人，藏书家、出版家。早年师从钱谦益。筑汲古阁、目耕楼以藏书，前后聚书八万四千余册，尤嗜抄录罕见秘籍，缮写精良，后人称为“毛钞”。刻书六百余种，曾校刻《十三经》《十七史》《津逮秘书》《六十种曲》等，流布甚广，居历代私家刻书之首。编著亦多，有《毛诗陆疏广要》《苏米志林》《海虞古今文苑》《毛诗名物考》《明诗纪事》《隐湖题跋》等。

《宋六十名家词》又名《宋名家词》，为毛氏所选宋词总集，分六集六十一家，每家之后均附跋语，以说明版本、介绍作者或进行评论。该集为现存最早汇刻宋词总集，流传较广，影响颇大。其词以所得底本付刻先后为序，不依时代为次，校订较为疏略。毛氏本拟续刻，后因财力不足而中止。

程正伯與東坡為中表其詞品固當受東坡影響其佳者如彈丸脱手游放逸凌空非特蘇門諸子所不逮即坡老且當讓渠出一頭地也南渡後惟稼軒真得其神髓耳

乙丑端午後十日　石以讀竟記

羅氏原本云今定為三卷　嘉自跋六一詞言刻三卷今祇為一卷矣乃此本竟改三字為一字明人習氣於此可謂刻書而書亡也　石以曾記

題六一詞序

情動於中而形於外言人之常也詩三百篇如俟城隅望復關標梅實贈勺藥之類聖人未嘗刪焉陶淵明閑情一賦豈害其爲達而梁昭明以爲白玉微瑕何也公性至剛而與物有情蓋嘗致意於詩爲之本義溫柔寬厚所得深矣吟詠之餘溢爲歌詞有平山集盛傳於世曾慥雅詞不盡收也今定爲一卷其淺近者前輩多謂劉煇僞作故削之郡人羅泌

吴讷本亦作寒輕

書舟詞

宋　程垓

、摸魚兒

掩淒涼黃昏庭院、角聲何處嗚咽。矮窗曲屋風燈冷、還是苦寒時節。凝佇切、念翠被熏籠夜夜成虛設。倚闌愁絕、聽鳳竹聲中、犀幃影外、簌簌釀寒輕雪。　傷心處、卻憶當年輕別、梅花滿院初發。吹香弄蕊無人見、惟有暮雲千疊。情未徹、又誰料而今好夢分胡越。不堪重說。但記得當初、重門鎖處、猶有夜深月。

、洞庭春色

錦字親裁、淚巾偷裹、細說舊時。記笑桃門巷、妝窺寶

衍一字[illegible]　寒字即　輕字

影
動

、又

風敲窗雨敲窗窗外芭蕉雲作幢聲聲愁對牀
銀缸點銀缸夢採芙蓉隔一江幾時蝴蝶雙

對、

、如夢令

風入藕花翻重夜氣與香俱縱月又帶風來涼意一
襟誰共情重情重可惜短宵無夢

、憶王孫

蕭蕭梅雨斷人行門掩殘春綠蔭生翠被寒燈枕自
横夢初驚窗外啼鵑催五更

書舟詞終

正伯與子瞻中表兄弟也故集中多溷蘇作如意難
忘一翦梅之類今悉刪正其酷相思四代好折紅英
諸闋詞家皆極欣賞謂秦七黄九莫及也湖南毛晉
識

取吳訥唐宋名賢百家詞本對校闋數全同不過此本將同調者
彙在一處吳本則分散耳所謂多溷蘇作今悉刪正者不知
何指也　戊辰六月二十日啓超校竟記

宋元名家词

杭州丁氏嘉惠堂精钞本《宋词十七家》后归王氏四印斋，见况蕙风《兰云菱梦楼笔记》。

刘辰翁《须溪词》

谢薖《竹友词》

严羽《沧浪词》（只二阕，不能成卷）

张肯《梦庵词》

陈深宁《极斋乐府》

张辑《东泽绮语》

李祺《侨庵词》

陈德武《白雪词》

王达（字达善）《耐轩词》

曹宠《松隐词》

吴潜《履斋词》

廖行之《省斋诗余》

汪元量《水云词》

张抡《莲社词》

沈瀛（字子寿）《竹斋词》

王以宁《王周士词》

陈著《本堂词》

《宋元名家词》，清江标辑，清光绪二十一年（1895）湖南思贤书局刻本。

江标（1860—1899），字鹈霞、建瑕，号萱圃、师邪，江苏元和（今江苏省苏州市）人。光绪十五年（1889）进士，选翰林院庶吉士，授编修。光绪二十年（1894）任湖南学政，精研小学，酷嗜金石文字，能诗。曾辑刻《灵鹈阁丛书》五集五十六种，著有《灵鹈阁稿》《红蕉蔗词》《沅湘通艺录》等。

该集收北宋三家、南宋七家、元五家，凡十五家词人。此书底本为彭元瑞所抄毛氏汲古阁未刊本，江标转抄自况周颐处，取其中十三家，于王氏四印斋已刻者不重出，另附两家合刊。此集可补毛氏《宋六十名家词》之缺，惜底本传抄讹误，故不及《四印斋所刻词》精审。

题记所列十七词家及词作，摘抄自况周颐《兰云菱梦楼笔记》[1]，文字略有不同。

[1] 参见况周颐撰：《兰云菱梦楼笔记》，《惠风丛书八种》，上海：中国书店，1926年后印本，第十四至十五叶。

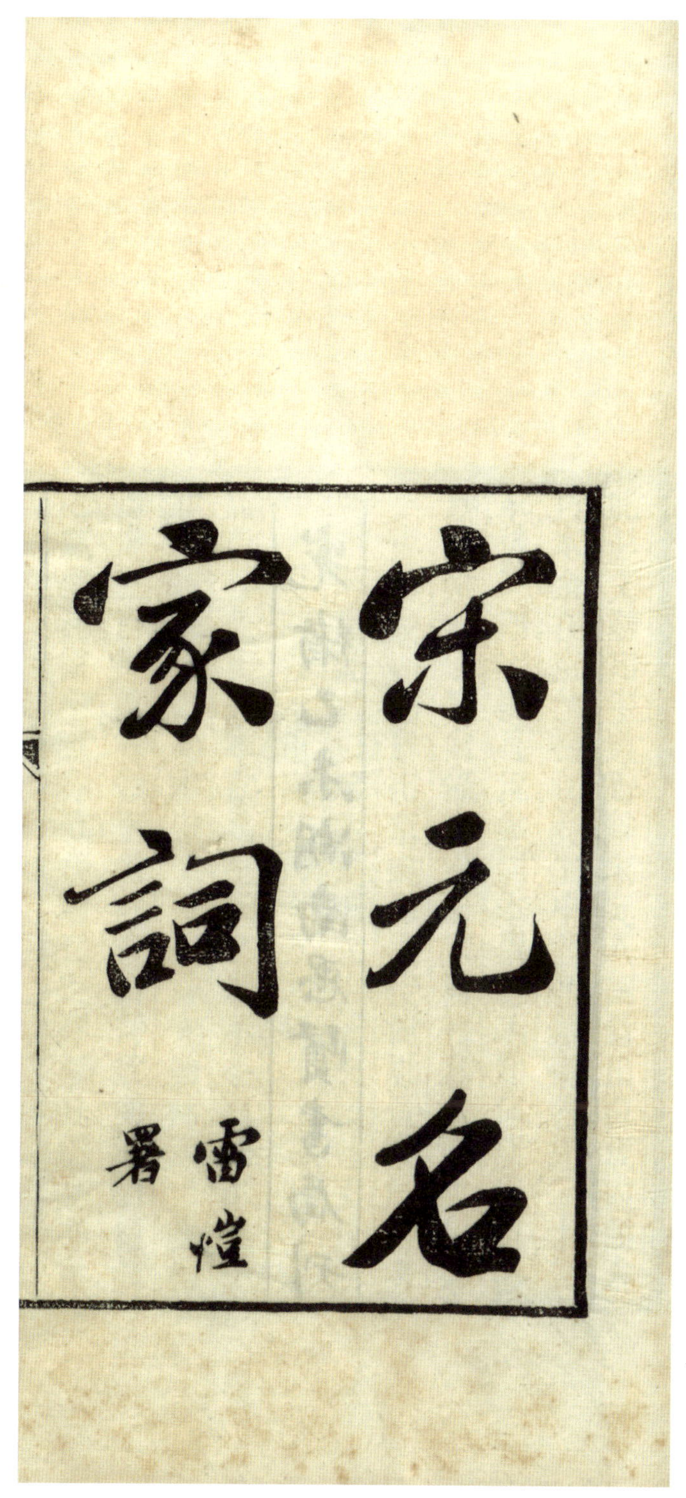

宋元名家詞

雷愷署

杭州丁氏嘉惠堂精鈔本宋詞十七家後歸王氏四印齋 見況蕙風蘭雲菱夢樓筆記

劉辰翁須溪詞

謝邁竹友詞

嚴羽滄浪詞 只二闋不能成帙

張肯夢庵詞

陳深寧極齋樂府

張輯東澤綺語

李祺僑庵詞

陳德武白雪詞

王達 字達善 耐軒詞

於謙牧堂藏書中得宋元人詞二十二帙題曰汲古閣未刻詞行款字數與已刻六十家詞同每帙鈐毛子晉諸印皆精好特鈔存之予舊藏李西涯輯南詞一部又宋元人小詞一部合此三書於六十家外又可得六十二種安得好事者續鐫爲後集辛亥秋七月廿七日芸楣記

馮延巳陽春集 臨桂王氏四印齋已刊

賀鑄東山詞 臨桂王氏四印齋已刊

葛郯信齋詞

向滈樂齋詞

朱希眞樵歌詞拾遺 臨桂王氏四印齋已刊

曹冠松隱詞

吳潛履齋詞

廖行之省齋詩餘

汪元量水雲詞

張掄蓮社詞

沈瀛 字子壽 竹齋詞

王以寧王周士詞

陳著本堂詞

朱雍梅詞 臨桂王氏四印齋已刊

朱子晦庵詞

吳儆竹洲詞

許棐梅屋詩餘 臨桂王氏四印齋已刊

趙以夫虛齋樂府

楊澤民和淸眞詞

林正大風雅遺音

文天祥文山樂府

葛長庚白玉蟾詞 臨桂王氏四印齋已刊

李淸照漱玉詞 臨桂王氏四印齋已刊

朱淑眞斷腸詞 臨桂王氏四印齋已刊

一种情传奇

《一种情传奇》

明吴江沈璟著。

姚一鄂手钞本。

戊午四月十六日，饮冰召荣庆部于赣馆演《冥勘》，因携此本至内场，与乐人证之，悉合。乐人且曰“是灵公也”，盖“炳灵公”之略词耳，然硬截无理。次日，更于黄溯初（群）席上食比目鱼，仅谓为目鱼，语亦截上，所谓无独必有偶也。于是纵论，有举市语呼“国民公报”截下一字为“国民公”者，予举碑估语以对之，曰“‘姜遐断’谓‘姜遐断碑’也”，客复曰“‘北京日’亦报馆名截下一字”，更对之“‘熹平残’则‘熹平残碑’也”，相与大笑！是时此本已为饮冰所得，却屡以覃溪相嘲，欲使播其丑于后人，岂不冤哉？饮冰知后，重装属题，因并记近事以为掌故。端阳日，华[1]。

[1] 此题记为姚华所作。

《一种情传奇》二卷，明沈璟撰，民国初姚华抄本。

沈璟（1553—1610），字伯英，晚字聃和，号宁庵，别号词隐生，苏州吴江（今江苏省苏州市吴江区）人，戏曲家、戏曲理论家。明万历二年（1574）进士，历任兵部、礼部、吏部主事、员外郎。万历十六年（1588），任顺天乡试同考官，因涉及考官舞弊案而被劾还乡，遂寄情于戏曲创作，后成“吴江派”曲学领袖，与汤显祖“临川派”齐名。著作繁富，有《属玉堂传奇》《南词韵选》《论词六则》《唱曲当知》《词隐新词》等，编订有《南九宫十三调曲谱》。

姚华（1876—1930），字一鄂，号重光、茫父，别号莲花庵主，贵州贵筑（今贵州省贵阳市）人。清光绪三十年（1904）进士，授工部虞衡司主事，随即保送日本学习法政，归国后任邮传部船政司主事兼邮政司科长。民国后任贵州省参议院议员、北京女子师范学校校长。精通诗词、戏曲理论、书画、古文字学等，被誉为“京华一代通人”，著有《弗堂类稿》《莲花庵书画集》《黔语》等。

沈氏所著《属玉堂传奇》共十七种，今存七种，《一种情传奇》为其中之一。《一种情传奇》又名《坠钗记》，共二十一出。叙兴娘无论生死，皆与崔嗣宗专注于情，故名《一种情》。其词语言朴素，声韵格律严谨。

在日留学期间，姚华参加了梁启超等发起的政闻社，是贵州省宪政派与任公之间的联系人，二人关系密切。此本为姚华所抄，有其朱笔校注、题记。

一種情傳奇

明吳江沈璟著

姚一鄂手鈔本

一種情傳奇

上卷

明吳江沈璟撰

萊猗室抄從清康熙中

興慶閣傳抄本

第二十九出 選場

第三十出 虛度（此出曲中有憑學得牡丹亭遺迹）

第三十一出 團結

右下卷

集傳奇舊例目錄多是耦數此本獨三十一出例係特見殆由集人以意增減故不能合耳於下卷選場之本書中無關節目處殺防隨例於演原本應在必省之列 陰之氏

去仍三十出也

戊午四月十六日飲冰名榮慶邸於輯館濱寓勘用携此本識

劍溧堂識

四揚右宋人說之崙居宋人且日是靈芸也蓋炳靈公之異
湖月此便截名曰以日字於黃閣初本序上書此月魚佳
謂為月魚語乃截上所語無捐亦有偶也於是緇編首岸
市語呼國氏公報截下一字為國氏公若予峰碑估語以對
之曰姜遊游語姜遊游碑也字為田此東日亦報館名截下
一字更對之姜平殘列姜平殘碑也相與大笑是時北中也
為飲冰時得左蒙以章溪相嘲鼓使播其醜于人者不實
或飲冰志係靈襄居題田並記也寧以為掌故端陽日華

一種情傳奇上卷

明詞隱先生吳江沈璟字伯英號寧庵撰

第一出

末上

沁園春　與姐與哥，罡鈴盟約，其鳳金釵。奈崔生淪落，訪仙當凴，與娘懸望，抱恨沈埋情館來賓。嬌魂托妹，人鬼相旉，口來盧家史舟香，明示生死命安排。　休猜，姊妹相扶，家歲望崔調已諧，把琵琶再續，尊招先名，鳳釵為證，出配林蕙，后土明靈，瓊花仙觀，昇魄酬恩兩遂懷。成名後，攜將命婦，遂拜望仙臺。

那來的云云，崔嗣宗是也

鹤归来传奇

《鹤归来》剧曲

癸亥三月十三日，瞿菊农所赠。在翠微山中碧摩岩读一过。启超记。

《顾亭林诗集》有"瞿公子元錩将往桂林不得达而归"一首，《亭林年谱》谓元錩为忠宣子，不知为昌文何人？当考诸瞿家谱牒。启超又记。

《鹤归来传奇》二卷，清瞿颉撰，清周昂评点，清末湖北官书局刻本。

瞿颉（1744—1818），字孚若、菊亭，号琴川居士、秋水阁主人等，江苏常熟人。清乾隆三十三年（1768）举人，清嘉庆十一年（1806）任酆都知县，晚年居苏州平江书院讲学。工诗文，善戏曲，著有《仓山诗钞》《秋水阁古文》《鹤归来》《雁门秋》《元圭记》《桐泾月》等。

周昂（1732—1801），字千若，号少霞，江苏昭文（今江苏省常熟市）人。乾隆三十五年（1770）举人，曾任安徽宁国训导。后引疾归里，以著述自娱。工诗，精于音韵，晚好声伎戏曲，著有传奇《西江瑞》《兕觥记》《玉环缘》《两孝记》四种，另著有《视荫笔记》《元季伏莽志》

《少霞诗钞》《支溪诗录》《音韵六书》等。又事校刻，其“此宜阁”刻有多种刊本行世。与瞿颉友善，晚年校评其所撰传奇《鹤归来》。

《鹤归来》主要讲述瞿颉六世祖式耜（字起田）作为南明重臣留守桂林，阻击清军进攻，后兵败被杀之事；式耜之孙昌文奉尸骸归乡，返乡当日瞿家牌坊前双鹤翔集，故称《鹤归来》。该传奇为表彰祖德而作，故叙事多有依据。

任公问及瞿元錞为昌文何人，据瞿玄锡所撰《稼轩瞿府君暨邵氏合葬行实》[1]，玄錞为式耜次子[2]，昌文为玄锡长子，故玄錞当为昌文二叔。

[1]（清）瞿玄锡撰，余行迈、吴奈夫、何永昌点校：《稼轩瞿府君暨邵氏合葬行实》，《明史研究论丛》，1991年第2期，第415—416页。

[2]《稼轩瞿府君暨邵氏合葬行实》载式耜有三子：玄锡、玄錞、玄镜，“玄錞”与任公所题“元錞”当是一人。参见（清）瞿玄锡撰，余行迈、吴奈夫、何永昌点校：《稼轩瞿府君暨邵氏合葬行实》，《明史研究论丛》，1991年第2期，第415—416页。

鶴歸來

鶴歸來劇曲

癸亥三月十三日瞿菊農所贈在翠微山中碧摩巖讀一過 啓超記

頡亭林詩集有瞿公子元錡將之桂林不得達而歸一首亭林年譜謂元錡為忠宣子不知菊昌文何人當攷諸瞿家譜牒

啓超又記

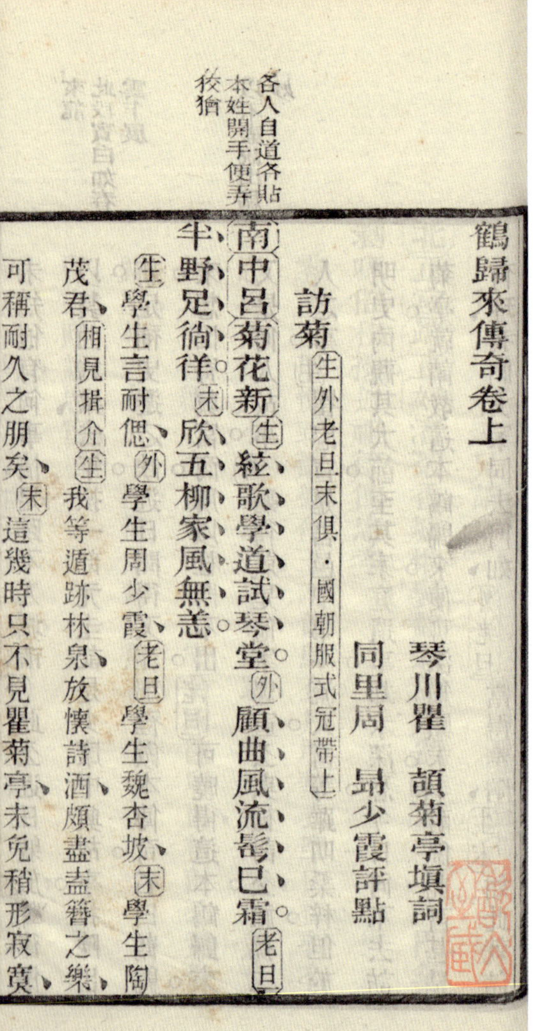

各人自道各貼本姓開手便弄狡獪

鶴歸來傳奇卷上

琴川瞿　頡菊亭塡詞

同里周　昺少霞評點

訪菊〔生外老旦末俱·國朝服式冠帶上〕

〔南中呂〕菊花新〔生〕紘歌學道試琴堂。〔外〕顧曲風流鬢已霜。〔老旦〕半野足徜徉。〔末〕欣五柳家風無恙。

〔生〕學生言耐偲、〔外〕學生周少霞、〔老旦〕學生魏杏坡、〔末〕學生陶茂君、〔相見揖介〕〔生〕我等遁跡林泉、放懷詩酒、頗盡壺觴之樂、可稱耐久之朋矣、〔末〕這幾時只不見瞿菊亭、未免稍形寂寞、

旧学蓄疑

汪容甫《旧学蓄疑》一卷

分子、史、评诗、杂录四门，盖随时札记，以作著述资料者。各条下间附刘文淇、成蓉镜及其子喜孙案语，尤有题萱龄者，其姓待考。癸亥三月，启超记。

《旧学蓄疑》一卷，清汪中撰，清光绪间刻《木犀轩丛书》本。

汪中（1744—1794），字容甫，江苏江都（今江苏省扬州市）人，文学家。少孤贫好学，性诙谐刚直，与同乡王念孙、刘台拱等友善。清乾隆四十二年（1777）拔贡生，晚年往镇江文宗阁、杭州文澜阁检校《四库全书》。治经专宗汉学，能诗，尤善骈文，“扬州学派”杰出代表，著有《尚书考异》《述学》《广陵通典》《容甫遗诗》等。

此书为汪氏偶有所得随笔记录之读书札记，分“子”“史”“评诗”“杂录”四类，内容所涉广泛，由其子孙编纂而成。

任公所题“萱龄”者，似为王蘐龄，又作萱龄、萲龄，生卒年不详，字北堂，直隶昌平（今北京市昌平区）人。清道光元年（1821）恩科副榜，官河南新安、直隶柏乡教谕，从王引之学，工骈文，著有《周秦名字解诂附录》。

汪容甫舊學蓄疑一卷

分子史評詩襍錄四門蓋隨時劄記以作著述資料者各條下間附劉文淇成蓉鏡及其子喜孫案語凡有題萱齡者其姓待考

癸亥三月　丕炎記

淩曉樓羣書答問二卷補遺一卷

曉樓於禮學最邃書中每稱制之雜考證

舊學蓄疑

子　　　　江都汪中述

管子四時篇端險阻脩封疆正千陌千陌即阡陌也阡陌不始於商鞅此亦一證足補朱子之闕

韓子和氏篇云商君教秦孝公燔詩書而明法令然則孝公固已燔詩書矣

姦刼弒臣篇厲憐王以下與荀子與春申君書略同此韓非之文因篇內有莊王之弟春申君云云而誤作荀子與春申君書是國策之謬也

易余钥录

焦里堂《易余钥录》二十卷

书为里堂著《易学三书》时旁涉他学随手札记之作，言《易》者反甚稀也。吾未精读，偶翻卷四《论声系》、卷十七《论曲剧》各条，已觉多妙谛。癸亥三月，启超记。

《易余钥录》二十卷，清焦循撰，清光绪间刻《木犀轩丛书》本。

焦氏专意治经，尤邃于《易》，著述甚多，以《易章句》《易通释》《易图略》三书为最精。该书乃其读《易》之余，观他书所作笔记，久而成帙。此书涉及面广，见解独到而又贯通平实，无枯燥乏味之弊。

焦里堂易餘籥錄二十卷

書為里堂著易學三書時旁涉他學隨手劄記之作言易者反甚稀也吾最推其讀詞緒卷四論聲系卷十七論曲劇各條已覺多妙諦

癸亥三月　啓超記

易餘籥錄卷一

江都焦循撰

吾鄉處士王大名先生諱方魏承其先觀濤吏部之學以易教授於里中余祖母大名先生之女孫也故先祖先父俱好易先父嘗云歷來講易者多不能使易辭了然明暢厭人意惟於辭之同處思而貫之當得其解如密雲不雨自我西郊小畜言之矣何以小過又言之帝乙歸妹言於歸妹宜矣又何以言於泰先甲三日後甲三日言於蠱矣何以巽又言先庚三日後庚三日於此求之庶有途徑可入循奉此教凡四十年而成易學三書

群书答问

凌晓楼《群书答问》二卷《补遗》一卷

晓楼于礼学最邃，书中多礼制之杂考证。

《群书答问》二卷《补遗》一卷，清凌曙撰，清光绪十四年（1888）刻《木犀轩丛书》本。

凌曙（1775—1829），字晓楼、子升，江苏江都（今扬州市）人。治学以郑玄为尚，精于《仪礼》，善解《公羊》，著有《四书典故核》《公羊礼疏》《公羊礼说》《公羊问答》《仪礼礼服通释》等。

该书仿钱大昕《潜研堂答问》体例，以问答形式述其经学思想。内容涉及三礼、《白虎通》《荀子》《吕氏春秋》《毛诗》《汉书》《史记》及清人著述等。因凌氏精于三礼，故所论甚多。该书征引较多，常为后人取资校雠、考辨文献之用。

汪容甫舊學蓄疑一卷
分子史評詩雜錄四門蓋隨時劄記以作著述
資料者名條下間附劉文淇成蓉鏡及其子喜
孫案語凡有題晉齡者其姓待考
癸亥三月　恕收記

凌曉樓羣書答問二卷補遺一卷
曉樓於禮學最邃書中多禮制之雜考證

羣書答問卷上

江都凌曙著

問易疏諸氏莊氏竝云彖斷也斷定一卦之義所以名為彖也其說然乎否乎曰劉瓛陸德明皆主此說而不然也說文彖豕走也從彑從豕省玉篇彖豕走悅也鄺露赤雅云彖耳濺濺大如掌行動鼓舞目常帶笑有歡悅發揚之意狀似犀而角小居草茅而知吉凶生于兩粵東曰茅犀西曰猪神遇之則吉罔敢有害檀萃楚庭稗珠云聖人作易稱彖象者取于此二獸也此說足以補先儒之鈌据鄺說彖耳濺濺大如掌又云西曰猪神

天苏阁丛刊二集十种

徐仲可同年所赠。甲子五月，启超记。

仲可有子新六，字振飞，从余游最久。

《天苏阁丛刊二集十种》，徐新六辑，民国十二年（1923）杭县徐氏中华书局铅印本。

徐珂（1869—1928），原名昌，字仲可，别署天苏阁主、纯飞馆主，浙江杭县（今浙江省杭州市）人。清光绪十五年（1889）举人。后任商务印书馆编辑，加入南社。光绪二十七年（1901）担任《外交报》《东方杂志》编辑，1911年接管《东方杂志》“杂纂部”。编有《清稗类钞》《历代白话诗选》《古今词选集评》《清朝野史大观》《康居笔记汇函》等。

徐新六（1890—1938），字振飞，浙江杭县（今浙江省杭州市）人。徐珂子。光绪二十八年（1902）入上海南洋公学，光绪三十四年（1908）赴英国伯明翰大学冶金专业学习，1912年在维多利亚大学攻读经济学，后入法国巴黎政治学院学习国家财政学。1914年回国，考取财政部佥事，并任教于北京大学。1921 年入上海浙江兴业银行，历任董事会书记长、副总经理、总经理。曾任公共租界工部局华人董事。1936 年，兼任工部局图书委员会主任委员。1937 年“八一三”淞沪会战后上海沦陷，被财政部部长孔祥熙指派维持上海租界内的金融事业。著有《币法考》，编有《天苏阁丛刊》一集、二集。

1917 年 7 月，梁启超任段祺瑞政府财政总长，徐氏时任财政部秘书。次年底，梁启超以巴黎和会中国代表团会外顾问身份赴欧考察，邀其随行。1919 年，徐新六被委任为巴黎和会赔款委员的中国代表和中国代表团专门委员。翌年 3 月随梁启超等回国。后任职于张謇所创新通公司，其间仍协助梁启超筹设经营航业的中比公司。徐氏受康梁维新变法思想影响，与任公共事三年有余，并有长期交往，故任公题记称其“从余游最久”。

该集存徐珂所著书五种，校本二种，又有徐新六辑录《复盦觅句图题咏》，乃当时名流为其大父《印香中翰觅句图》所题文字。另有《五藩梼乘》《内阁小志》二种，世无刊本，原为汪康年（字穰卿）所藏。

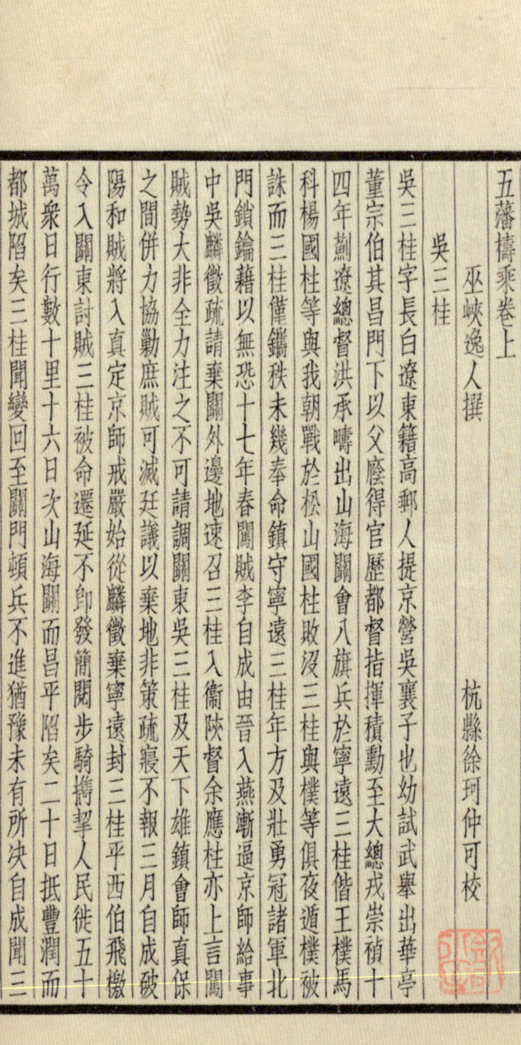

五藩檮乘卷上

巫峽逸人撰　　杭縣徐珂仲可校

吳三桂

吳三桂字長白遼東籍高郵人提京營吳襄子也幼試武舉出華亭董宗伯其昌門下以父廕得官歷都督指揮積勳至大總戎崇禎十四年薊遼總督洪承疇出山海關會八旗兵於寧遠三桂偕王樸馬科楊國柱等與我朝戰於松山國柱敗沒三桂與樸等俱夜遁樸被誅而三桂僅鐫秩未幾奉命鎮守寧遠三桂年方及壯勇冠諸軍北門鎖鑰藉以無恐十七年春闖賊李自成由晉入燕漸逼京師給事中吳麟徵疏請棄關外邊地速召三桂入衛陝督余應桂亦上言闖賊勢大非全力注之不可請調關東吳三桂及天下雄鎮會師真保之間併力協勦庶賊可滅廷議以棄地非策疏寢不報三月自成破陽和賊將入真定京師戒嚴始從麟徵棄寧遠封三桂平西伯飛檄令入關東討賊三桂被命遷延不即發簡閱步騎擕挈人民徙五十萬衆日行數十里十六日次山海關而昌平陷矣二十日抵豐潤而都城陷矣三桂聞變回至關門頓兵不進猶豫未有所決自成聞三

天蘇閣叢刊二集

五藩檮乘
內閣小志
可言
五刑考略
秀水董氏五世詩鈔
高雲鄉遺稿
復盦覓句圖題詠
小自立齋文
真如室詩
純飛館詞續

杭縣徐氏印行

凡六冊

一

费氏遗书三种

《费氏遗书三种》

《弘道书》

《荒书》

《燕峰诗钞》

李孚青《野香亭集》有先生一序，首云“丁丑冬，次儿自京师归”，末云“成都费密撰”，盖先生遗文廑存者。其文朴茂可熹。丁丑为康熙三十六年，先生七十三岁矣。癸亥二月十五日，启超记。

先生父经虞（不知为名为字，自号鲜民），尝宦于滇（不知何官），私谥曰“孝贞先生”。

天启五年，先生生。

崇祯十七年，即顺治元年，先生二十岁。

顺治二年，先生二十一岁。张献忠屠蜀。先生聚兵什邡县高定关，退贼。

顺治三年，先生廿二岁。在新繁。此两年中尝入滇省亲。

顺治五年，先生廿四岁。冬，杨展受滇中，封以广元伯，督蜀、秦军，聘先生以中书舍人参其军。

顺治六年，先生廿五岁。七月，杨展遇害。先生仍在展子璟新军中，未几去之。十一月，璟新降清师。

顺治九年，先生廿八岁。十一月，奉父避乱，出蜀客秦。本年后似即东游。

康熙十二年，先生四十九岁。从学孙夏峰。

康熙十八年，先生五十五岁。著《荒书》成。

“《荒书》自序”有“康熙八年春二月”字样，而厚蕃跋谓“年近六十始成此书”，两文必有一误。考自序末，尚有诏修明史语，此为十八年事。然则自序脱一“十”字耳。

又，著《荒书》前，尝归蜀一次，故自序中有“晚归桑梓”语。

康熙三十年，先生六十七岁。《弘道书》成于此年以前，据蔡序可见。

康熙三十二年，先生六十九岁。入闽。得足疾。

康熙三十四年，先生七十一岁。

读此书而爱之，苦不得其生平，乃钩稽全书，制为极简之年谱如右。癸亥二月十四日，启超。

孙桐生《国朝全蜀诗钞》小传

费密，字此度，号燕峰，新繁人，著有《鹿峰》《燕峰》等集。王渔洋《池北偶谈》：“此度少遇献贼之乱，遁身西域。已乃溯江汉、游吴越、居淮南。老焉尝流寓泰州，州守为除徭役。予曾见友人九上，其首篇有句云：大江流汉水，孤艇接残春。问之乃密句也，遂与订交。密跛一足，后往苏门谒钟元先生，称弟子，而学益纯正。云吾蜀诗人，自杨升庵先生后，古风陵替，得费氏父子起而振之。其诗以汉魏为宗，遂为西蜀名家。”

孙夏峰年谱

康熙十二年癸丑，九十岁。二月，成都费此度来学。此度名密，寓扬州，自其父某得先生《岁寒集》，读而悦之，遂令受业，先生扫雪亭以留之。因艰于听，此度尝以手代口。先生有答书……

《野香亭集》序

所见先生遗文仅此一首,故录于诗钞之末简。癸亥二月十六日,启超。

丁丑冬，次儿自京师归。言一时诗人所交称者，必首推李丹壑太史。已而，出其赠行之卷，约数十人，太史诗为最。复取所携诸名流诗集，读之尤无足当太史者，益信京师之论为不诬。夫诗之格调虽众，而丰约欢悴，必本之于性情。太史席居者极一世之荣遇，而读其诗若有不足于中而言之者，何也？次儿则述太史家居，短帢氅衣，临风缓带，飘飘若神仙中人。啸咏烟月，手携一编，夜久不倦。不以人地自矜贵，时有湖山萧然之致。而触物流连感叹，若有不胜者。盖其胸次如此，而发之于诗者，悠然而遐远也。太史诗计年为一册，自庚午至今约千余篇。其行世者，已见于新城、泽州诸先生之序。今复合甲戌以后所作而命之梓，风格与年益进，大异于世之为诗者也。余尝考古诗人，其台阁雄儒，类以雄丽宏博竞胜。清癯而内莹者，惟张曲江为然。曲江以功业著于玄宗朝，而四海咸仰其风度。读太史诗，亦可想见太史其人矣。成都费密撰。

《费氏遗书三种》，清费密撰，民国间成都大关唐氏怡兰堂刻本。

费密（1625—1701），字此度，号燕峰，四川新繁（今四川省成都市新都区）人。邃于经学，工诗文，究心兵、农、礼、乐等学，与吕潜、唐甄合称“清初蜀中三杰”。著有《弘道书》《古今笃论》《中旨定录》《中旨辨录》《中旨申感》《尚书说》《费氏家训》等。

《荒书》撰成于清康熙八年（1669）。编年体史书，记事起于明崇祯三年（1630），讫于清康熙三年（1664），载张献忠大西军转战四川及李自成余部据川鄂抗清史迹。所录多出于费氏亲历亲闻，兼及塘报、诏令、邸抄等，史料翔实。

《弘道书》成于晚年，是书分三卷十五篇，复以表十一张分附其间。费氏认为儒家教义非高远微妙，而是体现在日常生活和兵、农、礼、乐中。反对禁欲主义，主张道须致用。

《燕峰诗钞》存诗五十五首。另有二自山房辑录本，存诗二百九十首，较为全面。民国《新繁县志》及费密子锡璜《中文先生家传》称其撰有诗集二十卷。

此本内有任公眉评及注释多条。

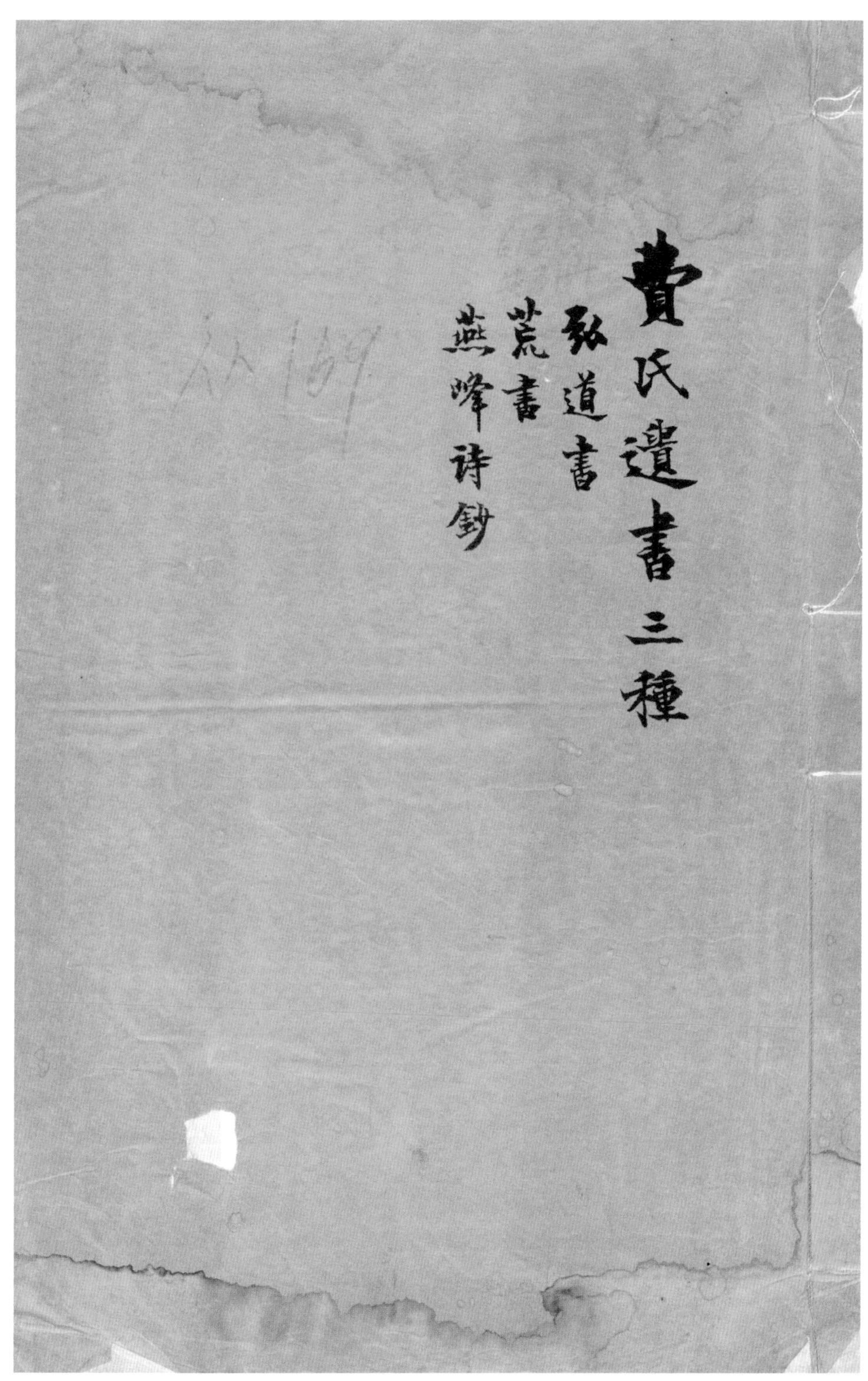

費氏遺書三種
弘道書
荒書
燕峰詩鈔

子曰人之所以異於禽獸者幾希是又嚮者鄉曲之所羞也費君稟家訓能及孫夏峰之門故非以陋自囿晚而播聞江左不靡其風尤古雋克自樹立者唐子廣而使之覩其遺絢它以厲澆風也滎縣趙熙

李孚青野香亭集有先生一序首云丁丑冬次兒自京師歸來云成都費密撰燕峰先生遺文廑存者其文樸茂可意丁丑當康熙三十六年先生七十三歲矣　癸亥二月十五日啓超記

自稱鉏民
先生父經虞（不知為名為字）
嘗宦於滇（不知何官）私謚曰
孝貞先生
天啓五年先生生
崇禎十七年即順治元年先生二十歲
順治二年張獻忠屠蜀先生（先生二十一歲）
聚兵什邡縣為官軍退賊
順治三年先生廿二歲立新繁
此兩年中先入滇省親 冬
順治五年 據表 先生廿四歲 據表
受滇中封以廣元伯督蜀奉官
隨先生以中書舍人參其軍
順治六年先生廿五歲 七月據表
遣密先生做立廣下保新軍
中十一月保新降清師後
清兵至
順治九年先生廿八歲 十二月 奉父避亂
出蜀寓秦
太年長何印章 ……
舉……

以貧不能繕有定本章力任之而量移入滇尚未能也方今
聖主在上崇儒重道而公卿侍從彬彬儒雅風動四方章躬逢其
盛豈不大幸歟
康熙乙亥三十四年長至大陵門人張含章敬序

孫柏生國朝全蜀詩鈔小傳
費密字此度號燕峰新繁人著有底峰燕峰等集王漁
洋池北偶談此度少遇獻賊之亂遁身西域已乃溯江漢游吳越
居淮南老焉壹流寓泰州州守為除徭役予曾見友人九上其首
篇有句云大江流漢水孤艇接殘春閣之乃密句也遂與訂交密
跋一豆後從蘇門謁鍾元先生稱弟子而學益純已云吾蜀詩人

費氏遺書 序 怡蘭堂校刊

弘道書

自楊升菴先生後古風陵替濟貴氏父子起而振之其詩以漢魏

苦宗遂為西蜀名家

孫夏峰年譜

康熙十二年癸丑　九十歲　二月成都費此度來學　此度名密寓揚州自其

父某為先生歲寒集讀而悅之遂令受業先生掃雪亭以留之因題於此度

壹之手代口先生有答書……

康熙十五年　先生四十五歲……

康熙八年　先生四十五歲　著荒書成

荒書自序有康熙八年春二月字樣而學善跋謂年近六十始成此書當有脫誤而文必有一誤考自序末有語脩明史語此為十八年事然則自序脫一十字耳

又著荒書嘗歸蜀一次故自序中有脫歸桑梓語

康熙三十年　先生六十七歲　弘道書成於此年以前據叅序可見

康熙三十二年　先生六十九歲　入南得足疾

康熙三十四年　先生七十一歲

讀此書而愛之苦不得其生卒乃鈎稽全書為極簡之年譜如右

癸亥二月十四日　啓超

野香亭集序

丁丑冬次兒自京師歸之一時詩人所交稱者必首推李丹壑太史已而出其贈行之卷約數十人太史詩為最次取所携諸名流詩集讀之尤無足當太史者益信京師之論為不誣夫詩之格調雖眾而要約歸於性情太史席居者極一世之榮遇而讀其詩若有不足於中而言之者何也次兒則述太史家居短帢襏衣臨風緩帶飄飄若神仙中人嘯咏煙月手携一編夜久不倦不以人地自矜貴時有湖山蕭然之致而觸物流連感歎若有不勝者蓋其胸次如此而發之於詩者悠然而遐遠也太史詩計年為一冊自庚午至今約千餘篇其少壯者已見於彭城澤州諸先生之序今次合甲戌以後所作而命之梓風格與年益進大異於世之為詩者也余嘗考古詩人其[illegible]闊雄偉類以雄麗宏博競勝清癯而內蘊者惟張曲江為然曲江以功業著於玄宗朝而四海咸仰其風度讀太史詩亦可想見太史其人矣

成都費密撰

所見先生遺文僅此一首故録於詩鈔之末簡 癸亥二月十六日 [illegible]

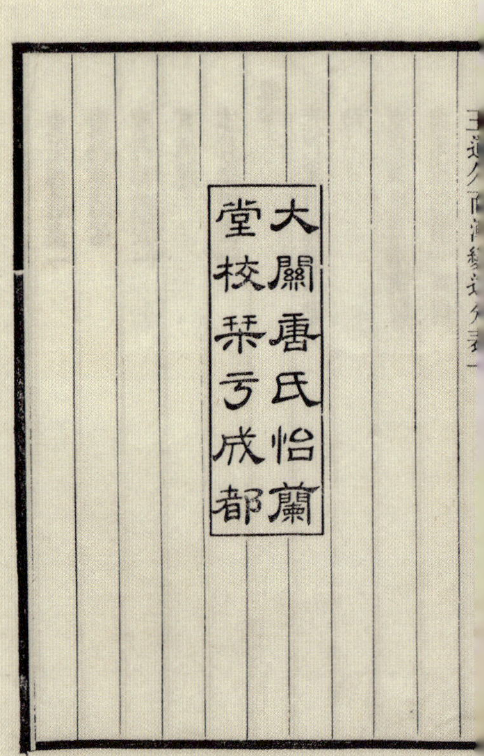

大關唐氏怡蘭堂校栞于成都

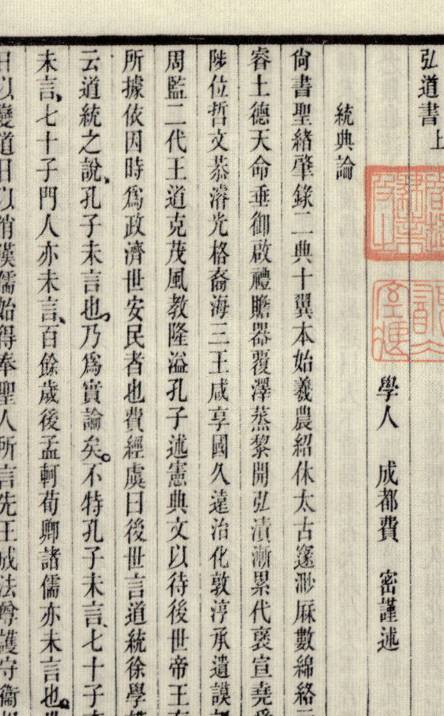

弘道書上

統典論

學人　成都費　密謹述

尚書聖緒肇錄二典十翼本始羲農紹休太古邃渺厤數綿絡元睿土德天命垂御啟禮贍器覆澤蒸黎開弘濆漸累代褒宣堯舜陟位哲文恭濬光格裔海三王咸享國久遠治化敦淳承遺謨訓周監二代王道克茂風教隆溢孔子述憲典文以待後世帝王有所據依因時爲政濟世安民者也費經虞曰後世言道統徐學謨云道統之說孔子未言也乃爲賓論矣不特孔子未言七十子亦未言七十子門人亦未言百餘歲後孟軻荀卿諸儒亦未言也世日以變道日以消漢儒始得奉聖人所言先王成法尊護守衞相

郑子尹遗书

《巢经巢诗钞》

乙卯十月，戴循若所诒。丁巳五月，饮冰题藏。

《郑子尹所著书五种》

戴循若巡按赠。饮冰室藏。

《郑子尹遗书》，清郑珍撰，清咸丰同治间刻本。

《郑子尹遗书》又名《郑氏五种》，收有《巢经巢诗钞》九卷、《巢经巢集》一卷、《说文逸字》二卷、《郑学录》四卷、《仪礼私笺》八卷，均由其子知同（字伯更）整理。前三种为郑氏生前家刻，后二种为其逝后唐炯（字鄂生）助刻。《巢经巢诗钞》《巢经巢集》为咸丰二年（1852）望山堂刻本，《说文逸字》为咸丰八年（1858）望山堂刻本，《郑学录》为同治四年（1865）成山唐氏刻本，《仪礼私笺》为同治五年（1866）成山唐氏刻本。

巢経巢詩鈔

乙卯十月戴循若所詒

丁巳五月飲氷題藏

鄭子尹所著書五種

戴循若巡按贈

飲氷室藏

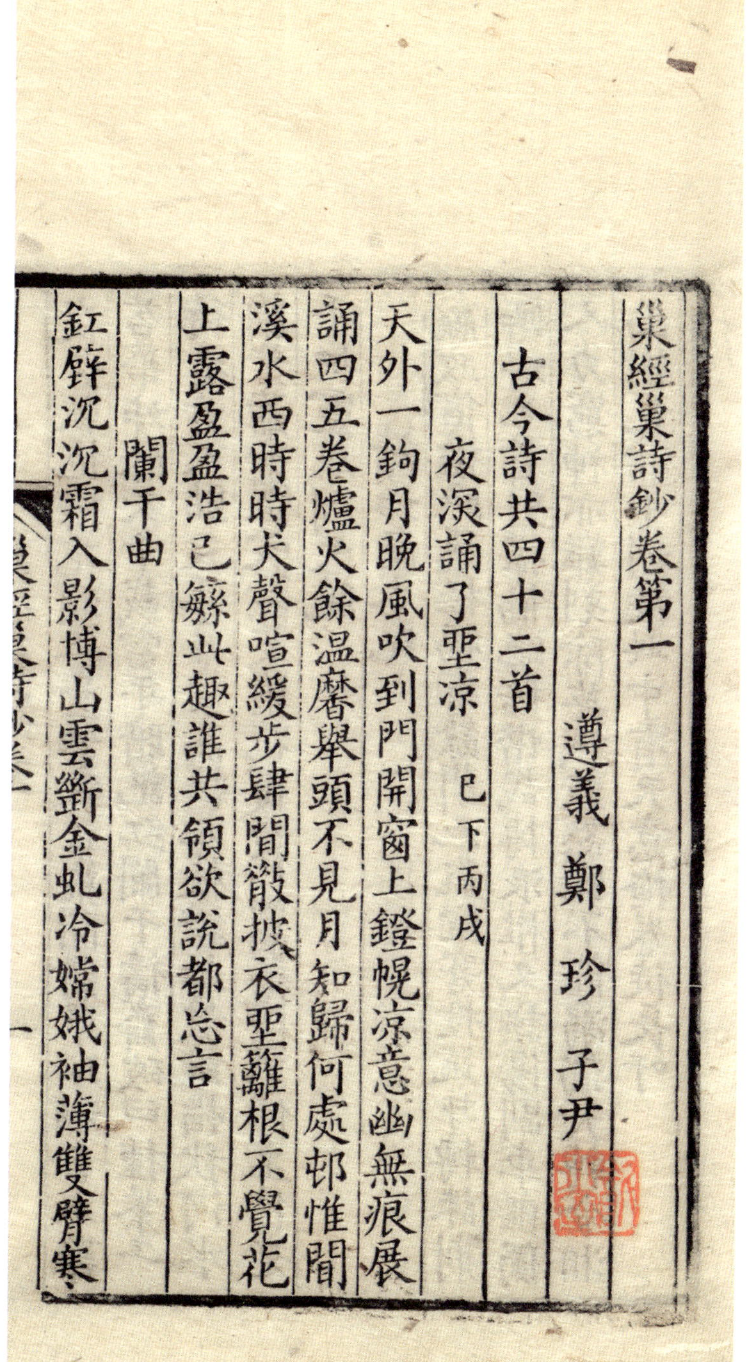

巢經巢詩鈔卷第一

遵義鄭珍子尹

古今詩共四十二首

夜深誦了坐涼　巳下丙戌

天外一鉤月晚風吹到門開窗上鐙幌涼意幽無痕展誦四五卷爐火餘溫馨舉頭不見月知歸何處邨惟聞溪水西時時犬聲喧緩步肆閒散披衣坐蘿根不覺花上露盈盈浩已緐此趣誰共領欲說都忘言

闌干曲

釭鋅沉沉霜入影博山雲斷金虬冷孀娥袖薄雙臂寒

罗忠节公遗集

《罗忠节公遗书》

李特成所赠。壬戌八月，启超记。

《罗忠节公遗集》八卷，清罗泽南撰，清咸丰同治间刻本。

罗泽南（1808—1856），字仲岳，号罗山，一字培源，号悔泉，湖南双峰人，理学家、文学家，湖湘诗派重要代表。咸丰二年（1852），太平军围攻长沙，罗泽南举办团练，后随曾国藩转战湘鄂赣等地，成为名噪一时的湘军将领，卒谥“忠节”。著有《西铭讲义》《姚江学辨》《读孟子札记》《周易附说》《人极衍义》等。

李怀亮（1886—？），字特成，湖南湘乡人。毕业于日本中央大学法科。曾任河南法政学堂教员、国立北京法政专门学校教务主任、大理院推事、司法讲习所及司法储才馆教授。1928 年 12 月至次年 4 月任国民政府最高法院院长，1931 年任国立北平大学法学院讲师、国立北京大学法律系讲师。著有《民事诉讼法论》等。

《罗忠节公遗集》又称《罗山遗书》，郭嵩焘编辑，收罗氏诗词、论说、纪事、铭文、书信、人物传及友好事略等，另附已刊《西铭讲义》《姚江学辨》《人极衍义》《读孟子札记》《周易附说》《小学韵语》等著作。此集存罗氏生平事迹，可见其学术思想。

1913年，梁启超任袁世凯内阁司法总长；1926年，为收回领事裁判权、储备司法人才之需，司法总长罗文干、修订法律馆总裁王宠惠与梁启超商洽筹设司法储才馆，后于年底落成，梁启超任馆长。1927年5月，梁启超在《法律评论》第204期发表"法官之修养"的演讲笔记，文中提到李特成曾任京师地方厅推事，其称"当法官到大理院推事或庭长便没趣，最有趣是当初级厅或地方厅推事"[1]。此本赠于1922年，结合二人经历，想必早已相识。

[1] 何勤华、李秀清主编：《民国法学论文精萃》第5卷《诉讼法律篇》，北京：法律出版社，2004年，第272页。

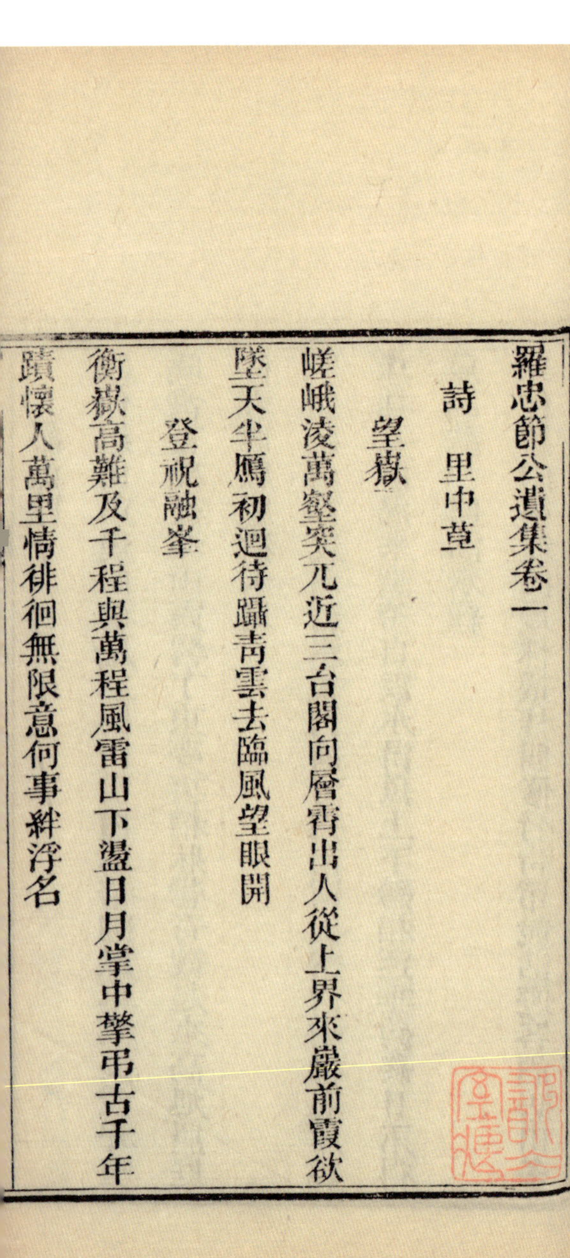

羅忠節公遺集卷一

詩　里中草

望嶽

嵯峨淩萬壑突兀近三台闇向層霄出人從上界來巖前霞欲墜天半鴈初迴待躡青雲去臨風望眼開

登祝融峯

衡嶽高難及千程與萬程風雷山下盪日月掌中擎弔古千年蹟懷人萬里情徘徊無限意何事絆浮名

羅忠節公遺書

李特成所贈

壬戌八月　啓超記

亭林先生遗书汇辑

周介存（尝著《晋略》）称亭林诗为少陵以后第一人。

《亭林集》初刻于康熙间，实潘次耕手辑。间有点窜者，避时忌也。乾隆间禁书事起，重刻本稍触禁之字辄阙之，而代以方圈。忆幼时读此，曾以意揣其阙字而填之，不记所揣得几何也。无锡孙毓修得一钞本，题曰《蒋山傭诗集》，乃为校勘记一卷，附于涵芬楼四部丛刊本集后。今据录一通如下。其确信为原文者，则将本刻之字点去；亦有钞本讹错者，或与刻本可两存者，则不点也。孙氏钞本尚有佚诗十九首，皆按年补入云。癸亥二月十七，启超。

有哭张稷若诗一首，见《蒿庵集》，应查稷若殁年补入。

挽张稷若诗（戊午）

历山东望正凄然，忽报先生赴九泉。寄去一诗悬剑后，贻来十袭绝韦前（原注：君有《仪礼句读》十卷，录副畀予）。衡门月冷巢鸾室，墓道风枯宿草田。从此山东问三礼，康成家法竟谁传？

灿案：稷若长亭林一岁，卒于康熙丁巳季冬，时亭林在关中，此诗盖作于次年，故系于戊午也。

《亭林先生遗书汇辑》，清顾炎武撰，清朱记荣辑，清光绪间吴县朱氏校经山房汇印本。

顾炎武（1613—1682），初名绛，字忠清，后改名炎武，字宁人，曾化名蒋山傭，世称亭林先生，江苏昆山人，经学家、音韵学家、史地学家。明诸生，入清不仕。为学强调经世致用，多有开创之功，与黄宗羲、王夫之并称“清初三大家”，著有《日知录》《天下郡国利病书》《肇域志》《音学五书》《亭林诗文集》等。

朱记荣（1836—1905），字懋之，号槐庐，江苏吴县（今江苏省苏州市）人，藏书家。性喜书籍，收藏甚富，以刻书、卖书为业。编有《行素草堂目睹书录》，刻印有《槐庐丛书》《历代纪事本末》《徐氏医书八种》《行素草堂金石丛书》《行素草堂集古印谱》《经学丛书》《拜经楼丛书》《校经山房丛书》《亭林先生遗书汇辑》《金石全例》《国朝未刊遗书志略》等多种丛书行世。

周济（1781—1839），字保绪、介存，号未斋、止庵，江苏荆溪（今江苏省宜兴市）人。清嘉庆十年（1805）进士，官淮安府学教授。工画，善诗词，为常州词派重要理论家，著有《味隽斋词》《晋略》《介存斋集》等，辑有《宋四家词选》。

张尔岐（1612—1678），字稷若，号蒿庵处士、汗漫道人，山东济阳（今山东省济南市济阳区）人，经学家。其治学经学、理学并重，兼采汉宋之长，提出“气本”“气机”说。为矫空疏之弊及晚明以来的道德沦丧，又提出“六经皆礼”说，重申儒家传统道德修养。著有《仪礼郑注句读》《老子说略》《春秋传议》等。

梁廷灿，生卒年不详，字存吾，广东新会（今广东省江门市新会区）人。梁启超侄。幼时在新会旧制中学读书，毕业后常年跟随梁启超，管理梁家大小事务，并协助管理饮冰室藏书。曾经任公介绍，至清华大学图书馆工作，并任其助教。其间所编《（乙丑重编）饮冰室文集》获任公指导与认可。任公逝世后，转至国立北平图书馆工作，与吴其昌合编《饮冰室书目初编》。1930年，梁启超子女将饮冰室藏书永久寄存于国立北平图书馆，图书馆安排梁廷灿、爨汝僖、范腾端、杨维新四人赴天津点收，后于1933年编成《梁氏饮冰室藏书目录》（2005年北京图书馆出版社影印出版）。日本侵华后，梁廷灿返乡，后病逝于新会平民医院。著有《历代名人生卒年表》《宋词三种》等。

《亭林集》由顾炎武手定，原为《文集》《诗集》各五卷，门人潘耒于其逝后增辑《文集》第六卷而刻之。清乾隆间彭绍升辑刻《亭林全集》，因避禁忌而多有删改，此本即据彭氏辑刻本汇印。

顾氏敬佩张尔岐于三礼见解精辟，赞其“独精三礼，卓然经师”，曾为其《仪礼郑注句读》撰写序言。挽诗末联“从此山东问三礼，康成家法竟谁传”二句，是对张氏三礼研究的充分肯定。

任公题记称需“查稷若殁年”，梁廷灿按语称其“卒于康熙丁巳季冬”。据钱载《张处士墓表》[1]，张氏卒于清康熙丁巳十二月二十八日（1678年1月20日），故此诗当系于戊午年。

此本朱墨两色批注题记甚多，乃任公参考四部丛刊本《亭林诗文集》所附孙氏校勘记，校录文中阙讹及佚诗十九首所作。从“灿案”可知，书中亦有梁廷灿按语。

[1]（清）钱仪吉辑：《碑传集》，1984年扬州古籍书店影印本，第一百三十卷，第六叶。

周介存（濟）著晉略稱亭林詩為少陵以後第一人

亭林詩集目録

崑山顧炎武寧人著

卷之一

亭林集初刻於康熙間實潘次耕手輯尚有所諱者避時忌也執後開其書事起曾刻本猶闕其之字抵闕之而代以方圍憶幼時讀此書以意揣其闕字而填之不能而揣得者何止十錫擬就備書一鈔本題曰蔣山傭詩集另為校勘記一卷附於後家塾四部叢刊本集後今猶錄一通以下其稍為原文者列得本刻之字旁有鈔本諸錢者設另刻本而有者則不避也孫氏鈔本為

亭林詩集卷之一

大行哀詩 已下闕逢涒灘

甲申崇禎十七 順治元　先生三十二歲

神器無中墜英明乃嗣興紫蜺迎劍滅丹日御輪升
景命殷王及靈符代邸膺天威寅降鑒祖武肅丕承
采壆昭王儉盤杅象帝兢澤能回夏暍心似涉春冰
世值頹風運人多比德朋求官逢碩鼠馭將失饑鷹
細柳年年急萑苻歲歲增閶門占鐵牡路寢泄金縢
霧起昭陽鏡風摇甲觀燈已占伊水竭真遘杞天崩
道否窮仁聖時危悵股肱哀同望帝化神想白雲乘
祕謚歸新野羣心望有仍小臣王室淚無路哭橋陵

太元經紫蜺矞雲朋圍日　墨子堯舜禹湯文武之事書於竹帛鏤之金石琢之盤盂後漢書崔駰傳作杅　漢書五行志木沴金成帝元延元年正月

長安章城門門牡自亾函谷關次門牡亦自亾師古曰牡所以下閉者也以鐵爲之　庾信哀江南賦序袁安之每念王室自然流涕

感事

日角膺符早天枝主鬯臨安危宗社計擁立大臣心
舊國仍三亳多方有二斟漢災當百六人未息謳吟
縞素稱先帝春秋大復讐告天傳玉冊哭廟見諸侯
詔令屯雷動恩波解澤流須知□軍出一□定□州
上宰承王命專征指大江出閫收漢卒分陝寄周邦
日氣生元甲雲祥下赤幢登壇推大將國士定無雙
尚錄文侯命湥虞維邑東千秋懸國恥一旦表軍功
蹋鞠追名將乘軒比上公君王多倚託先與賦彤弓

蘇子瞻書傳曰予讀文侯之命篇知東周之不復興也宗周傾覆禍敗極矣平王宜若衛文公越勾踐然今其書乃旋旋焉與平康之世無異春秋傳曰萬王之禍諸侯釋位以閒王政宣王有志而後效官讀文侯之命知平王之無志也　史記票騎傳其在塞外卒乏糧或不能自振而票騎尚穿域蹋鞠　春秋傳衛甯武子來聘公與之宴爲賦湛露及彤弓不辭又不答賦

清蹕郊宮寂春遊苑籞荒陵邊屯牧馬闕下駐賢王
紫塞連元菟黃河界白羊輿圖猶在眼涕淚已霑裳

史記劉敬傳白羊樓煩王去長安近者七百里輕騎一日一夕可以至

京口即事　已下旃蒙作噩

六月壬午督師標下兵與浙江兵鬨於鎮江西門外焚民居數百家

自昔南朝地常稱北府雄六軍多壘日萬國鼓鞞中
聽律音非吉焚旗火作紅恐聞劉展亂父老泣江東

周禮大師執同律以聽軍聲而詔吉凶　左傳僖十五年火焚其旗　通鑑唐肅宗紀安史之亂兵不及江淮及劉展反田神功討平之其民始罹荼毒

光緒乙酉年夏月吳縣
孫谿槐廬家塾校刻於
上海埽葉山房書坊

有哭張稷若詩一首見蒿
庵集右查稷若殁年補入

輓張稷若詩 戊午

歷山東望正悽然忽報先生赴九泉寄
去一書懸劍後貽來十卷絕韋前 君有儀禮句讀十卷錄副畀予 衡門月冷巢烏宿墓
道風淒宿草田從此山東問三禮康成
家法竟誰傳

案稷若長亭林一歲卒於康熙
丁巳季冬時亭林在關中此詩蓋
作於次年故繫於戊午也

亭林軼詩目錄

崑山顧炎武甯人著　吳縣後學朱記榮懋之校字

章氏遗书

《古棠书屋丛书》选录滋衡诗五百二十五首，《昭代丛》录其《汉诗总说》[1]。

《章氏遗书》二十四卷，清章学诚撰，民国间浙江图书馆铅印本。

章氏著作生前未及校订编次，临终将其稿托付萧山王宗炎（号谷塍），王氏厘为三十卷。1922年，刘承干刊刻《章氏遗书》三十卷《外编》十八卷《补遗》一卷《附录》一卷《校记》一卷，《外编》等二十一卷为刘氏刊刻时补辑。

《章氏遗书》含《文史通义》《校雠通义》《方志略例》《文集》和《湖南通志检存稿》。是书刻印版本有三种：浙江图书馆铅印本，以会稽徐氏抄本为底本；《杭州日报》《中国学报》传印本，底本为山阴何氏抄本，后经马夷初转抄，此本编次条例最佳；刘承干刻本，以沈曾植所藏

[1]“丛”字后漏“书”字。

王宗炎编次本为底本，增辑《庚辛之间亡友传》《和州志》《永清志》《湖北志稿》和“乙卯”“丙辰”等几种札记汇刻而成，收罗最为丰富。

此本有任公墨笔批语多条，但该题记似非此书所有。因难以确定所属，故依现状附于此书。

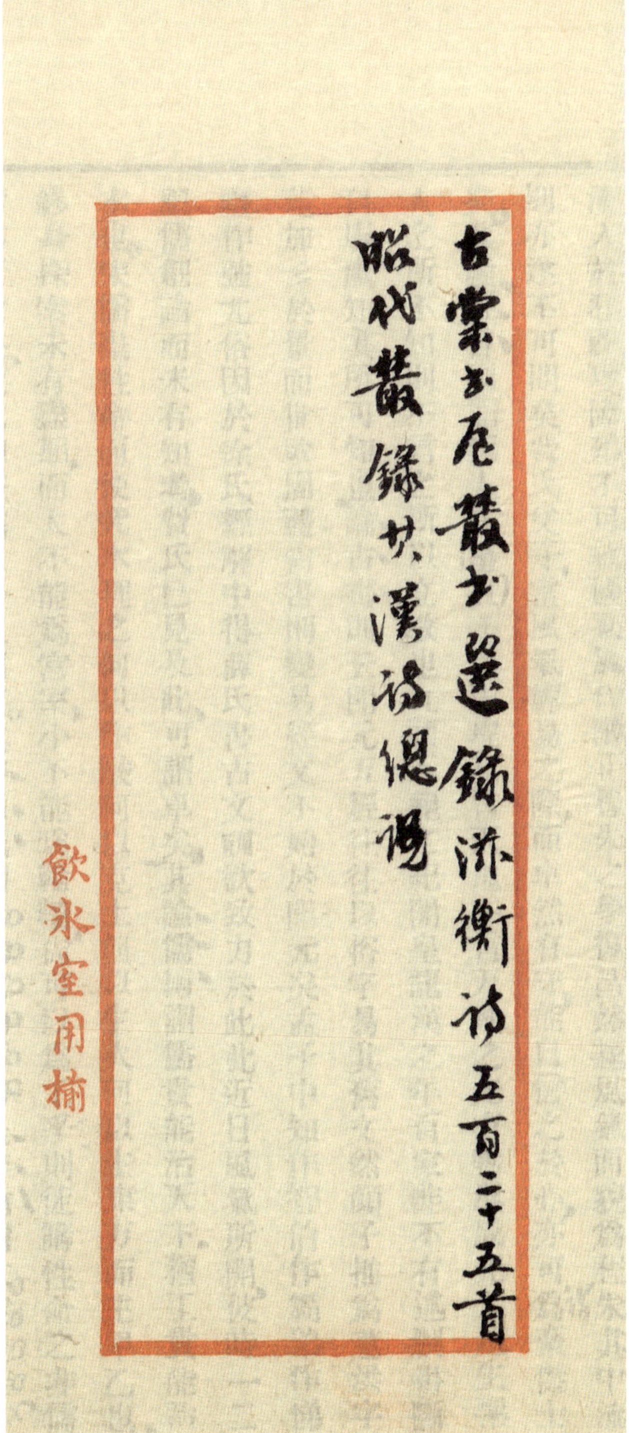
古棠書屋叢書選錄沈衛詩五百二十五首
昭代叢錄共漢詩總說

飲冰室用箋

此篇論戴東原最公平

朱竹君[illegible]一人

文史通義內篇

會稽章學誠實齋著

書朱陸篇後 庚戌

戴君學問深見古人大體不愧一代鉅儒而心術未純頗爲近日學者之患故余作朱陸篇正之戴君下世今十餘年同時有橫肆罵詈者固不足爲戴君累而尊奉太過至有稱爲孟子後之一人則亦不免爲戴所愚身後恩怨俱平理宜公論矣而至今無人能定戴氏品者則知德者鮮也凡戴君所學深通訓詁究於名物制度而得其所以然將以明道也時人方貴博雅考訂見其訓詁名物有合時好以謂戴之絕詣在此及戴著論性原善諸篇於天人理氣實有發先人所未發時人則謂空說義理可以無作是人固不知戴學者矣戴見時人之識如此遂離奇其說曰余於訓詁聲韻天象地理四者如肩輿之隸也余所明道則乘輿之大人也當世號爲通人僅堪與余輿隸通寒溫耳言雖不爲無因畢竟有傷雅道然藉激于世無眞知己者因不免於已甚耳尙未害于義也其自尊所業以謂學者不究於此無由聞道不知訓詁名物亦一端耳古人學於文詞求於義理不由其說如韓歐程張諸儒竟不

此等書後立四庫提要中不多得

然蕃不能諱爲講陸王之學

官或書某某而不載其何名何姓或書年月日或書某年某月某日而不載其何年月日撰者或不知文爲史裁則空著其文將以何所用也傳錄者或以爲無關文義略而不書則不知錄其文將欲何所取也凡此諸弊皆是偏重文辭不求事實之過前人已誤不容復追後人繼作不可不致意於斯也案韓子三家譜記之外尙有方崧卿考正年譜方出三家之後考訂尤爲詳備且其舉正十卷至今尙有傳本而馬氏彙刻不及方譜陳景雲跋語亦以考異所引方本爲言似亦未見方氏本者殆不可解當俟他日考之

書貫道堂文集後 庚申

貫道堂文集四卷題爲成都費錫璜滋衡著蓋康熙間人生於新繁自序爲漢費詩後裔其父密於鼎革間占籍江都而本其始生稱成都也據文錫璜蓋生於康熙三年甲辰而文中有及其六十餘歲之事則雍正初年尙有其人矣其父生前明天啓六年卒康熙三十八年講陸王之學著書甚多門人私諡爲中文先生錫璜承其家塾亦有著述詩古文詞兼擅其名自稱有詩五千文二百裒集一百二十九篇宜得其大概也詩集今不可見文則斐然可觀雖不能醇要于學有所得能自道其所見非依附於人而隨風氣者所爲也明末姚江未

附：他人题记

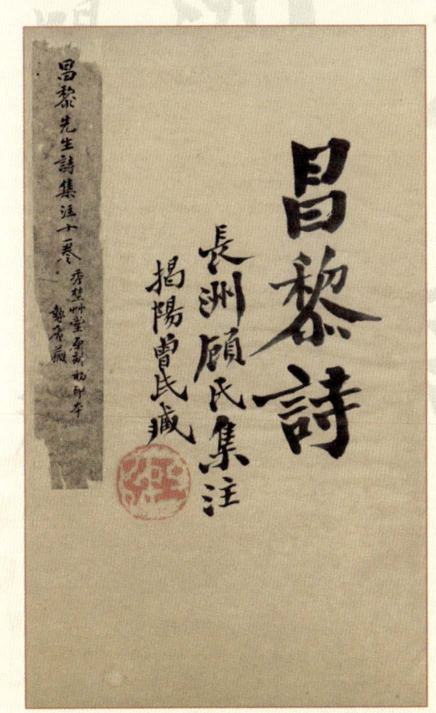

春秋穀梁传集解

景宋绍熙本《穀梁传》，凡四册。

余仁仲刻公、穀二传，公羊有扬州汪氏翻刻本，此遵义黎氏使日本时所景刻也。原书与汪刻公羊同种，此特较精，且系初印本，殊可爱玩。风鹤频惊，灯窗校读，后世谁知此时情乎？宣统三年九月初十晚灯下，蛰庵题。

《春秋穀梁传集解》十二卷，晋范宁集解，清光绪十年（1884）遵义黎氏刻《古逸丛书》本。

范宁（约339—约401），字武子，南阳顺阳（今河南省淅川县）人，经学家。东晋宁康元年（373），任余杭县令，后任临淮太守、中书侍郎、豫章太守等，著有《春秋穀梁传集解》。

黎庶昌（1837—1898），字莼斋，贵州遵义人，外交家。曾任驻英、德、法等国参赞、驻日大臣、川东道员兼重庆海关监督等，著有《拙尊园丛稿》《西洋杂志》《丁亥入都纪程》《海行录》《黎氏家集》《曾文正公年谱》等，编有《全黔国故颂》《续古文辞类纂》《古逸丛书》《青浦县志》等。

丘逢甲（1864—1912），字仙根、吉甫，号蛰庵、仲阏，生于台湾，祖籍广东镇平（今广东省蕉岭县），抗日保台志士、爱国诗人、教育家。光绪十五年（1889）进士，授工部主事，后返台教学。光绪二十年（1894），甲午战争爆发，亲率义军抗日。后任广东咨议局副议长、广东军政府教育部部长等职。工诗，与黄遵宪、丁日昌、何如璋并称“岭东四先生”，著有《柏庄诗草》《岭云海日楼诗钞》等。

范氏集解为现存最早注解。此本为黎庶昌出使日本期间影刻，护叶钤有“星吾校字监刊督印记”，所用底本为杨守敬访得。光绪六年（1880），杨守敬担任驻日使馆随员期间，大量访求日藏汉籍。因森立之介绍，获见金泽文库钞本《春秋经传集解》三十卷，借之并改以拓本影钞[1]。次年，黎庶昌以道员身份出任驻日大使，杨守敬随任。黎氏以清姚培本（字平山）《春秋经传集解》为底本，与金泽文库本相校，撰成《春秋左传杜注校勘记》。光绪十年，又将此书覆刻入《古逸丛书》。

戊戌政变后，丘逢甲出于对变法失败的同情，与流亡海外的康有为、梁启超等保持密切联系，且致力于“勤王”运动，希冀以拥戴光绪帝复出而挽救时局；梁启超对丘逢甲也较为欣赏，并多次盛赞其诗，称其为“诗界革命一巨子”[2]。晚年丘逢甲渐转为支持革命，与保皇派日渐疏远，但与梁启超关系良好。丘氏作此题记时，武昌起义已爆发，正处广东光复前夜，故有“风鹤频惊”之语。11月10日广东军政府成立，丘逢甲任广东军政府教育部部长。

[1]杨守敬撰：《日本访书志》，《杨守敬集》第8册，武汉：湖北人民出版社，1988年，第49页。

[2]梁启超著，周岚、常弘编：《饮冰室诗话》，长春：时代文艺出版社，1998年，第31页。

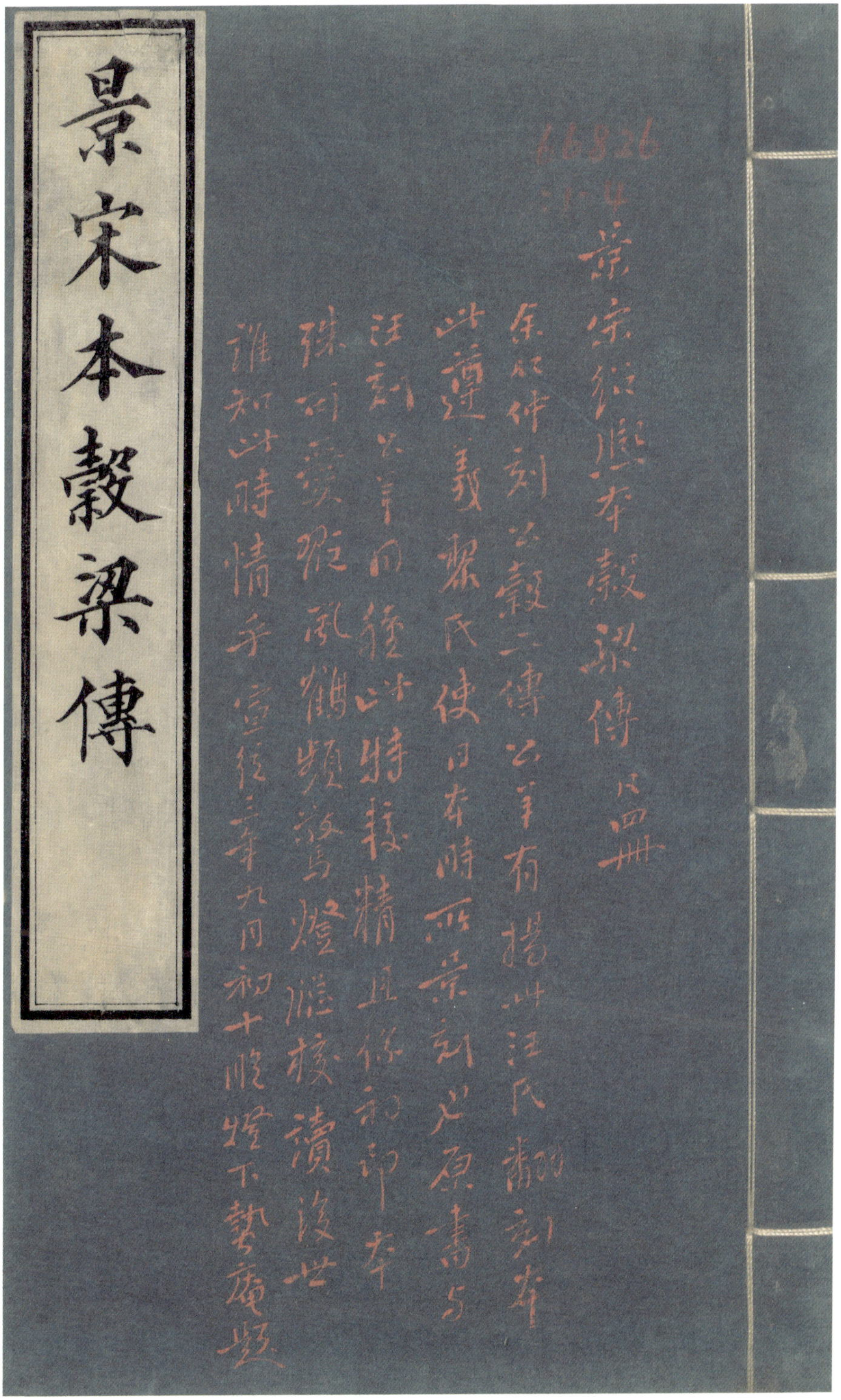

景宋本穀梁傳

景宋紹熙本穀梁傳一冊

余於仲刻公穀二傳公羊有揚州汪氏翻明刻本
此遵義穀梁氏使日本時所景刻足亂原書与
汪刻公羊同鍾此特稀精且孫初印本
殊可愛琨亂鵰類驚燈縱横讀後世
誰知此時情乎宣統三年九月初十晚燈下藝庵題

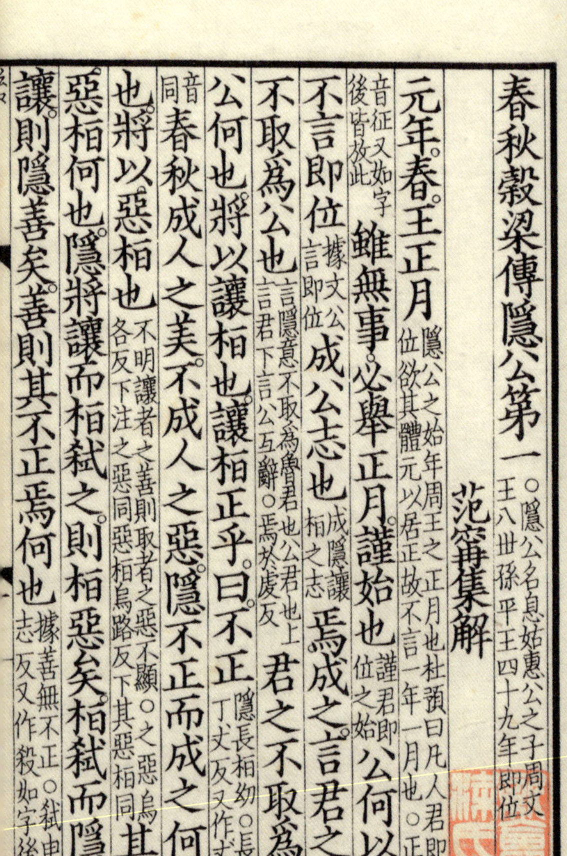

春秋穀梁傳隱公第一 ○隱公名息姑惠公之子周文王八世孫平王四十九年即位

范甯集解

元年春王正月 隱公之始年周王之正月也杜預曰凡人君即位欲其體元以居正故不言一年一月也○正音征又如字後皆放此 雖無事必舉正月謹始也 謹君即位之始 公何以不言即位 據文公言即位 成公志也 成隱讓桓之志 焉成之言君之不取為公也 言隱意不取為魯君也公君也上言君下言公互辭○焉於虔反 君之不取為公何也將以讓桓也讓桓正乎曰不正 隱長桓幼○長丁丈反又作丈音同 春秋成人之美不成人之惡隱不正而成之何也將以惡桓也 不明讓者之善則取者之惡不顯○之惡烏各反下注之惡同惡桓烏路反下其惡桓同 其惡桓何也隱將讓而桓弒之則桓惡矣桓弒而隱讓則隱善矣善則其不正焉何也 據善無不正○弒申志反又作殺如字後

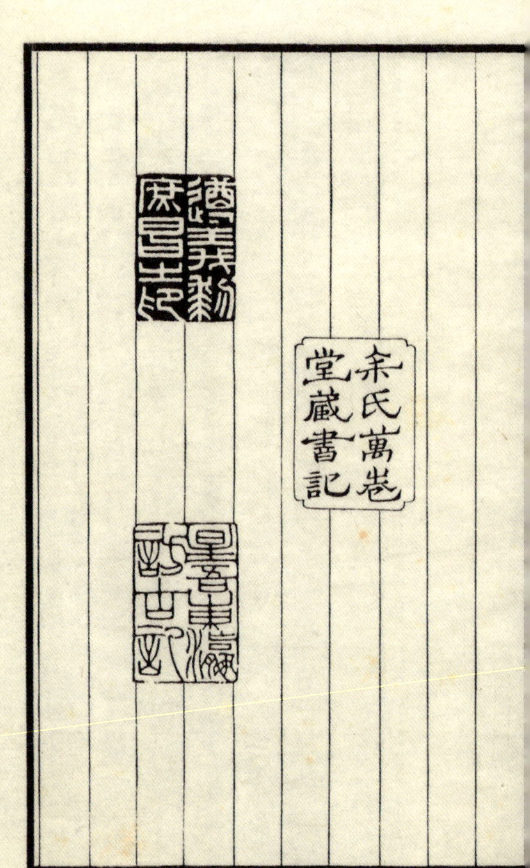

琴学丛书六种

宁远杨宗稷时百粹于琴，能传绝学。所蓄唐宋以来琴百余，虽贫窘不以易米。能自制琴，声清越殊绝。所著《琴学丛书》二十四卷，精博古所未有也。任公方著《中国文学史》，以此贻之。辛酉正月，惇曧。

《琴学丛书六种》二十四卷，杨宗稷撰辑，清宣统三年至民国八年（1911—1919）宁远杨宗稷舞胎仙馆北京刻本。

杨宗稷（1863—1932），原姓欧阳，字时百，号九嶷山人，湖南宁远人，琴学大师，古琴“九嶷派”创始人。撰有多种琴学著作，后合刊为《琴学丛书》。

罗惇曧（1872—1924），字孝通，又字掞东，号瘿公、瘿庵，广东顺德（今广东省佛山市顺德区）人，剧作家。幼攻诗文，曾从康有为学，与梁鼎芬、曾习经、黄节合称“近代岭南四大家”。清末官至邮传部郎中，民国后任总统府秘书、国务院参议、礼制馆编纂等职，后愤于袁世凯复辟帝制而弃政攻文，撰词度曲。其藏书繁富，留心搜集当代史料，著有《瘿庵诗集》《庚子国变记》《德宗承统私记》《中日兵事本末》《割台记》《中俄伊犁交涉始末》等。

清光绪九年（1883），杨宗稷在长沙读书学琴时已结识罗惇曧。辛亥兵起时，杨宗稷正闭门雕印《琴粹》，全然不顾外界荒乱。罗惇曧于卷首题词中称其"嗜琴"，面对乱世，发出"时百今而后尚有识君琴者耶"之感慨。《琴学丛书》自宣统三年开雕并陆续出版，至 1931 年最终完成，共收书十五种四十三卷。1921 年，罗惇曧逢梁启超撰写《中国文学史》之需，将此六种二十四卷赠予任公。任公见后赞其当不朽。

甯遠楊宗稷時百粹於琴能傳絶學所蓄唐宋以
来琴百餘雖貧窘不以易米能自製琴聲清越殊
絶所著琴學叢書二十四卷精博古所未有也
任公方著中國文學史以此貽之 辛酉正月 啓超

琴粹一　　風鶴琴齋藏本

琴操二卷平津館本

琴操校本序

琴操之體不一有暢有歌詩有操有引而統謂之操暢者暢其志桓子新論云達則兼善天下無不通暢是也操者顯其操新論云窮則獨善其身而不失其操是也引歔同音通用爾雅歔興也鄭康成曰歔興也猶詩之興是引即詩因物起興之義也隋經籍志載琴操三卷晉廣陵相孔衍撰崇文總目中興書目

中说

《无邪堂答问》：《中说》非伪书，周秦诸子无不有自相抵牾之说，盖多为后人所杂乱也。《中说》之杂乱，正与此同。特其书抵牾尤甚，又句摹字仿，俨欲以圣自居。人所骇怪，遂并其书而伪之耳！考唐人言《文中子》者，皮日休、陆龟蒙、司空图三家之书，昔人已多援据，然犹出于唐末。若李习之、刘梦得、刘去华、裴延翰，则中唐人；王无功、杨盈川、陈叔达，则唐初人也。《续诗》《续书》《元经》之作，皆见盈川所为《王子安集序》，《叔达答无功书》亦有"贤兄文中子，兴《元经》以定真统"之语。复言"薛记室因《元经》著春秋"，与盈川序中"薛收为《元经》传"者相合。又云"因沾善诱，颇识大力"，则叔达之为仲淹弟子无疑，与《世家》亦合。无功文中屡及其兄之事，《困学纪闻》曾引数条，今文皆具在。其《游北山赋》云"察俗删《诗》，依经正史"，"山似尼邱，泉疑洙泗"。自注有："吾兄仲淹续孔子六经近百余卷，门人弟子相趋成市，故溪今号王孔子之溪。"又《王子安集》有"倬彼我系"诗云："伊我祖德，思济九埏。其位则屈，其言则传。爰述帝制，大搜王道。曰天曰人，是祖是考。《礼》《乐》

咸若，《诗》《书》具草。”是通当日有疑圣之名，固是实事。刘梦得作《王质墓志》，《旧唐书》多采入《质传》中，决非伪作。其言文中子家世、行事甚详，并云“当时伟人咸出其门”，则《世家》所云“房、杜、李、魏皆门人”之说，亦非尽属子虚，特夸饰在所不免耳！《中说》非通自著，盖为其徒姚义、薛收等所缀缉，本书“后序”固明言之。后儒致疑者，惟晁公武《读书志》、叶大庆《考古质疑》。辨李德林、关子明、薛道衡三事，年岁相悬，必非事实。若太极殿之名，诸弟子纂辑时，由后改前，事所常有。游太乐署诸节，小小抵牾，亦无足异。惟通既以圣自居，诸弟子遂以圣尊之。唐以前又不知僭经之为非，自子云《法言》后，规模沿袭，动辄成风。《中说》之摹拟，亦犹是也。知尊其师而不知所以尊，龙川陈氏所谓适足为是书之累耳！洪氏《容斋随笔》、王氏《挥麈后录》皆疑阮逸伪作。逸他书今犹可考，安能为此？其所伪者，乃《元经》，非《中说》也。

《中说》十卷，隋王通撰，宋阮逸注，明刻本。

王通（584—617），字仲淹，河东龙门（今山西省万荣县）人，教育家、思想家，门人私谥为“文中子”。著有《续书》《续诗》等，至唐代已全部失传，现存有弟子姚义、薛收所编《中说》（又称《文中子》）。

阮逸，生卒年不详，字天隐，建州建阳（今福建省南平市）人。宋天圣五年（1027）进士，累官至镇江军节度推官。精通经学，擅长词赋，著有《易筌》《文中子注》《乐论》《皇祐新乐图记》等。

此题记抄自清人朱一新《无邪堂答问》[1]，观笔迹疑为梁廷灿所抄。朱氏认为《中说》非伪书，任公虽同意其说，但对该书评价甚低，称之为“虚构伪事而自著书以实之者”。他指王通为“妄人”，自比孔子，将一时将相皆攀认为其门弟子，“乃自作或假手于其子弟以作所谓《文中子》”，“此种病狂之人、妖诬之书，实人类所罕见”[2]。

[1]（清）朱一新撰：《无邪堂答问》五卷，清光绪二十一年（1895）广雅书局刻本，第一卷，第一至二叶。

[2] 梁启超著：《中国历史研究法》，北京：中国书籍出版社，2017年，第87页。

人所雜亂也中說之雜亂正與此同特其書詆語尤甚又句摹字倣備
欲以聖自居人所駭怪遂并其書而僞之耳攷唐人言文中子者皮日休
陸龜蒙司空圖三家之書昔人已多援據然猶出於唐末若李習之劉夢得
劉子華裴延翰則中唐人王無功楊盈川陳叔達則唐初人也續詩續書
元經之作皆見盈川所爲王子安集序叔達答無功書亦有賢兄文中子興
元經以定真統之語復言薛記室因元經著春秋與盈川序中薛收爲元經
傳者相合又云因靈語善誘頗識大力則叔達之爲仲淹弟子無疑與世家亦
合無功文中府及其兄之事因學紀聞曾引數條今文皆具在其游北山賦云
察俗刪詩依經正史山似尼邱泉疑洙泗自注有吾兄仲淹續孔子六經近
百餘卷門人弟子相趨成市故溪今號王孔子之溪又王子安集有倬彼我

系詩云伊我祖德思濟九埏其位則屋其言則傳爰述帝制大蒐王道曰
天曰人是祖是考禮樂咸若詩書具草是通當日有疑聖之名固是實
事劉夢得作王質墓誌舊唐書多采入質傳中決非僞作其言文中子
家世行事甚詳並云當時偉人咸出其門則世家所云房杜李魏皆門人
之說亦非盡屬子虛特夸飾在所不免耳中說非通自著蓋爲其徒姚
義薛收等所綴緝本書後序固明言之後儒致疑者排晁公武讀書志
葉大慶考古質疑辨李德林關子明薛道衡三事年歲相懸必非事實
若太極殿之名諸弟子纂輯時由後改前事所常有遊太樂署諸節小小牴
牾亦無足異惟通既以聖自居諸弟子遂以聖尊之唐以前又不知僭經之爲非
自子雲法言後規橅沿襲動輙成風中說之摹擬亦猶是也但知尊其師而不知
所以尊龍川陳氏所謂適足爲是書之累耳洪氏容齋隨筆王氏揮麈後錄皆
疑阮逸僞作逸他書今猶可考安能爲此世所傳者乃元經非中說也

中說卷第一

王道篇　　阮逸註

文中子曰甚矣王道難行也吾家頃銅川六世矣（上黨有銅鞮縣）未嘗不篤於斯（斯文）然亦未嘗得宜其用（不遇時）退而咸有述焉則以志其道也（志記）蓋先生之述曰時變論六篇其言化俗推移之理竭矣江州府君之述曰五經決錄五篇其言聖賢製述之意備矣晉陽穆公之述

王右丞集

唐之诗家称正宗者，必推王右丞。同时比肩接武，如孟襄阳、韦苏州、柳连州，未能或之先也。孟格清而薄，韦体澹而平，柳致幽而激。唯右丞通于禅理，故语无背触，甜彻中边，空外之音也，水中之影也，香之于沉实也，果之于木瓜也，酒之于建康也，使人索之于离即之间，骤欲去之而不可得，盖空诸所有，而独契其宗。然旧本不一，有彼此互胜者，如“晴川带长薄，千山响杜鹃”；“三江雁欲飞，独解倚门愁”；“山中一半雨，余知报国心”；“种松皆老作龙鳞，松下行斋折露葵”。而别本俱颠倒改窜，漠漠阴阴，向之敛衽右丞者，谓能点铁，不意妄庸人之从而点金也。虽然，其故难言矣。昔人分别佛语第一，菩萨语第二，较贤圣于秒忽之间，非不苦心也。客有侈某处花猪肉甚美，买之。猪一夕逸去，饔人更之以他猪。明日出以啖所贵，举座称善，且哜且嚜，切齿作声，以为非他肉味所及。饔人睨于其旁，匿笑而客不知也。读右丞诗，以颠倒改窜者收入若珙璧，无乃类是乎？吾弟松谷，心摹右丞诗。端居多暇，并其全集讨之，左证右据，旬披月拣，积而成岁，遂为完编。

尽举颠倒改窜、无稽曲说，一一疏通而是正之，而词客画师之面目出矣。临川人黄鹤编杜诗，称千家注，然止数家耳。于时事、心地寡所发明。而刘须溪评，在风雅家不甚贵重，其中间得原诗字句竟有千家之所未及搜寻者。海底珊瑚之钩在铁网，收之而已。余知吾弟之苦心，而右丞之不没也，故为此言。乾隆丁巳十二月铁岩兄殿最书于藤花公署。

民国十六年九月二日，梁廷灿补钞于饮冰室。

《王右丞集》二十八卷卷首一卷卷末一卷，唐王维撰，清赵殿成笺注，清乾隆二年（1737）刻本。

王维（701？—761），字摩诘，河东蒲州（今山西省永济市）人，诗人、画家。唐开元十九年（731）状元及第，历官右拾遗、监察御史、河西节度使判官等，以尚书右丞致仕。有“诗佛”之称，著有《王右丞集》等，绘有《辋川图》等。

赵殿成（1683—1756），字武韩，又字松谷，浙江仁和（今浙江省杭州市）人。著有《王右丞集笺注》《古今年谱》《群书索隐》等。

赵殿最（1668—1744），字奏公、奏功，号铁岩，浙江仁和（今浙江省杭州市）人，清康熙四十二年（1703）进士。殿成兄。

梁廷灿所补之序文原刻，现已存于此本卷前诸序中，不知为何又作抄补。此书曾经梁氏重装，未知序文是否更动或增补。从梁廷灿题“补钞”推测，当时可能未见或缺此序文。

于其旁匿笑而彼不知也讀右丞詩以顛倒改竄者收入吾鐵壁之乃類是乎吾弟松谷心摹右丞詩端居多暇并其全集付之左聆右據旬披月揀積而成歲遂爲完編盡舉顛倒改竄之猾曲説一一疏通而是正之而詞家畫師之面目出矣臨川人黄鶴編杜詩稱千家註然止數家耳於時乃心地寡所發明而劉須溪評本孤雅家不甚貴重其中閒涉於詩字句竟有千家之所未及搜尋者海底珊瑚之鉤在鐵網收之而已余知吾弟之苦心而右丞之不浪也故爲此言乾隆丁巳十二月錢巖兄殿最書於藤花以署

民國十六年九月二日梁廷燦補鈔於飲冰室

唐之詩家稱正宗者必推王右丞同時比肩接武如孟襄陽韋蘇州柳柳州未能或之先也蓋穠淡而蔚韋纖濃而平挪跌盪而激昂右丞通於禪理故語多皆蜜甜徹中邊空外之音也水中之影也香之於沈實也果之於木瓜也酒之於建康也使人索之於離即之間驟於去之而不可得蓋空諸所有而獨契其宗然舊本不一有彼此互勝者如晴川第長舊千山響杜鵑三江雁北飛獨解倚門愁山中一半雨余知報國心種松皆作龍鱗松下行無折露葵而别

本俱顛倒改竄漢之陰之門之欽往右丞者謂為點鐵不意妄庸人之送而點金也雖然要故雜言矣昔人分別佛語中一菩薩語中二較賢聖於秒忽之間非不善心也家有餘某處花豬肉甚美買之豬一

王右丞集卷之一

仁和趙殿成松谷箋註

古詩十首

奉和聖製天長節賜宰臣歌應制

太陽升兮照萬方開閶闔兮臨玉堂儼冕旒兮垂衣裳金天淨兮麗三光彤庭曜兮延八荒德合天兮禮神遍靈芝生兮慶雲見唐堯后兮稷禼臣匝宇宙兮華胥人盡九服兮皆四鄰乾降瑞兮坤獻珍（獻一作降）

天長節（揮麈錄唐明皇實錄云開元十七年秋八月上降誕之日大置酒合樂燕百官于花萼樓下尚書左丞相源乾曜右丞相張說率百官上表願以八月五日爲千秋節著之甲令布于天）

王右丞集卷之四

仁和趙殿成松谷箋註

古詩二十九首

送張五歸山

送君盡惆悵復送何人歸幾日同攜手一朝先拂衣東山有茅屋幸爲掃荊扉當亦謝官去豈令心事違

齊州送祖三（河嶽英靈集文苑英華唐文粹唐詩紀事並作淇上送趙仙舟國秀集作河上送趙仙舟）

相逢方一笑相送還成泣祖帳已傷離（帳河嶽英靈集國秀集俱作席一作帳非已唐詩紀事作忽）荒城復愁入天寒遠山淨日暮長

昌黎先生诗集注

《昌黎诗》

长洲顾氏集注。

揭阳曾氏藏。

《昌黎先生诗集注》十一卷，秀野草堂原刻初印本，蛰庵藏。

《昌黎先生诗集注》十一卷，唐韩愈撰，清顾嗣立删补，清康熙三十八年（1699）长洲顾氏秀野草堂刻本。

顾嗣立（1665—1722），字侠君，号闾丘，江苏长洲（今江苏省常熟市）人。康熙五十一年（1712）进士，选庶吉士，改中书，后以病辞归。性豪饮，喜藏书，筑秀野草堂，极山水亭台之胜。工诗文，辑有《元诗选》《诗林韶濩》，著有《秀野集》《闾丘集》等。

顾氏取魏仲举本、王伯大本、徐时泰东雅堂本笺注，并采择朱彝尊、何焯批语及清人议论为补注，间有己意。此书为现存首个单行韩诗注本，一时风行于世，但学者批评甚多。因顾注采辑众家，但删补无章法，与后出之方世举（字扶南）《韩昌黎诗集编年笺注》相差甚远。

此本原为曾习经所藏，后归任公所有，并作重装。

昌黎先生詩集注卷第一

長洲 顧 嗣立 俠君 刪補

古詩三十一首

元和聖德詩 并序

嗣立補注 唐書憲宗皇帝紀帝順宗長子永貞元年八月詔立爲皇帝乙巳即位癸丑劒南西川行軍司馬劉闢自稱留後十一月壬申夏綏銀節度留後楊惠琳反元和元年三月辛巳惠琳伏誅九月辛亥克成都十月戊子闢伏誅二年正月己丑朝獻于太清宮庚寅朝享于太廟辛卯有事于南郊大赦

臣愈頓首再拜言 一有曰字 臣伏見皇帝陛下即位已來誅流姦臣 嗣立補注 舊唐書順宗紀八月庚子詔冊皇太子即皇帝位壬寅貶右散騎常侍王伾爲開州司馬前户部侍郎度支鹽鐵轉運使王叔文爲渝州司户 憲宗紀 八月即位九月貶韓泰等爲諸州刺史十一月貶中書侍郎平章事韋執誼爲崖州司馬 朝廷清明無有欺蔽外斬楊惠琳劉闢以收夏蜀東定青徐積年

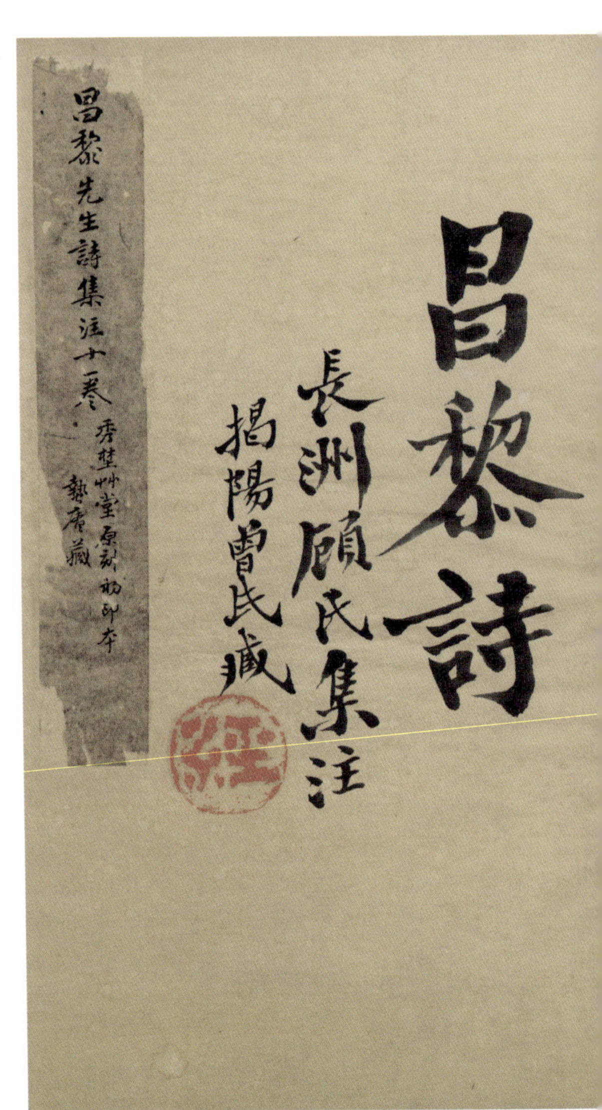

昌黎先生集

此十八年前手自校阅者也。重披一过，不胜年老学荒之感。任莽索而藏之，抑何好事耶！壬子大雪日，弱莽记。

《昌黎先生集》四十卷，唐韩愈撰，唐李汉编，清光绪十五年（1889）刻本。

李汉，生卒年不详，字南纪，陇西成纪（今甘肃省秦安县）人，曾任御史中丞、吏部侍郎、汾州刺史等。淮阳王李道玄六世孙，早年师从韩愈习古文，后为韩愈婿。

潘之博（1874—1916），初名博，字若海、弱海，号弱庵，广东南海（今广东省广州市）人。弱冠从戎，后受业于康有为。戊戌变法失败后，流亡日本，参与梁启超发起的政闻社。1914 年入冯国璋幕。1915 年袁世凯准备复辟称帝时，与梁启超、康有为等相呼应，参与策划倒袁，后遭通缉而避走香港。著有《弱盦词》。

“任莽”乃梁启超别号，该题记为潘之博所书。1912 年 12 月 7 日大雪，潘之博批校一过，后将此书赠予梁启超。

此十八年前手自校閱者也重披一過不勝年老學荒之感任葊索而藏之抑何好事耶

壬子大雪日楊葊記

光緒己丑冬重校
板存玉山文瀾閣

昌黎先生集序

門人李 漢 編

文者貫道之器也不深於斯道有至焉者不也易繇爻象春秋書事詩詠謌書禮剔其僞皆深矣乎秦漢已前其氣渾然迨乎司馬遷相如董生揚雄劉向之徒尤所謂傑然者也至後漢曹魏氣象萎苶司馬氏已來規範蕩悉謂易已下爲古文剽掠潛竊爲工耳文與道蓁塞固然莫知也先生生於大歷戊申幼孤隨兄播遷韶嶺兄卒鞠於嫂氏辛勤來歸自知讀書爲文日記數千百言比壯經書通念曉析酷排釋氏

昌黎先生集卷第一

李 漢 編

賦 古詩

感二鳥賦并序

貞元十一年五月戊辰愈東歸癸酉自潼關出息于河之陰時始去京師有不遇時之歎見行有籠白鳥白鸜鵒而西者號於道曰某土之守某官使使者進於天子東西行者皆避路莫敢正目焉因竊自悲幸生天下無事時承先人之遺業不識干戈耒耜攻守

新刊五百家注音辩昌黎先生文集

影宋本《五百家注韩集》

艺蘅馆藏。

《新刊五百家注音辩昌黎先生文集》四十卷《外集》十卷《类谱》十卷《考异》十卷，唐韩愈撰，民国元年（1912）涵芬楼影印本。

艺蘅馆乃任公为其长女思顺所起书斋名。1912 年 12 月 2 日任公在《与娴儿书》中，称托刘崇杰（字子楷）捎带物品中有“影宋本《韩集》一箱”[1]；12 月 5 日《与娴儿书》中，又称“《韩集》本欲留读，因濒行曾许汝，故复以赉汝”[2]。任公十分疼爱子女，因思顺欲读此书，故将此集赠之。

[1]梁启超著，胡跃生校注：《梁启超家书校注本》，桂林：漓江出版社，2017 年，第 327 页。

[2]梁启超著，胡跃生校注：《梁启超家书校注本》，桂林：漓江出版社，2017 年，第 329 页。

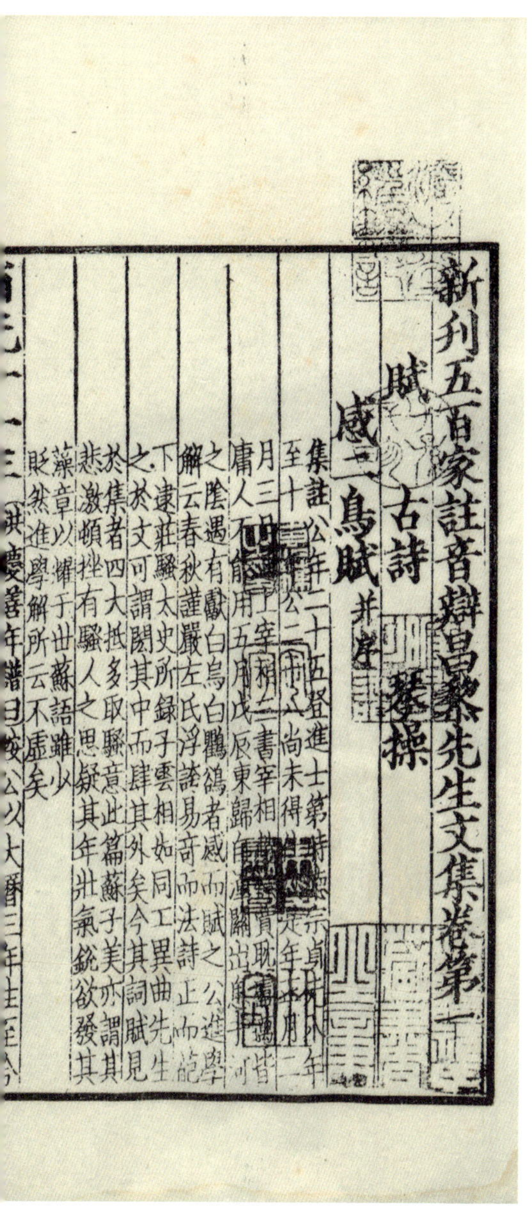
新刊五百家註音辯昌黎先生文集卷第一

賦　古詩　琴操

感二鳥賦并序

集註公年二十五登進士第時[illegible]宗貞元八年至十一年公二十八尚未得仕是年[illegible]月二[illegible]月三[illegible]上宰相[illegible]書宰相[illegible]賈耽[illegible]皆庸人不能用五月戊辰東歸自潼關出息于河之陰遇有獻白烏白鸜鵒者感而賦之公進學解云春秋謹嚴左氏浮誇易奇而法詩正而葩下逮莊騷太史所錄子雲相如同工異曲先生之於文可謂閎其中而肆其外矣今其詞賦見於集者四大抵多取騷意此篇蘇子美亦謂其悲激頓挫有騷人之思疑其年壯氣銳欲發其藻章以耀于世蘇語雖少貶然進學解所云不虛矣

[illegible]洪慶善年譜曰按公以大曆三年生至[illegible]

景宋本五百家注韓集

藝蘅館藏

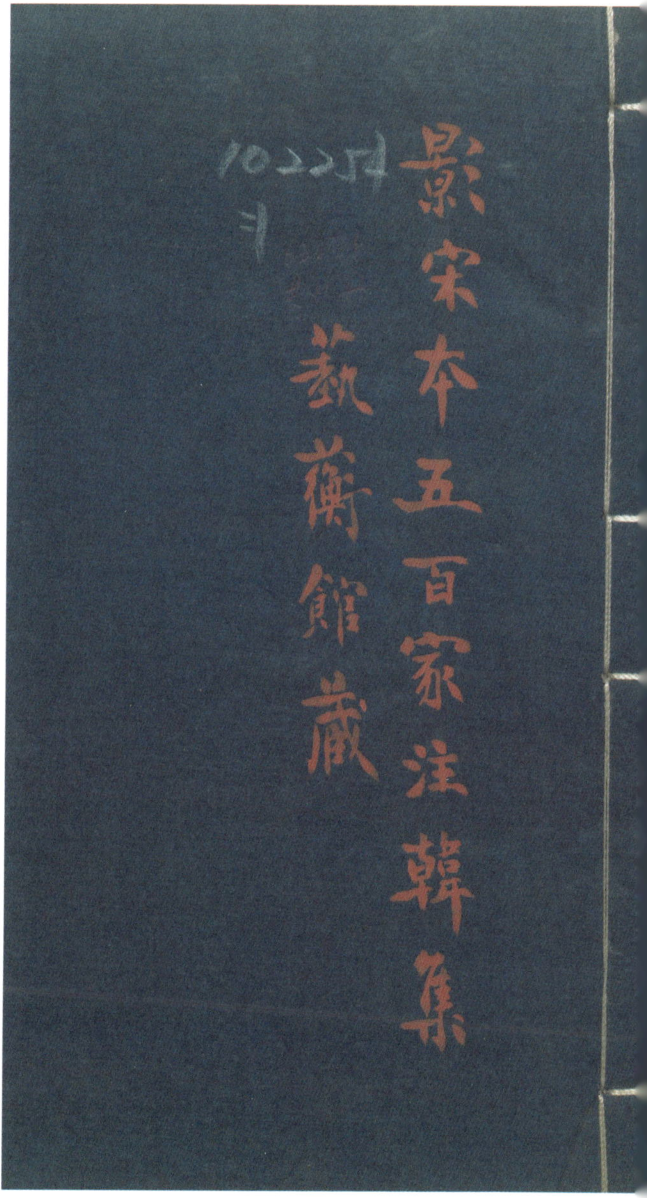

白石道人四种

渔家傲·寿白石

卢祖皋（申之）

白石山中风景异，先生日日怀归计。何事黄冈飞雪地，偏著意，画堂却为东坡起。人说前身坡老是，文章气节浑相似。只待鼎彝勋业遂，梅花外，归来长向山中醉。

廷灿录。

楼钥跋姜尧章所编张循王遗事

柳河东以段太尉逸事上史官，自言好问老校退卒。能言其事、考其所载者三戮郭曦之军士抚焦令谌之农者，不受朱泚大绫之币。顾太尉忠节显著，何必俟此三者，而后为贤？盖惜其逸坠，且以见太尉之平昔，非一时奋不虑死以得名者。旧唐史之传虽详，以未见河东之状，故三事皆阙而不书。宋景文公谨谨书之其为佳传之助多矣，尧章慕循王大功，而惜其细行小节人罕知者，矻矻然访问而得此，将以补史氏之遗，其志可嘉也。

廷灿录。

《藏一话腴》乙集：白石姜尧章，奇声逸响，率多天然，自成一家，不随近体，有诗说行于世。……传白石之镫，惟鄱阳张东泽受诀白石，攻研澄洁，骎骎欲溯太白而上之。

元楚龚开曰：往予见姜白石诗一卷，有绝句作小草尤佳，云“道人野性如天马，欲摆青丝出帝闲”（见《珊瑚木难》）。

姜尧章、范至能之温润，杨廷秀之痛快，萧东夫之高古，陆务观之俊逸，江西派不能及（吴乔《围炉诗话》）。

词家之有姜石帚，犹诗家之有杜少陵，继往开来，文中关键。其流落江湖，不忘君国，皆借托比兴，于长短句寄之。如“齐天乐”，伤二帝北狩也；“扬州慢”，惜无意恢复也。“暗香”“疏影”，恨偏安也。盖意愈切，则辞愈微，屈宋之心，谁能见之。乃长短句中，复有白石道人也（宋翔凤《乐府余论》）。

鄱阳姜夔，字尧章，自号白石道人。萧东夫以兄之子妻之，颇解音律。进乐书，免解，不第而卒。世但赏其词之工，不知其能诗也。有《白石道人集》三卷，为范石湖、杨廷秀所称。诗云：“夜暗归云绕柁牙，江涵星影雁团沙。行人怅望苏台柳，曾与吴王扫落花。”同时有黄岩老，亦号白石，亦学诗于千岩，人号为双白石云（《豫章诗话》）。

《白石道人四种》，宋姜夔撰，清同治十年（1871）桂林倪鸿刻本。

姜夔（约 1154—约 1221），字尧章，号白石道人，饶州鄱阳（今江西省鄱阳县）人，文学家、音乐家。屡试不第，流寓江湖，以卖字为生。长于音律，能自度曲。擅诗词，著有《白石道人诗集》《白石道人歌曲》《白石道人诗说》等。

《白石道人四种》以白石道人诗集、诗说、歌曲、续书谱四种合刊，增江春本、鲍刻本之评论、集事、投赠诗词及补遗，并附《四库简明目录》提要及《诂经精舍集·姜夔传》。

姜氏诗名为词名所掩，其诗精于造语，气格浑厚。承江西诗派而不拘于法度，自然含蓄又不失飘逸。

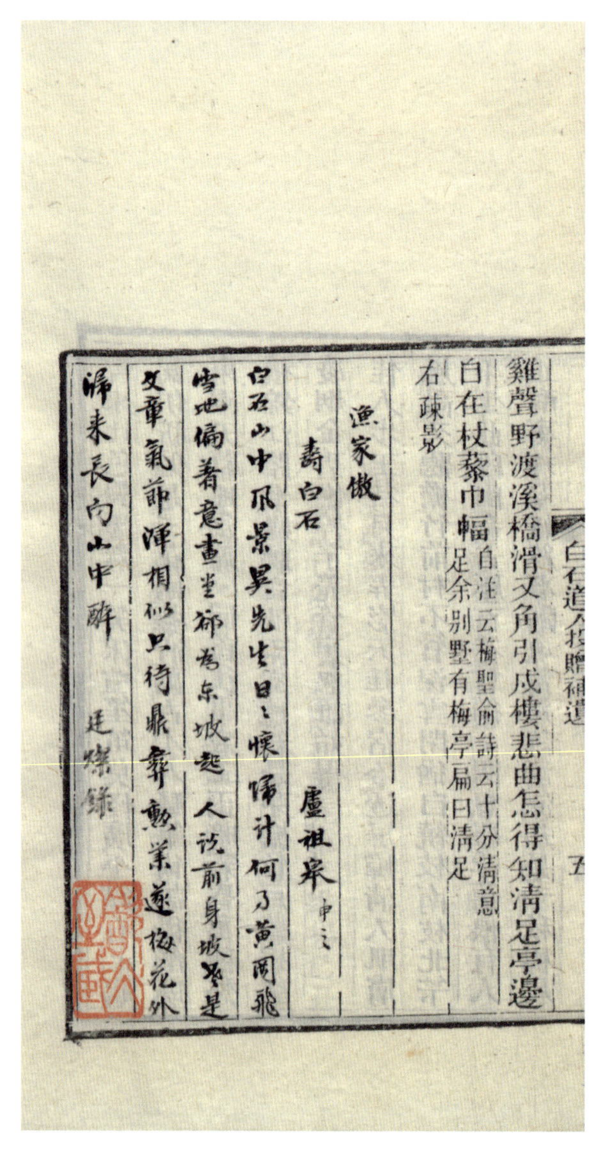
白石道人投贈補遺 五

雞聲野渡溪橋滑又角引戍樓悲曲怎得知清足亭邊

白在杖藜巾幅自注云梅聖俞詩云十分清意足余別墅有梅亭扁曰清足

石疏影

漁家傲

壽白石 盧祖皋申之

白石山中風景異先生日日懷歸計何乃黄岡飛雪地偏着意畫堂都為東坡起人説前身坡是文章氣節渾相似只待鼎彝勲業遂梅花外歸來長向山中醉

廷燦錄

楊鑰跋姜先章所編張循王遺事

柳河东以段太尉逸事上史官自言好问老校退卒能言其事致之所載者三戮郭晞之軍士拯焦令諶之農者不受朱泚大綾之帶領太尉忠節顯著何必俟此三者而後為賢盖惜其逸墜且以見太尉之平昔非一時奮不慮死以沽名者舊唐史之傳雖詳以未見河东之状故三事皆闕而不書宋景文公謹之書之其為佳傳之助多矣先章纂循王大功而惜其细行小節人罕知者殆亦訪问而得此將以補史氏之遺其志可嘉也

廷燦錄

藏一話腴乙集
白石姜堯章奇葩逸響率多天然自成一家不随近聲有諧説行於世……傅白石之鈔惟番陽張東澤受法白石攻研冰潔騷之欲邇太白而上之
元集龔開曰錢予見姜白石詩一卷有絶句作小草尤佳云道人野性如天馬欲擺青絲出帝閑 見珊瑚木難

白石詩詞評論

宋陳藏一曰白石道人姜堯章氣貌若不勝衣而筆力足以扛百斛之鼎家無立錐而一飯未嘗無食客圖史翰墨之藏汗牛充棟襟期灑落如晉宋間人意到語工不期於高遠而自高遠

周公謹曰番陽布衣姜夔堯章出處備見張輯宗瑞所著白石小傳矣近得其一書自述頗詳可與前傳相表裏云某早又不振幸不墜先人之緒業少日奔走凡世之所謂名公鉅儒皆嘗受其知矣內翰梁公於某爲鄉

併幸惠教楚龔開 式古堂書畫彙考

元松陵陸子敬居分湖之北疊石爲山樹梅成林取姜白石詞語名其軒曰舊時月色 楊廉夫東維子集

姜堯章范石湖之温潤楊廷秀之痛快蕭東夫之高古陸務觀之俊逸江西派不能及 吳喬圍爐詩話

詞家之有姜石帚猶詩家之有杜少陵繼往開來文中關鍵其流落江湖不忘君國皆借託比興於長短句寄之如齊天樂傷二帝北狩也揚州慢惜無意恢復也暗香疏影恨偏安也蓋意愈切則辭愈微屈宋之心誰能見之乃長短句中復有白石道人也 宋翔鳳樂府餘論

鄱陽姜夔字堯章自號白石道人蕭東夫以兄之子妻之頗解音律進樂書免解不第而卒世但賞其詞之工不知其能詩也有白石道人集三卷 爲范石湖楊廷秀所稱詩云夜暗歸雲繞柁牙江涵星影雁團沙行人悵望蘇臺柳曾與吳王掃落花同時有黃巖老亦號白石亦學詩於千巖人稱爲雙白石云 豫章詩話

白石道人逸事

慶元會要一則

慶元三年丁巳四月□日饒州布衣姜夔上書論雅樂事并進大樂議一卷琴瑟考古圖一卷詔付奉常有司以其用工頗精留書以備採擇

硯北雜志二則

海昌八家有古琴音韻清越相傳是單炳文遺姜堯章背有銘曰深山長谷雲入我屋單伯解衣作葛天氏之

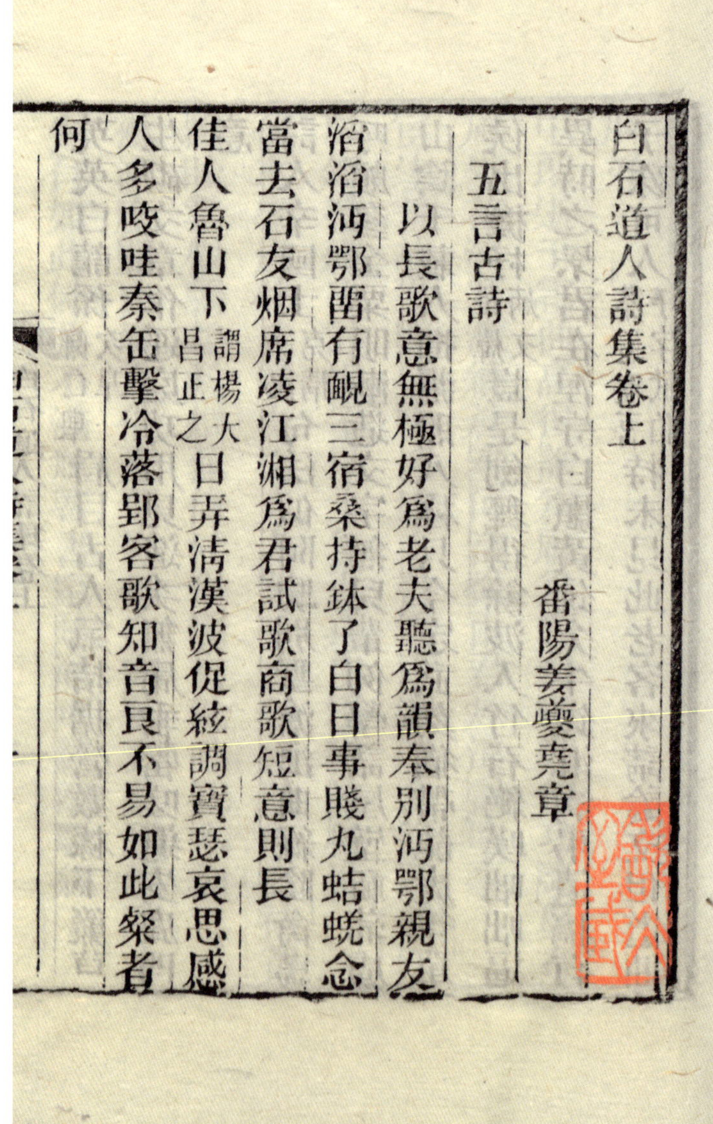

白石道人詩集卷上

番陽姜夔堯章

五言古詩

以長歌意無極好爲老夫聽爲韻奉别沔鄂親友

滔滔沔鄂間有靦三宿桑持鉢了白日事賤丸蛣蜣念當去石友烟席凌江湘爲君試歌商歌短意則長佳人魯山下謂楊大昌正之日弄清漢波促絃調寶瑟哀思感人多咬哇秦缶擊冷落郢客歌知音良不易如此粲者何

赤雅吟

饮冰鉴，瘿公。己酉清明日寄于京师。

此一日内所饯作，舍弟叀庵印之于鸡林。

《赤雅吟》，罗惇曧撰，清宣统元年（1909）铅印本。

罗惇㬊（1874—1954），字照岩、季孺，号敷庵、复暗、复堪，又号悉檀居士，别署羯蒙老人、风岭诗人，广东顺德（今广东省佛山市顺德区）人。早年与堂兄罗惇曧（号瘿公）从康有为受业，后肄业于京师译学馆。清末曾任邮传部郎中、礼制馆第一类编纂。民国后历任教育部、财政部、司法部参事，国民政府内政部秘书等，后长期在北京艺专和北京大学文学院讲授书法。好诗文，擅书法，尤精章草。著有《三山簃诗存》《三山簃学诗浅说》《书法论略》《羯蒙老人随笔》等。

罗惇曧读明末邝露（号海雪）《赤雅》一书，因喜其奇丽，故摘录其事以为标题，一日而成诗十章，遂成此书。此本另纸附罗氏《戊申除夕》诗一首，并杨增荦、易顺鼎、陈衍等十一人和诗。

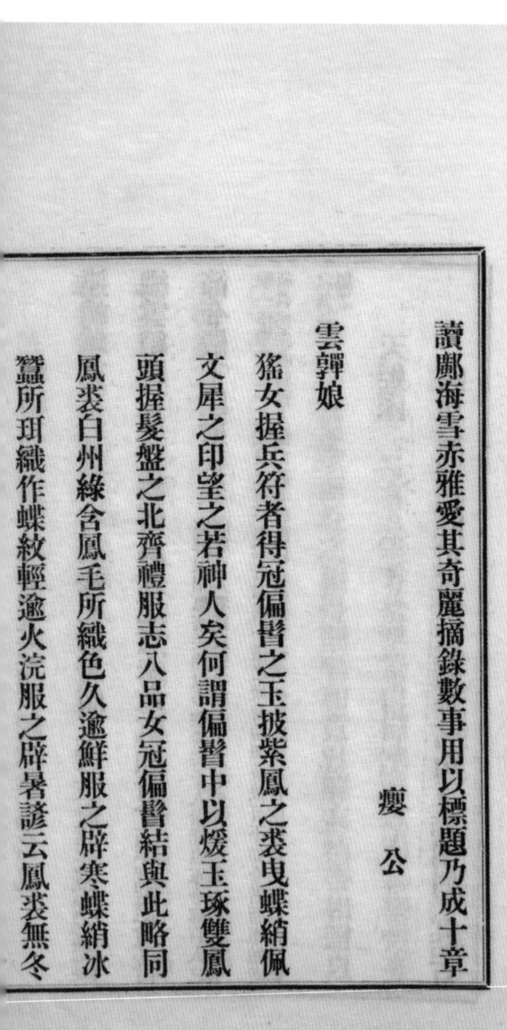

讀鄺海雪赤雅愛其奇麗摘錄數事用以標題乃成十章

夔公

雲嚲娘

猺女握兵符者得冠偏髻之玉披紫鳳之裘曳蝶綃佩文犀之印望之若神人矣何謂偏髻中以燧玉琢雙鳳頭握髮盤之北齊禮服志八品女冠偏髻結與此略同鳳裘白州綠含鳳毛所織色久逾鮮服之辟寒蝶綃冰蠶所珥織作蝶紋輕逾火浣服之辟暑諺云鳳裘無冬

赤雅吟

飲冰室　夔公

中州集、中州乐府

宣统庚戌八月，检赠任甫。见之如见藻翔矣！

《中州集》十卷卷首一卷《中州乐府》一卷，金元好问编，明末汲古阁刻本。

何藻翔（1865—1930），字翙高，又字梅夏，晚号邹崖逋者，广东顺德（今广东省佛山市顺德区）人。清光绪十八年（1892）进士，历任兵部武选司、外务部主事、西藏议约大臣参赞、资政院钦选议员。鼎革后弃官南归，后流寓香港。著有《六十自述》《岭南诗存》《邹崖诗集》等。

该书为金代诗歌总集，收作家二百五十六人，诗词两千一百余首，有金一代诗作，大体完备。元氏评论诗作，兼载史实，其人物评传可作史料参考。此书编成于金亡之后，但不选在世诗人作品，后有元人房祺辑《河汾诸老诗集》以补之。

光绪二十一年（1895），清政府因甲午战争战败被迫签署《马关条约》，何藻翔愤而与同乡罗凤华上疏弹劾负有直接责任的兵部尚书孙毓汶，一时名动朝野。康有为作《顺德二直歌》赞颂二人，梁启超作注亦称其“志洁行芳，二十年来朝士罕见其比”[1]。此后，何氏与康梁等人交往趋于密切。此本为清宣统二年（1910）何藻翔赠予任公，题记亦何氏所题，并钤“梅夏”印一枚。

[1] 钟贤培、陈永标、刘伟林编：《康南海诗文选》，广州：广东高等教育出版社，1988年，第36页。

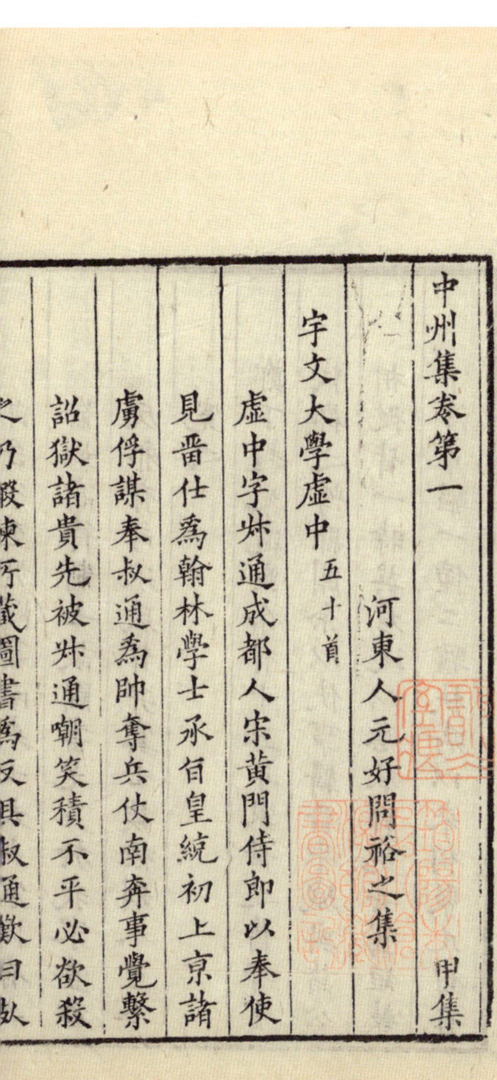

中州集卷第一　甲集

河東人元好問裕之集

宇文大學虛中　五十首

虛中字𡏖通成都人宋黃門侍郎以奉使
見留仕爲翰林學士承旨皇統初上京諸
虜俘謀奉叔通爲帥奪兵仗南奔事覺繫
詔獄諸貴先被𡏖通嘲笑積不平必欲殺
之乃毁東有藏圖書爲反具叔通欵曰奴

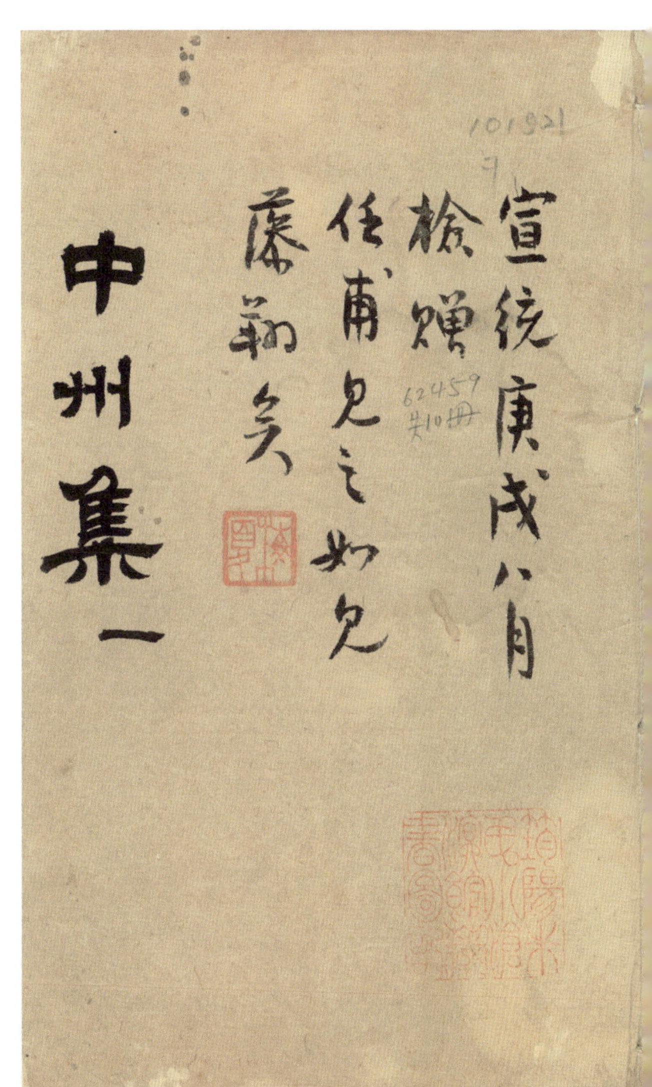

中州集　一

宣统庚戌八月
检赠
任甫兄之如兄
藤翔矣

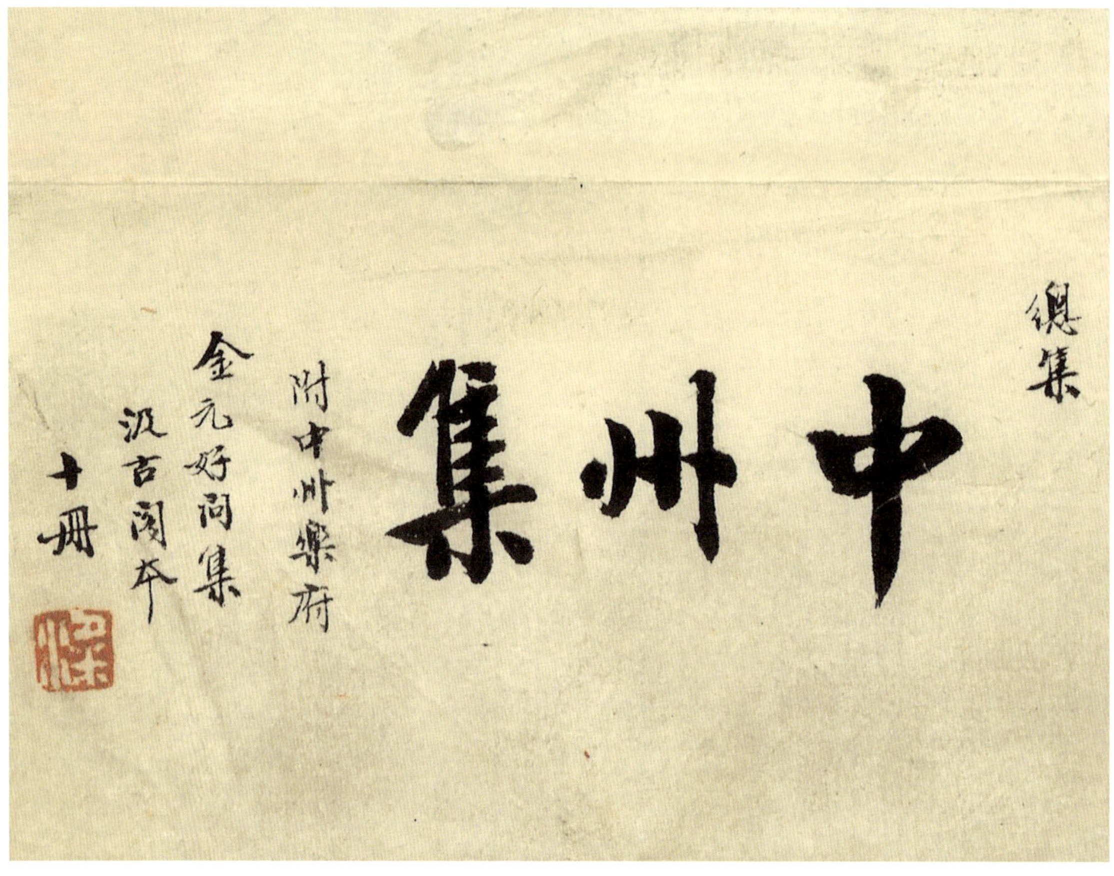
總集
中州集
附中州樂府
金元好問集
汲古閣本
十冊

钦定明鉴[1]

第二卷：

第一纸：

吴诚往谕仲明，且观兵，又令吕玉诣军阅胜。二人者，果出唐鱼朝恩之右乎？既鉴前辙，而自行之，何以异于代宗与？

养老之典，至明为极。致仕官概行晋秩赏，近于滥，过犹不及也！

第四卷：

第二纸：

孝孺亦泥古者！井田官制，皆非国家大计。礼制、井田，足以御燕兵乎？

乱臣贼子必有所指，以成其师出之名。棣称其兵曰“靖难”，当时

[1] 编者认为该题记从笔迹特征、行文的语言风格等方面皆可判断为任公亲笔所作。但经请教有关专家，认为其非任公笔迹，所作内容亦难断定。出于慎重考虑，将此题记置于此处。

天下清平，未尝有盗贼。齐、黄、方不过书痴，援祖训而集事，指诸人为奸臣，皆粉饰之词也。试问所靖者何难？

耿炳文非将将之才，李景隆读书通典故，尤非御侮之人，况棣又善用兵者，不败何待？

诱执宁王，夺其三卫，实朝廷驱之归燕，乃权心持两端。至被诱执，权亦深愧朱鉴、石撰与？

第三纸：

齐、黄二臣，治以误国之罪，二人当亦无词。乃因棣之请而罢之，又阴留之，既又复其官。盛庸军败，又惧而窜之，又密令募兵，是畏之已如虎矣。乃复赦罪，令罢兵归国，其不奉诏也必矣，此何事也？而犹为此迂缓之计，可见当时君懦臣庸。与此等大计，竟同儿戏，燕何畏而不篡？

惠帝仁柔甚矣！瞿能功在垂成，李景隆止之。杨本孤军深入，而景隆不援。此等庸人，不诛之以振军威而鼓士气，仅召还而止，国法安在？焉得不亡？

惜哉，机也！平安、盛庸皆名将也，建文不能驾驭之，使效死于国。又曰“毋使朕有杀叔父名”，遂至坐失事机，束手待擒，岂非庸人自误其国哉？

此时遣驸马镇淮，庸有益乎？

中官误事，约燕为之内应，此其首也！

以讹传而召回兵，建文之昏愦极矣！当此危急之际，孝孺犹欲割地议和，不亦迂哉？徐辉祖初来会战，即能克捷。此等大将，当授以兵柄，使乘胜长驱，竟未知鹿死谁手。顾以讹言召还，惜哉！惜哉！

千古以来，天子从无此祸。仁柔庸愦，自致败亡，建文实非了事男儿。疑案千秋，此明代第一案也！

第五卷：

第四纸：

实惠及民，不在立法严，而在用人当，不独救荒一事为然。逮治匿灾有司，罪之不宥，成祖之善政也。

告讦诬人不轨者，不罪而反官之，是教天下以奸黠佞谀，即其奸谋败露，仅予谪戍，刑赏并失矣！

茶马互市，原取其与我利，且于此控驭番人。殆禁令少弛，私出遂多，奸商莠民从中取利，官物于是不行，其势不得不增其利。利增而货更不行，私茶胜而官茶无用矣！始则以茶易马，既则市茶买马，其弊在用不得人。是治法未尝不善，而治人实难其人也！

浚河济运，经画善矣，千秋之利也！第徙都应天，京师唯仰给于南粮，河道一有淤塞，南粮势将不能北上，事将奈何？是漕运一有疏虞，京师百万生灵束手待毙矣！若河运与海运并行，是或一道也。

第五纸：

已成灾而方飞奏，比至报，可民已伤残过半。太子于恤民之典，得其要矣！

锐意防奸，乃立东厂。不以士大夫掌之，而以内监司之，是防奸，实以养奸。谓外臣不可信，而以中官为耳目，不知若辈之作奸，更胜人臣百倍。流毒至于末世，其俑实成祖作之。

萧仪议迁都，实书生之见。金陵本偏安之地，进不足攻，退无可守。安土重迁，非所论于明季。李时勉以为迁之非是，亦读书不化之故。他策虽多施行，而仍不免以诽谤罪之，成祖亦欠忠恕哉！至邹缉之书，深切当时利弊，惜其不省，所谓惧灾者，又空言也！

第六纸：

官入觐，乃帝王察吏治、体民瘼之典。以一人之精神，千五百人之贤否，欲决择于一时，且偶一举行，民隐安得周知？是有虚名而无实用也！可谓纳言乎？

冤哉！周新奉诏捕奸，而以捕奸被戮。是纵奸败法，自紊其宪章，何以劝直臣而旌正士？新不愧为直臣，成祖实愧为明君也！

明初马政，官养民养兼用，已非善政。江南不产马，故折色，渐而北地亦折色。孳息无时，阜育无方，百弊丛生，而漫无查察。即此一端，已足病民，况弊政不止此乎？

第六卷：

第七纸：

太子，国之本也！乃以奉迎少迟，逮其僚属，设非士奇，则唐之中宗、汉之戾太子，又见于今日矣！小人之可恶，殊堪发指。以父子、至亲、储贰、至贵，被其一言谮谤，几至申生之祸。再见人君，首出庶物，不智不明，小人用事，伦常扫地矣！

陈瑄开清江浦以来，漕运直至潞河，大便京师。惜乎海运由此而废，未为全美。

不许封禅，成祖大有见识。惜其不能事事如此垂裕后昆，以成一代之郅治。

纪纲，便辟之徒。逢君之恶，诛之，惜其晚也！

高煦谗构太子，时已伏不法之心，此时即应罪之。乃以改封，不肯行，始疑之，成祖之昧于察人亦甚矣。太子与此等人犹必力救，虽不失孝友之私情，实忘天下之公法矣！

第八纸：

保傅皆儒臣之选，以僧道充之，实洪武贻谋不善也。成祖之功臣，洪武之罪人也。才智、功名虽曰第一，亦何足齿数？

罚不重者，禁令虽严，贪人如故，而中官尤不可禁，考核之典不善也甚矣！

刘荣一战，实胜算也。有明一代，倭患大炽。终其世，几无宁日。盖驭外夷之道，固当结以重恩，然非摄以兵威，寒其胆而服其心，不足以静边围而全大体也！

妖民倡乱，法所必诛；战将冒功，杀之无赦。乃柳升抑卫青之功，逮而复释，已失公法。又遍逮女尼及女道士，是徒扰良民，终无益于国家也。

第九纸：

□［武］帝开疆拓土*，不过至朔方而止。阿噜台之地，得不足喜，

* 原件残缺。

失不足忧，□□已足成功*。亲征之，殊可不必。

□□朝臣核天下出纳*，徒多扰害耳！一岁之仓储，户部自有成数，□□［考］核*，又何必多此一举？且偕中官行，尤为可笑。

□□［无］功*，至于穷搜山谷，大失国体，所谓庙算安在？

第七卷：

第十纸：

仁宗监国时，几不能自保其位。与父尽其子职，与二王尽其弟道，谥之曰“仁”，不亦宜乎？

夏原吉、杨士奇请罢诸弊政，仁宗如其请。善乎，能从谏矣！仁宗既知远佞如周讷者，放流之可也，乃官以知府。彼佞人者，即不为民害与？

蹇义、杨荣诸臣，各赐银章，令其言事，仁宗之虚衷可见矣！奏至即闻，欲备知民隐也。惜子孙不能永守，法虽善，终无用也。是治法必须治人，行之方臻美备。

明代世有封建，虽后嗣无燕棣之患，而支系天潢者，莫知稼穑之艰难。殆数十年后，户口日繁，则天潢之困苦胜于贫民。若拘于成法之不可变，百年而后，势必不支；若使远宗之子孙得以自食其力，或亦权宜之一法也。

宥建文诸臣，原为仁厚之政，惜其又留戍一人，未尽善也。金、杨诸公，枉受银章之赐，何无一言救正耶？

第十一纸：

建文苑以求才，好学图治之心切矣。无如金、杨诸公，未见时时规正以启沃其主，有愧前人多多矣！

戈谦以直言被劾，吕震、吴中可斩也。非士奇，几使仁宗被拒谏之名。仁宗能于士奇一言之下引过自咎，实有明一代之贤君也！

安而不忘危，仁宗有之矣。当如此令主在上，诸臣尚阿顺成风，难哉直臣也！

救民水火，忧民之忧，仁宗有之。用玺行之，而后语部臣，保赤诚

---

* 原件残缺。

求，深得其旨也。

李时勉言虽过激，不失为直臣，以直言而扑之几死，贤主而竟若此，是涵养无学，故当此忠言逆耳时不能自制，亦其将亡之时，神已不守其舍，故不自觉其如此，不能不为终身之累也。

第十二纸：

宣宗不从群臣请，驰驿入临，光明正大，识见高远矣！

内使读书，宣宗首政即失其正。若辈一通文墨，何事不可为？失大体，遗百世忧，宣宗实开其端。

宣宗于高煦，恩义有加，不比削弱宗支。诸臣之谋国，亦不比齐、黄之迂拘，故不至靖难之祸再见于今日。

士奇可谓善处人骨肉矣！一言兴邦，使人君臣骨肉间安然如故，无愧良弼。

纳米赎罪，大失吕刑之意。不计罪之轻重，但论米之多寡，是诚何政与？

中官擅作威福，可裂其首也。此而不惩以重典，仅止切责，无怪其肆无忌惮也！

第十三纸：

立其子即立其母，为其宠故也。胡后以无罪而废，孙妃亦无功而立。废立之易，毋乃太乎？何以当日诸公不闻一言力争，但请早定国本，且太子生方八日，何急不可待乃尔。古云母以子贵，恐不如此解也。

顾佐以柏台大吏，既称廉直，何得私受隶金，廉者如是哉？

乌梁海尝有战功，成祖割地畀之，已失边计；宣宗轻身冒险，虽其已入贡纳款，究非良策。

宣宗方以武功夸海内，而欲暴刻从事，原吉随时规谏，启人君不忍之心。原吉若能事事谏止，则无遗憾矣！

第十四纸：

士奇所请宽大之政也，宣宗与民休息，君与臣心乎民瘼，亦一代之良明也。

太后母训，昭垂前代，无其匹也。宣宗善承慈教，推仁爱以及百姓。天子以天下养其孝，诚不在扶辇之乐。古人所谓“养志”，此之谓与？

守令为亲民之官，得才品兼优之士而用之，民安物阜矣。宣宗特擢况钟、赵豫等出守诸郡，克称其职，取人得当矣。后世循资按格，拘于成例，其人或老迈病废，虽才也，而无能为也。少年英锐之气，尽销磨于矮屋茅舍之中，否则低眉忍气，雌伏于权幸之肘腋。或偶因一事之分争，一言之更正，遂为群犬所吠，沉沦不偶，更无由阶进。更有妒之者嫌其才高，恶之者恨其不为我用，更不使为国家展其用。国家于是无真才硕德之士，可为长太息者此耳！

专田以给边饷，法至善也。及至加赋重征，弊端百出，良策转为弊政。黄福筹及不足，为国之虑深远矣。宣宗若行其言，未必无济于国也。

周忱以宽济猛，凡告讦者不省，均善政也。然除莠即以安良，事在人为，徒恃宽仁，亦非其正也。

第十五纸：

天子至尊，民隐安得周知？徒自轻耳！且亦非偶一游行市井即能知也。士奇之言，岂止爱帝哉？

军运之法，初行未尝不便民。为日既久，仓人下役种种苛求，逐日增额，民之困遂不可支矣！

袁琦之横取民财，非法服用，既正典刑，应知若辈之不可用矣。乃率不悟，遂使子孙踵其覆辙。终其季，坏于中官之手，何其不明也若是乎？！

义仓所以备荒政，自洪武至宣德，行其政者周忱。抚江南，公私足用。忱去而法遂废，是有治法无治人。虽有良法，吾末如之何也已矣？！

服远人之道，宣德于此得之矣。奖其复仇，却其献玺，正大光明，令其不能不悦服也。

第八卷：

第十六纸：

罢中官镇守，原属善政。除恶不尽，不如仍其旧。三杨之辅新政，欠刚断也。

贤哉太后！严遇外家，不允垂帘，政令悉委老臣。正统初政，大有可观。

三杨辅政，详陈利病，导幼主爱民行政之方，可谓贤矣！奈何使貂珰乱政，几至不守其宗社，大可惜也！

王振小人也！以狡黠得少主欢。不俟阁议，辄自施行，弄柄之渐也。士奇以首辅大臣，何难请加诛放，乃止愠三日不出，殊失大臣体度。幸太后明察，不然祸不待他日也！

畿辅屯田，大利民生。然垦地几何，岁入几何，未见成功之奏绩何人[1]。岂有明一代，有治人而无治法与？

保举之法，不遇公正之大臣，则滥引幸进，徒开奔走之门。别贤愚、辨真才，帝王当有默运于心之略。

王振始用事，即戮辱大臣，小人特小试其技耳！主少臣懦，势所必至。诸大臣谋国之计安在，不自愧与？

设马市以为绥服，非干蛊之才，未易言功。卫拉特贡马，不过假其名，窥我虚实。乃反开门招之，是我以为羁縻，彼实逞其需索，边患庸得已乎？

第十七纸：

遣使分行天下修荒政，祖宗良法也。国脉之固，实由于此。外夷入贡，古有常经。入贡而动以千计，是来王之意，已失其经。观其以马易弓，可见其志之所向。既限以定制，仍复二千余人，即当问以违制之律，使知天朝法度，不容少有假借，以震其觊觎之心。

王振宦官而小人者也，乃朝廷命官，生杀随所欲，诸臣直无一语奏白，何愦愦乃尔！至大理卿不拜振，竟敢诬以受贿，公然戕害公卿，世主方倚以腹心，岂非自弃其国哉？

小人乱政，反受以兵柄，无端肇衅。以天下之大，快一人之欲，王振之敢于肆恶逞奸，实人主有以启之也。

[1] 此处句意不通，“何人”二字疑为衍字。

第十八纸：

开矿安能弭变？徒多纷更，使中官与权幸营私灭法耳！是不能止盗，而实以益盗。且攘利聚众之奸民，竟不置论，法之坏也，国之危也，可胜言哉？

王永以暴振罪而被戮，且以妖言论当时君臣之庸愦，可知若永者既有公愤之心，绝非宵小之人。

王振何功，而予以世职？且其侄又何功，而予世袭？爵赏可谓滥矣，朝廷可谓无人。

时勉可谓识时务者，敬宗可谓立品者，周忱虽有政绩，何足奇也？观其为振致意敬宗，可以知其品矣！

验户敛钱，宋新可杀也。小民不堪其命，不乱何待？

公卿位内官下，皇皇天语，遂成永制。敬大臣、使臣以礼二语，如是讲乎？英宗自败其事，夫复何言？

以亲征而至北狩，英宗不听正人规谏，被王振挟之以行，实自取其祸，无足惜也！吴克忠、朱勇无愧先帝也！数十万军士及群臣何罪，而遭此惨祸也？至于败报至而群臣聚哭于朝，究何益于北狩之主乎？于谦有见于南渡，大臣丰度，自是不同。一言定邦，社稷重安，谦之力也。

第九卷：

第十九纸：

“第从朕命，无事纷更”，其不欲上皇之归，情见乎辞矣。龚遂荣之书，不过言奉迎宜厚，乃为万姓重观瞻，为景泰厚伦常。不能用其言，已为失德。况又下之诏狱，其天性之欠厚，可概见矣。

送至南宫，不逊位之心可见。兄弟君臣，相率以假天下，又何事而不可假哉？

魏骥决然致仕，有古大臣风。惜哉！人君不识真才，竟令其归老林泉，可胜叹哉！

团营之制，未尝不善，使诸将悉如于少保，必不至将不知兵之强弱，兵不知将之指使。一旦有警，安能御侮？一将难求，不信然与？

锦衣访事，更胜于宦官。设此欲察外事，是恐人明其不逊位，且疑英宗有所作为。猜嫌既起，小人即乘间煽惑，则君臣骨肉之亲较路人为尤甚也！愚哉景泰！以一人之心思耳目，而欲周知天下事，又安得人人而尽防之？

第十卷：

第二十纸：

夺门之举，幸而成名。石、徐皆狡狯市井之徒，但知逢君之恶，固一己之功名，何尝论名之正不正。弟则因兄危而占其位，尚得谓居摄以行权；兄乃乘弟之疾而复位，岂亦曰天命之攸归？复位而后，首执于谦、王文。君误于上，臣误于下。若卫拉特之变，于谦、王文召之者，不然何以首发其罪于二人？有贞之罪，英宗之不英，于此可见。

景泰之行，诚有甚于昌邑王者。君临天下，望之不似人君。至于易太子而立己子，其心已久无还位之意，骨肉之变已早兆于当日。为英宗计，当变生仓卒时，既使岳谦传口语至京，即当择诸弟中之贤者使之监国，否则诸侄中之贤者亦可使监国。况乘舆被遮时，群臣已立太子，则监国之人何必郕王？果能慎始，又何至有夺门攘位诸丑态乎？

贼桧以“莫须有”三字杀岳家父子，有贞以“意欲”二字杀王、于二人，前后一辙。是小人之害君子，不必实有其事。千古以来，同深一叹。英宗非不知于谦之忠，有贞乃以不杀于谦则此举为无名，试问杀之又何名乎？直以杀于谦为遮羞计。是夺门复辟，石、徐之功；监国迎驾，王、于之罪也。嗟乎！我生不辰，于少保之谓也！

王直、胡濙不于赐金时退位，而于杀于谦时又不谏止，吾惜其去之晚也，二人亦自了汉耳！

高穀身为大臣，于国事毫无谏正。英宗一片私心，故觉私己之人即为忠爱。

易储占位，千秋自有公论。英宗既复位，乃弟未为无功，且其已死，何妨委曲而全手足之谊？何忍以恶谥加之，榜其迹于千秋？又强其妃殉葬，则薄恩固不独景泰也！

第二十一纸：

既知石彪之私，应赏年富之直，正石彪诬陷大臣之罪。乃会勘无验，复令致仕，是赏不足以劝人，罚不足惩人，教天下以私，与小人以权也，正人君子由此不寒而栗矣！

振饥，善政也。虑乾没而不行，诚然因噎废食也。文王视民如伤，有贞顾未尝以文王视其君也。

赫濯哉石亨、吉祥！大臣为之废黜，言官为之逮系。至于泣诉君前，小人技量之常，独恨英宗贵为天子，明足察非，事事为群小所使，竟一策不能自主，可为长太息耳！

有贞辈阿谀逢迎，死有余辜之人，但因石亨等之浸润，又阴令言官弹劾，是以独擅之刑赏，授之小人，使风宪之职守，但承意旨，茫无识见，予夺由人皇矣。天子何无皂白乃尔？！

岳正既感知遇，自当体大臣报国之忠，不密失身，正岳正之谓也。英宗既使正以意告二人，又怒谪正，何以愧于奸宦，而不愧于直臣？至于岳正既受密诏，岂容不密。所谓腐儒者，非正而何？

第二十二纸：

为太监立祠，有明一代，王振、魏珰二人耳。英宗土木之变，几至不保其身，若北狩之徽、钦，身亡异域。乃南宫复辟，罔有悛心。愚哉，何不悟乃尔！

英宗寄耳目于宵小，计亦左矣。正人君子之行，皆指为弊端。若辈之朋党，转莫得其奸状，是不能寄耳目，实足以蔽耳目。是非倒置，纪纲紊乱，莫此为甚。

李贤论夺门事，深得其正。此论若早上于王庭，当无逆取之名，于谦亦可不死。英宗徒知讳夺门之事，而不能自制其私，使天下后世咸服其自新之明，斯为不失己也。

石亨始以复辟夺门有功，遂至权重一时，党害正人。与从子彪揽权纵恣，死不足惜！亨、彪既诛，吉祥辈尚在，蔓草犹不可除，况小人乎？

主上纵欲自恣，何求不获。以增造彩缎而贬大臣，忠言逆耳。奢侈为怀，使后世子孙踵事增华，英宗实为厉阶。

第二十三纸：

当石亨诛时，二三狱吏执付有司，除之易易耳！乃姑息养奸，使之肆其逆谋。幸孙镗上变，即日就擒。不然养子都督，亲典禁兵，祸正不止此也。

贼入城劫库，杀官殃民，总兵官自应刻即赴援。乃拥兵不救，纵其出城而与和。人主仅止切责，国法安在？英宗终身误于迟疑姑息，夫岂有为之令主哉？

李贤心公而目不识人，其改请用陈文，公心也。而文事事必与相争，是直以贤为标榜，而自作公正人耳。小人哉，陈文也！

英宗平生，止罢宫人殉葬一诏，尚云善政。殆亦鸟之将死，其鸣也哀欤？

第十一卷：

第二十四纸：

边防控制，自有经也。汉弃珠崖，以其地属荒远，罢敝中国，守之无益。是因地制宜，非以其难于控制而去也。河套之地，水草肥饶，可耕可牧。险要肥饶之土，我既弃之，彼何畏而不取？祖宗创业艰难，寸地尺土不可轻言弃也。弃之易，复之则难也！以天下大势而论，未有自去其屏翰而边庭得以安静者，是宜固我藩篱、修我甲兵、严我军民，然后恩以感之、威以畏之，使之不敢正视天朝，即来与我无损，彼亦无所取利。我之力不足，犹能自守；我力有余，尚可大创，以绝其觊觎之心。则经费无不足之虞，边围无纷扰之害。不然，则彼往我来，罢弊中国。方且自顾不暇，又安能制之，使不敢来哉？

韩雍用兵，可谓得法矣！兵分力弱、师老财匮，深明其旨也。若再能识攻心之策，则更善矣。邱瑞之策，直不知兵，焉能用武？

三年之丧，礼也。李贤夺情之举，大关风化。而有明一代，凡擅权固位者，大半如此。李贤为一代贤相，乃亦为此举。惜哉！

第二十五纸：

《纲目》一书，千秋治乱之由，昭然于人心目。历代君之政教，臣之忠奸，得失判然，经世之大典也。宪宗既命谢铎校勘，其意之所在，已为善矣。乃徒有其名而无实，验耶！铎虽上千百言，又何益乎？

开场采金，岁役民夫至五十余万，仅得金三十余两，与国何益？死者若干，与民实损。宪宗虽闻言即罢，而民困已不可复苏。

张敏以内臣而能深明大义，不随若辈浮沉，潜养皇子，存孤仗义，实得忠爱之义，可见此辈中未尝无人。十室之邑，必有忠信，其信然也！

改谥景帝，亲亲之谊也。宪宗此举深合道义，善则归亲，过则归己。曰先帝未及举行，朕敦念亲亲[1]，用成先志，固由商辂之赞成，亦宪宗愿从其请，故能成其事也。仁孝之道，宪宗其能尽矣！特惜其行之不在即位之初耳！

第十二卷：

第二十六纸：

原杰以安抚为控制，深得古人善后之良法。按天时地利而处置之，因民之情而施设之，不假兵力，使数郡生灵欣然附籍，使数郡废地悉成佳壤，比之贪功负国失其地仍遗羞于国者，忠奸判然矣。当时不赏其功，百世必传其名，是杰之功业，虽千百世而仍在也。

以王恕巡抚云南，商辂为知人矣。郭景交通外国，钱能贪恣成性，恕劾之太严，故生狡计，宪宗遂改掌南京，用人之不信极矣。至恕疏所云，会审无冤，就便处决，而后奏闻，此必后之人均如恕之公直而后可，不然徒为奸人专擅计耳！亦何益于国哉？

妖人李子龙，私入太内事，由中贵引之入也。止宜明正子龙之罪，并其主使援引之人，诛之足矣。乃欲从此知外事，令汪直伺察，设西厂，即以命之。于是宵小互相依傍，愚民遂受无妄之灾。外事仍莫之知，小民已死亡过半矣！即令汪直果无私心，外事尽报君知，亦不能执天下生灵尽戮于西市，况既罢之不逾月而又行之，岂盛世之郅治耶？

[1]“敦”字缺末笔。

第二十七纸：

孟密一事，既主安抚，即应遣重臣往司其事，方能使边围向化、中国乂安。乃万安受蛮女之贿，罔知利害。程宗承万安风旨，纵其私心，至使诸部扰攘中国，且数十年劳师縻饷，大伤元气。鞑靼未宁，孟密又乱，程宗、万安之罪不容诛矣。

林俊当群小用事之日，独疏劾巨奸，虽被罪谪，实忠贞可尚。怀恩能知正人，力救林俊，不与若辈伍，亦中官之矫矫者。

遇变求言，其心本不欲知弊政。以虚文而应天变，天岂无知，是欺天也。既求言而又阴记其名，俟罢斥于将来，求言之实何在？昭然史册，欺一时，岂能欺千秋哉？

彭韶疏陈时政，切中当时。《书》云"靡不有初，鲜克有终"，帝王立政之道，居安思危、慎始慎终，故能臻上治也。宪宗初政，尚有一二可观。乃久而私欲日甚，正言逆耳。天下事虽有二三忠直之士，亦无可如何矣。

第十三卷：

第二十八纸：

孝宗即位之初，首谪梁芳等三千余人，朝政一清。杜枉门、开正路，可以盖前愆而光帝德矣！

万安本非外戚，附攀于人，不过为占权持宠计。见时势不祥，曰久不与万氏往来，以冀幸免，小人之态毕露矣。虽诛之不足惜也，况罢之乎？

众恶者罢黜，众好者升用，天下望治，民气恬熙，孝宗诚孝矣！

君正，莫不正，一正君而国定矣。启沃君心，邱瑞其有之矣。

孝宗因杨守陈言而视午朝。十八年中，所以臻上治者，岂偶然乎？

起先朝直臣，孝宗美政也。乃刘吉挠之，小人之可畏如是夫？！

彭韶平盗，吏皆被劾。是也，地方官讳盗，不及其始而制之，则养成大案。大集兵力而后平，所伤不亦多乎？

孝宗收内臣赐田给百姓，有明之善政也。未能尽除其弊，已足以使小民沾实惠也。

小人哉，魏璋也！以弹劾人而承刘吉意旨，此朋党之小焉者，以妖梦无凭之事而陷当路，且升其职而不加罪，孝宗亦欠识大体也！

江浦县田之案，以一内官而下十谏臣于狱刑，于是失平矣。人主执一偏之见，而不纳群言，中官违制而不问，何其惑也若是？

仓储积贮之法，所以备荒灾也。常平社义，古有成法，不可限以十里五里，积万五千石之多也。果尔，是虽无凶年，小民之苦实有甚于凶年也。

第二十九纸：

秦纮劾柳景，正也。乃知无罪而犹黜之，是徇贵戚而废国法也。然则椒房之亲，虽叛逆而可不问也？

人臣受贿，大罪也。诬人者仅止夺俸，被诬者反遭罢去。宵小欲害正人，必以此疑似之言污之，上无明察之主，下无敢言之臣，小人愈无忌惮矣！

维正之供，本有常经，督之以中官，直为若辈生利耳！以张文之言而罢其役，民得实惠矣！

刘吉原非正人，以阻封后弟而罢之，是以私意示天下，孝宗此等举［动］*，亦盛德之累也。

［叶淇］中盐之法*，与民甚便。后世屯政，中法废而边储空，未可尽□过于新法也*。

［孝］宗与民休息*，而疏于用人之道。蔡清谓其本在于君心，不易□论也*，治道其在是欤？

第三十纸：

汉［录］萧曹功*，唐封功臣后，皆世袭，所以念缔造之艰难。诸臣身当百战，为万死一生之计，而后得以胙土分茅，享太平之福。乃常、李、邓、汤皆不再传，而夺其祚，孝宗深思其血汗之劳，锡以世官，仁

* 原件残缺。

厚之心至矣。

孝宗之世，河决张秋，人皆以不可治为言，刘大夏独能以疏浚成功。使水势通畅，束之就范，而后塞之。水患以平，功速费省，其人自是全才。孝宗于是为得人矣！

大臣不相能，在公事，意见不同则论其事之情理，各抒己见，以决于君可也；若为私，则不与交游可也。因不相能，故与公事之中阻挠之，岂人臣为国之道？丘濬以私意排王恕，有愧其妻多多矣。至于王恕，名存信史，功昭社稷，人臣之公道也。名之传不传，岂在私家一笕之传记耶？恕盖亦书生之鄙见耳！

水利之法，当随地制宜。守土者，随时申明，随时疏浚。因民之利而利之，因水之性而导之，则无淤塞之患，国家亦省无量经费，用人可不慎哉？

第三十一纸：

老成人，国之宝也。韶、恕、乔新，正色立朝，宜乎权幸不便也。第人主果能笃信耆臣，又何忍遂令去乎？

道家虚无之说，胡可见诸乐章。上黩天祖，徐溥直指其非。孝宗从谏如流，君臣各得其正矣。

刘逊以一知州而能执法以抑亲王，所以全之者大矣。此而不赏反罪之，孝宗亦为失体而牵于私矣！

第十四卷：

第三十二纸：

人君嗜欲清则精神固，必无晏朝之失、丹书之戒、君道之防也。徐溥力言晏朝不可，且陈祷祈之非，思患预防，深得事君之道也。

王臣蹇蹇，刘健有之矣。有明一代，事属罕行。诸人以为盛事，孝宗可谓明矣。

周玺疏罢止兴作，亦惜十家之产之意。孝宗能从其谏，岂止善补过者，非明圣之主不能也。

古者太子习近正人，不使少涉邪辟。即平人教子，亦未有不如此者，况天家之储贰，岂容以他事妨之。孝宗于太子，大失义方之训，虽嘉纳吴宽之言，不能使太子远匪人而不为所惑，非孝宗教谕不早之故乎？

大臣不自爱，廉耻扫地矣。此而犹曲为弥缝，何以激扬天下哉？

不罪被劾，而罪劾人者，是视中官外戚之必可信，大臣台谏之必不可信也。孝宗于此，亦欠明矣。

屠滽请惜名器，盖见当时工匠下役滥膺爵赏，一月中升授二百余人之多。孝宗久昵群小，一片私欲，故与信任之大臣、忠言谠论，亦置之不省，鲜克有终，古人之所以慎也。

将帅怯懦，军士罢乏，悉由于武阶冒滥，费用空虚，卒无宿粮，何以振敌国之心而励京军之气？守仁所陈边事，深合兵法。

第三十三纸：

孝宗以宽恕定律例，得恤刑之道矣。

王雄请罢太监监军，自是正论。乃以妄言论，公之不足以胜私也。虽明主，犹不能除，可不慎其始也夫？

朱晖之敢于欺主叙功，特恃苗逵为之先入耳。乃正言不入，听以寺人，为深足信也！

韩文可谓善理财者矣，然事多格而不行，私欲之为害甚矣。国以此不能平，家以此不能齐，人生之伦常纲纪，大经大体，凡事之败理败度，莫不由于私欲之心。孝宗与经国大计，因权幸不便，故韩文之计不行，非以私败公欤！

临御日久，不知军民之困，以大夏之言惠而行之，民得以休息，能纳言故也。

李东阳论盐法之弊，未尝不善，惜当时弊政不止一端。东阳果能尽其弊政而言之，纳言之主如孝宗，敢言之臣如刘健、东阳，君能自制其私心，臣能力持其公道，虽不能媲美三代，唐之太宗、汉之文帝不难过也。孝宗虽能择其谋断，私心太重，不能遏制群小，故其治不能上溯汉唐以成盛甚耶！

第三十四纸：

□□□［重］囚不限时日*，仁人之心造无穷之福，明慎用刑之意……*。

□□□□监造是也*。若并镇守者而罢之，不更尽美乎？祖宗□□□不可轻议更张*，然去其不善者，正所以成祖宗之仁也。天子之孝，不在津津守其小节。麦秀、邓原，若辈中不易得也，胡可拘祖制与？

知己知彼，百战百胜。无宿将精兵，承平日久，将不知兵，兵无纪律，何可以中官妄念贪功？毫无知识之人，持万人之命试其贪计，非大夏言之至再，世主能无惑乎？

自古英明之主，驾驭英雄、笼络才士，感之以诚者少，绥之以权者多。无论英雄才士，被世主之笼络者，虽明知其故，亦□□不入其牢笼*，是士夫欲其浮名，人主收其实用。孝宗之与□□*，可谓诚感矣。

［揭飞］语于宫门*，此曹奸计在不利失兵耳。孝宗烛其奸而不□废其用事*，不能究其揭榜之人，明正其罪，亦聪明而不能无欲者也。

吴一贯勘天祥案，既得其实，岂容奸人枉议。孝宗于此事，亦欠聪察矣。闵珪虽固争，不能直指其非，亦失直道之公也。

孝宗一阅西铭，便深契之，是其知也。乃仁足济物，勇欠刚断，是聪明而无勇，仍无益也。

孝宗之知梦阳深矣，全直臣善矣。后母泣诉，左右请杖，不肯苦直臣，而快左右之心，泄私家之忿，孝宗独善千古矣！当日若能少儆凶顽，天下后世更无瑕玷矣。至于梦阳途遇鹤龄而故击之，梦阳虽直，亦已太甚。君子不为已甚，梦阳无乃太与？

第十五卷：

第三十五纸：

正德即位之初，奸官即导之逸乐。新君之不德，可想见矣。

大夏、文升，先朝故旧也，无大故则不弃。先王旁求不易，后人弃之如土芥。正德首政先弃老臣，国事无可如何矣！

陆昆何其不智也，首政即弃先臣，言之庸有益乎？小人道长，君子

*原件残缺。

道消，正此时也。是知忠言逆耳，正士寒心矣！

疏入而惊泣，良心未尽泯也。乃刘瑾等半夜环泣，丑态百出，长君尚恐不支，况冲主与？又况武宗本属庸流，安得不颠倒是非、放逐大臣乎？

东阳与国，虽少可弥缝补救，然乞焦芳为解，与气节未能无愧。难哉，全才也！

刘茝等以劾瑾被谴，天下公论昭然。蒋钦三杖而三上疏，虽死如生，可谓铁御史矣！杨源云官大小异忠一也，惜哉如此忠贞之士，不见信于世主。天之生才而又忌才，造物果何如乎？

矫诏榜奸于朝堂，皆一时之望。五十人中，首列刘健。党人之祸，不让汉之桓灵。愚哉刘瑾！忠臣指为奸党，榜之实成其忠也，己之奸愈露矣！

内作色荒，外作禽荒，武宗朝夕聚群小于豹房中，不问政事，不亡何待？

武宗能用杨廷和，尚有一息之明。后又有杨一清、刘忠诸人秉国之钧，不亡者几希矣！

武宗将天下大事尽付宵小，专其心于逸乐，安得不败？

太监竟敢矫诏执朝臣，小人得志，何事不可为？一匿名书，几欲尽朝臣而下之狱，及知为同事所为，则亦无可如何。可见瑾之所为，虽同类亦欲得而甘心。

第三十六纸：

南郊祀天，而二鼓还宫，其不敬可知。不畏天命，何所不至哉？

唐傅奕、韩愈谏迎佛骨，盖以佛本虚无，中国崇信，实足以惑人。攻乎异端，斯害也已！天子至尊而不愿为，且自称大庆法王，亦太好奇矣！

太平之世，原无庸时时戒备。然法驾所临，警跸传呼，尚恐一二奸民，或有不虞。武宗屡蹈危机，亦幸甚矣。

武宗荒淫无度，流连忘返，私幸宣府，又索民家妇女，天子之体扫地矣！

以天子而美威武大将军之名，辱实甚矣。如此举动，幸不沦亡耳！

群臣不敢称臣，且贺圣武，何乐之有？一将之智有余，万乘之才不及，可见武宗无才耳！

分茅胙土，国家用以酬上将之庸也。舍四海之奉，愿封国公，薄天子之富，美千石禄，何自轻乃尔？！

守仁诚将才也！练兵振惰，深悉贼情，故能帅数十吏役，平诸贼于数旬之内。武宗日事嬉游，终其世不致灭亡，盖外有守仁等为之将，内有杨廷和等为之相故也。不然，何恃不恐乎？

第三十七纸：

武宗性喜嬉游，乐而忘危，毫无君人之度。谏臣死贬者百余人，何不悟乃尔？！

宸濠异志久蓄，而武宗不问，廷臣不知；孙燧七上书而君不知，致使输忠被戮。当时君臣可谓盲矣！

宸濠声势张甚，而守仁于浃月平之，其功伟矣！若日久不平，则奸幸起于豹房，天下固未可知也。

干戈起于宗盟，家国不幸也，乃以儿戏视之。纵而复擒，且令诸王议其罪，夫岂怜惜宗藩、处置逆叛之道？

武宗遗诏数语，江彬辈自知所为不能容于天下，故造为此言，以希冀于万一。廷和当此大事，独能震静置之，俾不惊百姓，元凶授首，自是名臣气度。

第三十八纸：

以疑似之词诬人，小人技量每每如此。刘瑾擅黜大臣，目中实无天子，正人与此自危矣。

自古贪人始望，原不在大，久而益觉无厌，再久而虽数十金虽数金亦无不纳者，其性然也。士君子读书而不立品，势必媚奸求位，甘心众人之笑骂，方且自谓得计，岂顾汗颜于千秋下乎？

武宗起杨一清为总制，此举尚谓得人。仇钺仓卒定乱，一清从容诛瑾，功皆同也。独惜其不并名大用等而尽诛之耳！

内多衅乱，外必不宁。幸仇钺等次第剿平，民心宁定，不然岂易为力哉？

唐以功赐国姓，所以示天下酬庸之殊宠也，后人犹或讥之。武宗昵比匪人百二十余人，悉赐国姓，收为义子，大体安在？

边兵所以防边也，留之京师，兵归无用也。江彬藉此自固，武宗藉此行乐，直视此儿戏耳！

土鲁番久梗王化，非摄以兵威，安望其宁静？乃以天朝而行贿外夷，其失体甚矣！彭泽久在行间，为苟安计，罪诚在此。王琼以私憾劾之，岂正人之行耶？

营宫室而加赋百万，当四方有事之秋，尚朘其民，欲天下不乱，能乎？

第十六卷：

第三十九纸：

国不可一日无君。入承大统，为社稷计，非为皇帝位计。嘉靖既入嗣大统，即为人后，乃先皇在殡不哭，临而先即位，礼安在哉？

诏议崇奉兴献王典礼，杨廷和以定陶共事引证，诚为公论。但不加本生而止曰皇叔父母，致起其互易之疑，则议更难定矣。

夏言首陈政本，切直之论也，惜其不能正议礼大典，以明君德之失。

嘉靖嗣位以来，与生者未尽其养，死者未尽其祭。首崇兴献，议典方兴，市恩藩旧，半属私心。张聪、桂萼之迎风干进，世宗实绍其端。

张聪以草茅新进，罔识大体，乃敢于新君继统之初乱言大议，以动人主私心。礼有祧庙之说，自上而下，兴献非应祧之人。天子七庙，礼也。七庙而外，不得枉增。本生自有本生之庙，若附其主于七庙之中，置孝宗于何地？且所继之统何人之位，此不可以私意定也也[1]！

母妃止通州不入，帝闻而泣，亦人情之常也。至于泣请避位，亦未免以诈术挟制群臣。迨请称兴献帝后，尊崇之议始定，犹以为未足，复

[1] 此处衍一“也”字。

手敕加皇号，重私恩而忘大义。君方欲极力尊崇，臣尚执奏不已，于此而欲挽回，不亦难乎？

第四十纸：

郊祀甫毕，清宁宫灾。兴献之不应入庙，天意昭然。勉从群议，私心更甚。桂萼之浮言，实有以启之耳！

韩邦奇慎刑之请，不以母后而避忌不言，剀切直陈，极言锦衣之不可任，无忝尔位矣！

林俊历陈先王用人之当、淳朴之风，实冀感悟君心。大臣事君，自应如此。惜时君不能用之耳！

修醮于宫中，寺人献媚之计也。乃诸臣不即谏止，已属失正，况又以青词媚主，而固功名，何其鄙也！

马援与光武相从于患难之时，驰驱戎马，数立战功，犹以椒房之亲，不入云台。乃昌国封公、万言封伯，两宫同是太后，而奉养有殊。笃私恩而忘大体，嘉靖其太过矣！

嘉靖私心太重，故一闻桂萼之言，决计更定大礼，而举朝莫救。笃天伦而伤大义，吾末如之何也已矣。

用相而一听中官，是非倒置，私欲蔽心，虽十杨一清，终何益于国乎？

守仁于内地贼主剿，于蛮主抚。所谓因事制宜，故成功易，而民享其承平。

三载考绩，虞廷大典也。科道互相纠参，千古无此政体也。开朋比排挤之端，毫无益于官箴。

李福达妖言乱政，更名滥仕，不加显戮，反复其官。信聪、萼之蜚言，囚僇数十大臣，犹曰平反有功，岂非教臣下以败法欤？郭勋身为勋戚大臣，乃私庇妖人，且自欣议礼，干众怒，又乞二奸为援。是可容也，孰不可容？

嘉靖首政议礼，一失也；正人罢废，二失也；妖人复官，枉兴大狱，三失也。有此三失，安能用中胡世宁之言？深可惜其空言而不见用也。虽嘉纳，何益？

第四十一纸：

守仁直节素著，中官惮畏，故桂萼知其已卒而劾之。然以此夺其恤典，嘉靖亦不免失之太薄。盖死后恤封，与死者原无所益，不过为生人耳目，亦示天下以眷恋勋旧之意。且守仁荡平逆藩，削除积盗，守正讲学，功名赫奕，伟然一代人物。虽夺其恤典，故昭然不泯也。

聪、萼之罢，天下方幸其已去，乃以霍韬之辨，又复召还。一息方明，随即蒙蔽，故贤愚莫辨，咸失其中矣。

分建四郊，祀典备矣。泥古而不能择，未为尽善。嘉靖能独断行之，斯为得中矣。

中官不许预外事，太祖制也。嘉靖深有见于前车，悉罢各处镇守，诚善政也。

明禋礼成，大赦可一不可再也。若偶一举行，何所取乎？

大同兵乱，实以将帅驭之无方。故密捕叛军，擒渠事定，民得以安然无恐，潘仿可谓镇定得宜矣。

延龄兄弟骄肆性成，罪由自作，特嘉靖以小嫌而必欲致其死，是报怨于昭圣太后，非遵法也。

更定祀典，原足媲美前古。乃祀事皆以郭勋摄，不敬孰甚。张选直谏被斥，自制祭祀，记其拒谏饰非，已为独步矣！

第十七卷：

第四十二纸：

世宗毁佛殿及佛像，似近道矣。乃设醮祈福，道士为尚书，其失与武宗不一辙耶？

安南远在岭表，服之固足安边。夏言力主用兵，亦非不可。但内无贤相，外无良将，不能知己，安能知彼？以此御敌而曰必胜，亦幸而成功耳。唐胄之言，老成之见也。

献皇生为人臣，死居君上，鬼亦应不自安也。此议出自严嵩。严嵩之不肯居人下与窃权之心，已兆于今日矣。

翟銮非实有威望之人，夏言举之亦属私心。举既非才，又受其私赠，而相为援引，均不得谓之正人也。

杨最以抗疏谏止求仙，遂至被杖而死。不念天位之艰，乃求长生之药。千古以来，谁为不死之人？嘉靖愚亦甚矣！

昵比匪人，忠臣解骨，好谀恶直，放逐诤臣。嘉靖二十年元日微雪，诸臣即颂之贺之，殊不问天下之已安已治否？不事苍生事鬼神，可谓长太息矣！

郭勋稔恶，中外皆知，罪之宜也。第夏言亦非正士，既去之即已，乃又召还，其失人甚矣。

严嵩，小人之尤者也。夏言果非纯正之人，欲彰其罪，何妨上列弹章，明正其罪？乃于燕见时雨泣而诉，作此妇人女子之态，此等人尚用为相国，事尚可问乎？

第四十三纸：

嘉靖之时，诸臣以希旨为忠，以营私为和。况翟銮、严嵩稔恶要权，安足以语和而不同欤？

严嵩以叶经之发其受贿营私事，故必欲置之死而后已。嗣后日见横恣，毒民殃国，嘉靖实有以纵之。

救荒之政，不在临事张皇，而在防预未然。义仓劝损，因地因时各制其宜。周官立政之法，不过是也。轸念民隐者，舍此他求，徒事纷纭而无益也。

嘉靖既觉嵩贪，而反进阶少师，不夺之而反予之，一何可笑乃尔？！夏言既复入阁，乃引用私人，公行贿赂，岂大臣体国之道哉？

太子，国之本也。十一年而犹不使出阁视学，岂端本之道哉？

曾铣请复河套，条议八事，自是安边要策。使嘉靖独断而行之，岂不善欤？

夏言始而力言河套宜复，既而惧责又谢罪。出尔反尔，毫无大臣之度。贼嵩谮而谋之，遂至弃市。曾铣安边而反杀身，嘉靖之昏庸亦甚矣！

有明一代，倭患几无已时。狡狯性成，又加以奸民牟利。内有奸相，外无良将。通倭者不正其罪，谋国者乃任极刑。赏罚既不严明，边防安得不坏？

第四十四纸：

失利而曰寇饱自扬去，不必论其擅威纳贿诸恶迹，即此一言，杀之殊不为虐。仇鸾兵溃，死伤千余人，掩败为功，竟受上赏。君之昏、臣之贼，可胜言哉？丁汝夔、杨守谦仰承嵩意，枉作奸党，自送其生，终亦何益哉？

嘉靖经理大政，毫无见识。既知赵贞吉胆略过人，立擢其职，未几而不问其事之何如，杖而谪之，是用人行政一为嵩命是听，庸孰甚焉！

开马市，筹边之下下策也！仇鸾畏寇邀功，严嵩借端牟利。既听椒山言心动，乃复从鸾密语下继盛于狱，嘉靖之不明，可胜叹哉！

杨继盛始以阻马市获咎，又以劾仇鸾起用，嘉靖不忘善言，一隙偶明耳！如此诚臣而终被奸人所构，使千载含冤，正人君子不寒而栗矣！

马市既开，边防无备，既罢又不修战守策。奸人玩法、寇志猖狂，国家大势几困于二三小民之手。当时之君若臣，一何庸耶？！

人主至尊，而常以私憾衔群下，遂以他事重绳之，器小已哉！

张经既奉命讨贼，又许其便宜行事，则一切事机惟经主之。乃轻视赵文华，遂系之狱，并其斩级之功亦归乌有，岂驾驭人材之正哉？

张经、天宠、继盛，皆嵩杀之，非嘉靖本心也，庸愦孰甚欤？

赵文华既陷张经，又夺邦辅功，毁杨宜誉，宗宪其敢于自由者，特恃嵩一人耳！惜乎，此等小人，天不显示其报，而俾其全尸牖下，亦一憾事也！

第十八卷：

第四十五纸：

沈炼以劾严氏奸，遂斩宣府市，子戍极边。嘉靖直严氏之傀儡耳！不然何以毫无知识乃尔？番人尚知恶奸，中原共主，反不知耶？盖恶恶，人之常情。沈炼嫉恶太严，故召祸亦惨，当主上昏庸、权奸得势之时，苟非审辨时势，操必胜之权，徒多自苦，有损于己而实无益于国。譬如鹰之捕兔，必先侧目盘旋，审之的而后猝然下击，无不中者，则为我所欲矣。

诱执贼目，临阵用之，或国家兵力不足，不得已而用之，不然损威遗患，将无已时。宗宪以同里故诱致汪直，已失其宜，况又遣官为质，其党恨而去，又不追剿，遂使支解朝臣，流劫闽广。贼日猖狂，国日疲罢，此等臣子不杀而仍用之，谁复乐为国用也？

李遂真将材也，泽国利用水师，陆地全凭马队，因地制宜，深通兵法。有明自倭患以来，未尝有此大捷，贼势少戢，赖有此耳！

治乱国用重法，必然之理也。兵乱而给免死之券，何绶无足论。李遂平江北倭，深有谋略，何前后之自相矛盾耶？

贼嵩专政二十年来，奸谋狡诈，罪不容诛，乃以方士及乩仙语，始觉其不法。刑法不正，何以服人？嘉靖求仙好道，日居西苑，大臣无由识面。嵩之一任己意、生杀自主，实由主上偏辟所致，嵩之奸实主上有以启之。

倭自胡宗宪诱执汪直，不追余党，福建遂陷大郡。谭纶、戚继光合力攻之，始得宁息。纶又陈善后十二事，经画周详，洵为良将，当时无出其右者矣。

嘉靖以醴泉出，诏斋祀日诸司无得奏事。故寇薄都城，杨博不敢上闻，此其罪在拘泥，与杨选之玩寇，其罪不同，直不问博之罪，亦觉失中。

朱纨、张经冤死，文华、宗宪贪纵，故倭患日炽。幸李遂、继光后先著绩，信赏必罚，将士用命，东南始得安居。人才之用舍，可不慎其选耶？

世蕃既得罪，乃复敢大治园亭，势焰不少衰，可谓瞀不畏死矣。以王气而治第南昌，聚积亡命，私通南北虏，不诛不已也。其父子稔恶已久，怨毒之与人深矣。小人终死小人之手，亦报暴之理也。

久不视朝，法纪弛矣。群臣无敢直言，故骤闻之而虽知其忠，不能无恨也。自谓非纣，其拒谏正不在纣下也。国事难望其振作矣！

第四十六纸：

海瑞有爱君之心，早置此身于度外。乃出狱时，闻其君已故，恸绝于地。忠贞名节若瑞者，穆宗即能出诸狱而受以官，新政大有可观。

罢兴献配享，是也！乃以臣而忝居君右，亿世无更，亦私心之不免厚所亲耳！

穆宗初年，首释海瑞，似非不识人者。乃廷杖石星，甫逾一年，前后若两人所为，岂人君尊贤之典哉？

欲用中官分督团营，非徐阶直言阻谏，若辈之横行，将不止殴御史也。

甚矣！直人之不容于时也。海瑞以命世之才，锐意兴革诸弊。中官侧目，竟为群小所挤，用人亦不可谓专矣。

伺察部务，而托于中官，穆宗之行政可知矣。考察臣工之勤否，自有一定之规。中官未必贤于士君子，是非之公，一决于此辈，信之未免太过乎？

刘体乾之得罪，非忤穆宗，直以忤中官耳。穆宗耽于声色货利，比之嘉靖为尤甚。小人之可畏，可胜言哉？

谙达穷困来归，因而抚纳之，王崇古于此可谓因时制宜，得安边之上策也。从此而边陲绥服者二十余年，其功之大也如是夫！高拱、贞吉并赞纶扉，不顾考劾之典，各以私意相枢斥，均非大臣之体，穆宗亦失考绩之正。

有明一代，贤相绝少。严嵩之后，继以高拱，纯用己私，毫无公道。汪文辉不念私恩，独明公议，引身朋比之外，深足尚也。

高拱辨名分疏，未尝不是。然人心不同，或有心立异，或为人上者，引私废公，则名分虽明，徒为小人增势，仍无益于人才国计也。

第十九卷：

第四十七纸：

奖劝忠贞，帝王之教世。建文何罪，诸臣又何罪？成祖淫刑惨戮，诸忠身受其毒，数传而后，方得一申积愤于地下。神宗当冲幼之年，能于嗣位之初首举其事，深足尚也。

张居正身任宰辅，乃以朝廷大政谋及竖奴，何昧昧乃尔！裁抑幸人，清君左右，使冲主亲贤正道，洗除前朝垢政，高拱之谋国，不可谓不善。

乃居正以私怨逐之，公论何在？居正之不正也甚矣！

张居正恨高拱，既已逐，犹不释念于王大臣狱，又媚貂珰而害之。此等居心，可使辅冲主与？且王大臣私闯宫禁，安知非冯保辈所使耶？

营制不肃，军无纪律。将帅即卿士也，何必他求，法重心骇，威尊命贱，不如此，军即无律。信赏必罚，运筹帷幄，将即相也，即卿贰也。武弁不以文吏钤束之，安能御侮？

和亲、岁币，汉、唐、宋之拙计。明之贡市，始而以利饵敌，既而因以自困，则莫如固我藩篱，结以恩信，使畏服而为我用。比之贡市，不亦大哉？

勤能者，有司之分也。立法考成，而政体一肃，可见当时吏治之不难正也。

召见外臣，问民疾苦，神宗之远迈前代多多矣。史以召见之下，奖赉而已，在明季已罕见其主矣。

地方有司久任其地，官民相习，人得自展其才，民实受其益，四方得以粗安，正其效也。

治狱专忌留滞重囚，积至数百人之多。居正严其禁令，盗为之衰，亦救时之道也。

四维事居正恂恂然，固以神宗日随元辅之故，亦其自愿下之，否则何能入阁也？

居正自视，直有舍我其谁之意，具疏辞政，大有挟君之心。刘台下狱，以劾居正故耳！非要君陷正而何？

第四十八纸：

求忠臣于孝子之门，不孝安能忠？父死而骨肉未寒，乃贪位固权，虽三月不肯去位，况三年欤？至索刀作刎颈状，尤为无赖。无父之人，便杀却又何足惜？乃老羞成怒，杖戍吴中行等，居正之夺情，实非名教之类也。

水性就下，理也。黄河挟沙而行，水势不急则沙必淤。潘季驯以水治水，束水攻沙，缮筑堤堰，卒用成功。良法昭垂，治河之第一人也！

马自强之德，居正得之，本出意外。直人之堕人术中，往往如此。居正之善自掩饰，可概见矣。

按《明史》所载，神宗即位之初，已选内侍三千余人，今又选三千余，何所止哉？

借书院为名，科敛民财，已非是矣，毁之亦甚也！

张居正以神宗购珠宝而上雍肃殿箴，尚得爱君之道。

居正时时以归政挟制其君，骄满已极，且以其子下第，遂停馆选，横强甚矣。其视神宗，直玩之股掌之上耳！

马政于军政并重。马者，军之足也。市马本非善政，互市尤非至计。承平时无关轻重，用兵时其损实多。

免逋赋二百余万，国更完足者，损上实以益下，故能中外乂安，百姓无事也。

无故而减兵饷，抚臣之过也。张佳允能以乱兵治乱民，民乱定而兵乱亦定，所诛仅数十人耳！而又不损国家元气，有识有才，遇事震定，佳允其有之与！

冯保恣横无忌惮，不诛之而仅予安置，神宗用法已失其正。张鲸之肆恶，尤甚于保，言官劾之而被杖斥，何若辈之善使人主庇之也若此？

张居正胁君固宠，居心险诈。祸不及身，已为万幸。但其辅幼主而修明政治，使府库充实，其功亦自不可泯。申时行以丁此吕为暗昧陷人，恐谗言踵至，非治世所宜有，所见良是。

治世之清浊在考劾，考劾之积习在私举。邱橓所陈八事，深得其本。惜止嘉纳，而未见奉行耳！

大臣专柄，台谏争权，神宗无知人之明，而又拙于公道，故其臣下敢于如此。

立储，国之重政。宫禁秘密，群臣何得妄请？概置不问，神宗亦为失计矣。既不报建储之疏，亦应有以决臣下之疑。

第二十卷：

第四十九纸：

永乐以私意革除建文年号，英宗以私意而加景泰以恶谥，大义纲常，亟须改正。乃上下偷安，终不果行，朝政之不振可见矣。

张居正当国时，尝劝神宗召见外官，虽无实迹，尚有具文。乃者深宫燕息，屏绝诸臣，何自弃哉？

赵志皋身在南京，心乎廊庙，惜其忠诚爱主之心，笺上千言，仅批答一语。

雒于仁爱君情切，不觉言之过直；申时行保身贪位、迁就人主，可谓模棱宰相矣！

赵南星深明政体，疏陈四害，言言金石，切中时弊。神宗不能用其言，诚可惜也！

宋纁论人主闻直言不知动心，是痿痹不可救之疾，实至论也。神宗以虚礼留纁，岂尊贤之道哉？

教胄建储，均为要务，无如神宗之法纪不振，漫不经意。虽有善者，亦末如之何矣。

神宗惑于爱妃，忍心害正，使元子失学。笃女色而疏爱子，人伦大变。帝王君临天下，与骨肉之情尚如此，外人可知矣。

王锡爵于建储之事，初拟旨似阿顺。而暖阁独对，委曲求全，终使神宗感悟。元子出阁讲学，仪备东宫。且言外廷议论，归罪于贵妃，恐郑氏举族不安。神宗所重者郑氏，不如此不足以动其心，即此而感动之，亦善为瓦全者矣。

取人以公以才，不可以私也。孙鑨、赵南星一斥其甥，一斥其姻，皆公论所不予者，非固为此事以传公正之名，神宗不加详察而并斥之，无乃太乎？

东林党之始，实由宪成兄弟开其端。人臣既废职家居，自当闭户读书、适情养性，乃不自检束、树党立名，动千秋之清议，亦非士大夫读书立品之方。

逯中立请容直臣，曰非为铨司惜一郎官，实为国家惜人才、政体。正大光明，侃侃直陈。以此贬之，其直臣之不能容也，不待论而明矣！

马经纶责言官以五大罪，使神宗以此悔悟，而自引咎，大振乾纲，以兴百废，不亦善乎？

第五十纸：

□□不足[1]，而不知节浮费、裁冗役，推所以不足之原，乃开矿增□[2]，矿使遍天下，索诈民财，辱及妇女，不乱何待？宜乎四方盗贼丛生也。

杨镐忌才失律，掩败为捷，军法所必诛也。损威失律而不加诛，赏罚功罪之不明甚矣，何以为国哉？

吕坤所言，深切时事。天下安危之机，实系于独富独贫，治道不外是也，奈何不择而行之哉？

神宗倚任中官，横取天下财，至使二年中武昌再乱，几不可为。于应京之守法，反加贬逮，是非之倒置，莫此为甚。

兵少而饷加，所筹何事；谋用而国不足，所谋云何？中官武夫相率作奸，天下之财，半消于好货之君，半消于聚敛之臣，夫欲不乱，能乎？

第二十一卷：

第五十一纸：

都城过百雉，国之害也！爱之，将必为之计常久。以天下膏腴，供一爱子，大治宫室、皇店、庄田，大逾礼制。况内有宠妃，外有爱子，溺爱不明者神宗，贪得无厌者常洵，不危何待？

向高处朋党之交攻时，能匡救弥缝，国赖以少安。惟即家拟旨，殊失大臣体。

梃击一事，竟成千秋疑案。刘、庞二监，养之三年，且二人皆郑妃内侍，安见非郑氏兄妹所为？不然，郑氏何必乞哀于太子。不过宫闱事秘，外廷罕得其真，然平情细讯，亦无难得其实迹。惜当日诸臣纷纷言

[1] 原件残缺，“□□”似为“财用”二字。

[2] 原件残缺，“□”似为“税”字。

论，毫无实证，徒多疑窦耳！

神宗之事，诸臣不明大体，迂阔无能。请治兵诚为要政，但虚应故事，终无实用，何益于国哉？！

矿税而后，又加以加赋，且加至八百万之多，民何以生为？神宗不身见李闯之祸，亦幸免耳！

神宗终身怠荒，末年而群臣犹望其振作，不亦难与？

第二十二卷：

第五十二纸：

光宗即位之初，即罢天下矿税及监税中官，朝野仰望。乃未久婴疾，岂天心不欲明祚再兴乎？悲夫！

郑妃侍神宗疾，即不欲移出乾清宫，已非正道。乃又进美女八人，且求封太后。假选侍为护身符，肆无忌惮，孰甚于斯？

崔文升、方从哲，一则轻投伐剂，一则拟赏可灼，此而不诛，何以谢天下？

红丸再进，而光宗大去，方从哲且拟赏可灼。二人直是弑君，大义凛然，二人竟逃显戮，天理安在？

选侍隐然有垂帘之意，不后不妃，毫无名分。若无光斗、杨涟，韦武之祸再见于今日矣！

熹宗之得承大位，实王安一人之力。盖当年主上冲幼，郑氏时时谋陷东宫而立己子，其阴谋诡计何所不至？此时之调护实难，诸臣引与共事，安社稷而全储贰，诚以之为内外之助，而安之倾心正士、辅翼王室，亦出乎其类者。

贾继春身任言官，于宫闱秘事不加觉察，漫以无知蜚语上列弹章，杨涟、左光斗所谓“酿今日之疑端，流他年之实事”，洵持平之论也。

熹宗冲年践位，讲学以辅君德，诚为要务。乃言官恶劣，不论事理，倚门党之积习，妄谈国计，全不知国家用人任官为贤才，不由廷推即置不用。虽天子至尊，有不能自主者如是乎？

魏奄矫诏而杀司礼，目中已无君矣。王安持正，遂为所忌。熹宗倚奸人为股肱，不亲朝政，恣情伎巧。奸奄导天子亲斧锯，逞其阴私，盗窃大柄，且与客氏内外构结，而李永贞辈又仰其鼻息，天下事遂不可问矣！

朱燮元保孤城于危急，恶党就擒，借贼攻贼，成功于一旦，智勇均备也。

李檽之守贵阳，其势实难于朱燮元。燮元尚有外援，李檽则粮饷久乏、孤城久困，其功有过者矣！

无故弄兵，大内乱之先机已兆矣。奸珰引冲主于声色货利之中，大臣不能救正，宰辅反媚奸珰，朝廷可谓无人矣！

徐鸿孺自谓经营二十年，徒党不下二百万，可见煽惑不止一日。当日地方大吏、诸司所司何事，而姑息至此耶？朝无良吏，倚巨奸为屏藩。此虽就擒，彼方昌炽，虽有善者，亦无如何矣！

名之累人也甚矣！在承平之世，足令人仰望隆重。处乱世则名归怨即从之，东林诸君子处奸幸盈廷之际，不自检慎而反高自矜许，不危何待？

第二十三卷：

第五十三纸：

忠贤稔恶已久，新君将与天下更始，势所必诛，理无不败。十大罪疏，出于草茅新进，而不出于朝臣，洵为可笑。

逆焰方张之际，内外莫敢谁何。及其势败，而向之义子、干儿即为首噬之人。人心风俗至此为极！

元璐请毁要典一疏，曲折尽善，议论平允，诚为和而不流者也。

天地生财，只有此数。其初，户口少而国用有节制，渐而用多而人众，谋国不知节用足民，势必至民穷财尽而国危矣，况又括民财而与之乎？

温体仁、周延儒与谦益等辈耳，虽有贤辅，安能各安其位欤？庄烈亦罕知人之明矣。

国家有事之秋，盗贼丛生，财帑匮乏。诸臣议节浮费，不知籍奄党逐贪吏省刑薄敛，裁冗官节冗费与民休息，而反以纷更为务，讳盗养奸。

驿卒夫役，游手之民资为衣食之源。裁之于国所益无几，于民所损实多，高迎祥、李闯辈非刘懋请裁之驿卒乎？

韩爌身为元辅，于逆珰案不欲树怨，可见其保国不如保身也。允光等亦观望不前，必待主上自为之。当日若非庄烈乾断，魏奄竟可不诛耶？

当承平时，小民或偶以水旱故衣食不给，或有司虐遇科派，颠连无告，愁苦莫伸，相聚为盗，原不必兴兵糜饷，抚恤安集已足安定。若处乱离之后，一意主抚，不败何恃？杨鹤当拨乱之朝，欲以此弭患，非其证耶？

刘宗周请无急进功之疏，巨细毕举，然当此垂末之年，虽欲有为，已不可为矣。

杨鹤之无谋误事，罪实难容。将怯用兵，兵怯力战，倚招抚为长策，养虎自卫者，患将不测，不其然乎？

当危亡之日，尚加赋税，是速民为盗也。夫岂虑患谋国安民保赤之道哉？

第五十四纸：

被灾之区，救死不暇，恩出自上，亦有司奉行之善，诚澄吏之方、安民之要也。

庄烈帝曰："苟群臣殚心为国，朕何事内臣？"是倚内臣者，不得已之苦心。盖当时诸臣，当巨奸用事之秋，各保身家，不敢任怨。庄烈锐意治平，而欲速其效。群臣尸位，而无御侮之才，至兵柄亦付之寺人。明亡非君亡，实诸臣亡之也。

黄道周一疏切中弊政，然寺人执政于四方，诸臣观望于朝堂，君以一人勤求治平而不得其用，虽欲不亡，可得乎？

明自神、熹以来，已兆沦亡。庄烈虽欲挽颓风，安可得乎？华允诚所言虽切，然已不可救药。况允诚之言未果行，旋即罢去。

诸将方得一文诏，兵部又抑之，巡按又劾之，庄烈又不能深信之。贤者及少有才者，但能略可干国，即不能使之少展，天其真厌明德欤？

陈奇瑜已成之功，而以重贿误事。此而不诛，而尚得减死，贤奸不辨，赏罚不公。国事如此，而犹曰癣疥之疾不足忧，庸哉！奇瑜虽杀之，无济于国也！

明季，流贼蔓延，国敝民贫。元璐为民请命，虽免目前之苦，旧欠未清，新欠转加。虽有罪己之诏，为拯溺之举于一时，亦托空言，而无实用也。

宗周之言，可谓切中病源矣。有人有饷有兵，皆不得其用，安望其平治耶？

陈启新之言，未必尽是。不察其才，而骤与显秩，未免大猛。此明之国祚，恐此等议论，未可必挽回天意耳！

第二十四卷：

第五十五纸：

善用兵者，不在增而在练。练者，必先练其心，而后练其气，再练其技。技熟则胆壮，气盛则有勇，心齐则互相援救，一可当百。左良玉既败张献忠，孙传庭大破李自成，其势大可为。而杨嗣昌增兵添饷，真不知兵。熊文灿厚赂中官而求荣，其机大可惜。嗣昌、文灿，直谓之庸臣可也！

庄烈孤立于上，御下严，而不得严之正。小大臣工罪小则罚重，罪大则反轻，或以近幸之一言而免。欲以此支持群盗之乱，岂可恃乎？

闻放归之命至失匕箸，其人之热衷可知。此等人而欲其平治天下，不亦难乎？

温体仁之深得主心，在于善承意旨，貌似朴忠，心实狡诈。此而欲望其匡弼，能乎？

宰相须用读书人，非必翰林而始谓之读书，读书不化，临事无谋，御侮无策，私心自用，好大喜功，虽读书何用？温体仁、张至发非读书之人欤？

庄烈之命相，始而仿枚卜，而以金瓯贮名，已觉可笑。既又以试策文艺［取］*，尤为无谓。章法何乱至乃尔？

黄道周以切直见罪于君，无愧臣节矣！

孙传庭辈皆一时忠节也！庄烈知其贤而不能用。国家将亡，视正士

* 原件残缺。

为奸人，否则即为奸人所倾隔，岂非兆乎？

自神宗以来，数增赋饷。至此凋残疲罢之秋，诸臣犹议加增，直速其亡耳！

熊文灿一死不足惜，惜其不早诛耳！

小人之使为国家，灾害并至，嗣昌之谓。诸将中如左良玉等，二三人而已，而犹以私憾抑之，嗣昌可斩矣！

薛国观诚非善类，然以外家及鬼神之言罪之，非其罪也。

搜括民财，竭其膏血，民不聊生，不盗何为？盗本良民，王侯实大盗。成者王侯，信非虚语也。

第五十六纸：

杨嗣昌括财增饷，使民尽为盗，死何足惜？庄烈犹特赐祭葬，何不明乃尔？

周遇吉以得胜之师，旋师而击新起之贼，不至大炽，厥功殊伟。当此之时，若人人皆遇吉、良玉，何至明祚终不救耶？

庄烈知宗周清正而用之，可谓明矣。不久而又斥之，是终不能用也。小人之易取信于人主，君子之难行直道，大相悬绝矣！

周延儒、吴昌时皆谋利之徒，用之实足以误事，庄烈何至此而犹不悟也？

姜埰、熊开元虽失人臣立言之体，究其心，不出于正。二人以直言见杀，庄烈方罪己省愆，乃不能容二人之直，亦虚文耳！

左良玉罪诚可诛，然一得饷即感激思奋，可见其心固未尝不可任以事也。献忠心惮良玉，不敢南向。流贼诚不难平，当时无人故也。

元璐试行海运，救时之策也。力除积弊，而中外望治，特惜不早用之耳！

李自成，一驿卒耳！十余年养成锐气，遂不可复制。国家方倚孙传庭为保障，秦人不乐其用法严，遂讹传其玩寇，庄烈不明用兵之要，骤战益急，致传庭死而全陕俱失。庄烈于此时亡，悔之乎？

下诏罪己，征天下勤王，已属下策。当此危急存亡之秋，尚持一二奄寺付以大计，危而不悟者，其庄烈乎？

周遇吉忠勇，能使强贼畏服。庄烈不能重用之，徒使成一身之令名，于国何济乎？

明自神、熹以来，固曰天厌其德，亦人自致其亡也。惟死社稷之义，昭然千古，如范景文辈，虽无救正之方，尚得致命之正。庄烈十七年中，贤奸并用，赏罚失宜。举凡大政，悉听寺人，不亡何恃？自太祖定鼎，南都十年，与唐宋等开国之初政，皇然可观。乃不善贻谋，拘于立敌。建文懦弱，遂疑不能制服功臣，则功勋宿将杀戮殆尽。靖难兵起于仓卒，致令嗣君束手无策。儒臣迂阔莫为，及后则朋党纷争，奄珰专擅。神、熹、庄烈加赋增饷，任用匪人，不可救药矣！

《钦定明鉴》二十四卷卷首一卷，清托津等纂，清嘉庆二十三年（1818）刻本。

托津（1755—1835），富察氏，字知亭，满洲镶黄旗人。嘉庆十九年（1814）任东阁大学士、太子太保，清道光元年（1821）升太子太傅。历仕乾隆、嘉庆、道光三朝，深受嘉庆帝信任。地方辄有重事大狱，率以任之。

该书为嘉庆年间托津、胡敬等奉敕撰，仿《唐鉴》体例纂辑，以鉴观得失。上起元顺帝至正十三年（1353）十二月朱元璋起兵据滁州，下讫明思宗崇祯十七年（1644）三月李自成攻占北京，记二百九十二年间史事。于每篇之首依时代先后摘录有明十六朝事迹，随事发论，以明借鉴，甚为简要。虽编年记事，却专论明代政治得失，近于史论。该书少有发明，立论不深，史学地位不显。

书中现存题记五十六纸，内容十分丰富，能够充分体现题记作者对明朝历史和人物的观点以及国家治理的看法，一定程度上反映其政治思想。

孝孺之泥古者井田官制皆非國家大計禮制井田足以禦盜
兵乎
亂臣賊子必有所指以成其師出之名禄稱其兵曰靖難當時天
下清平未嘗有盜賊齊黃不過書癡援祖訓而集事指諸人
爲奸臣皆務飾之詞也試問所靖者何難
耿炳文非將將之才李景隆讀書通典故尤非禦侮之人況
棣又善用兵者不敗何待
誘執寧王奪其三衛寔朝廷驅之歸燕乃權心持兩端並被
脅執權尔梁愧朱鑑石撰与

第四卷　第二纸

吳誠往諭仲明且觀兵又令呂玉諸第閱勝二人者果出唐
自朝恩之右乎既鑒前轍而自行之何以異於代宗与
養老之典至明爲極皆致仕官概行晉秩賞近于濫過猶不
及也

第二卷　第一纸

齊黃二臣治以誤國之罪二人當之無詞乃因練之請而罷之
又陰留之既又復其官盛庸軍敗又懼而竄之又密令募兵
是畏之已如虎矣乃復赦罪令罷兵歸國其不奉詔也必矣
此何事也而猶為此迂緩之計可見當時君懦臣庸與此等大
計竟同兒戲亦何畏而不篡
惠帝仁柔甚矣瞿能功在垂成李景隆止之楊本孤軍深入
而景隆不援此等庸人不誅之以振軍威而鼓士氣僅召還而
止國法安在焉得不亡
惜哉機也平安盛庸皆名將也建文不能駕馭之使郭死于國
又知毋使朕有殺叔父名遂至坐失事機束手待擒豈非庸人
自誤其國哉
此時遣駙馬鎮淮庸有益乎
中官誤事仍無為之內應此其著也
以訛傳而召回兵建文之昏憒極矣當此危急之際孝孺猶欲割
地議和不亦迂哉徐輝祖初來會戰即能克捷此等大將當授以兵
柄使乘勝長驅撓知鹿死誰手顧以訛言召還惜哉惜哉
千古以來天子恒無此禍仁柔庸憒自致敗亡建文實非了事男兒疑
案千秋此明代第一案也

第四卷　第三纸

已成矣而方飛奏比至報可民已傷殘過半太子於恤民之典得其
要矣
銳意防奸乃立東廠不以士大夫掌之而以內監司之是防奸實以
養奸謂外臣不可信而以中官爲耳目不知若輩之作奸更勝人
臣百倍流毒至于末世其徧實成祖作之
蕭儀議遷都實書生之見金陵本偏安之地進不足攻退無可
守安土重遷非所論于明季李時勉以爲遷之非是亦讀書不化之故
他策雖多施行而仍不免以誹謗罪之成祖之欠思慮哉至鄒緝
之書深切當時利弊惜其不省所謂懼哭者又空言也

第五卷　第五纸

宜惠及民不在立法嚴而在用人當不獨救荒一事爲然逮治
遷吏有司罪之不宥成祖之善政也
告訐誣人不執者不罪而反官之是教天下以奸黠僥倖即其奸狀
敗露僅予論戍刑賞并失矣茶馬
茶馬互市原取其與我利且于此控馭番人殆禁令少弛私出遂多
奸商豪民從中取利官物於是不行其勢不得不增其利利增而貨
更不行私茶勝而官茶無用矣後則以茶易馬既則市茶買馬其弊
在用不得人是治法未嘗不善而治人實難其人也
漕河濟運經畫善矣千秋之利也第徙都燕天京師唯仰給于南粮
河道一有淤塞南粮勢將不能北上事將奈何是漕運一有躁震
京師百萬生靈束手待斃矣若河運與海運并行是或一道
也

第五卷　第四纸

官入覲乃廉王察吏治辟民瘼之典以一人之精神于五百人之賢
否欲決擇於一時且偶一舉行民隱安得周知是有虛名而無實用
也可謂納言乎
究戮周新奉詔捕奸而以捕奸被戮是縱奸敗法自棄其憲
章何以勸直臣而旌正士新不愧為直臣成祖宜愧為明君也
明初馬政官養民養並用已非善政江南不產馬故折色漸而北
地亦折色孳息無時阜育無方百弊叢生而漫無查察即此一端
已足病民況弊政不止此乎

第五卷　第六纸

太子國之本也乃以奉迎少遲遠其僚屬設非士奇則唐之中
宗漢之廢太子又見于今日矣小人之可惡殊堪髮指以父子至
親儲貳至貴被其一言譖謗幾至中生之禍吾見人君皆出庶物
不智不明小人用事倫常掃地矣
陳瑄開清江浦以來漕運直至潞河大便京師惜乎海運由
此而廢未為全美
不許封禪成祖大有見識惜其不能事事如此垂裕後昆以成一代
之郅
紀綱便辟之徒逢君之惡誅之惜其晚也
高煦逸構太子時已伏不法之心此時即應罪之乃以改封不肯行始趨
之成祖之昧於察人亦甚矣太子與此等人猶必力救雖不失孝友之私情
實虧天下之公法矣

第六卷　第七纸

保傅皆儒臣之選以僧道衍之寵洪武貽謀不善也成祖之功臣洪
武足羅人也才智功名雖曰第一又何足齒數
罰不重者禁令雖嚴貪人必狡而中官尤不可禁考覈之典不善也
甚矣
劉榮一戰定勝莫也有明一代倭寇大熾終其世幾無寧日蓋馭外
夷之道固當結以重恩然非攝以兵威寒其胆而服其心不足以靖邊
圉而全大體也
妖民倡亂法所必誅戰將冒功殺之無赦乃仰外抑衛青之功速而
復釋已失公法又錮逮女尼及女道士且徙擾良民終無益于
國家也

第六卷　第八纸

武帝開疆拓土不過至朔方而止阿魯台之地得不足喜失不足憂
已足成功親征之殊可不必
明臣覈天下出納徒多擾害耳一歲之倉儲户部自有成數
何覈又何必多此一舉且借中官行尤為可笑
之功至于窮搜山谷大失國體所謂廟算要在

第六卷　第九纸

仁宗監國時幾不能自保其位與父盡其子職與二王盡其弟
道謚之曰仁不亦宜乎
夏原吉楊士奇請罷諸弊政仁宗如其請善乎能從諫矣
仁宗既知遠佞如周訥者放流之可也乃官以知府徙佞人者即不
為民害與
蹇義楊榮諸臣各賜銀章令其言事仁宗之虛衷可見矣
奏至即聞欲備知民隱也惜子孫不能永守法雖善終無用也
是治法必須治人行之方臻美備
明代世有封建雖後嗣無燕棣之患而支系天潢者莫知稼穡
之艱難殆數十年後戶口日繁則天潢之困苦勝于貧民若拘
于成法之不可變百年而後勢必不支若使遠宗之子孫得以
自食其力或亦權宜之一法也
宥建文諸臣原為仁厚之政惜其又留成一人未盡善也金楊諸公
枉受銀章之賜何無一言救正耶

第七卷　第十纸

建文苑以求才將學圖治之心切矣無如金楊諸公未見時時規正以
啓沃其主有愧前人多多矣
弋謹以直言被劾呂震吳中可斬也非士奇幾使仁宗被拒諫之
名仁宗能於士奇一言之下引過自咎寔有明一代之賢君也
安而不忘危仁宗有之矣當如此令主在上諸臣當何順成風
難哉直臣也
救民水火憂民之憂仁宗有之用璽行之而後語鄭臣保赤誠
求深得其旨也
李時勉言雖過激不失為直臣以直言而撲之幾死賢主而竟若
此足見涵養無學故當此忠言逆耳時不能自制亦其將亡之時神
已不守其舍故不自覺其如此不能不為終身之累也

第七卷　第十一纸

宣宗不從群臣請馳驛入臨光明正大識見高遠矣
內使續書宣宗首政即失其正若輩一通文墨何事不可為
失大體遺百世憂宣宗寬閒其端
宣宗于高勳恩義有加不比削弱宗支諸臣之謀國又不比
齊黃迂拘故不至靖難之禍再見于今日
士奇可謂善處人骨肉矣一言興邦使人君臣骨肉間安然如故
無愧良弼
納米贖罪大失呂刑之意不計罪之輕重但論米之多寡是誠何
政與
中官擅作威福所以其肯也此而不懲以重典僅止切責無怪其肆
無忌憚也

第七卷　第十二纸

立其子即立其母為其竊故也胡后以無罪而廢孫妃亦無功而
立廢立之際母乃太平何以當日諸公不聞一言力爭但請早定
國本且太子生方八日何急不可待乃爾古云母以子貴恐不如
此解也
顧佐以台臣大吏既稱廉直何得私受隸金廉者如是哉
烏梁海嘗有戰功成祖割地畀之已失邊計宣宗輕身冒
險雖其已入貢納款究非良策
宣宗方以武功誇海內而欲暴刻從事原吉隨時規諫啓沃
不忍之心原吉若然事事諫上則無遺憾矣

第七卷　第十三纸

士奇所請寬大之政也宣宗与民休息君与臣心乎民瘼亦一代之良
明也
太后母訓昭垂前代無其匹也宣宗善承慈教推仁愛以及百姓天子
以天下養其孝誠不在扶輦之樂古人所謂養志此之謂与
守令為親民之官得才品英優之士而用之民安物阜矣宣宗
特擢况鍾趙豫等出守諸郡克稱其職取人得當矣後世循
資按格拘于成例且其人或老邁病廢雖才也而無能為也少年
英鋭之氣盡銷磨于矮屋茅舍之中否則低頭忍氣雌伏于權
倖之肘腋或偶因一事之分爭一言之更正遂為群犬所吠沉淪
不偶更無由階進更有好之者惜其才高惡之者恨其不為我
用更不使為國家展其用國家於是無真才碩德之士可為長
太息者此耳
屯田以給邊餉法至善也及至加賦重征弊端百出一良策轉為弊
政黄福纂籌及不足為國之慮深遠矣宣宗若行其言未必無
濟于國也
周忱以寬濟猛凡告訐者不省均善政也然除莠即以安良事在
人為徒恃寬仁之非其正也

第七卷　第十四纸

天子至尊民隱安得周知徒自輕耳且亦非偶一遊行市井即能知
也士奇之言豈止愛帝哉
軍運之法初行未嘗不便民為日既久倉人下役種種並求逐日
增額民之困遂不可支矣
袁琦之横取民財非法服用既正典刑應知若輩之不可用矣乃卒
不悟遂使子孫踵其覆轍終其季壞于中官之手何其不明
也若是乎
義倉所以備荒政自洪武至宣德行其政者周忱撫江南公私足
用忱去而法遂廢是有治法無治人雖有良法吾未如之何
也已矣
服遠人之道宣德于此得之矣獎其後仇却其獻璽正大
光明令其不能不悅服也

第七卷　第十五纸

罷中官鎮守原屬善政除惡不盡不如仍其舊三楊之輔
新政欠剛斷也
賢哉太后嚴遏外家不允垂簾政令悉委老臣正統初政大有
可觀
三楊輔政詳陳利病導幼主愛民行政之方可謂賢矣奈何
使貂璫亂政幾至不守其宗社大可惜也
王振小人也以後豎得少主歡不俟閣議輒自施行其柄之漸也士奇
以首輔大臣何難請加誅放乃止愠三日不出殊失大臣體度幸太
后明察不然禍不待他日也
畿輔屯田大利民生然墾地幾何歲入幾何未見成功之奏績何
人豈有歷一代有治人而無治法與
保舉之法不過公正之大臣則濫引倖進徒開奔走之門別賢愚
辨真才帝王當有默運于心之略
王振始用事即戮辱大臣小人特小試其技耳主少臣懦勢所必
至諸大臣謀國之計安在不自愧與
設馬市以為綏服非幹蠱之才未易言功衛拉特貢馬不過假
其名窺我虛實乃反開門招之是我以為羈縻彼實逞其需索
邊患庸得已乎

第八卷　第十六纸

遣使分行天下修荒政祖宗之良法也國脈之固實由于此
外夷入貢古有常經入貢而動以千計是來王之意已失其經
觀其以馬易弓可見其志之所向既限以定制仍慢二千餘人即
當因以違制之律使知天朝法度不容少有假借以震其覬覦之
心
王振宦官而小人者也乃朝廷命官生殺隨所欲諸臣直無一語
奏白何憤憤乃爾至大理卿不拜振竟敢誣以愛婢公然戕害公
卿世主方倚以腹心豈非自棄其國哉
小人亂政反愛以兵柄無端肇釁以天下之大快一人之欲王振之
敢于肆惡逞奸實人主有以啟之也

第八卷　第十七纸

開礦安能弭變徒多紛更使中官與權倖營私滅法耳是不能止盜而啟以益盜且擾利聚衆之奸民竟不置論法之壞也國之危也可勝言哉

王永以暴振罪而被戮且以妖言論當時君臣之庸憒可知若永者既有公憤之心絶非宵小之人

王振何功而予以世職且其姪又何功而予世襲爵賞可謂濫矣朝廷可謂無人

時勉可謂識時務者敬宗可謂立品者周忱雖有政績何足奇也觀其為振致賀敬宗可以知其品矣

驗戶斂錢宋新可殺也小民不堪其命不亂何待

公卿位內官下皇、天語遂成永制敬大臣使臣以禮二語必是謀乎英宗自敗其事夫復何言

以親征而至北狩英宗不聽正人規諫被王振挾之以行宜自取其禍無足惜也吳克忠兼勇無愧先帝也數十萬軍士及群臣何罪而遭此慘禍也至於敗報至而群臣聚哭于朝竟何益于北狩之主乎于謙有見于南渡大臣丰度自是不同一言定邦社稷重安謙之力也

第八卷　第十八纸

第從朕命無事紛更其不欲上皇之歸情見乎辭矣冀遂榮之書不過言奉迎禮乃為菲薄重觀瞻為景泰厚倫常不能用其言已為失德況又下之詔獄其天性之薄可概見矣送至南宮不遜位之心可見兄弟君臣相率以欺天下又何事而不可欺哉

魏驥決然致仕有古大臣風惜哉人君不識真才竟令其歸老林泉可勝嘆哉

團營之制未嘗不善使諸將悉聽于少保必不至將不知兵之強弱兵不知將之指使一但有警安能禦侮一將難求不信然歟

錦衣訪事更勝于宦官設此欲察外事是恐人明其不遜位且疑英宗有所作為猜嫌既起小人即乘間煽惑則君臣骨肉之親較路人為尤甚也愚哉景泰以一人之心思耳目而欲周知天下

第九卷　第十九纸

奪门之舉倖而成名石徐皆狡獪市井之徒但知逢君之惡固一
己之功名何嘗論名之正不正弟則因兄危而占其位尚得謂居
攝以行權兄乃乘弟之疾而復位豈亦曰天命之攸歸復位而後
首執于謙王文君誤于上臣誤于下若衛拉特之變于謙王文召之者
不然何以首發其罪于二人有貞之罪英宗之不英于此可見
景泰之行誠有甚于昌邑王者君臨天下望之不似人君至於易太
子而立己子其心已久無還位之意骨肉之變已早兆于當日為
英宗計當變生倉卒時既使岳謙傳口語至京即當擇諸
弟中之賢者使之監國否則諸姪中之賢者亦可使監國況
乘輿被遮時群臣已立太子則監國之人何必郕王果能慎始
又何至有奪门攘位諸醜態乎
賊擒以莫須有三字殺岳家父子有貞以意欲二字殺王于二人
前後一揆小人之害君子不必定有其事千古以來同揆一轍英宗
非不知于謙之忠有貞乃以不殺于謙則此舉為無名試問殺之又何
名乎直以殺于謙為遮羞計是奪门復辟石徐之功監國迎駕
王于之罪也嗟乎我生不辰于少保之謂也
王直胡濙不于賜金時退位而于殺于謙時又不諫止吾惜其去之
晚也二人亦自了漢耳
高穀身為大臣於國事毫無諫正英宗一片私心故覺私己之人
即為忠愛
易儲占位千秋自有公論英宗既復位乃弟未為無功且其已
死何妨委曲而全手足之誼何忍以惡謚加之使其跡于千秋
又強其妃殉葬則薄恩固不獨景泰也

第十卷　第二十纸

既知石彪之私應賞伴富之直正石彪誣陷大臣之罪乃會勘無驗
復令致仕是賞不足以勸人罰不足以懲人教天下以私与小人以權也
正人君子由此不寒而慄矣
振饑善政也慮乾沒而不行誠然因噎廢食也文王視民如傷有
貞頒未嘗以文王視其君也
赫曜武石亨吉祥大臣為之廢黜言官為之遠繫逐於流竄君前
小人技量之常獨恨英宗貴為天子明足察非事事為群小所
使竟一籌不能自主何為長太息耳
有貞輩阿徇逢迎死有餘辜之人但因石亨等之浸潤又陰
令言官彈劾是以獨擅之刑賞授之小人使風憲之職守但承意
旨茫無識見予奪由人皇矣天子何無皂白乃尔
岳正既感知遇自當體大臣報國之忠不察失身正岳正之謂
也英宗既使正以意告二人又怒謫正何以愧于奸宦而不愧于
直臣至於岳正既受密詔豈容不密所謂腐儒者非正而何

第十卷　第二十一纸

為太監立祠有明一代王振魏璫二人耳英宗土木之變幾至
不保其身若北狩之後歛身之異域乃南宮復辟罔有懷
心畏哉何不悟乃爾
英宗寄耳目於宵小計之左矣正人君子之行皆指為弊端
若輩之朋黨轉莫得其奸狀是不能寄耳目豈足以蔽耳目
是非倒置紀綱紊亂莫此為甚
李賢論奪門事深得其正此論若早上于王庭當無逆取之名于
謂之可不死英宗徒知諱奪門之事而不能自制其私使天下後
世咸服其自新之明斯為不失已也
石亨始以復辟奪門有功遂至權重一時黨害正人與從子彪
攬權縱恣死不足惜亨彪既誅吉祥輩尚在蔓草猶不可
除況小人乎
主上縱欲自恣何求不獲以增造綵緞而貶大臣忠言逆耳
奢侈為懷使後世子孫踵事增華英宗豈為厲階

第十卷　第二十二纸

當石亨誅時二三獄吏執付有司除之易易耳乃姑息養奸使
之肆其逆謀幸孫鏜上變即日就擒不然養子部曲親典
禁兵禍正不止此也
賊入城劫庫殺官殃民總兵官自應刻即赴援乃擁兵不救
縱其出城而與和人主僅上切責國法安在英宗終身誤于遲
疑姑息夫豈有為之令主哉
李賢心公而目不識人其啟請用陳文公心也而文事事必與相爭
是直以賢為標榜而自作為正人耳小人哉陳文也
英宗平生止罷宮人殉葬一端尚云善政殆亦鳥之將死其
鳴也哀歟

第十卷　第二十三纸

邊防控制自有經也漢棄珠崖以其地屬荒遠罷敝中國守之無益是因地制宜非以其難于控制而去之也河套之地水草肥饒可耕可牧險要肥饒之土我既棄之彼何畏而不取祖宗創業艱難寸地尺土不可輕言棄也棄之易復之則難也以天下大勢而論未有自去其屏翰而邊庭得以安靜者是宜固我藩籬修我甲兵嚴我軍民然後懾以威之威以畏之使之不敢正視天朝即來與我無損彼亦無所取利我之力不足猶能自守我力有餘尚可大創以絕其覬覦之心則經費無不足之虞邊圉無紛擾之害不然則彼往我來罷弊中國方且自顧不暇又安能制之使不敢來哉

韓雍用兵可謂得法矣兵分力弱師老財匱深明其旨也若并能識攻心之策則更善矣印瑞之策直不知兵焉能用武

三年之喪禮也李賢奪情之舉大開風化而有一代凡擅權固位者大半以此李賢為一代賢相乃亦為此舉惜哉

第十一卷　第二十四纸

綱目一書千秋治亂之由昭然于人心目歷代君之政教臣之忠奸得失判然經世之大典也憲宗既命儒臣校勘其費之所在已為善矣乃徒有其名而無寔際耶鐸維上千百言又何益乎

開場採金歲役民夫至五十餘萬僅得金三十餘兩其與國何益死者若干與民寔損憲宗雖聞言即罷而民困已不可復蘇

張敏以內臣而能深明大義不隨若輩浮沉潛養皇子存孤仗義豈得忠愛之義可見此輩中未嘗無人十室之邑必有忠信其信然也

改謚景帝親親之道也憲宗此舉深合道義善則歸親過則歸己曰先帝未及舉行朕躬念親親用成先志因由商輅之贊成亦憲宗頗從其請俾能成其事也仁孝之道寔宗其能盡矣特惜其行之不在即位之初耳

第十一卷　第二十五纸

原傑以安撫為控制深得古人善後之良法揆天時地利而處置之因民之情而施設之不假兵力使數郡生靈欣然附籍使數郡廢地悉成住壤比之貪功負國失其地仍遺羞于國者忠奸判然矣當時不賞其功百世必傳其名是傑之功業雖千百世而仍在也

以王恕巡撫雲南為知人矣郭景交通外國錢能貪恣成性恕劾之太嚴故生狡計寃宗遂改掌南京用人之不信極矣至恕疏所云會審無寃就便處决而後奏聞此必後之人始知恕之為直而後可不然徒為奸人專擅計耳久之何益于國哉

狀人李子龍私入大內事由中貴引之入也上宜明正子龍之罪并其主使援引之人誅之足矣乃欲從此知外事令汪直伺察設西廠即以命之於是宵小互相依傍恐民遂受無妄之災外事仍莫之知小民已死亡過半矣即令汪直果無私心外事盡報君知亦不能熟天下生靈盡戮于西市況既罪之不踰月而又行之豈蓋世之鄭洛耶

第十二卷　第二十六纸

孟察一事既主安撫即應遣重臣往司其事方能使還圍向化中國乃萬安受賓女之賄罔知利害程宗承萬安風旨縱其私心至使猶郎擾擾中國且數十年勞師糜餉大傷元氣雖粗未寧孟察又亂程宗萬安之罪不容誅矣

林俊當群小用事之日獨疏劾巨奸雖被罪謫宦是忠貞可尚懷恩能知正人力救林俊不與若輩伍亦中官之矯矯者

遇變求言其心本不欲知弊政以虛文而應天變天豈無知是欺天也既求言而又深其名使眾斥于將來求言之意何在昭然史冊欺一時豈能欺千秋哉

彭韶疏陳時政切中當時書云靡不有初鮮克有終帝王立政之道居安思危慎始慎終故能臻上治也憲宗初政尚有一二可觀乃久而私欲日熾甚正言逆耳天下事雖有二三忠直之士亦無可如何矣

第十二卷　第二十七纸

孝宗即位之初首論梁芳等三千餘人朝政一清樓柱門開正路可
以蓋前愆而光帝德矣
篤安本非外戚附攀于人不過為占權待竊計見時勢不祥日久不
與芳氏往来以冀倖免小人之態畢露矣雖誅之不足惜也況
罪之乎
衆惡者罪黜衆好者非用天下望治民氣恬熙孝宗繼孝矣
君正莫不正一正君而國定矣啟沃君心卯瑞其有之矣
孝宗因楊守陳言而視早朝十八年中所以勝上治者豈偶然乎
起先朝直臣孝宗美政也乃劉吉撓之小人之可畏如是夫
彭韶平盜吏皆被劾是也地方官諱盜不及其始而制之則蔓成
大案大集兵力而後平所傷不亦多乎
孝宗收內臣賜田給百姓有明之善政也未能盡除其弊已足以
使小民沾實惠也
小人武魏璋也以彈劾人而承劉吉意旨此明黨之小焉者以妖夢
無憑之事而陷當路且升其職而不加罪孝宗亦欠識大體也
江浦縣田之案以一內官而下十諫臣于獄刑於是失平矣人主執一
偏之見而不納群言中官違制而不問何其惑也若是
倉儲積財之法所以備荒災也常平社義古有成法不可限以十
里五里積至五千石之多也果爾是雖無凶年小民之居宜有
甚于凶年也

第十三卷　第二十八纸

秦紘劾御景正也乃知無罪而猶黜之是徇貴戚而廢國法
也然則椒房之親雖叛逆而可不問也
人臣受賄大罪也誣人者僅止奪俸被誣者反遭罪者皆小欲
害正人必以此疑似之言污之上無明察之主下無敢言之臣小人
愈無忌憚矣
進正之供本有常經增之以中官直為若輩生利耳以張冬之
言而罷其役民得實惠矣
劉吉原非正人以阻封后弟而罷之是以私意示天下孝宗此等舉
力亦盛德之累也
開中鹽之法與民甚便後世老政中法廢而邊儲空未可盡
過於新法也
宗與民休息而驟于用人之道蔡清謂其本在于君心不易

第十三卷　第二十九纸

漢之蕭曹功唐封功臣後皆世襲所以念締造之艱難諸臣
身當百戰鋒鏑死一生之餘而後得以胙土分茅享太平之福乃
常李鄧湯皆不再傳而奪其爵孝宗深思其血汗之勞錫
以世官仁厚之心至矣
孝宗之世河決張秋人皆以不可治爲言劉大夏獨能以疏濬
成功使水勢道暢東之就範而後塞之水患以平功速費
省其人自是全才孝宗於是爲得人矣
大臣不相能在公事意見不同則論其事之情理各紓己見
以決于君可也若爲私則不與交遊可也因不相能故與公事
之中阻撓之豈人臣爲國之道耶濬以私意排王恕有愧其
負多多矣至于王恕名存信史功照社稷人臣之公道也名
之傳不傳豈在私家一紙之傳記耶恕蓋亦書生之鄙
見耳
水利之法當隨地制宜守土者隨時申明隨時疏濬因民之利
而利之因水之性而導之則無淤塞之患國家亦省無量經
費用人可不慎哉

第十三卷　第三十纸

老成人國之寶也韶恕耆新正色立朝宜乎權倖不便也第人主
果能篤信耆臣又何忌遽令去乎
道家虛無之說胡可見諸樂章上瀆天祖徐溥直指其非
孝宗從諫如流君臣各得其正矣
劉遜以一知州而能執法以抑親王所以全之者大矣此而不賞反罪
之孝宗之爲失辭而牽于私矣

第十三卷　第三十一纸

人君嗜欲清則精神固必無晏朝之失丹書之戒君道之防也徐溥力言晏朝不可且陳禱祈之非思患預防深得事君之道也

王臣蹇蹇劉健有之矣有明一代事屬罕行諸人以為盛事孝宗可謂明矣

周璽疏罷土興作亦惜十家之產之意孝宗能從其諫豈止善補過者非明聖之主不能也

古者太子習近正人不使少涉邪僻即平人教子亦未有不如此者況天家之儲貳豈容以他事妨之孝宗於太子大失義方之訓雖嘉納吳寬之言不能使太子遠匪人而不為所惑非孝宗教諭不早之故乎

大臣不自愛廉恥掃地矣此而猶曲為彌縫何以激揚天下哉不罪被劾而罪劾人者是視中官外戚之必可信大臣臺諫之必不可信也孝宗於此亦欠明矣

屠滽請惜名器蓋見當時工匠下役濫膺爵賞一月中外授二百餘人之多孝宗久昵群小一片私欲故與信任之大臣忠言讜論亦置之不省鮮克有終古人之所以慎也

將帥怯懦軍士罷乏患由于武階冒濫費用空虛卒無備禦何以振敵國之心而勵京軍之氣存仁所陳邊事深合兵法

第十四卷　第三十二纸

孝宗以寬然守律例得恤刑之道矣
王雄諸罪太監監軍自是正論乃以安言論公之不足以勝私也
雖明主猶不能除而不慎其始也夫
朱暉之敢於欺主敘功特特苗逵為之先入耳乃正言不入聽以
奇人為梁足信也
韓文可謂善理財者矣然事多格而不行私欲之為害甚矣
國以此不能平家以此不能齊人生之[illegible]倫常綱紀大經大猷凡事
之敗理敗度莫不由于私欲之心孝宗與經國大計因權倖不便
故韓文之計不行非以私敗公歟
臨御日久不知軍民之困以大夏之言惠而行之民得以休息
能納言故也
李東陽論鹽法之弊未嘗不善惜當時弊政不止一端東陽果
能盡其弊政而言之納言之主如孝宗敢言之臣
如劉健東陽君能自制其私心臣能[illegible]力持其公道雖不能
曉美三代唐之太宗漢之文帝不[illegible]難遇也孝宗雖能
擇其謀斷私心太重不能遏制群小故其治不能上溯漢唐以成
盛甚耶

第十四卷　第三十三纸

生囚不限時日仁人之心造無窮之福明慎用刑之意
監造是也若并鎮守者而罷之不更盡美乎祖宗
不可輕議更張然去其不善者正所以成祖宗之仁
天子之孝不在律律守其小節麥秀鄭原若輩中不易得
也胡可拘祖制乎
知己知彼百戰百勝無宿將精兵承平日久將不知兵兵無紀
律何可以中官妄念貪功毫無知識之人持萬人之命試
其貪計兆大夏言之至再世主能無感乎
自古英明之主駕馭英雄籠絡才士感之以誠者少從之
雄者多無論英雄才士被世主之籠絡者維明知其故亦
不入其牢籠是士夫欲其浮名人主收其寔用孝宗之与
可謂誠感矣
語於宮門此曹肝計在不利央兵耳孝宗燭其肝而不
廢其用事不能去之其揭榜之人明正其罪亦聰明而
不能無欲者也
吳一貫勸天祥棄既得其寔豈容肝人枉議孝宗於此事亦
欠聰察矣閔珪雖固爭不能直指其非亦失直道之公也
孝宗一閱西銘便深契之是其知也乃仁足濟物勇欠剛斷是
聰明而無勇仍無益也
孝宗之知夢陽深矣全直臣善矣后母注怒左右請杖不
肯是直臣而快左右之心洩私家之忿孝宗獨善千古矣當
日若能少徵古禎天下後世更無瑕疵矣至于夢陽逢遇
瘋齡而故擊之夢陽雖直亦已太甚君子不爲已甚夢陽
無乃太乎

第十四卷　第三十四纸

正德即位之初奸宦即導之逸樂新君之不德可想見矣
大夏文升先朝故舊也無大故則不棄先王舊求不易後人棄
之如土芥 正德首政先棄老臣國事無可如何矣
陸崑何其不智也首政即棄先臣之言之庸有益乎小人道長
君子道消正此時也直臣能自取辱耳是知忠言逆耳正士
寒心矣
跪入而驚泣良心未盡泯也乃劉瑾等半夜環泣醜態百出長
君尚然不支況沖主乎又況武宗本屬庸流安得不顛倒是非
放逐大臣乎
東陽與國雖少可彌縫補救然一免是勞為解 與氣節未能無
愧難哉全才也
劉蔣等以劾瑾被謫天下以論賊然蔣欽三杖而三上疏雖
死不生可謂鐵御史矣楊源言官大小異忠一也偕哉死
此忠貞之士不見信于世主天之生才而又忌才造物果何心
乎
矯詔榜奸於朝堂皆一時之望首列劉健五十人中黨人之禍不讓
漢之桓靈愚矣哉劉瑾忠臣指為奸黨榜之適成其忠
也已之奸畢露矣
內作色荒外作禽荒武宗朝夕聚群小于豹房中不問
政事不亡何待
武宗能用楊廷和尚有一息之明後又有楊一清劉忠
諸人秉國之鈞不亡者幾希矣
武宗將天下大事盡付宵小專其心于逸樂安得不敗
太監竟敢矯詔執朝臣小人得志何事不可為一匿名書幾
欲盡朝臣而下之獄及知為同事所為則又無可如何可見
瑾之所為雖同類亦欲得而甘心

第十五卷　第三十五纸

南郊祀天而二鼓還宮其不敬可知不畏天命何所不
至哉
唐傅奕韓愈諫迎佛骨蓋以佛本虛無中國崇信寔足以
惑人政乎異端斯害也已天子至尊而不顧爲且自稱大慶
法王之太好甚矣
太平之世原無虞時時戒備然法駕所臨警蹕傳呼尚恐一二奸
民或有不虞武宗屢蹈危機亦幸甚矣
武宗荒淫無度流連忘返私幸宣府又索民家婦女天子
之辭掃地矣
以天子而羨威武大將軍之名辱寔甚矣如此舉動幸不淪
亡耳
群臣不敢稱臣且賀聖武何樂之有一將之智有餘策乘之才
不及可見武宗無才耳
爵公茅胙土國家用以酬上將之膚也舍四海之奉願封國公
薄天子之富貴千石祿銜自輕乃尔
守仁誠將才也練兵振旅深悉賊情故能師數十吏役平
諸賊于數旬之内武宗日事嬉遊終其世不致滅亡蓋外
有守仁等爲之將内有楊廷和等爲之相故也不然何得不
怨乎

第十五卷　第三十六纸

武宗性喜嬉遊樂而忘危毫無君人之度諫臣列跪者百餘人[illegible]
不悟乃爾
宸濠異志久蓄而武宗不問廷臣不知孫燧七上書而君不知致
使輸忠被戮當時君臣可謂盲矣
宸濠聲勢張甚而守仁于浃月平之其功偉矣若日久不平則
并偉起於蔀房天下固未可知也
干戈起於宗盟家國不幸也乃以兒戲視之繼而復擒且令諸
王議其罪夫豈憐惜宗藩置逆數之道
武宗遺詔數語江彬輩自知所為不能容于天下故造為此
言以希冀于萬一廷和當此大事獨能震靜置之俾不
為百姓元凶援首自是名臣氣度

第十五卷　第三十七纸

以疑似之詞誣人小人伎量每每必此劉瑾擅竊大臣日中豈無天
子正人與此目免矣
自古貪人賂璧原不在大久而益覺無厭再久而雖數十金雖
數金亦無不納者其性然也士君子讀書而不立品勢必媚奸
求位甘心眾人之笑罵方且自謂得計豈顧汗顏千秋下乎
武宗起楊一清為總制此輩為謂得人仇鉞倉卒定亂一清
從容誅瑾功皆同也獨惜其不并合大用等而盡誅之耳
內多索亂外必不寧幸仇鉞等次第剿平民心寧定不然
豈易為力哉
唐以功[illegible]賜國姓所以示天下酬庸之殊竊也後人猶或譏之武宗
昵比匪人百二十餘人悉賜國姓收為義子[illegible]大群安在
邊兵所以防邊也留之京師兵歸無用也江彬藉此自固武宗
藉此行樂直視此兒戲耳
土魯番久梗王化非懾以兵威安望其寧靜乃以天朝而行
賄外夷其失體甚矣彭澤久在行間為苟安計罪誠在此
王瓊以私憾劾之豈正人之行耶
營宮室而加賦百姓當四方有事之秋尚朘其民欲天
下不亂能乎

第十五卷　第三十八纸

國不可一日無君入承大統為社稷計非為皇帝位計嘉靖既入嗣大統即為人後乃先皇在殯不哭臨而先即位禮安在哉

諸議崇奉興獻王典禮楊廷和以至陶共事引經誠為公論但不加封而正曰皇叔父母致起其互易之疑則議更難定矣

夏言首陳啟本切直之論也惜其不能正議禮大典以明君源之失

嘉靖嗣位以來与生者未盡其養死者未盡其祭首崇興獻議典方興而易藩舊串為私人張璁桂萼之迎合干進世宗寔啟其端

張璁以草茅新進圖議大辭乃敢于新君繼統之初亂言大議以動人主私心而有祧廟之說自上而下興獻非應祧之人天子七廟礼也七廟而外不得枉增本生自有本生之廟若附其主于太廟黜孝宗于何地且所繼之統何人之位此不可以私意定也

母妃止通州不入帝闕而泣之人情之常也至於泣請避位亦未免以詐術挾制群臣迫請稱興獻帝后尊崇之議始定猶以為未足復至敕加皇號重私恩而忘大義君方欲極力尊崇且尚執奏不已於此而欲挽回不亦難乎

第十六卷　第三十九纸

鄭祀首畢請寧宮災異獻之不應入廟天意昭然魁壓群
議私心更甚桂萼之浮言宜有以啓之耳
韓邦奇慎刑之請不以母后而避忌不言劉切直陳極言錦衣之不
可任無柰斥位矣
林俊歷陳先王用人之當淳朴之風宜冀感悟君心大臣事君自
應如此惜時君不能用之耳
修醮於宮中寺人獻媚之計也乃請臣不即諫止已屬失正況又
以青詞媚主而圖功名何其鄙也
馬援與光武相從于患難之時馳驅戎馬數立戰功猶以椒房之親不
入雲台乃昌國封公萬言封伯兩言固是太后而奉養有殊篤
私恩而亦大肆嘉靖其太過矣
嘉靖私心太重故一聞桂萼之言決計更定大礼而舉朝莫救
篤天倫而傷大義吾末如之何也已矣
用相而一頓中官是非倒置私欲蔽心雖十楊一清終何益于
國乎
守仁與內地賊主劉於蠻主撫所謂因事制宜故成功易而民享其
承平
三載考績虞廷大典也科道互相糾參千古無此政辭也開朋比
排擠之端毫無益于官箴
李福達妖言亂政更名濫仕不加顯戮反復其官信聽萼之蜚
言因繆數十大臣猶曰平反有功豈非教臣下以敗法欺郭勛身為
勳戚大臣乃私庇妖人且自許議礼[illegible]恐又乞二科為援是
可忍也孰不可忍
嘉靖首政議礼一失也正人罷廢二失也妖人復官桂興大獄
三失也有此三失要能用中姻世寧之言深可惜其空言而不
見用也雖嘉納何益

第十六卷　第四十纸

守仁直節素著中官憚畏故國桂萼知其已卒而劾之然以此
奪其卿典嘉靖之不免失之太薄蓋死後卿封與死者原無所
益不過爲生人耳目之示天下以眷念勳舊之意且守仁蕩平逆
藩剿除積盜守正講學功名赫奕偉然一代人物雖奪其卿典
故昭然不泯也

璁萼之罷天下方幸其已去乃以霍韜之辨又懷召還一息方明
隨即蒙蔽賢愚莫辨咸失其中矣

分建四郊祀典備矣泥古而不能擇未爲盡善嘉靖能獨斷
行之斯爲得中矣

中官不許預外事太祖制也嘉靖深有見於前車先罷各處
鎮守誠善政也

明禮爲定禮成大赦可一不可再也若偶一舉行何所取乎

大同兵亂宜以將帥敗之無方故寇掠數年搖渠事定民
得以安然無恐藩徹可謂鎮定得宜矣

延齡兄弟驕肆性成衆由自作特嘉靖以小嫌而必欲致其死
是嘉怨乎昭聖太后非遵法也

更定祀典原是猶美前古乃祀事皆以郭勛攝不敬甚張
逸直諫被斥自製祭祀祝其拒諫飾非已爲獨步矣

第十六卷　第四十一纸

世宗毁佛殿及佛像似近道矣乃設醮祈禱道士為尚書其失
與武宗不一轍耶
要常遠在領袞服之國是要道夏言力主用兵之非不可但內無
賢相外無良將亦能知己要能知彼以此禦敵而曰必勝之幸而
成功耳 唐胄之言老成之見也
獻皇生為人臣死居君上鬼之應不自安也此議出自嚴嵩嚴嵩
之不肯居人下與竊權之心已兆乎今日矣
翟鑾非宜有威望之人夏言舉之之屬私心舉既非才又受其
私贈而相為援引均不得謂之正人也
楊最以抗疏諫止求仙遂至被杖而死不念天位之艱乃求長生之
為千古以來誰為不死之人嘉靖愚之甚矣
睹此逐人忠臣解骨好使惡直故逐孽臣嘉靖二十年元日
微雪諸臣即頌之賀之殊不問天下之已安已治否不事蒼生事
鬼神可謂長大愚矣
郭勛繇惡中外皆知罪之宜也弟夏言之非正士既去之即已
乃又召還其失人甚矣
嚴嵩小人之尤者也夏言果非純正之人欲彰其罪何妨上列彈
章明正其罪乃於燕見時而泣而慫作此婦人女子之態此等人
尚用為相國事尚可問乎

第十七卷　第四十二纸

嘉靖之時諸臣以希旨爲忠以營私爲知況翟鑾嚴嵩猱惡
要權安足以語和而不同歟
嚴嵩以葉經之發其罪賄營私事故必欲置之死而後已觀後日見
横恣毒民殃國嘉靖豈有以燭之
救荒之政不在臨事張皇而在防預未然義倉勸賑因地因時
各制其宜因官立政之法不過是也矜念民依者舍此莫術
徒事紛紛而無益也
嘉靖既覺嵩貪而反進階少師不奪之而反予之一何可笑乃於夏
言既復入閣乃引用私人以行賄賂豈大臣謀國之道哉
太子國之本也十一年而猶不使出閣視學豈端本之道哉
曾銑請復河套條議八事自是安邊要策使嘉靖獨斷
而行之豈不善歟
夏言始而力言河套宜復既而懼責又謝罪出爾反爾毫無大
臣之度賊嵩譖而謀之遂至棄市曾銑安邊而反殺身嘉靖
之昏庸亦甚矣
有明一代倭患幾無已時狡猾性成又加以奸民牟利內有奸相
外無良將通倭者不正其罪謀國者乃任極刑賞罰既不嚴明
邊防安得不壞

第十七卷　第四十三纸

矣利而日寇飽自颺去不必論其擅威納賄諸惡狀即此一言殺
之殊不為虛仇鸞兵潰死傷千餘人掩敗為功竟受上賞君
之昏臣之賊可勝言哉丁汝夔楊守謙[illegible]仰嵩意枉作奸
黨自送其生終亦何益哉
嘉靖經理大政毫無見識既知趙貞吉膽略過人立擢其職
未幾而不問其事之何如杖而謫之是用人行政一為嵩命是聽
庸孰甚焉
開馬市籌邊之下下策也仇鸞畏寇邀功嚴嵩借端牟利既
驗椒山言心動乃復從鸞嵩語下繼盛于獄嘉靖之不明可
勝嘆哉
楊繼盛始以阻馬市獲咎又以劾仇鸞起用嘉靖不忘善言一端
偏明耳然此識臣而終被奸人所操使千載含冤正人君子不寒
而慄矣
馬市既開邊防無備既罷又不修戰守策奸人玩法寇志猖狂
國家大勢幾困于二三小民之手當時之君若臣一何庸鄙
人主至尊而常以私憾銜群下遂以他事重繩之器小已哉
張經既奉命討賊又許其便宜行事則一切事機惟經主之乃
輕視趙文華遂繫之獄並其斬級之功亦歸烏有豈駕馭
人材之正哉
張經天寵繼盛皆嵩殺之非嘉靖本心也庸憒孰甚歟
趙文華既陷張經又奪邦輔功毀楊宜譽宗憲其敢于自由
者特恃嵩一人耳惜乎此等小人天不顯示其報而俾其全屍牖
亦一憾事也

第十七卷　第四十四纸

沈鍊以劾嚴氏奸遂斬宣府市子戍極邊嘉靖直嚴氏之傀儡
耳不然何以毫無知識乃尒當人尚知惡奸中原共主反不知耶
蓋惡惡人之常情沈鍊疾惡太嚴故召禍之慘當主上昏庸權奸
得勢之時苟非審辨時勢操必勝之權徒多自苦有損于已而
寔無益于國譬如鷹之捕兔必先側目盤旋審之的而後鷙然
下擊無不中者則為我所教矣
誘執賊目臨陣用之或國家兵力不足不得已而用之不然損威遺
患將無已時宗憲以同里故誘致汪直已失其宜況又遣官為質
其黨恨而去又不追剿遂使支解朝臣孫勑閩廣賊日猖狂國日
疲罪此等臣子不殺而仍用之誰懷渠為國用也
李遂真將材也澤國利用水師陸地全憑馬隊因地制宜深通兵
法有明自倭患以來未嘗有此大捷賊勢少戢賴有此耳
治亂國用重法必然之理也兵亂而給免死之券何從無足論李遂
平江北倭深有謀畧何前後之自相矛盾耶
賊嵩專政二十年來奸謀狡詐衆不勝誅乃以方士及亂仙語炫
覺其不諳刑法不正何以服人嘉靖求仙好道日居西苑大臣無由識
西嵩之一任己意生殺自主寔由主上偏辟所致嵩之奸寔主上
有以啓之
倭自胡宗憲誘執汪直不追餘黨福建遂陷大郡譚綸戚繼
光合力攻之始得寧息綸又陳善後十二事經畫周詳洵為良
將當時無出其右者矣
嘉靖以醴泉出詔齋祀日諸臣無得奏事故寇薄郡城楊博
不敢上聞此其罪在拘泥與楊選之玩寇其罪不同直不問傳之
罪之覺失中
朱紈張經冤死文華宗憲貪縱故倭患日熾幸李遂繼先後先
著績信賞必罰將士用命東南始得安居人才之用舍可不慎
其選耶
世蕃既得罪乃慢敵大治園亭勢焰不少衰可謂泯不畏死矣以王氏
而治第南昌聚積亡命私通南北虜不誅不已也其父子積惡已久
怨毒之与人深矣小人終死小人之手亦報暴之理也
久不視朝法紀弛矣群臣無敢直言故縱闡之而雖知其忠不
能無恨也自謂非紂其拒諫正不在紂下也國事難望其振作
矣

第十八卷　第四十五纸

海瑞有愛君之心早置此身於度外乃出獄時聞其君已没慟絶於
地忠貞名節若瑞者穆宗即能出諸獄而受以官新政大有可
觀
嚴興獻配享是也乃以臣而忝居君右儀世無更之私心之不免厚
所親耳
穆宗初年首釋海瑞似非不識人者乃廷杖石星甫逾一年前後
若兩人所為豈人君尊賢之典哉
欲用中官分督團營非徐階直言阻諫若輩之横行將不止
毆御史也
甚矣直人之不容於時也海瑞以命世之才鋭意興革諸弊
中官側目竟為群小所擠用人之不可謂專矣
但察郭務而純于中官穆宗之行政可知矣考察臣工之勤
惰自有一定之規中官未必賢与士君子是非之公一決于此輩
信之未免太過乎
劉辭乾之得罪非忤穆宗直以忤中官耳穆宗耽于聲色
貨利比之嘉靖為尤甚小人之可畏可勝言哉
諳達窮困來歸因而撫納之王崇古於此可謂因時制宜將安
邊之上策也從此而邊陲綏服者二十餘年其功之大也如是夫
高拱貞吉並贊綸扉不顧者勳之典名以私意相抵斥均非大
臣之舉穆宗之失考績之正
有明一代賢相絶少嚴嵩之後繼以高拱絶用己私毫無公道
張文韓不念私恩獨明公議引身朋比之外深足尚也
高拱辨名分嚴未嘗不是然人心不同或有心立異或為上
者引私廢公則名分雖明徒為小人增勢仍無益于人才國
計也

第十八卷　第四十六纸

獎勸忠貞帝王之教世建文何罪諸臣又何罪成祖淫刑慘戮諸忠
身受其毒數傳而後方得一申積憤于地下神宗當沖幼之年能
于嗣位之初首舉其事深足嘉也
張居正身任宰輔乃以朝廷大政謀及豎奴何殊、乃亦裁抑偉
人請君左右使沖主親賢正道洗除前朝秕政高拱之罷固不
可謂不善乃居正以私怨逐之公論何在居正之不正也甚矣
張居正恨高拱既已逐猶不釋念於王大臣獄又媚貂璫而害
之此等居心可使輔沖主乎且五大臣私闖宮禁安知非馮保等
所使耶
營制不肅軍無紀律將帥即武卿士也何必他求總重心驕威尊
命賤不知此軍無律信賞必罰運籌帷幄將即相也即卿武
也武弁不以文吏鈐束之安能禦侮
和親歲幣漢唐宋之拙計明之貢市猶而以利餌敵既而因
以自困則莫如固我藩籬結以恩信使畏服而為我用比之
貢市不乃大哉
勤能者有司之分也立考成法而政體一肅可見當時吏治之
不難正也
召見外臣問民疾苦神宗之遠邁前代多多矣以召見之不獎
賚而已在明季已罕見其主矣
地方有司久任其地官民相習人得自展其才民宜受其益四
方得以粗安正其效也
詔獄專恣[illegible]重囚積至數百人之多居正嚴其禁令蓋為
之衰久廢時之道也
思維事居正恂恂然故因以神宗日隨元輔之故久其自顧下之吾
則何能入閣也
居正自視甚有舍我其誰之意其跡辭政大有挾君之心劉台下獄
以劾居正役耳非要君循正而何

第十九卷　第四十七纸

求忠臣于孝子之門不孝安忠父死而骨肉未寒乃貪位固權
雖三月不肯去位況三年數至宗刀作刎頸狀尤為無賴無父
之人使殺却又何足惜乃老羞成怒杖戍吳中行等居正直奪
情寔非名教之類也
水性就下理也黃河挾沙而行水勢不急則沙必淤潘季馴以水
治水束水攻沙繕築堤堰卒用成功良法昭垂治河之第一
人也
馮自寶、與居正得之本出意外直人之墮人術中往、如此居正之
善自掩飾可概見矣
按明史所載神宗即位之初已選內侍三千餘人今又選三千
餘何所止哉
借書院為名科斂民財已非是矣毀之亦甚也
張居正以神宗購珠玉而上肅雍殿箴尚得愛君之道
居正時、以歸政挾制其君驕滿已極且以其子下第遂停館
選橫強甚矣其視神宗直玩之股掌之上耳
馬政於軍政最重馬者軍之足也市馬本非善政互市尤非
至計承平時無關輕重用兵時其損寔多
免逋賦二百餘萬國更充足者損上寔以益下故能中外乂安
百姓無事也
無故而減兵餉撫臣之過卒亂有因也張佳允能以亂兵治亂民民亂宜而
兵亂亦宜所誅數十人耳懦而又不揣國家元氣有識有才遇事震
宜佳允其有之焉
馮保恣橫無忌憚不誅之而僅予安置神宗用法已失其正張
鯨之肆惡尤甚於保言官劾之而被杖斥若輩之善便人
主庇之也若此
張居正勝君固寵居心險詐禍不及身已為萬幸但其輔幼主
而修明政治使府庫充寔其功亦自不可泯申時行以丁此呂為
贓賄陷人恐後言諸至非治世所宜有所見良是
治世之禱獨在考動考動之積習在私舉卿撫所陳八事深得
其本惜上嘉納而未見奉行耳
大臣專擅台諫爭權神宗無知人之明而又拙于公道使其臣
不敢予如此
立儲國之重政宮禁窺秘群臣何得安請概置不問神宗
亦為失計矣既不報建儲之疏亦應有以釋臣下之疑

第十九卷　第四十八纸

永樂以私意革除建文年號英宗以私忿而加景泰以惡謚大義綱
常並須改正乃上下偷安終不果行朝政之不振可見矣
張居正當國時嘗勸神宗召見外官雖無寔踐尚有具文
乃者深宮燕息屏絕諸臣何自棄哉
趙志皋身在南京心乎廊廟皆其忠誠愛主之心往上千言
僅批答一語
雖于仁愛君情切不覺言之過直申時行保身貪位屢遷就人
主可謂模棱宰相矣
趙南星孫明政辭疏陳四害言言金石切中時弊神宗不能
用其言誠可惜也
宗纏論人主聞直言不知動心是痿痺不可救之疾寔至論也神
宗以虛礼留纏豈尊賢之道哉
教胄建儲均為要務無如神宗之諸兒不振還不經意雖有
善者久未如之何矣
神宗惑於愛妃忍心害正使元子失學篤女色而疎愛子人倫
大變帝王臨天下与骨肉之情尚如此外人可知矣
王錫爵於建儲之事初擬旨似阿順而暖閣獨對委曲求全終使
神宗感悟元子出閣講學儀備東宮且言外廷議論歸罪於貴
妃恐鄭氏舉族不安神宗所重者鄭氏不如此不足以動其心即此
而感動之亦善為甚全者矣
取人以公以才不可以私也孫鑨趙南星一斥其甥一斥其姻皆公論
所不許者非因為此事以博公正之名神宗不加詳而并斥之無
乃太乎
東林黨之始寔由憲成兄弟開其端人臣既廢職家居自當
閉戶讀書適情養性乃不自檢束樹黨立名動千秋之清議亦
非士大夫讀書立品身之方
遠中立諸臣直臣曰非為銓司惜一郎官寔為國家惜人才
政辭正大光明條條直陳以此貶之其直臣之不能容也不待論
而明矣
為經綸貴言官以五大罪使神宗以此悔悟而自引咎大振乾
綱以興百廢不亦善乎

第二十卷　第四十九纸

不足而不知節浮費裁冗役推所以不足之原乃開礦增礦使遍天下索詐民財辱及婦女不亂何待宜乎四方盗賊叢生也

楊鎬喪師失律掩敗為捷第法所必誅也損威失律而不加誅賞罰功罪之不明甚矣何以為國哉

呂坤所言深切時事天下安危之機寔繫于獨宸獨資治道不外是也奈何不擇而行之哉

神宗倚任中官横取天下財至使二年中武昌再亂幾不可為于應京之守法及加賍逮是非之倒置莫此為甚

兵少而餉加所籌何事謀用而國不足所謀云何中官武夫相率作姦天下之財半消于好貨之君半消于聚斂之臣夫欲不亂能乎

第二十卷　第五十纸

都城過百雉國之害也愛之將必為之計常久以天下膏腴供一愛子大治宮室皇店莊田大踰礼制況内有寵妃外有愛子溺愛不明者神宗貪得無厭者常洵不免何待

向高屢明黨之交攻時能匡救彌縫國賴以少安惟即家擬旨殊失大臣體

梃擊一事竟成千秋疑案劉龐二監養之三年且二人皆鄭妃内侍安見非鄭氏兄妹所為不然鄭氏何必乞哀於太子不過宮闈事秘外廷罕得其真然平情細說之無難得其真跡惜當日諸臣紛紛言論毫無真知徒多疑竇耳

神宗之事諸臣不明大體廷閣無能清治兵饑為要政但虚應故事終無實用何益于國哉

礦稅而後又加以加賦且加至八百萬之多民何以生為神宗不身見李闖之禍亦幸免耳

神宗終身怠荒末年而群臣猶望其振作不亦難与

第二十一卷　第五十一纸

光宗即位之初即罷天下礦稅及監稅中官朝野仰望乃未
久嬰疾豈天心不欲明祚再興乎悲夫
鄭貴妃侍神宗疾即不欲移出乾清宮已非正道乃又進美女八
人且求封太后假選侍為護身符肆無忌憚亦甚于斯
崔文升方從哲一則輕投伐劑一則擬賞可灼此而不誅何以謝
天下
紅丸再進而光宗大去方從哲且擬賞可灼二人直是弑君大義
凜然二人竟逃顯戮天理安在
選侍蔑然有垂簾之意不后不妃毫無名分若無光斗楊漣韋武
之禍再見於今日矣
熹宗之得承大位實王安一人之力蓋當年主上沖幼鄭氏時時謀
陷東宮而立己子其陰謀詭計何所不至此時之調護實難諸臣
引與共事安社稷而全儲貳誠以之為內外之助而安之傾心正
士贊翼王室之出乎其類者
賈繼春身任言官於宮闈秘事不加覺察漫以無知蜚語上列彈章
楊漣左光斗所謂釀今日之疑端流他年之實事淘持平之
論也
熹宗沖年踐位講學以輔君德誠為要務乃言官惡劣不論事
理徒門黨之積習妄談國計全不知國家用人任官為賢才不由
廷推即置不用雖天子至尊有不能自主者必是乎
魏奄矯詔而殺司禮目中已無君矣王安持正遂為所忌熹宗倚
奸人為股肱不親朝政恣情佚巧奸奄導天子親斧鋸逞其陰
私盡竊大柄且與客氏內外搆結而李永貞輩又仰其鼻息
天下事遂不可問矣
朱燮元保孤城于危急惡黨就撟借賊攻賊成功于一旦智勇
均備也
李標之守貴陽其勢實難于朱燮元燮元尚有外援李標
則糧餉久乏孤城久困其功有過者矣
無故奏兵大內亂之先機已兆矣奸璫引沖主于聲色貨利之
中大臣不能救正宰輔及媚奸璫朝廷可謂無人矣
徐鴻儒自謂經營二十年徒黨不下二百萬可見煽惑不止一日當
日地方大吏諸司所司何事而姑息至此耶朝無良吏倚巨奸為屏
藩此維就撟彼方昌熾雖有善者亦無如何矣
名之累人也甚矣在承平之世足令人仰望隆重處亂世則名歸怨府
從之東林諸君子處將偉盈廷之際不自檢慎而反高自矜許不

第二十二卷　第五十二纸

大賢嫉惡已久新君將與天下更始勢所必誅理無不敗十大罪疏出于
草茅新進而不出于朝臣洵爲可笑
逆焰方張之際內外莫敢誰何及其勢敗而向之義子乾兒即
翻然嗤之人心風俗至此爲極
元璐請燬要典一疏曲折盡善議論平允誠爲和而不流者
也

天地生財只有此數其如戶口少而國用有節制漸而用多而人
宰謀國不知節用足民勢必至民窮財盡而國危矣況又括民財而與之乎
溫體仁周延儒與薛國觀等輩耳雖有賢輔安能各安其位
況莊烈之英知人之明矣
國家有事之秋盜賊叢生財帑匱乏諸臣議節浮費不知籍奄
黨逐貪吏省刑薄斂裁冗官節冗費與民休息而反以紛更爲
務諱盜養奸驛卒夫役游手之民資爲衣食之源裁之於國
所益無幾於民所損實多高迎祥李闖輩非劉懋請裁之
驛卒乎

韓爌身爲元輔於逆璫案不欲株連可見其保國不必保身也
允兇等久觀望不前必待主上自爲之當日若非莊烈乾斷
魏奄竟可不誅耶

當承平時小民或偶以水旱饑衣食不給或有司虐遇科派頻連
無告愁苦莫伸相聚爲盜原不必興兵糜餉撫恤安集已足安
定若處亂離之後一意主撫不敗何待楊鶴當撥亂之朝欲
以此弭患非其証耶

劉宗周清無急進功之疏鉅細畢舉然當此垂末之年雖欲
有爲已不可爲矣

楊鶴之無謀誤事罪實難逭將帥用兵兵恃力戰倚招撫
爲長策養虎自衛者患將不測不其然乎

當危亡之日尚加賦稅是速民爲盜也夫豈虞患謀國安民保
泰之道哉

第二十三卷　第五十三纸

被災之區救死不暇恩出自上亦有司奉行之善識澄吏
之方安民之要也
莊烈帝曰爾群臣殫心爲國朕何事内臣是倚内臣者不
得已之苦心蓋當時諸臣[illegible]臣奸用事之秋各保身家不敢
任怨莊烈銳意治平而欲速其效群臣尸位而無懲侮之
才至兵柄久付之寺人明之非君亡直諸臣亡之也
黄道周一疏切中弊政然寺人亂政于四方諸臣觀望于朝堂君
以一人勤求治平而不得其用雖欲不亡可得乎
明自神熹以来已兆淪亡莊烈雖欲挽頹風安可得乎華允
誠所言雖切然已不可救藥況允誠之言未果旋即罷去
諸將方得一文詔兵部又抑之洪承疇又劾之莊烈又不能深信
之賢者及少有才者但能畧可幹國即不能使之少展天
其真歟明源歟
陳奇瑜已成之功而以重賄誤事此而不誅而尚得減死賢奸不辨
賞罰不公國事如此而獨曰癰疥之疾不足憂庸哉奇瑜雖
殺之無濟于國也
明季流賊蔓延國敝民貧允璐爲民請命雖免目前之苦舊
欠未清新欠轉加雖有罪已之詔爲拯溺之舉于一時之託空
言而無實用也
宗周之言可謂切中病源矣有人有餉有兵皆不得其用安望其平
治耶
陳啓新之言未必盡是不察其才而驟与顯秩未免大猛此
明之國祚終此等議論未可必挽回天意耳

第二十三卷　第五十四纸

善用兵者不在增而在練練者必先練其心而後練其氣再練其技
技熟則胆壯氣盛則有勇心齊則互相援救一可當百左良玉既敗張獻忠孫
傳庭大破李自成其勢大可為而楊嗣昌增兵添餉直不知兵
熊文燦厚賂中官而求薦其機大可惜嗣昌文燦直謂之庸臣可
也
莊烈孤立于上御下嚴而不得[illegible]嚴之正小大臣工罪小則罰重罪大則反輕
或以近倖之一言而免欲以此支持群盜之亂豈可得乎
閒放歸之命至失乜着其人之熱衷可知此等人而欲其平治天下
不亦難乎
溫體仁之柒得主心在于善承意旨貌似樸忠心寔狡詐此而欲
望其匡弼能乎
宰相須用讀書人非必翰林而始謂之讀書讀書不化臨事無謀
與每無策私心自用好大喜功雖讀書何用溫體仁張至發非
讀書[illegible]次
莊烈之命相始而倣枚卜而以金甌貯名已覺可笑既又以試策文
蕪率尤為無謂章法何亂至乃尔
黃道周以切直見罪于君無愧臣節矣
孫傳庭輩皆一時忠節也莊烈知其賢而不能用國家將之視
正士為仇人否則即為仇人所傾陷豈非其兆乎
自神宗以來數增賦餉至此凋殘處罷之秋諸臣猶議加增直
速其亡耳
熊文燦一死不足惜、其不早誅耳
小人之使為國家災害并至嗣昌之謂諸將中如左良玉等二三
人而已而猶以私憾抑之嗣昌可斬矣
薛國觀誠非善類然以外家及鬼神之言罪之非其罪也
搜括民財揭其膏血民不聊生不盜何為盜本良民王侯寔大盜[illegible]成
者王侯信非虛語也

第二十四卷　第五十五纸

楊嗣昌括財增餉使民盡為盜死何足惜莊烈猶特賜祭葬
何不明乃爾
周遇吉以得勝之師旋師而擊新起之賊不至大熾厥功殊偉當
此之時若人人皆遇吉良玉何至明祚終不救耶
莊烈知宗周清正而用之可謂明矣不久而又斥之是終不能用也
小人之易取信於人主君子之難行直道大相懸絕矣
周延儒吳昌時皆謀利之徒用之宜足以誤事莊烈何至此而
猶不悟也
姜埰熊開元雖失人臣立言之體究其心不出于正二人以直言見
殺莊烈方罪己省愆乃不能容二人之直亦虛文耳
左良玉罪誠可誅然一得餉即感激思奮可見其心固未嘗不
可任以事也獻忠心悍良玉不敢南向流賊誠不難平當時
無人故也
元璐欲行海運救時之策也力除積弊而中外望治特惜不
早用之耳
李自成一驛卒耳十餘年養成銳氣遂不可復制國家方倚
孫傳庭為保障秦人不樂其用法嚴遂訛傳其玩寇莊烈不
明用兵之要驟戰益急致傳庭死而全陝俱失莊烈于此時
亦悔之乎
詔罪己徵天下勤王已屬下策當此危急存亡之秋尚特一二奄
寺付以大計危而不悟者其莊烈乎
周遇吉忠勇能使強賊畏服莊烈不能重用之徒使就一身之
令名于國何濟乎
明自神熹以來固曰天厭其瀆之人自致其亡也惟死社稷之義昭
然千古如范景文輩雖無救亡之方尚得致命之正莊烈十七
年中賢奸并用賞罰失宜舉凡大政悉聽寺人不亡何待自
太祖定鼎南都十年與唐宋等開國之初政皇然可觀乃不善
貽謀拘於立敵建文懦弱遂疑不能制服功臣則功勳宿將殺
戮殆盡猜難兵起于倉卒致令嗣君束手無策儒臣迂闊莫
為又後則朋黨紛爭奄璫專擅神熹莊烈加賦增餉任用匪
人不可救藥矣

第二十四卷　第五十六纸

欽定明鑑卷一

明太祖一

元至正十三年冬十二月明太祖起兵據滁州太祖濠之鍾離人少孤貧入皇覺寺為僧元季盜起郭子興據濠州太祖往依之署為親兵與徐達湯和等南畧地道遇李善長與語大悅與之俱遂陷滁州未幾子興卒劉福通等奉韓林兒僭偽號檄太祖為副元帥太祖不受然以福通等方强仍用林兒龍鳳年號

欽定明鑑　卷一　一

参考文献

1. 王琼：《梁启超藏书题跋述略》，《图书馆界》，2014 年第 1 期，第 22—26 页。

2. 国立北平图书馆编：《梁氏饮冰室藏书目录》，北京：北京图书馆出版社，2005 年影印本。

3. 钱谷融主编：《梁启超书话》，杭州：浙江人民出版社，1998 年。

4. 周岚、常弘编：《饮冰室书话》，长春：时代文艺出版社，1998 年。

5. 吴铭能著：《历史的另一角落——档案文献与历史研究》，北京：商务印书馆，2010 年。

6. 梁启超著，胡跃生校注：《梁启超家书校注本》，桂林：漓江出版社，2017 年。

7. 冀亚平等编：《梁启超题跋墨迹书法集》，北京：荣宝斋出版社，1995 年。

后 记

梁启超先生为一代大家，做人、做学问都有很多值得我去学习的地方。他为我国图书馆事业发展所做的努力，也鼓舞我们这些后来人要持续推进图书馆工作和图书馆行业的成长与进步。回首百年，图书馆事业的发展与繁荣一直与社会的进步发展紧密相连，今天的我们拥有更优越的条件，理应做出更好的成绩来缅怀先贤。

本书能够与大家见面，非常感谢国家图书馆出版社领导特别是殷梦霞总编辑提供的支持，以及责任编辑王燕来老师、闫悦老师的悉心指导和诸多建议。当然，还有许多其他老师的辛勤工作，让这本小书能顺利面世。也要感谢国家图书馆古籍馆的各位领导和典阅组、推广组的同事们，在我扫描书影的过程中倾力协助，让我的工作能及时推进。还要感谢普通古籍组的各位老师，向我提出了一些具体建议和思路，鼓励我排除困难，及时将书稿整理完成。今冬的北京格外寒冷，大家的鼓励与支持让我心生暖意，也鞭策着我持续不断地去完成这项工作。

本书虽几经删改，但因个人能力所限，不免有很多错误，还请各位方家多多指正！

肖 刚

2023 年 12 月

相关系列图书

《**书魂寻踪**》/ 韦力撰

《**文津识小录**》/ 谢冬荣编著

《**文津书话**》/ 谢冬荣著

《**嘉树堂序跋录**》/ 陈郁著

《**守藏集**》/ 刘波、林世田著

《**妙无余——中国藏书印的历史与文化**》/ 王玥琳著

《**知堂古籍藏书题记**》/ 周作人著，谢冬荣整理

《**中华再造善本底本印章考释**》/ 靳诺、王若舟编著

《**中国传统手工纸生产旧影**》/ 王诗文整理，陈龙重编

《**民国书籍文化杂记**》/ 荣杰著

《**艺术学视域下的〈红楼梦〉图谱研究**》/ 颜彦著

《**宋代版刻书法研究**》/ 刘元堂著

《**朱痕一点——古籍珍本中的藏书印及原石**》/ 嘉德艺术中心编

《**寸纸盈香**》/ 嘉德艺术中心编

《**脉望——书魂寻踪2**》/ 韦力著

《**馆窥——我的图书馆之旅**》/ 韦力著